浙江大学东亚宗教文化研究中心

寻访犍陀罗工作室

A History of Gandhara Civilization

犍陀罗文明史

孙英刚 何平 著

生活·讀書·新知 三联书店

Preface

序

犍陀罗佛教艺术有很高的著名度，国外有关的论著可谓汗牛充栋。而在国内，对犍陀罗佛教艺术做深入研究和全面介绍才刚刚起步，据我所知，这是第一本，因而弥足珍贵。

作者索序于我，而我对于犍陀罗佛教艺术所知连皮毛也谈不上，完全不具备作序的资格。既不获辞，只能勉强就犍陀罗佛教艺术的盛衰略陈陋见，就教于作者和读者。

一般认为，犍陀罗佛教艺术兴盛于贵霜王朝，特别是迦腻色伽一世在位期间，盖与此王大力提倡佛教，特别是举行所谓第四次结集有直接关系。对此，作者有一段话，颇中肯綮：

不依国主则佛法难立，君主的支持对佛教的发展具有重要的意义。佛教能够在贵霜时期获得巨大的发展，跟王权的护持和宽容有极大的关系。但是反过来说，佛法能够得到王权的支持，一定是符合了王权巩固的目的。王权和佛法的关系，应该是佛教以及佛教艺术在贵霜时期——尤其是在贵霜的核心地区犍陀罗——得到发展的重要契机。对贵霜君主而言，其面对的意识形态或者说信仰体系有多种，既有佛教的，又有希腊罗马世界的和伊朗世界的，还有印度教的，这也使得贵霜王权和宗教信仰的关系变得异常纷繁复杂。比如一种通常的观点认为贵霜君主的更迭，会带来宗教信仰之间地位的起伏。但是从逻辑上说，这很可能并不符合事实。贵霜帝国的民族构成、文化传统、宗教信仰都呈现出多样性，君主采用兼容并蓄的宗教宽容政策，更可能是历史真相。

我想补充的仅仅是，当迦腻色伽即位之际，西北次大陆的佛教发展应该已经具有一定规模，使贵霜统治者认定护持之有助其统治，与寻求世俗政权支持的佛徒一拍即合。

一般认为，犍陀罗佛教艺术衰亡于嚈哒入侵。其实，并不存在嚈哒人灭佛的确证，嚈哒人自然也不该为犍陀罗佛教艺术的衰落负责。嚈哒人只是不信佛，作为当地的统治者，这在客观上也许会对佛教及其艺术形式的生存、发展产生消极作用。盖当嚈哒人入侵之际，西北次大陆的佛教已经十分衰落，以至于对嚈哒统治者没有吸引力可言；既然护持之无助自己的统治，其人不信佛也就不难理解了。

上古迁入中亚和西北次大陆的游牧部族（如贵霜和嚈哒等）似乎没有先入为主的信仰，多是入境随俗。例如，贵霜人尽管以护持佛教著称，但对印度教、祆教和希腊的诸神祇并不排斥；嚈哒人则曾信奉祆教、印度教和景教。似乎只要某种宗教对这些游牧部族有吸引力，他们就容易成为其"信徒"。

是不是可以这样说，犍陀罗佛教艺术的盛衰和佛教本身的盛衰密切相关，虽然世俗政权能够起到很大的作用，但只是外因，不是根本？

古代中亚（特别是帕米尔以西）和西北次大陆的历史十分复杂，尤以文化史研究难度最大。这本关于犍陀罗佛教文明的著作，可以说开了一个好头，在表示祝贺的同时，希望作者以此为契机，砥砺奋进，开拓我国古代中亚和印度文化史的新局面。

余太山
2017年9月30日

目录

001　　　　　　　　　　绪　论
　　　　　　　　　　　　Introduction

013　　　第一章　　　　希腊-巴克特里亚时代
　　　　　　　　　　　　Age of Greek-Bactria

055　　　第二章　　　　犍陀罗艺术中的希腊文化元素
　　　　　　　　　　　　Greek Elements in Gandhara Art

099　　　第三章　　　　早期贵霜文明和佛教在犍陀罗的繁荣
　　　　　　　　　　　　Early Kushan Civilization and the Bloom of Buddhism in Gandhara

163　　　第四章　　　　迦腻色伽时期的政治、信仰与艺术
　　　　　　　　　　　　The Politics, Beliefs and Art during the Reign of Kanishka I

215　　　第五章　　　　犍陀罗艺术中的佛钵：宗教、政治符号及传法信物
　　　　　　　　　　　　Buddha's Bowl in Gandhara Art: Religious and Political Symbols

243	第六章	轮回中的佛陀：犍陀罗艺术中的佛本生故事 Buddha in the Transmigrations: Stories of Buddha's Previous Lives in Gandhara Art
287	第七章	释迦牟尼的一生：犍陀罗艺术中的佛传故事 The Life of Sakyamuni the Buddha: His Stories in Gandhara Art
393	第八章	从佛陀涅槃到礼敬窣堵波与舍利 Nirvāna, Worshiping the Stupas and Buddha's Relics
445	第九章	犍陀罗的佛像 Buddha's Images in Gandhara Art
503	第十章	智慧与慈悲：犍陀罗的菩萨信仰和菩萨像 Wisdom and Benevolence: Gandhara Bodhisattvas

---

543	附　表　大犍陀罗地区大事年表 Chronology of Events
551	参考文献 Bibliography
561	后　记 Postscript
567	致　谢 Acknowledgements

Introduction

绪论

犍陀罗是古典时代人类文明的熔炉，印度文明、伊朗文明、希腊文明，以及草原文明在这里相遇、碰撞和融合，造就了独一无二的具有世界主义色彩的犍陀罗文明。这里是佛教的飞翔之地，佛教在这里获得新的活力，飞跃进入东亚，发展成为世界性宗教；这里是犍陀罗艺术的繁荣之地，东亚文明的很多宗教元素，可以在这里找到源头；这里是人类历史的一次"全球化"的尝试，轴心时代的五大思想高峰及其带来的文明成果，在这里完美地融合，希腊的哲学、神学、美学，和印度发源的佛教、印度教、地方神祇，以及伊朗系文明中的琐罗亚斯德教，乃至弥赛亚信仰，彼此激发，形成了影响东方文明的佛教文明体系。传入中国之后，中国的儒家、道教、阴阳五行等思想与之融合，成为中国文明的固有组成部分。大约从公元前400年到公元400年之间，犍陀罗，就是世界的中心，是人类文明交汇的十字路口。

犍陀罗的地理位置非常特殊，处在亚欧大陆的心脏地带。在繁荣的时期，这片核心面积只有20多万平方公里的地方，成为丝绸之路的贸易中心和佛教世界的信仰中心。其西边是兴都库什山，东北是喀喇昆仑山。东边到印度河，南边是以白沙瓦为中心的平原，杰赫勒姆（Jhelum）河流过这里，形成了富饶的平原，造就了繁荣的农业区。贵霜帝国的首都，长期就置于白沙瓦平原上，以"布路沙不逻"（Puruṣapura，今白沙瓦）或者"弗楼沙"等名字频繁见诸汉文史籍。穿越北部的山脉，就进入了古代的乌仗那地区，以斯瓦特谷地为中心。斯瓦特的犍陀罗浮雕古朴浑厚，很有地方色彩。在中国历史上扮演重要角色的高僧那连提黎耶舍就来自这个地区。而穿过西边的兴都库什山，就是古代的那竭国，也就是今天的贾拉拉巴德地区。在这里，醯罗城（Hidda）和那揭罗曷城（Nagarahara）是中土巡礼求法僧人礼拜的重点，从那揭往西北行，在兴都库什山中，就会到达巴米扬（Bamyan），也就是玄奘笔下的"梵衍那国"。翻越兴都库什山，就进入了古代的巴克特里亚地区。这个地方在汉文史料中以"大夏"闻名，希腊文化在这里繁荣了数百年之久，也是犍陀罗文明的重要组成部分。这些地区组成的大犍陀罗地区，由于得天独厚的条件，在数百年间，成为了人类文明的中心。对中国来说，影响最大的还不是贯穿此处的丝绸贸易，而是在犍陀罗受到系统佛教训练的僧侣们，怀揣着对佛的理想和执着，穿越流沙，将佛教传入中土。

在犍陀罗故地，遍布着数量众多的人类文明遗迹。除了作为文明中心的布路沙不逻和位于印度河以东的塔克西拉，还有北边的斯瓦特、位于贝格拉姆（Begram）地区的迦毕试故地、保存众多佛陀圣物的那竭和哈达、汉文文献中提到的乌仗那国（布特卡拉遗址所在地）、马尔丹县的塔拜克遗址等，可谓星光璀璨。今天阿富汗的首都喀布尔以及巴基斯坦的白沙瓦地区，都在犍陀罗的文化和地理范围之内。距离喀布尔很近

图0-1 古代犍陀罗地区示意图

图0-2 佛陀坐像，3—4世纪，平山郁夫丝绸之路美术馆

图0-3 斯瓦特河谷

图0-4 白沙瓦博物馆内部

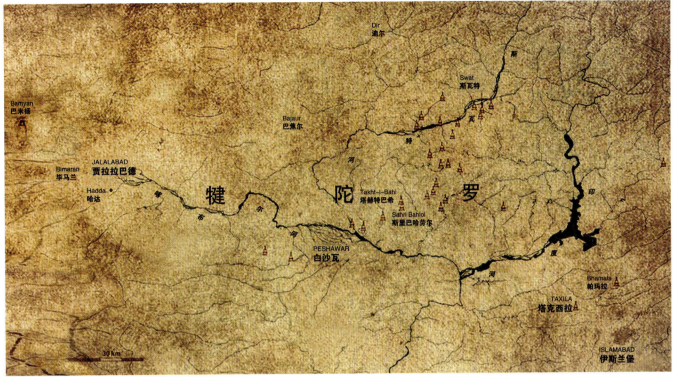

图0-1

图0-2

图0-3

图0-4

的艾娜克，以铜矿开采著称，贵霜时期，这里成为一个重要的经济中心和佛教信仰中心，出土了大量精美的佛教艺术品。

仅仅在塔克西拉地区的发现，就足以令人震惊。马歇尔爵士（Sir John Hubert Marshall）凭着自己对希腊克里特岛挖掘的经验，为犍陀罗地区的发掘，尤其是塔克西拉（汉文文献中的"怛叉始罗"）倾注了毕生的心血。分属三个时期的古城，包括皮尔丘（Bhir Mound）、锡尔卡普（Sirkap）和锡尔苏克（Sirsukh），都出土了大量改变历史图景的遗迹和文物。锡尔卡普的双头鹰庙，是一座佛教窣堵波；法王塔（Dharmarajika Stupa）和焦里安（Jaulian）遗址、莫赫拉莫拉都（Mohra Moradu）寺院遗址等，见证了佛教在这里的繁荣景象。数量众多的装饰盘和多达四十余位的希腊君主的钱币，见证了希腊文化在这里与佛教信仰及本土文化的融合。5世纪初，法显在这里留学六年之久；他的后来者玄奘大师也在此停留两年，可见此处在佛教世界和网络中的地位。

犍陀罗在东方中文文献和西方文献中都留下了痕迹。中国西行巡礼求法的僧人们描述了犍陀罗的佛教圣迹和圣物，汉文译经很多来自犍陀罗地区，留下了诸如贵霜君主迦腻色伽供养僧团、推动佛教发展的记录。而古希腊罗马的史学家和旅行者，留下了自己的所见所闻。早在公元前5世纪，西方已经听闻犍陀罗之名。甚至在亚历山大东征之前，希腊商人和移民已经到达了巴克特里亚地区。中国史籍中现存最早的有关犍陀罗的记载出现在西汉时期，在《三辅黄图》中记载，汉武帝曾赏赐给董偃千涂国上贡的玉晶，这个"千涂国"就是犍陀罗。魏晋南北朝时期汉文史料中出现的"罽宾"，比如《汉书·西域传》所指的罽宾，并不是今天的克什米尔，而是犍陀罗地区。在魏晋南北朝时期，犍陀罗是佛教的中心，这里"多出圣达，屡值明师，博贯群经，特深禅法"，而且保存着数量众多的佛陀圣物，还有最高的佛教建筑雀离浮图。在印度本土，佛教反而衰落了。所以，很多西行巡礼僧人，在犍陀罗巡礼圣物和学习之后，并不渡过印度河继续前行，而是打道回府。

其实，犍陀罗文明的影响，并不局限于犍陀罗地区。其影响的范围，甚至越过葱岭进入塔里木盆地。一般而言，犍陀罗文明输出留下的痕迹，主要有两个，第一是犍陀罗的佛教艺术风格；第二是佉卢文撰写的佛教和世俗文书。真实的历史很可能是：人类历史上真正意义的第一尊佛像，是在犍陀罗被"发明"出来的；同时，第一部真正意义上的"纸本"佛经，也是在犍陀罗被制作出来的。

图0-5 a~d 喀布尔街头
图0-6 a,b 静静流经塔克西拉的哈罗河

图0-5 a

图0-5 b

图0-5 c

图0-5 d

图0-6 a

图0-6 b

图0-7

图0-8

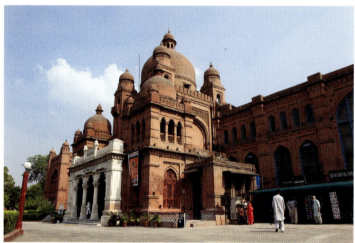

图0-9

从佛经来说，释迦牟尼于公元前528年涅槃，佛陀的教义基本上是口耳相传，并没有书面的文本存在。犍陀罗地区是世界上最早出现和使用文本佛经的地区。佛经书写和犍陀罗语之间存在密切的关系：贵霜帝国鼓励佛教写经和文本文学，使大量口耳相传的佛教经典书面化。这推动了犍陀罗语的发展和繁荣。犍陀罗语也成为佛教早期经典的重要书写语言。甚至可以说，佛经的原典语言是犍陀罗语，而不是梵语。从150年左右，中国开始翻译佛经，可以说，中国的佛经最早就是从犍陀罗语翻译过来的。贵霜在其中扮演了主导性的角色。迦腻色伽等贵霜君主推崇大乘佛教的文本化经典，一方面，大乘佛教的文献从此被视为佛的指导，成为带有权威性的佛典——这些佛典被具有菩萨牺牲精神的佛教传法僧带到东方；另一方面，出现了大量佛教文学作品和佛教文本，迦腻色伽时代的世友尊者和马鸣菩萨，都是这一潮流中的佼佼者。比如《法句经》，1994年在哈达地区发现的犍陀罗语写本是目前保存最早的文本，时间大约是在公元10到30年之间，堪称世界上现存最早的佛教写本。犍陀罗语或者说佉卢文书的俗语，如同欧洲中世纪的拉丁语一样，在宗教传播中担当语言中介的角色。在梵语雅语和婆罗迷文取代犍陀罗语之前，它都是佛教传播的重要媒介。

佛教在犍陀罗地区发生了重要的变化。传统认为，佛教是从印度传入中国的。严格说，中国所接受的佛教并非直接从印度传来，佛教在中亚地区尤其是贵霜帝国经过了一番洗礼。中国所接受的实际上是经过了中亚文明尤其是贵霜传统重新塑造的佛教。这些传统包括大乘佛教与小乘佛教的兴替、菩萨的出现、弥勒和阿弥陀信仰的兴起，乃至佛像的出现，等等。这些今人以为是佛教固有特征的内容，实际上并非印度早期佛教的东西，而是在贵霜等地重新添加和发明的。贵霜时代开启了佛教的一个重要时期：佛教发生了可谓根本性的变化，大乘佛教开始兴起，佛像出现，阿弥陀信仰、净土观念、弥勒信仰等诸多佛教以前并不具备的元素开始出现，并为以后佛教传入中国奠定了基础。贵霜在佛教传入中国的过程中扮演了无可替代的角色。它在当时既是丝绸之路的枢纽，又是世界佛教中心。同时，希腊文明的特征被深深融入佛教，使佛教发生了根本性的变化，这种变化不但包括艺术风格的变化，比如佛像在这一时期产生了，也包括教义的变化，比如佛陀的形象从一个人间导师变成了无所不能的神圣领域的统治者。

在犍陀罗地区，佛陀的形象出现了，并被赋予了很多特征。比如三十二相，成为佛教造像必须遵守的基本要求，也就是佛陀生来就有的三十二种异相，比如手过膝相、眉间白毫相等。很多学者都认为，佛陀的形象应该是借鉴了王者的形象，受到了不同文明的影响，比如白毫，可能来自伊朗文明传统。犍陀罗的佛像

图0-7　白沙瓦街头

图0-8　骑车的少年，喀布尔街头

图0-9　拉合尔博物馆

静穆庄严，带有超越世俗的神圣美感，但同时又具有高度写实的精神。从1833年西方学者在喀布尔河畔发现禅定的佛陀形象，就猜测佛陀的形象带有鲜明的古希腊艺术风格。佛像的出现，可谓是各种文明融合的产物。富歇甚至认为，佛像是以希腊的阿波罗神像为模板塑造的，其发明者可能是巴克特里亚和犍陀罗的希腊居民。虽然现在对于佛像产生的地点仍众说纷纭，但是犍陀罗佛像独有的自由融合的艺术气质，应该是不同文明交流的结晶。犍陀罗的佛陀雕像，多采用青灰色的云母片岩，塑造出佛陀静穆庄严的风格，让人有时光凝滞的感觉。

尽管历史上的释迦牟尼很可能从来没有到过犍陀罗，但是很多佛本生故事发生的地点，就被放在犍陀罗。大量的圣迹和佛陀遗物，造就了犍陀罗的佛教中心地位。佛陀自己没到过犍陀罗没关系，他的前世到过就可以了。在这些重要的佛本生故事中，最为关键的是燃灯佛授记——通过燃灯佛给释迦牟尼的前世儒童授记，给释迦牟尼在未来成佛提供神圣性和合法性，而这一关键的本生故事，其发生的地点，被放在了今天的贾拉拉巴德，也就是汉文文献中的那竭。通过佛本生故事再造圣迹，这是犍陀罗塑造自己佛教中心运动的重要组成部分。碰巧的是，在犍陀罗出土的佛本生浮雕中，数量最多的就是燃灯佛授记。这一主题，很多时候跟佛传故事放在一起，被视为佛传故事的开端。

犍陀罗艺术的重要特征，也是其成为人类文明结晶的原因，在于其艺术自由化和开放性。在犍陀罗佛教艺术中，可看到不同文明元素在其中扮演着自己的角色。佛陀庄严、贤明、仁慈的形象，有希腊美男子的风度，又带有本地社会生活的痕迹，甚至白毫可能来自西亚的宗教传统。犍陀罗艺术既是高度宗教化的，又是世俗化的，两者很好地融合在一起。佛教强调众生平等，本就是一种包容精神。在婆罗门教将外来者称为"弥离车"（mleccha）并排除在种姓之外时，佛教的众生平等获得了希腊君主们的热烈拥护。与商业和都市的结合，让佛教从开始就跟富裕阶层结成紧密的联盟。物质的丰富给佛教的繁荣提供了基础。在苦行之外，供养和布施成为追求解脱的新法门。犍陀罗佛教文本如同图像一样，充满着对繁荣景象的描述：富丽堂皇的都市建筑、衣着华丽的仕女、喧嚣的街市等。但被翻译为汉语时，这些部分很多被裁掉。如果对比马鸣的原始文本和汉文译经，能够清晰地看出这一点。犍陀罗曾经繁荣数百年的文明，在佛教传入中国后不久，就尽数化为泥尘，不复繁华。减掉这部分内容的描述，恐怕是担心混淆了译经的重点吧。可是，这些在当时的犍陀罗，才正是重点啊！

图0-10 佛陀立像，塔克西拉博物馆

图0-10

犍陀罗艺术吸纳了大量不同文明的符号、理念和神祇，造就了其世界主义的面貌和特征。佛教雕像中的帝释天、梵天本是印度教的神祇，在佛教里他们却臣服于佛陀；带有民间信仰特征的般阇迦和鬼子母，则混合了印度和希腊的理念与艺术形象；佛陀本生故事里，出现了迦楼罗；那伽或者"龙"作为佛陀的礼赞者或者异教的象征，出现在佛传故事里；希腊风格的装饰、建筑、神祇频频出现在各种佛教艺术中。作为佛陀"保护神"的执金刚神，形象来自于古希腊的大力士赫拉克利斯。其他的风神、海神等，都在犍陀罗雕像中留下痕迹，并以之为载体传入东亚，对人类文明的发展产生了深远的影响。

图0-11

图0-12

图0-13

图0-11　故阿富汗总统府

图0-12　故总统府前踢球的少年

图0-13　"文化存则国存"，阿富汗国家博物馆

图0-14　坐佛（可能是舍卫城神变），3世纪，松冈美术馆

图0-14

I

Age of Greek-Bactria

第一章

希腊-巴克特里亚时代

自亚历山大大帝远征之后，大约有一千年的时间，希腊居民及其文明曾在今天西北印度、巴基斯坦和阿富汗地区繁荣过，并对佛教从一个地方性宗教飞跃成为世界性宗教起到了独特的作用。

"巴克特里亚"是古希腊人称呼今天兴都库什山以北阿富汗斯坦东北部地区的概念，包括兴都库什山麓、今阿富汗大部分地区和塔吉克斯坦的中南部，以及阿姆河中游的部分地区。其地以富庶著称，在中国史籍中谓之"大夏"，而西方史学家和阿拉伯人则称之为"吐火罗斯坦"。

亚历山大帝国崩解之后，留在巴克特里亚的希腊人建立了希腊-巴克特里亚王国。后来在德米特里一世（Demetrius I of Bactria）等君主扩张下，希腊人的统治范围拓展到西北印度，将犍陀罗等地也纳入了统治范围。在希腊化王国统治时期，早在公元前3世纪已传入犍陀罗和巴克特里亚的佛教，获得了统治者持续而坚定的支持，从而走向繁荣。希腊文化的许多元素被佛教吸收，不论是教义还是艺术形式，都发生了重大变化。

从长时段看，印度占据主导地位的始终是婆罗门教，佛教是作为一种类似异端的宗教兴起，并力图打破等级森严的种姓制度。佛教在印度本土的发展并不顺利，在婆罗门教始终强势的背景下，提倡众生平等的佛教屡遭打压。但在犍陀罗和巴克特里亚等地区，作为外来政权的君主，希腊-巴克特里亚和稍后的印度-希腊王国（Indo-Greek Kingdom）的君主及其统治阶层，似乎很自然选择了佛教作为自己的同盟者。这里面可能有很多原因，包括哲学上的契合，以及建立政治合法性的考虑。

公元前185年，印度孔雀王朝最后一位君主坚车王（或译为"巨车"）为将领华友（Pushyamitra Sunga，或译为"差友"）刺杀，孔雀王朝被巽伽王朝（前185—前73）取代。王朝建立之初，华友压制佛教，致力复兴婆罗门教，让恒河下游成为婆罗门教的中心。根据佛教文献如《毗婆沙论》记载，巽伽大规模压制佛教，损坏寺院，大量佛教徒被赶出中印度。在这样的情况下，佛教的中心逐渐往旁遮普和西北印度转移。在这些地区，佛教的传播在希腊人中间获得了长远的发展。德米特里一世入侵印度，有学者就认为，其中有宗教的原因，他是以保护佛教名义发动入侵的。

图1-1 兴都库什山脉
发源于此的喀布尔河在犍陀罗地区注入印度河水系，形成喀布尔河谷，是进入印度次大陆的重要通道，历史上一般翻越兴都库什山拿下犍陀罗，印度河流域就展现在眼前了。

图1-1

公元前3世纪，伴随着希腊移民的大批入居，巴克特里亚王国的统治阶层几乎全为希腊血统。他们不仅支配着国家的政治体制、经济结构，而且带来了希腊人的语言、宗教、文化和艺术，使得整个巴克特里亚王国都带有希腊精神。在希腊化王国统治时期，佛教获得了发展的良机，不同文明相互影响融合，为犍陀罗佛教艺术的出现奠定了基础。希腊化王国的君主比如米南德一世（即汉文佛典中的米兰陀，Menander I，前165/155—前130年在位）很可能对佛教采取了支持和赞助的政策，而且使用佛教教义作为自己的统治理论。在这里，希腊文化、伊朗传统、印度文明以及草原和本土的文化传统进行了长期的融合发展，形成了最具世界主义气质的犍陀罗艺术。

图1-2

图1-2 佛陀头像，集美博物馆
这个头像带有希腊文化元素，呈现出庄严静穆的宗教美感，同时具有写实主义风格。

图1-3 佛陀立像，白沙瓦博物馆，典型的希腊化佛教艺术

图1-3

第一节
希腊-巴克特里亚王国的历史脉络

公元前334年春天，马其顿国王亚历山大渡过今天的达达尼尔海峡，开始了长达十年的东方远征。到了公元前327年，亚历山大大帝已经征服了巴克特里亚地区。然而在公元前323年，亚历山大大帝突然去世，新建立的帝国也随之崩解。亚历山大的部将们纷纷自立，在不同的地区建立新的王朝。这些新王朝中，包括埃及的托勒密王朝和控制亚洲主要部分的塞琉古帝国（Seleucid Empire）。塞琉古帝国以叙利亚为中心，控制了伊朗和美索不达米亚，往东统治了巴克特里亚，甚至一度占领了今天印度的部分领土，可以说是一个庞大的希腊化国家。但是随着其领土的过分扩张，对边远地区鞭长莫及，塞琉古帝国慢慢失去了对远处东方的巴克特里亚行省的控制。最后巴克特里亚地区获得独立，摆脱了塞琉古帝国的控制，形成了希腊-巴克特里亚王国。而塞琉古帝国则延续到公元前63年，被罗马的庞培征服。

希腊-巴克特里亚王国可以说是希腊化世界的最东部分，地域上包括了巴克特里亚、粟特（Sogdiana）等中亚地区，以今天的阿富汗北部为中心，约为公元前250—前125年。公元前180年，希腊-巴克特里亚王国的德米特里一世侵入印度河流域，将犍陀罗、旁遮普等地纳入统治范围；同一年，中国西汉王朝的汉文帝即位。领土扩张到印度之后的王国往往被称为印度-希腊王国。

1. 狄奥多特一世和希腊-巴克特里亚王国的建立

希腊-巴克特里亚王国，是由原塞琉古帝国的巴克特里亚地方总督狄奥多特一世（Diodotus I Soter，"Soter"是

"救世主"的意思,希腊政治传统中的一种尊号,后来也被贵霜帝国所沿袭)建立的。其反叛并独立建国的时间大约是公元前250年。其独立之事,见诸于特洛古斯(Gnaeus Pompeius Trogus)、查士丁(Justin)、斯特拉波(Strabo)等人的记载。查士丁记载:"帖奥多特(狄奥多特),他管辖千城之国的巴克特利亚,叛变并自立为国王,其他所有东方的人民也效法他,脱离马其顿人统治。"很可能因为他宣布独立建国,自视为拯救国人,所以后来被加上"救世主"的头衔。狄奥多特一世未称王时的钱币依然沿用了塞琉古帝国君主安条克一世的名义,但钱币上出现的却是狄奥多特一世自己的头像,同时,钱币上出现的神祇不再是安条克一世喜欢的阿波罗而换成了手持闪电的宙斯。

与狄奥多特一世同时宣布脱离塞琉古帝国的,是帕提亚(Parthia)总督阿伽托克勒斯(Agathocles),两人很可能是联盟关系。但十余年后,帕提亚遭到来自北方的入侵,帕尼(Parni)部落的酋长阿尔沙克一世消灭了阿伽托克勒斯建立的希腊化王国,建立了安息帝国。这样一来,希腊-巴克特里亚王国和希腊世界的母体就被隔断了,不但巴克特里亚地区与西方的贸易受到影响,其政治、宗教、文化取向也因此慢慢转向东方。公元前239年,当塞琉古帝国进攻安息时,同为希腊文化体的希腊-巴克特里亚王国也曾出兵声援。

图1-4

图1-4 狄奥多特一世银币,正面是其肖像,背面是宙斯形象

2. 欧西德莫斯王朝

狄奥多特一世去世后，其子狄奥多特二世继位，改变了之前联合塞琉古帝国进攻安息的政策，反而和安息结盟对抗塞琉古二世。

狄奥多特二世后来遭到欧西德莫斯一世（Euthydemus I）篡位并被谋杀，巴克特里亚由此进入欧西德莫斯时代。欧西德莫斯之前很可能是前代王朝粟特地区的总督，是希腊裔将领阿波罗多特斯（Apollodotus）的儿子。通过联姻，他娶了狄奥多特一世的女儿，也就是狄奥多特二世的妹妹，由此获得了一定程度上的统治合法性。他的儿子德米特里一世在希腊–巴克特里亚王国向印度扩张过程中扮演了重要角色。

有关欧西德莫斯的统治，记载很少。公元前208年，他遭到了塞琉古国王安条克三世（Antiochus III the Great）的进攻。在阿利乌河，塞琉古军队击败了欧西德莫斯，迫使后者退回巴克特里亚。塞琉古军队进而展开对后者的围攻，然而三年围城，却无法破城而入，最后安条克三世只好承认希腊–巴克特里亚王国的独立地位，并将自己的一个女儿嫁给后来的德米特里一世，但是规定希腊–巴克特里亚王国需要向塞琉古纳贡。在西方古典文献中，也记载了有关谈判的细节：欧西德莫斯强调自己推翻了之前背叛塞琉古帝国的狄奥多特家族，而且保卫了中亚地区免受北方游牧民族的侵扰，以求获得塞琉古帝国的认可。通过这次战争，希腊–巴克特里亚王国彻底获得了独立地位，也因此暂时摆脱了来自西部的战争威胁，可以腾出手来，将自己的势力拓展到南亚地区。巴克特里亚的希腊人对亚历山大的印度遗产仍然念念不忘，一有机会就想卷土重来。

图1-5

图1-5 欧西德莫斯一世钱币
正面是君主肖像，背面是手持大棒的赫拉克利斯。从亚历山大时期开始，赫拉克利斯就跟王权联系在一起，象征着君主护佑民众的功德。

3. 德米特里一世的王冠

欧西德莫斯去世后，王位传到其子德米特里一世手中。后者大约于公元前200年到前180年在位，统治时期和中国西汉的吕后差不多同时。德米特里一世统治时期，希腊-巴克特里亚王国的领土得到极大扩张，征服了今天伊朗东部地区，开创了一个远离希腊文明主体的印度-希腊王国。德米特里一世似乎擅长军事，取得了很多战争胜利，所以在其后期铸造的钱币上，出现了"不可战胜的"（Aniketos）的字样，从某种意义上接近于中国传统给予过世君主"武帝"的谥号。

德米特里一世崛起于和塞琉古帝国安条克三世的谈判，据古典文献记载，安条克三世对其印象非常深刻，乃至决定将女儿嫁给他。古希腊历史学家波利比奥斯（Polybius）记载："欧西德莫斯最后派遣他的儿子德米特里前去签署最终的和约，安条克三世对年轻王子相当满意，不论从外表、言谈、礼仪来看，德米特里都符合王室能力需求，因此首先承诺把自己女儿许配给德米特里。在这之后，安条克三世才承认欧西德莫斯的国王地位。"也就是说，安条克三世把联姻作为承认欧西德莫斯王朝独立地位的前提。

从公元前180年开始，德米特里一世开始入侵西北印度。随着孔雀王朝的崩溃，孔雀王朝的将军华友建立了巽伽王朝。关于德米特里一世入侵西北印度的原因，有学者认为是之前孔雀王朝和希腊人存在结盟关系，所以希腊-巴克特里亚王国可能是为了保护其在南亚的希腊裔移民才发动入侵。也有学者认为，德米特里一世进攻印度的主要原因是宗教的考虑。很多文献记载，巽伽王朝迫害佛教徒，而佛教被印度-希腊王国的诸君主所推崇，得到了繁荣发展。如著名的古典学家塔恩爵士（W. W. Tarn）就认为，德米特里一世对南亚的入侵，不仅是基于对孔雀王朝的支持，也出于支持佛教的考虑。但也有学者认为，关于巽伽王朝迫害佛教的记载，很多可能是后来佛教徒伪造的，印度-希腊王国入侵南亚是单纯基于经济上的考虑。在很长的历史时期，巴克特里亚的希腊化王国统治者，很可能跟提倡众生平等、打破种姓制度的佛教结盟，试图对抗和瓦解当地本有的宗教政治秩序，毕竟，这些外来的希腊统治者不能被纳入种姓制度。

令人感兴趣的是，德米特里一世钱币上屡屡出现大象的形象，一种是德米特里一世头戴大象头饰的肖像，有学者认为这象征着其征服印度。这种图像只在公元前318年托勒密一世以亚历山大名义发行的钱币上出现过。德米特里一世显然是自比亚历山大第二，不过他征服的印度领土比亚历山大更广。德米特里一世以军

图1-6

图1-7

图1-8

事征服者自居，其钱币背面出现大力士赫拉克利斯的形象不足为奇，但是大象头饰之前没有出现过，很可能预示着此时印度的部分地区已在其统治之下。另外一种德米特里一世钱币，正面是一头大象，背面是双蛇杖（caduceus，有时是希腊神话中医神阿斯克勒庇俄斯的象征之一）。有学者认为大象可能是佛教和释迦牟尼的象征，可能标志德米特里一世为佛教赢得的胜利。而双蛇杖则象征希腊人和巽伽人、佛教和印度教的和解。塔恩爵士则认为，大象可能是塔克西拉的象征，或者仅仅是印度的象征。无论如何，可以确定的是，德米特里一世通过对印度巽伽王朝的军事行动，将自己的影响力拓展到了更远地方。其钱币上的希腊神祇、大象头饰，至少象征着希腊文化和本土文化某种程度的融合。在东方文化的汪洋大海之中，坚持希腊文化传统，并不是容易的事情，不断融合是不可避免的历史趋势。

在晚期印度–希腊王国的钱币上很容易发现佛教的符号，比如法轮（cakra，或者仅仅是转轮王的轮宝）、佛陀名号等，但是在德米特里一世时，他是否个人信仰佛教，乃至把佛教符号印制在自己的钱币上，仍有讨论的余地。从时间上来说，根据《阿育王勒令》（*Edicts of Aśoka*），早在公元前250年左右，孔雀王朝的阿育王已经宣称派遣高僧到西方的希腊化世界传播佛教。不可否认的是，德米特里一世对佛教的发展，确实产生了正面影响。比如在德米特里一世统治时期，在希腊文明的影响下，佛教艺术得到发展，为以后犍陀罗佛教艺术的出现和成熟奠定了基础。甚至，希腊的神祇和佛陀同时出现在雕像中。比如赫拉克利斯，其手持棍棒的形象，不但出现在德米特里一世的钱币上，也出现在佛教雕像中。在这一时期的佛教雕像中，赫拉克利斯往往充当佛陀护卫的角色。后文会详细讨论。

据托勒密的《地理书》记载，名城塔克西拉就是德米特里一世建立的。旁遮普的舍竭城（Sagala，后来为著名的米南德一世的首都，汉译作舍竭、奢揭罗、沙柯罗、沙竭等，位于今巴基斯坦锡亚尔科特）也是他建立的。他或许有另外一个名字，叫作"欧西德米亚"（Euthydemia）——这个名字显然是来自于他的父亲欧西德莫斯，所以托勒密在《地理书》中提到，"舍竭城，又被称为欧西德米亚"。用君主的名字命名城市，在希腊–巴克特里亚和贵霜帝国时期非常普遍。

德米特里一世统治时期是米南德一世之前，印度–希腊王国扩张的黄金时代。他将自己的势力扩张到今阿富汗东南部、巴基斯坦以及西北印度，犍陀罗也被纳入他的统治范围。一直到7世纪穆斯林入侵，此处佛教一直都很繁荣。这里也有一座亚历山大城（Alexandriain Arachosia），大致相当于今天的坎大哈。根据公

图1-6 身穿希腊风格服饰希通的希腊–巴克特里亚乐手，大英博物馆

图1-7 德米特里一世银币
正面为德米特里一世的肖像，头戴大象王冠；背面为赫拉克利斯形象，右手为自己戴上王冠，左手边是涅墨亚狮子皮和大棒。以希腊文写成，意为"国王德米特里"。欧西德莫斯一世钱币背面也有赫拉克利斯形象。

图1-8 德米特里一世钱币，背面是双蛇杖

图1-9

元前1世纪后半叶的地理学家查拉克斯的伊西多尔（Isidore of Charax）所著《帕提亚驿程志》（*Parthian Stations*）记载："阿拉霍西亚，帕提亚人称之为'白印度'。这里有……德米特里亚城（Demetrias），还有整个阿拉霍西亚省的中心亚历山大城（Alexandropolis）。这里是希腊化的。"发现于塔吉克斯坦的卡利亚布（Kuliab）铭文，也佐证了德米特里一世曾在这一地区取得了军事胜利，其铭文云："赫利俄欧德（Heliodotos）以此香坛供奉，……〔祈愿〕众王之王欧西德莫斯，以及其子光荣、战功卓著、杰出的德米特里，受神意护佑而免受一切痛苦。"德米特里一世统治的中心是塔克西拉，那里出土了很多他的钱币。

德米特里一世开创的印度–希腊王国，一直延续到公元后，才因外敌入侵而灭亡。希腊—印度王国带来了佛教的繁荣和发展，新的佛教形式甚至被有的学者称为"希腊化佛教"（Greco-Buddhism）。

据斯特拉波的记载，大约早在公元前2世纪，德米特里一世曾经向东面的赛里斯（Seres）和弗利尼（Phryni）扩张。在此时的西方人心目中，赛里斯是产丝之地，但是不是指中国还不能确定。印度著名的历史学家纳拉因（A.K.Narain）认为，两个地方分别指"疏勒"和"蒲犁"，也就是帕米尔东侧的今喀什和塔什库尔干地区。这至少说明，当时希腊–巴克特里亚王国曾经势力强大，甚至很可能越过葱岭，尝试进入塔里木盆地。

4. 欧克拉提德王朝

随着德米特里一世将统治重心南移，北部的巴克特里亚出现了反叛。大约公元前170年，可能是德米特里一世的一位将领，或是塞琉古帝国的同盟者，欧克拉提德（Eucratides）推翻了欧西德莫斯王朝在巴克特里亚的统治，建立了自己的王朝。这段时间的历史记载非常混乱，希腊–巴克特里亚王国可能陷入了内战。结果是国家一分为二，一个在巴克特里亚本土，后来的历史学家仍称其为希腊–巴克特里亚王国，另一个位于印度北部，被称为印度–希腊王国，两国不时互相攻击。留在南边的欧西德莫斯王朝试图击败叛变者，统一北部，但似乎并不成功。北边新王朝的欧克拉提德一世（前171—前145年在位）也试图通过军事征服击灭南方。据出土钱币来看，欧克拉提德一世曾经占领了广阔的领土，甚至直到旁遮普。但最终，他在南边被杰出的米南德一世击退。此时，发源于犍陀罗的佉卢文（Kharoṣṭhī）在巴克特里亚非常流行，希腊文和佉卢文同时使用。

图1-9 塔克西拉遗址
这里从希腊–巴克特里亚到贵霜时期，都是重要的人类文明中心。

据记载,欧克拉提德一世被其子谋杀,尸体被拖在战车后面,任其碎裂。随着安息帝国的兴起,北部的希腊-巴克特里亚王国受到严重冲击。公元前167年,安息占领了其部分西部领土。雪上加霜的是,北方的游牧民族塞种在公元前145年左右发动了入侵希腊-巴克特里亚王国的战争,王国在公元前130年左右灭亡。

5. 和中国的接触

古希腊历史学家斯特拉波记载,大约公元前220年,欧西德莫斯统治时期(当时粟特和费尔干纳地区都在其统治之下),希腊-巴克特里亚王国曾经发动对东方的远征,"他们将其帝国扩展到远至中国"。这或许是最早的希腊人接触中国的记载。在新疆天山北发现了带有希腊战士特征的塑像,或者仅仅是戴着希腊式头盔的战士。一块收藏于新疆维吾尔自治区博物馆的织物片段描述的可能是一位希腊战士,此类艺术品可能广泛传播于今天的新疆地区,希腊-巴克特里亚和中国的文化交流频繁程度,很可能超出根据现有文献做出的推测。在楼兰地区出土的可能是东汉晚期的彩色缂毛残片上,描绘着典型的希腊罗马式赫尔墨斯(Hermes)头像。赫尔墨斯在古希腊神话中掌管贸易、旅行、竞技等,并为众神的信使,为神祇们传递信息。他的标志是手持双蛇杖。现在还发现嵌有玻璃的铜镜,时间大约是公元前二三世纪,也似乎说明当时的希腊-巴克特里亚文明对中国曾经产生过影响。来自西方的玻璃制品也流传到中土,并跟中国本土的工艺相结合。一直到北魏时期,中土掌握了玻璃制作技术,从那以后,玻璃的价格才一落千丈。

图1-10 欧克拉提德一世钱币
背面是古希腊罗马神话中的孪生神灵狄俄斯库里,又称卡斯托耳与波鲁克斯,两人都是宙斯之子。在早期罗马钱币上也出现过两人的形象。

图1-11

图1-12

图1-13

图1-11　新疆发现的"希腊战士"雕像，新疆维吾尔自治区博物馆

图1-12　织物片段描绘的"希腊战士"，新疆维吾尔自治区博物馆

图1-13　绘有赫尔墨斯形象的织物残片
斯坦因在楼兰地区发现，可能来自犍陀罗或者更远的地区。

汉使张骞于公元前126年抵达巴克特里亚地区，其时，希腊-巴克特里亚王国刚刚灭亡，张骞称其为大夏。根据张骞的描述，他在当地见到筇竹杖、蜀布，大夏人称是从身毒（印度）买来的。汉武帝听到张骞报告，了解到大宛、大夏和安息都是大国，人口稠密，物质丰富，而且对中国的物产非常推崇。大宛，现在基本被认定是位于中亚费尔干纳（Ferghana）盆地的一个国家。在司马迁《史记》和班固《汉书》中，有关大宛的记载非常丰富。最早有关大宛的官方信息，就是张骞记录的。之后因汉武帝对大宛的军事远征，有关大宛的汉文记载变得异常丰富详细。但是随着时间流逝，一些关键的历史细节丢失，所以仍有很多关键的问题无法了解。

亚历山大东征过程中，占领了费尔干纳地区，此后大宛成为中亚希腊人的重要据点。希腊征服者在中亚地区建立了一系列以亚历山大名字命名的城市和军事据点。在大宛，亚历山大大帝建立了极东亚历山大城（Alexandria Eschate）。极东亚历山大城位于费尔干纳盆地东南部，锡尔河南岸，大体相当于今塔吉克斯坦的第二大城市苦盏（Khujand）。根据西方典籍记载，仅仅花了20天的时间，亚历山大就修筑长达六公里的城墙，留下了退休的老兵和伤员留守，作为将来继续远征的基地。苏联和塔吉克斯坦的考古挖掘发现，在苦盏的旧要塞之下，是带有希腊文化痕迹的土层，甚至包括公元前4世纪的防御工事。同时出土的还包括家庭生活器皿、武器装备、建筑材料，以及大量的希腊化钱币和陶器。这些出土文物大多保存在苦盏的地区博物馆，这证明大宛文明受到希腊文明的深远影响。而据大约1世纪的罗马史学家鲁福斯（Quintus Curtius Rufus）的记载，直到公元前30年左右，大宛的居民仍保持着希腊文化传统。

在汉文史料《魏略·西戎传》中，极东亚历山大城被称为"北乌伊"，即"北乌弋"（山离），乌弋山离即亚历山大的翻译。亚历山大大帝死后，帝国瓦解，大宛地区先由塞琉古帝国统治，之后，希腊-巴克特里亚王国独立，这里又归希腊-巴克特里亚王国所有。总之，在很长的历史时期，这里都是中亚希腊文化的一个中心。"宛"这个名字，很可能是从爱奥尼亚（Ionians）转化来的，那么大宛也就是大爱奥尼亚。爱奥尼亚是希腊本土的四个主要部族之一，爱奥尼亚语也是希腊化世界的三种主要方言之一。不过，这里的"爱奥尼亚"，是希腊人在中亚地区的一般称呼，就是希腊人的意思。中亚的希腊人在古印度巴利语中也因此被称为Yavana，或称为Yona，其实就是Ionian。张骞等人翻译其国号时，很可能音译为宛。从名称来看，大宛应该是带有强烈希腊文化特征的国家。

本来作为希腊-巴克特里亚王国北境的大宛，在母国分裂陷入内战之时，又遭到了来自北方游牧民族塞人的入侵，从此脱离希腊世界。张骞所见的大宛，可能是塞人统治下的王国，其居民应该有相当大比例的希腊后裔。张骞于公元前129年—前128年间抵达帕米尔高原以西，首先到达大宛。后来正是大宛将其送到目的地大月氏。根据张骞回国后的汇报，大宛城市化程度很高，有大小属邑七十余城，城市房舍林立，外有城墙环绕，人口数十万，居民带有强烈的高加索人特征，高鼻深目，擅长买卖，锱铢必较。其风俗和南边的大夏相同，这也印证了大宛本是希腊-巴克特里亚王国一部分的史实。汉文史料还记载，在大宛，女性较有地位，一旦妻子决定某事，丈夫就照办不敢违背。而《晋书》（其史料来源应该是抄自之前的文献）记载，大宛婚前男女以黄金同心指环（戒指）为聘。

张骞特别提到，大宛人喜欢酿造葡萄酒，人民嗜酒，富人藏酒至万石，可存放数十年之久。其农牧业发达，出产稻、麦、苜蓿、葡萄等。但是在所有的特产中，最为重要的应该是汗血宝马。据记载，大宛马喜欢吃苜蓿，汉使从大宛把葡萄、苜蓿的种子引入汉地，起初汉朝统治者试着在肥沃的土壤上种植葡萄、苜蓿。而当西域使节越来越多，以及引入的大宛马越来越多，汉朝皇帝甚至在离宫别苑旁边全部种植葡萄和苜蓿，一望无际。这些汉文史料的记载，证明了大宛对汉地文明的影响非常广泛。

从地理位置来说，大宛西北邻康居，西南和大月氏、大夏相邻，东北邻乌孙，东行经帕米尔的特洛克山口可达疏勒，在当时东西交通上占有相当重要的位置。希腊-巴克特里亚王国最盛时占有该处，在各地修筑了古典希腊式堡垒。国王欧西德莫斯一世曾将势力扩展到粟特地区。大宛首都在贵山城，分内城和外城，在遭到汉朝大军围攻40多天的情况下，内城也没有陷落，可见其城池坚固，建筑水平很高。汉文史料记载，大宛人口三十万多，有兵六万，政治首领除了国王，还有副王。

公元前103年，汉武帝遣李广利率六千骑兵和三万恶少组成的军队，远征大宛，这是人类历史上一次伟大远征。公元前102年，汉朝远征军战败郁成城，退回敦煌。在增加兵力之后，李广利第二次远征大宛，攻破外城。大宛内讧，杀其王求和。李广利回到玉门关时，只剩下一万人的军队和一千匹马。汉武帝对大宛的远征，虽然劳民伤财，却是中华文明第一次大规模地和一个高度城市化的印度—欧洲文明接触。这次远征一举奠定了汉在西域的主导地位，并彻底打通了丝绸之路。从公元前1世纪以后，东方和西方世界通过丝绸之路连通起来。从这个意义上来说，其代表了中华文明的开放和进取精神。

之后，丝绸贸易进入繁荣时期，丝绸的传入对西方社会产生了重要的影响。在西方，罗马贵族对丝绸的追捧导致元老院发布禁止穿戴丝绸的禁令，有关情况记载在老普林尼（Pliny the Elder）和斯特拉波的著作中。同时，佛教信仰和希腊—佛教文化很可能从此时，具备了传入中国的外在条件。

6. 大月氏的入侵

根据汉文史料记载，原先大月氏强盛，轻匈奴，匈奴冒顿单于立，攻破月氏，至匈奴老上单于杀月氏王，以其头为饮器。月氏始居敦煌、祁连间，后为匈奴所败，乃远去，过宛，西击大夏而臣之，遂都妫水北，为王庭。其余小众不能去者，保南山羌，号小月氏。汉武帝从投降的匈奴人知道这一情报后，募张骞通使月氏，希望能够联合月氏夹击匈奴。这是一个非常有战略眼光的决策，由于超出了当时的地理等外在条件，并未达成效果。但张骞的凿空之旅却带来了中西交通的重要契机，也带回了有关月氏和大夏的情报。

张骞抵达巴克特里亚时，当时的政治形势是来自北方的大月氏直接控制了妫水北，它的南边是大夏，西边是安息，北边是康居。张骞指出，大月氏是"行国"，也就是游牧民族，风俗"与匈奴同"，战士控弦者可一二十万。而其南边的大夏，城市化程度很高，"有城屋，与大宛同俗"，"无大长，往往城邑置小长。其兵弱，畏战。善贾市"。当时作为游牧民族的大月氏击败了大夏（也即希腊-巴克特里亚王国），迫使其臣服作为属国。虽然大夏人数众多，"可百余万"，而且擅长商业，经济发达，但是不敌北边的大月氏。此时，大夏仍以蓝氏城为中心，战胜的大月氏没有渡河而南，而是留在北方。张骞劝说大月氏和汉朝结盟，打击共同的敌人匈奴，但是大月氏击败了大夏，在当地没有敌手，土地肥饶，又感觉距离汉朝太远，没有报复匈奴的意图，最后张骞不得要领而还。

关于希腊-巴克特里亚王国和大夏的关系，伯希和、塔恩、纳拉因等都认为，张骞所见的大夏就是希腊-巴克特里亚王国，在臣服于拥有强大骑兵的大月氏之后，仍保持着一定程度的自立。但是李希霍芬、王国维等人认为，张骞所见的大夏人是塞种人，塞种人灭亡了希腊-巴克特里亚王国后，又被入侵的大月氏所降服。斯特拉波在《地理书》中记载了击败希腊人并夺取巴克特里亚的游牧部落，但是他称其为"阿希人（Asii）、帕色阿尼人（Pasiani）、吐火罗人（Tochari）和塞加罗里人（Sacarauli）"，这和司马迁记载的"月氏乃远去，过大宛，西击大夏而臣之"有区别。争论的焦点就是，西方古典文献和司马迁的记载,是否描述的是同一事件。从史料分析来看,我们支持大夏即希腊-巴克特里亚王国的观点。《汉书》中云:"大月氏西君大夏,而塞王南君罽宾。"说明塞种人并没有灭亡希腊-巴克特里亚王国,真正迫使希腊-巴克特里亚王国臣服的是大月氏。张骞在巴克特里亚地区所见的,是战败分裂的希腊-巴克特里亚国民向大月氏臣服的情形。

希腊-巴克特里亚王国时期,中亚的农业和畜牧业获得迅速发展,种植小麦、稻谷、葡萄。来自希腊、马其顿、小亚细亚的移民大规模屯田开荒,兴修水利。公元前3世纪以后,城市经济繁荣。古代巴克特里亚的建筑艺术达到相当高的水平,建有大城市及许多定居点,有"千城之国"的美称。在希腊-巴克特里亚王国时代所建的都市,城墙厚实,上建长方形望楼,市区平面规划整齐,住房多用小扁石块修筑,基础则用生砖砌成,国都的王宫与贵族府邸更以壁画装饰。在各遗址中,都发现有大量钱币(主要是银币),上面的王像和铭文,证明了当时社会经济交流之繁荣昌盛。希腊-巴克特里亚王国晚期君主欧西德莫斯二世曾发行白铜合金的钱币,但此技术之前仅中国持有,可视为其与中国进行贸易或技术交流的证据。月氏进入巴克特里亚之后,逐渐受到希腊文化的影响,希腊字母被广泛用来拼写伊朗系语言,并出现在钱币上。

第二节
米南德一世——作为佛教转轮王的希腊君主

虽然北部的巴克特里亚地区被游牧民族攻陷，但是德米特里一世开创的印度-希腊王国继续在南部保持繁荣。甚至在米南德一世的统治下，建都舍竭城，将势力扩展到印度腹地，建立了领土广大的王国。印度-希腊君主米南德一世作为一位与佛教关系微妙的统治者，在西方古典文献和东方佛教文献，乃至汉文文献中都留下了自己的痕迹。

米南德统治期间，从巴克特里亚来的希腊人征服了包括巴克特里亚西部、印度北部乃至旁遮普的广大地区，甚至比亚历山大大帝时更为深入印度次大陆，建立了一个庞大的印度-希腊帝国。斯特拉波记载："希腊人不仅占有巴塔林一带并连绵到海岸，包括索拉什特拉和信德的那些国家。"印度古代经典往世书之《伽尔吉本集》甚至记载，希腊人攻破了巽伽王朝首都华氏城（Pāṭaliputra）。米南德统治范围之广，也可由其铸造的钱币广为分布得到验证。在已发掘的印度-希腊君主铸造的钱币中，他的钱币最多最广。他在西方知识体系中也留下了自己的痕迹。最晚从公元前1世纪开始，西方地理知识体系，比如在托勒密绘制的世界地图中，已经开始用"米南德山"（Menander Mons）指代今天位于印度东部的一些山脉。米南德对西方世界的影响可见一斑。

米南德一世是希腊-巴克特里亚诸王中唯一被佛教文献明确记载的君主，他的功业也在世界的西方得到关注。他的大军从犍陀罗腹地挺进印度，攻城拔寨，建立了一个影响广泛的强大国家，而印有其头像的钱币则被商队携带至欧洲海岸。米南德一世统治时期，国内似乎较为太平，没有叛乱和动荡的记载。在西方古典文献中,他被描述为一位伟大的仁君,被当作像叙拉古的暴君狄奥尼修斯一世（Dionysius I）的对立面。

有关米南德一世最详实的文献记载,是南传小部经典《弥兰陀王问经》（Milinda Pañha）和汉传佛典《那先比丘经》。《弥兰陀王问经》在缅甸版巴利三藏中位于《经藏·小部》,而在泰国和斯里兰卡版本中属于巴利藏外文献。这部经典的主题是弥兰陀王（也就是米南德一世）向高僧龙军（Nāgasena,那先）问道的集录。《弥兰陀王问经》以问答的方式阐述了涅槃五蕴、佛身、智慧、精进、轮回、缘起、无我和业报等佛教基本教义,均以各种譬喻说明,劝弥兰陀王信奉佛教。比如关于轮回、业报,龙军形容为"人生死如车轮,展转相生,无有绝对",而人的穷通夭寿都是善恶诸业的果报。《那先比丘经》是《弥兰陀王问经》的同经异译,有两卷本和三卷本两个版本,均收录于《大正藏》第32册。此经大概译于东晋,译者佚名,可能是说一切有部所传的版本。萧梁时代僧祐的《出三藏记集》记载了此经,除《那先比丘经》之外,还有《那先譬喻经》四卷和《那先经》一卷,见于经录,但经文已经散佚。汉译《那先比丘经》和南传《弥兰陀王问经》内容大同小异,都是通过弥兰陀王和龙军的对谈来宣扬佛教教义。比较大的区别在于汉译《那先比丘经》记录到对话结束为止,南传《弥兰陀王问经》还记载了弥兰陀王放弃王位、出家修道、最后涅槃的情节,似乎有一定发挥。

图1-14

图1-14 米南德钱币,大英博物馆
钱币上塑有米南德一世头像,带有鲜明的希腊人特征。

高僧Nāgasena在汉传佛典中最初的翻译是那先，显然是音译。此后这一高僧的名字在汉语文献中又有多个不同的翻译。约译于东晋的两卷本《那先比丘经》卷上，称米南德一世为"弥兰王"，称其"以正法治国，高才有智谋，明于官事，战斗之术无不通达"，在他统治之下，国家"五谷丰贱，家有余畜，乐不可言"。而高僧那先来到舍竭国，跟随他的弟子"皆复高明"。三卷本《那先比丘经》所用人名、地名的翻译一如两卷本，应该是同一来源的译本。在三卷本《那先比丘经》中，称米南德一世统治的国家为"北方大秦国，国名舍竭"，指明此国的统治阶层带有希腊血统，而首都位于Sagala。它描述了米南德一世统治下的繁荣景象：

> 其国中外安隐，人民皆善。其城四方皆复道行，诸城门皆雕文刻镂。宫中妇女各有处所，诸街市里罗列成行。官道广大，列肆成行。象马车步，男女炽盛乘门，道人、亲戚、工师、细民，及诸小国皆多高明。人民被服五色焜煌，妇女傅白，皆着珠环。国土高燥，珍宝众多。四方贾客，卖买皆以金钱。五谷丰贱，家有储畜。市边罗卖诸美羹饭，饥即得食。渴饮蒲萄杂酒，乐不可言。其国王字弥兰，以正法治国。弥兰者，高才有智，明世经道，能难去来见在之事，明于官事战斗之术，智谋无不通达。

汉译《那先比丘经》中对米南德一世统治之下的印度-希腊王国进行的生动描述，有文学夸张的成分，但是反映了一些历史细节，比如米南德统治时期内部安定，商业发达，"买卖皆以金钱"，民众喜饮"蒲萄杂酒"。更有意思的是，它形容该国"妇女傅白，皆着珠环"，似乎点明了此时希腊裔女性外貌的一些特征。而所谓米南德一世用"正法"统治人民，显然是佛教典籍对护持佛法君主的典型描述。类似的文字表述，甚至见于隋文帝的诏书和武则天的政治宣传之中。在中国南北朝隋唐时期，君主护持佛法，以"正法"统治人民，已经变成对佛教理想君主转轮王的典型描述。

那先和米南德一世的对话，在中古时代广为佛教僧侣所熟知，比如唐前期高僧长安西明寺的道世在其著作《法苑珠林》中就有描述，称米南德为弥兰王。不过道世等中土高僧应该不知道这位弥兰王是一位希腊君主。元魏西域三藏吉迦夜与昙曜译《杂宝藏经》卷九记载米南德王与那先的对谈，称"难陀王与那伽斯那共论缘"。"那伽斯那"就是高僧那先，而难陀王应该就是米南德王。显然吉迦夜和昙曜并未受到之前译本的影响，而是按照自己的标准进行了翻译。南朝陈的时期，天竺三藏真谛在译《阿毗达磨俱舍释论》时，也记载了两人的对话，他将那先的名字译为大德那伽斯那阿罗汉，而将米南德王译为旻邻陀王。作为印度高僧的真谛，将Nāgasena音译为那伽斯那，将Milinda音译为旻邻陀王，从读音上来说，更接近本尊的原貌。

到了唐代，玄奘摒弃之前那先、那伽斯那等音译方法，将这位高僧的名字译为龙军，米南德王的名字则译为毕邻陀王，《大正藏》第29册《阿毘达磨俱舍论》记载，"昔有大德名曰龙军，三明六通，具八解脱。于时有一毕邻陀王，至大德所"。Nāga在汉译佛典中往往译为龙，而Sena是军队的意思，所以不难理解玄奘是采用了意译的方式重译了这位跟米南德一世对话的高僧的名字。

在《那先比丘经》中，有一段有趣的对话，两个版本内容一致，引三卷本如下：

> 那先问王："王本生何国？"
> 王言："我本生大秦国，国名阿荔散。"
> 那先问王："阿荔散去是间几里？"
> 王言："去二千由旬合八万里。"
> 那先问王："颇曾于此遥念本国中事不？"
> 王言："然，恒念本国中事耳。"

所谓大秦国，应该是当时中土知识所框架的欧洲世界的代称，因为这一时期罗马已经崛起，汉文资料往往称罗马为大秦，进而可明确此米南德王的希腊背景，而"阿荔散"，显然是"Alexandria"（亚历山大，巴利文作Alasanda）的音译。不过亚历山大大帝曾兴建过很多以"亚历山大"命名的城市，对于米南德王所说的"阿荔散"到底是指哪一个亚历山大，尚无法确定。如果按照汉译《那先比丘经》的描述，"去二千由旬合八万里"，应该是形容异域的常用表达，而不是实际上能够轻易抵达的地方，还不能断言这个"阿荔散"就是埃及的那座代表希腊文化高峰的亚历山大城。与汉译本明显不同的是，《弥兰陀王问经》强调米南德故乡距舍竭城是两百由旬，而不是汉译本的两千由旬。如果是两百由旬的话，学者们就不太相信这个亚历山大城指的是埃及那座著名的城市，更倾向位于大夏南部、兴都库什山中的亚历山大城（Alexandria of the Caucasus）——希腊人称兴都库什山为高加索，所以该城的字面意思是"高加索山的亚历山大城"。如果依两百由旬计算，从这里到米南德的都城舍竭城大约是500英里，相差不多。

依据《弥兰陀王问经》的记载，推测米南德一世出生于一个由亚历山大东征建立的希腊化城市，应该去史实不远。关于米南德的出身，塔恩认为既然他出生在一个村子，那么应该是平民出身，纳拉因对此进行了驳斥。斯特拉波记载，米南德是欧西德莫斯王族成员，这一点也被蒲普塔克的记载所印证，他称米南德为"大夏王"（King of Bactria）。而且在《弥兰陀王问经》里，米南德声称出身王族。

《弥兰陀王问经》的行文结构比较特殊。塔恩专研希腊化世界，他猜测这一佛经是改变自一个最初用希腊文写成的文本，而这一文本或许在米南德一世去世后不久就产生了。公元前2世纪的《阿里斯狄亚书简》（*Letter of Aristeas*），在塔恩看来，或许就是对《弥兰陀王问经》的模仿。《阿里斯狄亚书简》也是现存最早提及亚历山大图书馆的西方典籍。塔恩推测，在米南德王去世之后大约半个世纪，用希腊文写成的《弥兰陀王问经》已经传到亚历山大图书馆。虽然并没有任何证据证明这一点，但就如下文将论及的那样，西方世界对米南德一世的去世和葬仪有详细的记载，或许能佐证记载米南德一世事迹的文本存在从东方传入西方的可能性。有的学者甚至认为那先也是希腊人，因为佛典中提到那先是阿育王时代高僧法铠（Dharmaraksita）的弟子，而后者正是希腊人，所以那先也有可能是希腊人，并能够熟练地使用西方世界熟悉的柏拉图式的行文风格。这样的话，《弥兰陀王问经》就变成了两个希腊人之间的对话，而最初的文本也是由希腊文写成的，后来被吸收进入佛教典籍。但必须指出的是，这些都是基于逻辑的推测，至今仍无坚实的史料证据。故只能说，《弥兰陀王问经》，除了内容之外，行文结构也有特殊之处。

米南德和那先对谈的所在地舍竭城，即印度-希腊王国的都城，在7世纪迎来了一个途经此地的高僧——玄奘。玄奘只是众多西行求法僧、往来使节、商旅中的一员，但他留下了有关舍竭城（《大唐西域记》作"奢羯罗故城"）的文字记载：

> 垣堵虽坏，基趾尚固，周二十余里。其中更筑小城，周六七里，居人富饶，即此国之故都也。……奢羯罗故城中有一伽蓝，僧徒百余人，并学小乘法。世亲菩萨昔于此中制胜义谛论。其侧窣堵波，高二百余尺，过去四佛于此说法。又有四佛经行遗迹之所。伽蓝西北五六里有窣堵波，高二百余尺，无忧王之所建也，是过去四佛说法之处。

玄奘记载的这座寺院和佛塔遗迹，很可能是《弥兰陀王问经》中提到的米南德王为那先建造的米南德大寺

（Milindavihara）。米南德王与那先的故事在南传佛教中影响深远，并形成了地方传统。比如泰国曼谷著名的皇家寺院菩开奥寺（WatPhraKeo），供奉着泰国最负盛名的守护神玉佛。玉佛是七块翡翠绿玉雕成，在头、肩、腹、膝等部，内藏九粒佛陀真身舍利。这一佛教圣物被认为是米南德王国师那先发愿，由天人协助而雕成的。

对于米南德一世是否佛教徒，塔恩认为《弥兰陀王问经》的记载并不能证明米南德就是佛教徒，他举了米南德钱币上的雅典娜像作为证据。实际上，就算到了贵霜时代的迦腻色伽，在使用佛像作为钱币形象之外，也依然使用非佛教的神祇作为钱币形象。何况在米南德时代，佛像还没有出现并被广泛使用。尽管这样，已经发现的米南德钱币上已出现转轮符号，这也许可以作为米南德崇信佛教——至少使用佛教进行政治宣传的实物证据。这一实物证据正好又可以跟文献记载对应起来。对于这一钱币符号，有学者认为这是法轮，象征佛法。但塔恩认为并非如此，因为在钱币上除了轮形符号之外，还有一个在希腊文化中象征胜利的棕榈枝。两者结合起来，塔恩认为，这毫无疑问是转轮王的轮宝，是转轮王的标志。纳拉因则认为轮形符号可能代表转轮王轮宝，但也不能否认米南德的确投向佛教。转轮王作为一种理想的统一君主（universal monarch），此时或已被佛教所吸收，转变成护持佛法的理想统治者。虽然不能确定是米南德自称转轮王，还是被别人拥戴为转轮王，但毫无疑问，钱币上的符号证明米南德在一定程度上采用了佛教的政治意识形态和学说。实际上，塔恩也认为，米南德显然是沿袭阿育王的伟业，所以采用转轮王的意识形态也并不奇怪。而且在与米南德一世的对抗中，希腊-巴克特里亚国王欧克拉提德一世在钱币上称自己为"众王之王"——这也是希腊人最能理解的转轮王的对应含义，出于竞争的考虑，或许米南德一世也称转轮王。米南德钱币上一面是来自东方传统的轮宝，一面是来自希腊文明的棕榈叶，这足以证明当时文明交融的程度之高了。

最能支持米南德使用佛教转轮王作为政治意识形态学说的证据，来自于西方古典文献关于他葬礼的记载。关于米南德一世的去世，佛教文献和西方古典文献记载完全不同，但都指向了跟佛教的关联。据《弥兰陀王问经》记载，米南德一世选择放弃王位，出家修道，最终证取阿罗汉果并涅槃。这一点在南传佛教中广为流传，但汉传佛教文献中则无。而《那先比丘经》中就没有米南德一世出家为僧的记载。当然，米南德出家为僧并不可信，这一情节很可能是佛教宣传的惯用方式。不论塔恩还是纳拉因都分析并否认了这一点，西方古典文献关于米南德一世去世的记载与佛教文献完全不同。罗马时代的希腊史家普鲁塔克在著作《道德论集》

（*Moralia*）中提到，米南德一世死于军营之中。康宁汉（Alexander Cunningham）爵士推测，随着在印度和兴都库什山脉南部地区的胜利，米南德试图光复大夏，想从安息人手中夺回大夏的一部分。他很可能就死在前往救援塞琉古的德米特里二世（Seleucid Demetrius II）的进军途中。普鲁塔克关于米南德死后葬仪的描述提供了非常丰富的信息。在普鲁塔克看来，米南德是仁君的代表，在其去世之后，其统治之下的城镇因为他的葬礼争吵不休，各城均请求保存其遗骸。大家最终达成协议，决定将其骨灰分给诸城，分别建造纪念碑（应该就是塔）保存和供养。这种葬仪不禁令人想起佛陀死后，他的舍利被分散建塔，进行供养。

前书论及米南德一世铸造的带有转轮的钱币，证明米南德在一定程度上采用了佛教的政治意识形态和学说。结合普鲁塔克关于米南德葬仪的描述，更可确定此论。米南德一世的骨灰被建塔供养，这正是其转轮王身份的标志。实际上，佛陀的葬仪也是从转轮王葬仪沿袭而来的，这一点从汉译佛经中也能找到相关记载。比如东晋天竺三藏帛尸梨蜜多罗译《佛说灌顶冢墓因缘四方神咒经》卷六就记载了佛陀葬仪和转轮王葬仪之间的关系：佛陀涅槃前，阿难询问采用何种仪式。佛告阿难云："汝可语诸末利伽及信心居士我葬之法，如转轮圣王法则无异。"阿难又问转轮圣王的葬法，佛陀回答道：

> 转轮圣王命终之时，王后、太子、诸臣百官，用鲜洁白毡三百余端以缠王身，捣细末香以涂王身。有三种棺，第一棺者紫磨黄金；第二棺者以铁为棺；第三棺者栴檀杂香。以是三棺盛持王身，灌以苏油，香薪烧之。火尽以后，收取骨末，于四衢道头露净之处，起于冢塔，表刹高妙，高四十九尺。以五色杂彩以为幡号，令四方人民见者悲喜，思王正治，率化臣下。我今圣王般涅盘后，欲为葬法，亦复如是，令十方人思慕正法，学我道言。精勤苦行，昼夜不废，可得至道涅盘之乐。

图1-15

图1-16

图1-17

汉译佛经关于佛教转轮王葬仪的描述，尤其是建塔（stupa）供养的情节，与蒲鲁塔克的记载非常吻合。普鲁塔克关于米南德一世死后其舍利被分散供养的描述，很容易令人想起佛教历史上历次分舍利建塔，包括孔雀王朝阿育王、贵霜王朝迦腻色伽、隋朝隋文帝、武周武则天都将分舍利建塔作为推行佛教、巩固帝国的手段。西方古典文献和东方佛教文献关于米南德一世去世的记载不同，或许正反映了米南德所建立的印度-希腊王国面临的社会结构现状。米南德希望通过佛教安抚本地臣民，同时也保持希腊传统，维系希腊裔臣民的忠诚。尽管记载不同，但两者都指向了佛教信仰。正如齐默（Heinrich Zimmer）所言："即便这位希腊君主自己不是佛教徒，他也是佛教僧团的重要赞助者，以至于后者将其视为自己的一员。"

毫无疑问，在米南德广袤的领土中，居民是二元结构的，一边是作为征服民族的希腊居民，一边是广大的东方本地居民。他的大部分钱币都采用双语，显示他力图照顾各个族群的情绪。不过，印度居民和希腊居民的生活方式并不相同，当地居民继续保持等级制度和族群认同，而希腊裔居民则居住在建有围墙的城市和军事殖民点之中。就信仰来说，希腊裔居民在某种程度上仍信仰着希腊诸神。这一点从米南德铸造的钱币上可以得到证明。

米南德自己也有希腊王号Basileus（巴赛勒斯，希腊语境中的军事首长或王）的头衔。同时，他又拥有大王（Maharaja）和法王（Dharmaraja）的头衔。很可能，为了应对二元结构的社会体系，米南德采用了二元的政治理论，对希腊居民而言他是拥有军事和祭祀权的巴赛勒斯，对于印度居民而言，他是大王和法王，以正法统治人民。他的头衔及透露出来的宗教、政治信息，主要通过他铸造钱币上的铭文可以看得出来。

米南德统治时期国力强盛，商业发达，其铸造的钱币甚多。钱币一面是国王的形象，有些像很年轻，另一些则为中年形貌，因其在位有二十余年之久，钱币应在不同时期铸成。铭文主要有下面三种：

Basileos Dikaiou Menanrou

Basileos Soteros Menadros

Maharajasa Dharmaiksa Menandrasa

图1-15 米南德一世铜币，大英博物馆
一面是八车辐（可能象征佛教的八正道）的轮宝，一面是棕榈叶。

图1-16 米南德一世铜币正面转轮符号，大英博物馆

图1-17 米南德一世铜币反面棕榈叶，大英博物馆

米南德一世钱币上的头衔Basileos Soteros和Basileos Dikaiou带有希腊政治传统的痕迹。Dikaio是"执法者"的意思。Basileos也就是英文的Basileus（巴赛勒斯），希腊特有的王号。而Soteros就是Soter，意思是"救主""救星"。"救主"这一头衔在巴利文中被写作Tratarasa。这一头衔在希腊世界具有崇高的地位和意义，不是所有君主都可以加上"救主"的头衔。比较有名的拥有"救主"头衔的希腊君主，如在埃及称王的托勒密一世和塞琉古帝国的安条克一世。没有伟大的军功，是不能拥有"救主"头衔的。安条克一世之所以得到"救主"头衔，是因为他于公元前275年击败了入侵小亚细亚的加拉太人，拯救了爱奥尼亚的希腊城邦。米南德一世钱币上的铭文显示他也拥有"救主"头衔，或许反映了他的赫赫武功以及保卫希腊—印度王国的功绩。由此可见，米南德的头衔Basileos Soteros（救世主王）仍带有强烈的希腊传统风格。

大部分的米南德钱币都用双语铭文，前面用希腊文，背面用佉卢文，这种情况在希腊世界的其他地区比较少见。佉卢文又名犍陀罗文，曾通用于印度西北部、巴基斯坦、阿富汗一带，最早发现的佉卢文可追溯至公元前251年，至3世纪时逐渐消失，但在丝绸之路各地仍被使用，可能一直到7世纪才彻底被遗弃。米南德之后，许多印度-希腊君主开始采用巴利文头衔Dharmikasa（正法的追随者）。之前的阿育王有一个头衔是Dharmaraja（法王），两者之间的意涵或许有类似的地方。也有学者认为，Dharmikasa的头衔或许只是强调他统治公正，并没有强烈的宗教色彩。不过，结合其他证据，依然可以推断，至少在米南德统治时期，佛教在政治和社会生活中扮演了重要的角色。除古希腊文献关于他葬礼的记载，在其统治故地出土的文献资料也可以证明这一点。

据《米兰陀王问经》的记载，米南德手下的大臣有不少是希腊人，这些希腊人的名字被改写，以适应巴利语的习惯，比如大臣Devamantiya的名字，应该是希腊文的Demetrius，大臣Anantakaya的名字，应该是希腊文的Antiochus，等等。可见在当时的政治结构中，希腊人似乎仍占据比例较大的重要职位。而且在米南德统治时期，似乎出现了希腊佛教僧侣巡礼的活动。斯里兰卡古代巴利文历史文献《大史》（*Mahavamsa*, XXIX）中记载希腊佛教僧侣参加杜图盖马尼王（Dutthagamani）修建大塔（MahaThupa）典礼的内容："从希腊人（Yonas）之城亚历山大（Alsanda），希腊人高僧大法盾（Mahadhammarakkhita）率领三万人的僧团前来。"在印度文献中，希腊人被称为Yavanas（Ionians，巴利文作Yona，汉译佛经中有"拘沙种"，似乎是其对译），在《弥兰陀王问经》中就用这一名称指代米南德代表的族群。这或许能说明，在米南德时代，在今西北印度和阿富汗地区，可能存在人数众多的佛教僧团，而希腊裔僧人在其中扮演重要的角色。也可以说，佛教在贵霜时代之前已进入中亚地区。

希腊人在巴克特里亚等统治地区，采用的是分区管理制度。地方行政系统，不是塞琉古帝国的省—州—县（区）三级，而是省—州两级。特殊的地方只存在州，而没有省，考虑的是当地的民族、宗教、政治形势。行省一般设立总督或将军，对国王负责，有点像贵霜时代在印度派驻的副王。每个州的长官叫"密瑞达伽"（meridarchs），大概相当于州长。国王、总督、将军、州长基本尊重当地的社会结构、宗教信仰和生活方式，这可能是希腊化王国能在当地长期存在的一个原因。

在米南德统治下，地方长官比如州长在佛教信仰中扮演了重要角色。从犍陀罗西部地区的佛塔遗迹出土两个舍利容器，上面的铭文提到米南德的名字。第一个出土于巴焦尔（Bajaur）地区的Shikot，铭文显示是地方长官Viyakamitra所供养的释迦牟尼肉身舍利，提到"大王"米南德的名字；第二个出土于斯瓦特（Swat）谷地，其铭文讲述了地方长官（"提奥多罗斯"，民事长官，希腊化官衔）西奥罗斯（Theodorus）为了人民福祉而保存供养佛陀舍利。出土于阿富汗的一件银器的俗语铭文中也有Theudora，铭文提到其子的印度式名字。寇瑙（Sten Konow）认为第二个舍利函的年代是公元前2世纪中期，如果这样的话，西奥罗斯也是米南德统治期间的一个地方长官。两个铭文都是用佉卢文写成。此时很多希腊居民都是双语的。其中西奥罗斯舍利函铭文写作：

> 为了大众的福祉，总督西奥罗斯供奉佛祖释迦牟尼的神圣舍利（于此）。

如果地方长官存在建塔供养舍利的话，或可推测，作为最高统治者的米南德本人也存在建塔供养佛陀舍利的行为。因此他的骨灰也如佛陀一样，被诸城平分，建塔供养，也就不难理解了。佛教传入中国，舍利供养成为中国中古时代政治、信仰世界的重要情节，甚至被隋文帝、武则天等君主视为树立自己佛教转轮王权威的重要步骤和仪式。

从巴尔胡特（Bharhut）一座佛塔中发现的浮雕，表现了一个异族武士，装束带有鲜明希腊风格。战士手持莲花，而他的刀鞘上面则赫然出现了佛教三宝符号Triratana。据古代印度经典记载，当时存在着米南德将在华氏城建造一座佛塔的预言。虽然米南德的大军可能并未攻陷华氏城，但反映了米南德扩张领土、推广佛教的一种野心。

作为统治集团核心力量的希腊族群毕竟只占据人口的少数，因此，米南德等希腊君主最终选择佛教作为自己意识形态和宗教信仰的一部分，很可能存在统治上的考虑，有意识或者无意识的。佛教虽发端于今印度东北部，但是真正从一个地方性信仰发展成一个世界性宗教，一个重要的阶段就是在犍陀罗地区的重构。这里是佛教的飞翔之地，而希腊文明在其中扮演了极为重要的角色。对米南德来说，佛教否认社会等级，提倡众生平等，对原先婆罗门阶层高高在上的社会地位是一个冲击。这对于作为外来统治者的希腊君主而言，正是求之不得的。如果这些推测成立的话，《弥兰陀王问经》中希腊君主米南德一世和佛教高僧那先的对话，展现的是作为外来的世俗王权和本地佛教教团在某种意义上的思想和信仰的结盟。

米南德一世之后，印度-希腊王国陷入动乱和内战，他的王后可能是"印度人的国王"德米特里一世的女儿或者孙女。他去世之后，由王后摄政，幼子特拉索（Thraso）继位，但国家陷入分裂，国势逐渐衰落。米南德的印度-希腊王国是希腊人在中亚和印度的最后一个强大政权，之后希腊人就陷入了四分五裂的状况。此时，塞人和大月氏等游牧民族入侵，更是雪上加霜。希腊人的后方巴克特里亚首先被占领，印度的希腊人被彻底切断了退路，之后本土化加速，希腊文化最终消失在印度本土文化的汪洋大海之中。

由于米南德是贵霜帝国之前非常重要的一位君主，所以贵霜帝国崛起的过程中，开明君主丘就却可能将自己与米南德的功业连接在一起。佛教文献甚至显示，丘就却宣扬自己是米南德一世的转世。

图1-18　希腊战士，米南德时期，巴尔胡特出土，加尔各答印度博物馆

第三节
阿育王与佛教传入犍陀罗

亚历山大征服印度的梦想没有实现。公元前325年左右，中印度摩揭陀的旃陀罗笈多（Candragupta）揭竿而起，展开了驱逐希腊入侵者的事业，甚至一度从希腊人手中夺回了犍陀罗。在很长的一段时间，塔克西拉一直在旃陀罗笈多开创的孔雀王朝统治之下。旃陀罗笈多继承者是其子宾头娑罗（Bindusara）。宾头娑罗继承了父亲的扩张政策，希腊文献称之为"阿利特罗卡得斯"（杀敌者）。宾头娑罗王统治时期，任命自己的儿子阿输迦（Asoka）——即佛教史上占据重要地位的阿育王——担任新征服的呾叉始罗（塔克西拉）地区的总督。阿育王发迹的地方，正是犍陀罗地区。宾头娑罗王去世后，阿育王从呾叉始罗回师争夺王位，击败其兄，于公元前270年登上王位。

尽管阿育王在佛教发展史上举足轻重，且汉文文献对他的事迹多有描述，甚至中国的君主如隋文帝都将其作为自己施政的楷模，但实际上一直到19世纪末，学界仍不确定他是不是一个真实存在的历史人物。中国西行求法的高僧，比如法显、玄奘等人在旅行记中留下了众多有关阿育王遗迹的记载，甚至详细描述见到的阿育王柱的位置和形制。但直到1837年，借助汉文文献等资料的帮助，詹姆斯·普林塞普（James Prinsep）才最终解读了阿育王法敕的碑铭，确定了这些阿育王柱是阿育王所为。此后，康宁汉、埃米尔·塞纳尔特等人跟进研究阿育王与佛教的关系，最终大家认识到，阿育王不是佛教文献杜撰出来的一个人物，而是真实存在的。

现在众所周知的知识，其实是学者们艰辛挖掘出来的已经遗失的历史信息。阿育王在佛教发展中的重要性，大家已经熟知。阿育王颁布的法敕（包括摩崖法敕和石柱法敕）同时具有政治和宗教功能。装饰着狮子、象、牛、马等动物形象的阿育王柱，广泛分布于孟加拉国、尼泊尔、巴基斯坦、阿富汗等区域。这些石柱，一方面是阿育王宣扬佛法的工具，另一方面也是彰显其佛教转轮王形象的平台。关于阿育王柱和转轮王的关系，玄奘记载得非常清楚。在室罗伐悉底国（也就是舍卫舍婆提），他写道，在城南五里的地方，就是胜军王君臣施舍修建的祇陀园，那里寺院已经颓灭，但是石柱还在，"举高七丈，育王标识"。所谓"育王标识"，就是说，这些阿育王柱是阿育王王权的标志，是佛教转轮王的特征。阿育王柱作为一种宣扬佛教王权的纪念碑性质的建筑，被后来的贵霜帝国继承。在犍陀罗浮雕中，经常能看到阿育王柱的形象，阿育王柱还与礼敬窣堵波联系在一起。不过，这种建筑模式并没有在中国形成连绵不断的传统。

阿育王的形象，在犍陀罗浮雕中通常以佛传故事的角色出现。在施土因缘的浮雕中，阿育王的前世，一个小儿施舍泥土给佛陀，佛陀预言这个小儿将在未来做转轮王。

阿育王统治期间，希腊势力暂时向巴克特里亚地区退缩，要等到孔雀王朝崩溃后才再次卷土重来，占领犍陀罗和旁遮普等地区，但西北印度仍然居住着大量的希腊后裔。阿富汗发现的阿育王法敕，用希腊文撰写，文法准确，使用高度成熟的哲学词汇。法敕内容提到希腊居民皈依佛教的情形。这些都显示，在阿育王统治时期，佛教在西北印度与希腊文化发生了深刻的融合，进而发展出新的思想、神祇和艺术形式。

阿育王时期，孔雀王朝和希腊-巴克特里亚王国之间交流非常频繁。比如阿育王的儿子患病，就是来自犍陀罗的巴克特里亚医生治好的。对于佛教而言，最重要的是，阿育王凭借国家的力量，开始帮助佛教向外传教，进而使佛教从一个恒河流域的地方信仰发展成为一个世界性的宗教。阿育王派遣传教团的地方中，犍陀罗和巴克特里亚都成为重点。根据《善见律毗婆沙》记载，公元前253年，阿育王派遣末阐提（Majjhantika）带领僧团到迦湿弥罗和犍陀罗传教，传教重点是说一切有部的教义，依十诵律；另外，派遣摩诃勒弃多（Maharakkhit）到臾那世界（希腊人居住区）传教。他们带去的新宗教取得了巨大的成功。在犍陀罗地区，当地的龙族人纷纷皈依。摩诃勒弃多传教的地区，一次就有17万人放弃本来的祆教信仰而皈依佛教，希腊-巴克特里亚王国甚至驱逐祆教转而扶持佛教。

图1-19 阿育王柱

图1-20 转轮王像，公元前3或者前2世纪，集美博物馆
有学者认为可能是阿育王，场景中的阿育王被七宝环绕。

图1-21 阿育王法敕，双语，阿富汗国家博物馆
阿育王法敕是公元前258年阿育王发布的敕令，出土于阿富汗坎大哈，对象包括当地的希腊居民。

图1-19

图1-20

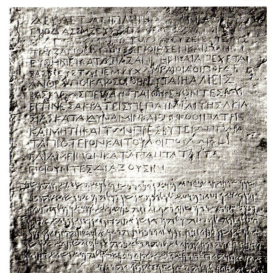

图1-21

其实在阿育王派出官方传教团之前，希腊人已经大量信仰佛教，桑奇的碑文中就有希腊供养者。阿育王派遣的传教使团，其中就有希腊人昙无德（Dhammarakkhita）。在阿育王的推动下，佛教在巴克特里亚和犍陀罗应该获得了更好的发展。塔克西拉的法王塔最早修建的时间就是阿育王时期。塔克西拉地区的锡尔卡普遗址，很多佛教遗迹都可以追溯到公元前2世纪。

锡尔卡普古城最早在公元前2世纪由德米特里一世修建，1世纪重建。古城分为上下两城。下城南北长600多米，东西宽200多米，石砌城墙厚达五六米。城内街道设计得很有规则，将城市分为26个街区，正中是宽八九米的大街。大街两侧分布着店铺、庙宇。锡尔卡普的双头鹰庙，很能说明希腊文化和佛教信仰的融合。这是一座佛教窣堵波，但建筑样式却是希腊式的。中间为台阶，台阶两边的基坛上各有三个壁龛。壁龛两侧是希腊样式的科林斯柱，壁龛里雕刻着双头鹰。

"千城之国"巴克特里亚对犍陀罗文明的产生和发展具有重要的意义。佛教传入之后，佛教艺术在巴克特里亚地区有很大的发展。巴克特里亚地区的铁尔梅兹（Termez）、达尔弗津特佩等佛教中心，出土了众多犍陀罗艺术精品。这些雕塑内容展现的不仅仅是信仰世界的内容，也反映了当时当地的日常生活情形。铁尔梅兹在汉文文献中通常被称为"呾蜜"，直到玄奘西行，这里仍有佛教寺院十余所，僧徒千余人。

贵霜帝国时期，巴克特里亚始终是贵霜最重要的统治区域之一，而且很可能贵霜王朝实际上就是大夏人复国所建。由于贵霜王朝持续弘扬佛教，佛教的地位在巴克特里亚更加巩固，并与当地文化传统相融合。巴克特里亚出土了大量的大型佛教雕塑，深具犍陀罗风格。内容上，巴克特里亚佛教遗址出土了佛教早期历史中的提婆达多（Devadatta）的造像，或许说明这一教派在当地还有流传。

图1-22　锡尔卡普穹顶庙遗址

图1-22

图1-23

图1-23 双头鹰庙

图1-24 舍利容器,塔克西拉博物馆
锡尔卡普出土,器形似乎借鉴了罗马化妆盒的样式。

第四节
希腊思想和艺术与佛教的融合

古代印度人称之为"Yavanas"的希腊人，在公元前2世纪，主要指的是居住在巴克特里亚、犍陀罗、印度西北部的印度-希腊人（Indo-Greeeks）。巴克特里亚的希腊王国南侵后，建立了印度-希腊王国，统治约两百年。希腊人在战略要地和交通要道修建希腊人城镇，作为统治的中心，促成了这些地区城市化的发展，诞生了一批保存丰富希腊文化元素的城市遗址。最为大家熟知的，有犍陀罗的布色羯逻伐底（Puṣkalāvatī，意为"莲花城"）和塔克西拉的锡尔卡普。锡尔卡普经过发掘，呈现出的样子完全是依照希腊希波达玛式（Hippodamian）修建的城市，整个城市是棋盘状的形态，既是文明中心，又是军事重镇。又如跟米南德王紧密相关的希腊化城市——首都舍竭城及其出生地"高加索山的亚历山大城"，都是重要的希腊城市。另外文献里还提到很多希腊城市的名字，比如以君主名字命名的德米特里亚（Demetrias，以德米特里一世名字命名）。港口城市婆卢羯车（Barygaza）也是重要的希腊人聚居区。一直到贵霜帝国时期，婆卢羯车都是重要的贸易港口，在丝绸之路贸易中扮演着重要的角色。

希腊文化的确非常成熟，但孤悬海外，势单力薄，在中亚的希腊人虽然努力保持自己的文化和传统，却也不得不面对本土的宗教和文明。他们不但使用希腊文，还使用佉卢文，不但信仰希腊神，还接受当地的神祇。阿育王时代，佛教传入犍陀罗地区。在这里的希腊人很快就接受了这种提倡众生平等的宗教，并注入自己的文化元素，促成了大乘佛教思想的成熟，也促成了举世瞩目的犍陀罗佛教艺术。

佛教能够在希腊人中间引起共鸣，并得到希腊君主和臣民的支持，除了政治因素之外，还可以看到佛教思想和希腊哲学的共通性。佛教教义和古希腊哲学确实在内涵上具有融通之处，比如对人生理想生活的理解，古希腊哲学家伊壁鸠鲁等追求身体健康和内心宁静的快乐，这和佛教的跳脱轮回、永恒寂静等想法有一致的地方；在对世界的认识上，赫拉克利特认为万事万物都在变化之中，没有静止不动的事物，所以"人不能两次走进同一条河流"，佛教的基本理论也是"无常无我"，一切都不是恒定不变的。《弥兰陀王问经》中描述的佛教思想带有浓厚的希腊哲学色彩，是一种融合的思想成果。杜继文先生总结佛教吸收希腊哲学，分为三个主要层面，确立唯智主义的原则、确立破析与和合的思维方法、确立"无我"和有"业报"的根本观念。佛教哲学呈现出希腊化的面貌，传播方式上也出现希腊化，《那先比丘经》之类的佛经充满了希腊哲学的思辨。

佛教在希腊-巴克特里亚及其前后的时代，做出了重要的调整，以适应当地民众的需要，也争取更广泛的支持。比如，大乘佛教对苦修的教义做了调整，苦修不再是必须的通往解脱的路径，而虔诚的布施和礼拜也能让信众获得功德和解脱。这一点在维摩诘信仰上体现得淋漓尽致。维摩诘虽然是在家的大商人，过着富足的生活，但他一样可以成为虔诚的佛教信徒并取得修行的成果。维摩诘信仰传入中国，也成为富裕阶层和文人阶层的理想生活方式，比如唐代大诗人王维，字摩诘。通过这样的调整，一方面，佛教获得了包括工商业阶层的广泛支持，也契合了各民族包括希腊人的信仰需要，为佛教沿着丝绸之路更广泛地传播奠定了基础。另一方面，佛教也向偶像崇拜做出了妥协，改变了之前不塑造佛像的传统，来满足各民族的宗教需要。中亚和西亚的传统，将身材高大的塑像视为圣人或者神灵的栖身之所或象征之物，通过礼拜偶像来获得保佑和心灵寄托。佛像的出现，应该有这样的传统力量在其中发挥作用。

在信仰的神祇上，巴克特里亚和犍陀罗的希腊人也呈现出开放的心态，不但继续信仰希腊神祇，而且对当地的神祇充满敬意。这些希腊君主的钱币上，出现了大象（印度教诸神之王因陀罗的坐骑）、公牛（湿婆的坐骑），以及象征转轮王符号的轮宝。在米南德一世的钱币上，大象和木棒（希腊大力神赫拉克利斯的武器）、公牛和三角架（希腊阿波罗神的标志）同时出现，显然是融合因陀罗和赫拉克利斯、湿婆和阿波罗的信仰，是对两种宗教信仰的兼容并蓄。希腊的最高神宙斯和大象组合在一起，则是希腊主神宙斯和印度主神因陀罗的结合，他们都可以发出雷电。外来和本土不同信仰的融合，生动地反映在这些希腊君主发行的钱币上。

图1-25

图1-26

052　犍陀罗文明史　　　　　　　　　　　　　　　　　　　　第一章　希腊-巴克特里亚时代

最令人感兴趣的是，希腊-巴克特里亚和印度-希腊王国君主的钱币上出现的佛教符号和铭文。米南德王的钱币上出现了明显的"轮"的符号，古典学家塔恩和印度学者纳拉因争论，这个轮的符号到底代表不代表佛教。如果这是象征佛法的法轮，再结合钱币背面出现的棕榈枝，就象征着佛教教义和希腊文化中的胜利与荣耀理念的结合。如果这像塔恩和纳拉因认为的那样，是象征转轮王权威的轮宝，那么它和棕榈枝的结合就是文化融合的典型例子。更为重要的是，在米南德一世前后，至少有多位国王的双语钱币上出现了佉卢文"正法的追随者"（Dharmikasa）字样，还有对应的希腊铭文"正义者"（Dikaioy）的字样。这些希腊君主号称"正法的追随者"，很可能是明白无误地展现自己佛教护持者的立场和形象。这些希腊君主，在政治正当性论述上，基本都跟宗教信仰连接在一起。一方面强调其是亚历山大希腊政治遗产的继承人，一方面则强调自己对佛教等东方信仰也是充满敬意。在这样的政治和思想背景下，将两者融合在一起，就是一种自然而然的选择。

在希腊文明的光芒照耀之下，佛教在巴克特里亚和犍陀罗获得了革命性的发展。受到希腊写实主义艺术风格的影响，犍陀罗艺术家第一次将佛陀的形象呈现在大众的面前。巴克特里亚的佛教雕刻艺术与犍陀罗核心地区的风格相似，也是佛教艺术的中心。在中亚铁尔梅兹、达尔弗津特佩、昆都士、迪里别尔津等地，保存了大量精美的犍陀罗佛教艺术珍品。在这些佛教浮雕中，除了释迦牟尼和僧徒，还有地方官员、贵族供养者，不但反映了当时佛教的繁荣，也折射出社会生活的丰富。而此时在印度本土，佛教由于受到政治上的压迫而衰落。

随着信仰人口的增加和佛教在社会生活中的地位提高，犍陀罗等地成为新的佛教中心。在希腊外来者的庇佑下，佛教得以进一步发展。希腊人在这里留下丰厚的文化遗产，除了宗教信仰，天文、地理、数学、哲学、医学等都打上了他们的印迹。希腊在当地创建的政治、经济体制也被后来的贵霜等王朝借鉴。公元前128年左右，中国使者张骞来到巴克特里亚，记载这里城郭林立，商业发达，钱币上印着统治者的肖像。这些做法后来都被保存下来。根据斯特拉波的记载，希腊人把先进的葡萄栽培和酿酒技术带入巴克特里亚和犍陀罗。随着丝绸之路的持续繁荣，大量希腊化元素也以不同的形式东传，甚至进入中国的文明系统。比如希腊的大力士赫拉克利斯就进入中原，在隋唐墓葬中往往出土类似的武士陶俑形象，又如麦积山石窟的一尊武士塑像甚至头戴虎头头盔，武器就是大棒。

图1-25 柱头上雕刻的佛陀坐像，集美博物馆
图1-26 米南德一世的银币，背面是宙斯的形象

II

Greek Elements in Gandhara Art

第二章

犍陀罗艺术中的希腊文化元素

在一块出土的犍陀罗浮雕上，有令人惊叹的一幕：它呈现的场景，很像是特洛伊木马破城的情景。在画面的左侧，是一个女性特征明显的女子形象，双手高举，似被捆绑在门框上——应该模拟的是城门。画面的右侧，则是三个男性形象。三人簇拥着装在轮子上的木马，其中一人在木马后面做推动状。整个画面生动地呈现了木马计的场景，那个美丽的女子应该是海伦，而特洛伊的士兵们正将缴获的木马推进城中。令人惊叹的是，这里不是希腊，而是远离希腊文化母体万里之外的犍陀罗，真是不得不让人感叹人类文明交流的穿透力。虽然浮雕中人物形象都带有当地特征，服饰也并非希腊本土样式，但是犍陀罗工匠们显然对木马计的内容和程式非常熟悉，它面对的观众应该是融合了多种文化元素的犍陀罗居民。如果要解释为什么特洛伊木马的场景出现在犍陀罗，我们不得不深入到犍陀罗内部，探寻这一独特的、融合了不同文化传统的文明体的真相。

希腊罗马艺术最初在犍陀罗得以广泛传播，首先得益于亚历山大大帝的远征占领了犍陀罗地区。其次得益于在亚历山大帝国崩溃之后，希腊后裔在巴克特里亚建立的一系列希腊化王国。长达数百年的希腊化统治，给希腊艺术在犍陀罗的发展奠定了基础。希腊-巴克特里亚王国以及印度-希腊王国在犍陀罗的统治，最终让位于贵霜帝国。在贵霜帝国统治下，融合了大量希腊艺术元素和理念的佛教艺术进一步得到发展和繁荣，造就了独一无二的犍陀罗艺术。

图2-1

第一节
装饰盘的世界和狄俄尼索斯信仰

与希腊-巴克特里亚以及希腊-印度王国统治大犍陀罗地区的时期相配合，希腊文化深刻影响了犍陀罗的早期美术。带有希腊神话人物形象的艺术品大量出现。最具代表性的艺术品是一些圆形石制作品，被称为"装饰盘"（toilet tray）。但是直到现在，这些雕刻精美、充满神话色彩与世俗生活情调的艺术品，到底是什么用途，为什么被大量制造出来，仍一无所知。有的学者认为装饰盘仅仅是装饰品；有的认为可能是日常实用的物件，是梳妆盘；不过，也有学者认为这跟宗教仪式有关；还有学者推测这跟佛教的涅槃思想存在着千丝万缕的联系。历史记忆的缺失，让人无法解释很多历史现象。作为犍陀罗早期美术的代表性作品，装饰盘在贵霜帝国兴起后，迅速从人们视野里消失了。伴随着装饰盘的消失，犍陀罗美术进入了贵霜佛教美术的兴盛时期。但毫无疑问的是，这些犍陀罗石雕圆盘，是古希腊文化的使者与载体，也是证明希腊罗马文化在犍陀罗地区产生重要影响的最早证据。

图2-2

图2-1　特洛伊木马，犍陀罗浮雕，大英博物馆

图2-2　装饰盘，1世纪，大都会博物馆
装饰盘上描绘的是希腊神阿波罗和达芙妮，整个画面充满了浓郁的世俗爱恋情调。

虽然装饰盘的用途至今仍是一团迷雾，但是它所呈现的画面，以及画面背后隐藏的文化思想元素，却提供了一些线索，让人能够体会当时犍陀罗在多种文化传统尤其是希腊文化的影响下，呈现出来的一种世界主义的精神面貌。在这些装饰盘上雕刻的，有乘海兽的人物，有喝醉的酒神狄俄尼索斯（Dionysos）和大力士赫拉克利斯，有阿波罗追求达芙妮的场景，有死者的飨宴，等等。在远离西方文明母体的中亚地区，居然留下了精致而繁荣的希腊罗马艺术。在古代交通并不发达，信息传递极为困难的时候，机缘巧合，在犍陀罗这块神秘而特殊的地区，形成了不同文明凝聚而留下的成果。从这一点上说，犍陀罗文明可谓人类文明史上独一无二的结晶。

亚历山大大帝东征之后，把希腊文化带入犍陀罗。到了孔雀王朝时期，希腊裔居民在犍陀罗已经有了庞大的规模。如之前提到的，阿育王石敕中专门提到了希腊人族群。普鲁塔克（Plutarch）在《亚历山大之幸运或业绩》（*De Alexandri Fortuna aut Virtute*）中写道："在亚历山大所征服的那些亚洲地区，如波斯、苏萨和伽德罗西亚（Gedrosia）等地的儿童们都学会了背诵索福克勒斯（Sophocles）和欧里庇得斯（Euripides）的悲剧作品。"在这些石雕圆盘上，我们也看到了众多希腊神祇的形象：阿波罗、达芙妮、狄俄尼索斯、阿耳忒弥斯（Artemis）、阿克泰翁（Actaeon）、赫拉克利斯、翁法勒（Omphale）、阿佛洛狄忒（Aphrodite）、厄罗斯（Eros）、阿多尼斯（Adonis）等等。

图2-3

这些充满希腊文化色彩的装饰盘，一般直径10—20厘米之间，材质包括片岩等，周边凸起，中间凹入，中间部分雕刻浮雕——几乎都是人物或者动物浮雕。有的全部雕刻，有的只雕刻四分之三或者一半的凹面，剩下的留白，有的简单用几何纹和莲花纹装饰，还有的装饰盘是T字形构图，或者分割为更多的空间。

装饰盘出土的地区很广泛，塔克西拉、白沙瓦、斯瓦特等地都有发现，说明这种艺术形式曾广泛流行于大犍陀罗地区。其中最为有名的出土地点是塔克西拉的中心锡尔卡普古城。这很可能跟锡尔卡普在当时的地位有关——公元前3世纪到公元2世纪，在贵霜帝国兴起之前，锡尔卡普已经成为重要的中心城市，德米特里一世将其作为政治中心，这里也因此成为奢侈品和艺术品制作和销售的中心。在很长时间里，这里曾经是希腊-印度王国的首都，直到1世纪前半期贵霜帝国崛起。不过贵霜帝国的统治者很可能也是大夏的后裔，所以使塔克西拉继续成为重要的文化中心。

相对阿伊-哈努姆（Ai Khanoum）只是一个区域中心，锡尔卡普更像一个国际化的大都市。得益于国际贸易，锡尔卡普成为丝绸之路上重要的经济重镇，而且居民具有多元文化和宗教背景，统治者甚至带有希腊血脉，文化的多样性和包容性让锡尔卡普在很长的历史时期都是文明的中心。正是在这样的背景下，带有强烈希腊风格的装饰盘才大量在中亚的腹地被制造出来。这些装饰盘，不论是故事内容还是艺术风格，都显示出和希腊文明、西亚文明之间的紧密联系。锡尔卡普的一座神庙，布局与希腊神庙非常相似——很可能是一座太阳神庙。从这里出土了30多件装饰盘。这些装饰盘内容丰富，有男女情爱的场面、飨宴饮酒的场面等，形象和符号则包括希腊诸神、葡萄藤、海兽等。这些装饰盘的年代绝大部分属于公元前1世纪到公元1世纪，它的兴盛期恰好就是贵霜兴起之前的印度-希腊王国时期。从艺术史的角度看，恰好是在犍陀罗佛教艺术兴起之前。伴随着犍陀罗佛教艺术的兴起，装饰盘作为一种艺术形式消失了。但两者之间，似乎存在着某种特定的关系。

这些装饰盘的一个重要主题居然是展现男女情爱的场面，甚至是男女抢夺嬉戏的场面。显然，这跟希腊文化的影响有关。我们看到有男女结婚相拥的场面，还有男女骑乘飞翔的场面。不少是表现男女情爱的场面，比如萨提洛斯抢夺宁芙、狄俄尼索斯抢夺阿莉阿德尼、阿波罗抢夺达芙妮等。这些题材都来自希腊罗马神话，有男神抢夺女神，也有女神抢夺男神，比如迦毕试故地出土的石膏板上，描述了女神塞壬（Seirenes，半人半鸟的海妖）抢夺假睡的西勒诺斯（Silenus）的场面。在希腊罗马艺术中，此类主题往往是对诸神性爱力量的赞美。在一件描述阿波罗抢夺达芙妮的装饰盘浮雕中，代表男性力量的太阳神阿

图2-3 装饰盘，海神波塞冬（Poseidon）及其侍者，公元前2世纪—前1世纪，
都灵东方艺术博物馆

图2-4

图2-5

图2-6

图2-7

波罗向美丽的达芙妮求爱，拉扯着后者的希腊式短衣，达芙妮手攀岩石抵抗。按照希腊神话的描述，下方地面的石头是达芙妮的父亲河神所变。河神听到女儿的呼救，将她变成一颗月桂树。阿波罗在希腊文化中是奥林匹斯山十二主神之一，主管文艺、音乐和诗歌。他因为得罪了小爱神厄罗斯，被后者的爱情之箭射中，疯狂追求达芙妮，但是达芙妮誓死不嫁。

大量的男女裸露画面，是否说明这些装饰盘是用于梳妆或用于宗教仪式？这些是否反映了当时印度-希腊王国的居民们一些生活的常态呢？从装饰盘浮雕可推断，犍陀罗的工匠们非常熟悉希腊艺术的程式，比如达芙妮转身看着阿波罗这样的造型，显然是受到希腊文化的影响。但是，它又不是照抄照搬的，毕竟装饰盘的观众是犍陀罗居民，所以可看出，工匠们给阿波罗戴了一顶安息特色的帽子。这种国际化和地方化结合的做法，让犍陀罗艺术充满了出人意料的融合之美。

比较有趣的还有一个阿佛洛狄忒怒打厄罗斯的装饰盘。在希腊神话中，阿佛洛狄忒有众多的追求者。因为小爱神厄罗斯乱射爱情之箭，引发各种不应该的爱情，导致女神愤怒地抓住厄罗斯的翅膀狠狠鞭打。在装饰盘浮雕中，厄罗斯的两个随从，一个躲到女神后面，一个躲在柱子后面。阿佛洛狄忒所乘坐的天鹅正在啄厄罗斯的膝盖。希腊式柱子上的人物可能是沉默之神哈伯克拉底（Harpocrates）。阿佛洛狄忒追打爱神厄罗斯这一主题在希腊世界并没有太多的表现，但是在犍陀罗地区却成为热门的主题。

除了人物像之外，装饰盘常常出现海兽的形象，有的是狮头龙身，有的是格里芬（Griffin），但是下身却作鱼尾状。很多海兽长着翅膀，这些显然也跟希腊文化有关，比如尼尔尤斯（Nereus）的女儿海宁芙（Nereid）骑乘各种海兽，她们在希腊神话中代表着救苦救难、恩赐、开朗、诚信和美好。但是犍陀罗的海兽或许还有自己的用途。锡尔卡普出土了相当比例的这类装饰盘。这些石雕圆盘上刻画着骑着海怪飞驰的景象，或者干脆是海神自己的形象。海神是希腊万神殿中的重要成员，与天神、夜神、地下神地位相当。海上保护神波塞冬，在希腊神话中，跟宙斯、哈德斯平分海洋、天空和冥界，波塞冬也因此是海洋之王，是水手的保护者。希腊文化传入犍陀罗不光经过陆地，也跟海上贸易有关系。在犍陀罗装饰盘上，可以看到波塞冬的形象。

装饰盘浮雕的另一个常见主题是死者的飨宴。在锡尔卡普出土的，属于印度-希腊时代的装饰盘上，有这样的场景：主人公身穿希腊式长衣，斜卧在长台上，手中拿着酒杯，与旁边的人交谈，背后则有人举着月桂

图2-4 装饰盘，阿波罗抢夺达芙妮，公元前2世纪到公元1世纪，
片岩，直径10.6厘米，厚0.4厘米，大都会博物馆

图2-5 装饰盘，阿佛洛狄忒痛打厄罗斯，1世纪，白沙瓦博物馆

图2-6 装饰盘，阿佛洛狄忒追打厄罗斯，大英博物馆

图2-7 装饰盘，海宁芙骑在海兽上，大都会博物馆

图2-8

图2-9

图2-10

图2-11

花冠。有学者认为，这一题材最早出现在希腊和小亚细亚，从公元前5世纪就已经流行，往往出现在墓碑和石棺上，描述的是与死者告别的场景，期望死者重生，但远在中亚腹地的希腊-巴克特里亚居民似乎也采用了这样的形式。也或者，这些画面仅仅是描述当地居民美好的生活——在他们的生活中，葡萄酒扮演着举足轻重的角色。

装饰盘最核心的人物应该是狄俄尼索斯，最核心的场景是喝酒。狄俄尼索斯是宙斯的儿子，由水神宁芙抚养长大，抢夺阿莉阿德尼为妻。在希腊文化里，他是主管葡萄栽培和酿酒之神。除了是酒神，狄俄尼索斯还代表着音乐、剧院等元素，象征着自然丰饶。对他的崇拜历史悠久，他可能是希腊最古老的神祇之一。狄俄尼索斯的崇拜具有平民性，每当大酒神节（Bacchanalian Festival）到来，人们欢聚一堂，举杯畅饮美酒，载歌载舞，喝得大醉。狄俄尼索斯节的一个重头戏是祭酒神。在这个环节里，人们要向酒神献祭新酿的葡萄酒和各种食物，为酒神唱赞礼歌。在乡村的酒神节，往往还要向酒神献祭山羊。犍陀罗出土的这批石雕圆盘中，有若干个装饰盘刻画了祭拜酒神的情节。画面中人物或举着酒坛，或牵着山羊，或捧着供品，手舞足蹈，给酒神献祭。

早在亚历山大进入犍陀罗之前，有关狄俄尼索斯的信仰已经传入西北印度地区。随着犍陀罗佛教的兴盛，这一表现饮酒场面的题材却不可思议地成了抵制饮酒的佛教艺术的重要装饰主题。希腊人往东方的开拓，可能比我们想象得更早一些。根据阿里安《亚历山大远征记》记载，亚历山大征服印度时，在科芬河和印度河之间曾遇到一个名叫奈萨（Nysa）的城市，山上长满常春藤，当地人自称酒神狄俄尼索斯的后裔，很久以前追随他来此。生活在公元前6世纪至前4世纪左右的古代梵语语法家帕尼尼（Panini）已经开始用Yavanas称呼移居到西北印度、巴克特里亚和粟特地区的希腊人。从公元前1世纪开始，罗马对东方奢侈品的需求越来越旺盛，包括丝绸、香水、香料，进而带动丝绸之路的繁荣。大量考古发现，包括钱币和器皿，佐证了东西方贸易的繁荣。在1世纪的一本贸易手册《厄立特里亚海航行记》（*Periplus Maris Eurythraei*）中，可以找到丰富的记载。希腊商人们从红海航行到西北印度，然后转运货物去犍陀罗，往东连接中国。在犍陀罗佛教寺院的铭文以及佛教文献上，可读到当地人对希腊人和罗马人的称呼Yavanas和Raumaka。

狄俄尼索斯成为装饰盘的主角，很可能反映了当时犍陀罗人喜欢喝酒的生活常态。塔克西拉出土的一个装饰盘上，描述了狄俄尼索斯与阿莉阿德尼结婚的场景。此类主题在犍陀罗浮雕中也常出现。

图2-8　装饰盘，夫妇和海神，1世纪，大都会博物馆

图2-9　装饰盘，带翼人物（或爱神厄罗斯）骑在狮头海怪背上，直径15.2厘米，厚2.5厘米，大都会博物馆

图2-10　装饰盘，死者的飨宴，1世纪，大英博物馆

图2-11　装饰盘，死者的飨宴，黄蜡石，私人藏品

图2-12

图2-13

图2-14

图2-15

图2-16

图2-12 雕塑构件，约1世纪，高27厘米，大都会博物馆
该构件描绘的可能是狄俄尼索斯，很显然，雕塑的人物头戴属于狄俄尼索斯的花冠，双手都捧着葡萄——酿酒的重要原料。

图2-13 犍陀罗浮雕，酒神节上喝醉的狄俄尼索斯，1世纪，东京国立博物馆

图2-14 犍陀罗浮雕，载歌载舞的酒神节，1世纪，大都会博物馆

图2-15 犍陀罗浮雕，飨宴，集美博物馆

图2-16 容器碎片，大酒神节场景，1世纪，大都会博物馆

除了狄俄尼索斯，装饰盘浮雕中也有表现大力士赫拉克利斯喝醉的情形，在画面中，赫拉克利斯左拥右抱两个女子，两女各持酒杯。喝醉之后需要人扶持的场景，经常出现在犍陀罗艺术中。甚至骑着带翼海兽的人物也手持酒杯，似乎通过喝得大醉，通过狄俄尼索斯信仰，可进入理想的天国。这些装饰盘浮雕的主题大部分都是神话内容，或许与宗教仪式有关系。

但是，艺术的想象也存在现实世界的基础。犍陀罗确实是葡萄酒的故乡，酿酒和喝酒在犍陀罗艺术中，扮演着举足轻重的角色。早在公元前4世纪，巴克特里亚地区已经有酒的记载。在亚历山大大帝入侵之前，今阿富汗东部山区已经盛产葡萄。亚历山大大帝进军时，身边簇拥着很多学者，其中一个名叫查瑞斯（Chares of Mitylene），他自己的记载已经散佚，但阿特奈俄斯（Athenaios of Naukratis）的著作《博学者的宴飨》（*Deipnosophistai*）引用了他的记载，提到在犍陀罗地区有一个叫萨若阿迪厄斯（Soroadeios）的地方神，查瑞斯将其翻译为希腊语"Oinopoios"，意思是"造酒者"。可见犍陀罗地区利用葡萄酿酒的传统是多么悠久。在梵文文献中，也提到迦毕试生产葡萄酒。

图2-17

犍陀罗葡萄酒的酿造基本上包括以下步骤：第一步，收集葡萄，有一定规则和禁忌；第二步，榨汁，有的使用核桃木制造的工具进行榨汁；第三步，过滤澄清，经常使用织物袋过滤残渣；第四步，发酵。这样就酿造出酒。葡萄酒是犍陀罗地区饮用的主要酒水。在犍陀罗地区，饮酒和宗教生活紧密相关。酿酒、饮酒往往跟盛大的节日联系在一起，在塔克西拉出土的装饰盘上，甚至描述了酿酒的情形。

通常认为，佛教僧侣不能饮酒，唯一的例外是药用。但犍陀罗存在大量的证据，证明佛教寺院保存着过滤葡萄酒的装置，在斯瓦特等地，佛教寺院附近发现榨汁的遗迹。所有这些都指向一个事实：犍陀罗的佛教寺院是酿酒的，但酿酒很可能是用于仪式和节庆场合。在犍陀罗的佛教建筑，比如窣堵波和阶梯侧面，也都出现了饮酒的画面。虽然狄俄尼索斯范式来自西方，但它反映的是犍陀罗当地的风俗和文化传统。

那么，回到最初的一个疑问：这些装饰盘跟佛教信仰有关系吗？毕竟，在犍陀罗，佛教昌盛的贵霜时期姑且不谈，即便是在之前的希腊–巴克特里亚和印度–希腊王国时期，佛教也已经在这里兴起了。在一件装饰盘上，发现有梵天劝请的主题，但进入贵霜时代以后，装饰盘艺术就迅速衰落了。这件装饰盘或许能说明，梵天劝请很可能是最早的犍陀罗佛像主题之一。这种把梵天和帝释天作为佛陀护持者形象的做法，反映了早在公元前2世纪，将其他宗教神灵纳入佛教体系已经在犍陀罗地区发生了。

有的研究者认为，装饰盘浮雕的人物造型为犍陀罗佛像的创造提供了某种启发和灵感。有的学者推测，犍陀罗这种风格独特的内容和表现形式，主题内容跟希腊神祇和海兽有关，表现的是死者灵魂到另一个世界的场景。这种意涵等同于佛教的涅槃、极乐世界和理想状态。将其与犍陀罗佛教浮雕中的酒神节造像对比，可以发现之间的关联性。装饰盘浮雕描述的美好世界，包括饮酒、男欢女爱等，都体现了佛教的来世论思想，是对极乐世界的比喻。如果这个结论成立的话，那么犍陀罗佛教艺术兴起，应该和装饰盘艺术存在紧密的关联性。并不是佛教艺术兴起取代装饰盘艺术，而是装饰盘艺术发生了转折，融入了佛教艺术之中。

宫治昭认为，希腊传来的狄俄尼索斯信仰，通过饮酒的恍惚意念，象征来生或者化生，所以跟佛教的理念连接在一起。葡萄卷草纹的浮雕和宴饮场景相关，也在犍陀罗艺术中占有重要的地位。在犍陀罗装饰中，经常能看到葡萄卷草纹，有的以葡萄卷草纹为背景雕刻裸体童子、野猪、小鹿等动物（比如犍陀罗初转法

图2-17 装饰盘，1世纪，直径15.6厘米，大都会博物馆
盘面有所残损，刻画两个手持酒杯的女人搀扶着喝醉的赫拉克利斯。

图2-18

图2-19

图2-20

图2-21

轮浮雕）。葡萄卷草纹应该和狄俄尼索斯信仰紧密相关，同时也反映了当地的日常生活及信仰常态。葡萄卷草纹象征丰饶多产，配合欣欣向荣的动物、童子形象，强调的是富有生命力和乐园的意涵。与莲花符号一样，葡萄卷草纹也是犍陀罗艺术中极为重要的一种图案和符号。

除了装饰盘外，早期犍陀罗佛教雕塑中，大量存在饮酒、音乐、歌舞的场景，那么很显然，在早期犍陀罗佛教活动中，饮酒歌舞的场景也占据了重要的地位。有没有可能是，狄俄尼索斯被当作梵天（Indra）纳入到佛教万神殿中了呢？尚不能确定。但是佛教主张轮回转世，让人们期待有更好的来生。好的生活应该就是日常大家能够看到的场景：饮酒、歌舞，欢快的气氛。

与狄俄尼索斯信仰和大酒神节有关的艺术形式，也向东传入中国。2003年，楼兰发现大型壁画墓。其墓室东壁绘有饮酒图。有的学者认为这是粟特人饮酒的场面，实际上这很可能也跟狄俄尼索斯信仰和大酒神节有关。贵霜人曾往东深入很远，这很可能是贵霜人侨居楼兰留下的遗迹。楼兰壁画中的六人饮酒图，正如装饰盘描述的场景。犍陀罗浮雕中，男女手持酒杯的场景极为常见，在佛教寺院的装饰浮雕中，也常见这种形式。

图2-18 宴饮，片岩浮雕，1—3世纪，拉合尔博物馆
两对男女饮酒场面，暗色云母片岩浮雕中的饮酒场景颇具希腊特色。两位女子脊背和臀部都裸露着，姿态性感。年长者男性的前额上佩戴着一条装饰性的带子，被认为是萨堤罗斯。萨堤罗斯是希腊人和罗马拉丁人信仰中沉迷于淫欲的神祇。工匠们毫无顾忌地使用了带有强烈感官刺激的色情场景，在某种程度上反映了当时的社会风貌。

图2-19 头发上有葡萄叶的狄俄尼索斯头像，4—5世纪，大都会博物馆

图2-20 宴饮场面，1—2世纪，塔赫特巴希佛教遗址出土，大英博物馆

图2-21 运酒和喝酒场面，3世纪，东京国立博物馆

第二节
阿伊–哈努姆

阿伊–哈努姆位于阿富汗东北部的阿姆河（Oxus，《史记》《汉书》作"妫水"；《北史》作"乌许水"；《隋书》《旧唐书》《新唐书》作"乌浒水"）上游，位于阿姆河及其支流科克查（Kokcha）河交汇处。河对岸就是塔吉克斯坦，该城带有明显的希腊城市特征。在远离希腊文明母体的中亚腹地，居然有一座这样的城市，不禁让人感叹古代文明交流之密切可能远远超出今人想象。

一般认为，阿伊–哈努姆城址是迄今为止发现的希腊–巴克特里亚王国范围内唯一保存完整的希腊城市遗址，成为希腊人曾长期在巴克特里亚、犍陀罗和西北印度立足的证据，也是东西方文明交会的产物。从1964年开始，法国考古队在这里进行了持续十多年的发掘，出土了大量珍贵的文物。在乌兹别克语中，"阿伊–哈努姆"是月神的意思。这座古城大约建造于公元前4世纪。亚历山大东征之后，留下很多以"亚历山大"命名的城市。阿伊–哈努姆应该是其中一座。其位于今阿富汗北部边境，建造位置非常特殊，两面临河，易守难攻。1961年，当时的阿富汗国王穆罕默德·查希尔沙（Mohammad Zaher Chach）在狩猎过程中发现了这座曾经辉煌一时的希腊式城市。三年后开始发掘，直到1978年阿富汗战争爆发。2006年法国考古队曾返回古城，但遗址已经被阿富汗内战破坏得非常严重。

据托勒密记载，有学者推测，阿伊–哈努姆城址应该是亚历山大在塔克西拉地区建立的一座亚历山大城——妫水亚历山大城（Alexandria of the Oxus）。但最近也有学者认为托勒密可能把"Oxus"和"Occhus"两个词汇弄混了，所以这座古城可能是希腊-巴克特里亚王国末代国王欧克拉提德的首都，被称为"欧克拉提亚"（Eucratidia）。阿伊-哈努姆古城有自己的造币厂，这是希腊化时期国王才有的特权。即便如此，也不能否定"亚历山大城"的名字，因为"欧克拉提亚"很可能是后来的再命名。亚历山大大帝远征，平定中亚地区花了三年时间，直到前327年才转进印度。据记载，他在进军印度时，在巴克特里亚留下了13500名士兵巩固后方。据斯特拉波记载，他在中亚的巴克特里亚和粟特地区建立了八座亚历山大城。阿伊-哈努姆就是其中一座。

古城长2公里，宽1.5公里，分为上城和下城——这是典型的希腊城市格局。上城由卫城和露天神庙组成；下城由宫殿群、剧场、竞技场和主神庙、祭所、军械库组成，除了这些公共设施，还有私人住宅。阿伊-哈努姆遗址宫殿群入口处附近有两座类似小神庙的陵墓。按照希腊城市的惯例，城中居民死后一般都要葬在城外，但对城市的建立者或赞助者是例外。因此这二位墓主人很可能具有这样的身份。其中一座留下了金尼斯（Kineas）的名字，另外一位可能是垂巴洛斯（Triballos）。他们一定是受亚历山大或塞琉古一世之命率人来此建城，或者提供了一定的赞助，因此死后获永久纪念的尊荣。

阿伊-哈努姆的城市布局带有鲜明的希腊城市特点。尽管两面是河，且陡峭的河岸和东南方高达60米的卫城让城防极为坚固，但它还是如其他希腊城市那样，在周围建造防御性的城墙。北面因地势开阔不利于防守，所以特别加固城墙，高10米，厚6—8米。城墙的塔楼高出城墙近10米。城墙外面则有护城河。城内则有一座长140米，宽100米的巨大军械库。

如希腊城市一样，阿伊-哈努姆也建有竞技场。根据出土的铭文献辞来看，竞技场的保护神是希腊神祇赫尔墨斯和赫拉克利斯。赫尔墨斯是希腊神话中的商业之神、旅者之神、众神的使者、希腊奥林匹斯十二主神之一，宙斯与阿特拉斯之女迈亚的儿子，罗马神话中又称墨丘利，但同时，他还是希腊各种竞技比赛的庇护神。所以阿伊-哈努姆竞技场将赫尔墨斯和大力士赫拉克利斯作为保护神，是非常符合希腊传统的。

阿伊-哈努姆剧场是边长100米的正方形。场地周围修建了一圈希腊式柱廊和房间。可以想象，阿伊-哈努姆的居民在这里观看戏剧，有悲剧，也有喜剧，接受戏剧宣扬的道德化育、政治理想、宗教信仰的教育，甚至有一些对当时政治人物的讽刺剧。去剧场看戏是希腊居民的责任，甚至会得到报酬。阿伊-哈努姆剧场

图2-22

图2-23

依山而建，观众席呈半圆形向上延伸，是典型的希腊剧场样式。其容量达到5000人，也说明这里曾经居住了大量希腊人。

阿伊-哈努姆城中随处可见廊式结构以及爱奥尼亚式、多利亚式和科林斯式柱头，都显示这个城市的希腊化特征。竞技场遗迹发现有人形石柱，表现为希腊老人的形象，身穿厚重的希腊袍子，留着浓密的胡子。有学者推测，可能是竞技场捐造者的父亲斯塔陀（Strato）的形象，也可能是竞技场管理人的形象。在希腊世界中，竞技场管理人是非常重要的社会角色。

在城中，还发现了大量希腊-巴克特里亚王国发行的希腊样式钱币。阿伊-哈努姆城发掘出浴室，水龙头是希腊喜剧人物的头像，水从其口中流出，地面装饰马赛克，图案有花卉、海马、海怪和海豚等形象。城市里还发现没有完成的青年雕像和用赤陶模制作的戴头巾的女子半身像。这里的雕塑严格遵循了希腊雕塑传统。但是也有创新，这里的艺术家们用金属棒或者木棒做骨架，在上面涂上灰泥等材料，塑造成神像。这种"甘奇"技术后来从巴克特里亚传入犍陀罗等地区，对当地佛教泥塑工艺的发展具有重要意义。泥塑佛像和菩萨像，成为犍陀罗浮雕艺术之外的另一种重要形式。

城里也发现了大量的希腊语铭文和哲学手稿的遗迹，直接显示了阿伊-哈努姆和希腊文化之间的紧密关系。这里发现的希腊语和东地中海流行的希腊语在语言结构和书写方法上的变化一样。在金尼斯陵墓残存的一个石柱基座上，刻着来自希腊德尔斐神庙的格言："少年时，举止得当；年轻时，学会自制；中年时，正义行事；老年时，良言善导；寿终时，死而无憾。"这只是残存下来的一小部分希腊格言。根据铭文记载，这是一个叫克林楚斯（Clearchus）的希腊人从希腊本土德尔斐神庙认真抄写下来，然后带到这里的。可见在当时，希腊-巴克特里亚和希腊本土仍然存在密切的联系。在一处疑似宫殿的储藏室的地面上，考古学家发现了希腊语手稿的遗迹，可惜的是抄写的载体——纸草——已经化为泥土，但墨迹却渗透在地面上。手稿的片段内容依稀可见，似乎是关于柏拉图知识理论的对话摘抄。这应该是希腊亚里士多德学派学者的作品，而将德尔斐格言带到阿伊-哈努姆城的克林楚斯就属于这一学派。虽然相隔万里，但是希腊的精神和思想仍然把巴克特里亚和希腊本土连接在了一起。

图2-22 青铜赫拉克利斯雕像，约公元前150年，阿富汗国家博物馆
雕像出土于阿伊-哈努姆一处龛庙，雕像裸体，肌肉发达，一手执标志性的大棒，另一手抬起，似乎是在给自己加上桂冠——这是希腊英雄人物常用的手势，呈现出鲜明的希腊雕塑风格。

图2-23 人物形柱，公元前2世纪，阿伊-哈努姆出土，阿富汗国家博物馆

虽然阿伊-哈努姆的建筑风格、城市布局乃至铭文装饰，都带有鲜明的希腊风格。但是这种城市并不是完全的希腊风格，伊朗文明的影响也很明显。在一座带有壁龛的神庙中，考古学家发现了一个带有自然女神西布莉（Cybele）的银盘。在银盘中，希腊神话中的自然女神乘坐战车，目视前方，戴类似王冠的头饰。身后有一个穿着类似希腊祭司的人，手持阳伞式的东西护持女神。在自然之母前面是另一个希腊女神——胜利女神尼姬（Nike，罗马名即为Victoria）。胜利女神驾驶战车，身带双翼——这正是胜利女神的标志性特征。战车由两头狮子牵引，穿过一片布满岩石的土地。战车面对带有阶梯的祭坛，一个祭司模样的人在献祭。祭司们穿着典型的礼服，腰缠三重腰带，头戴圆锥形帽。天空中是太阳神赫利乌斯（Helios），从他的头上发出光芒。除了太阳神之外，还有新月出现，新月旁边是一颗发光的星星。整个图像表现的是自然女神掌握自然秩序，整个宇宙呈现出和谐美好的情景。银盘可能是用在宗教仪式上。值得关注的是，整个构图体现了不同文明元素的融合。毫无疑问，自然女神乘坐狮子牵引的战车是流行于小亚细亚和地中海地区的式样，战车的结构和祭坛的样式则受到伊朗文明的影响。赤脚的祭司、阳伞也都不是希腊文化的特征。

在该城的主神庙中，发现了宙斯的巨大脚印，根据测量，这是一座宙斯坐像，大小相当于正常人身高三倍。可见宙斯在阿伊-哈努姆是很受崇拜的神。在这座城市中，希腊文化和东方文化和谐地融合在一起。在古城中，还发现了装有橄榄油的罐子。橄榄油的来源地只能是叙利亚地区。这些罐子显示，即便在当时那么远的距离下，阿伊-哈努姆仍跟地中海地区存在密切的贸易往来。沿着丝绸之路，通过漫长而代价巨大的东西方贸易，人类文明紧密联系在一起。

从公元前4世纪到公元前2世纪中期，阿伊-哈努姆城衰落，希腊文化在这里繁荣了一百多年。而直到7世纪伊斯兰势力崛起之前，希腊文化元素顽强存在了更久的时间。在阿伊-哈努姆城，希腊神祇和英雄被广泛祭祀和崇拜。很多古城的神庙遗址都反映了不同文化的影响，比如中心神庙的建筑样式明显受到中亚文化的影响，但是神庙中依然塑有希腊神祇的雕像。

图2-24 镀银仪式盘，约公元前200年，阿伊-哈努姆出土，阿富汗国家博物馆

图2-25 宙斯的左足，大理石，公元前3世纪，阿伊-哈努姆出土，喀布尔博物馆

图2-24

图2-25

第三节
赫拉克利斯：从希腊大力士到佛陀的保镖

在犍陀罗佛传故事浮雕中，我们经常看到一位肌肉发达、须发浓密、高鼻深目、手持大棒（有的还持拂尘）的武士形象，陪伴在佛陀身边。这位带有强烈希腊人外貌特征的人物，像极了希腊神话中的大力士赫拉克利斯，甚至像喜欢把自己塑造成赫拉克利斯的亚历山大大帝。在佛教中，这位佛陀的"保护神"是执金刚神（Vajradhāra）。尽管在汉传佛教文献中，这位"赫拉克利斯"似乎并不是什么重要的佛教神祇，但是在犍陀罗佛教艺术中，他却几乎是任何佛传故事不可或缺的人物。为什么佛教的执金刚神，吸收了希腊大力士赫拉克利斯的人物特征？这和犍陀罗自身的文化多元性有直接的关系。佛教传入犍陀罗之后，吸收了很多当地神祇进入自己的万神殿，这其中包括希腊神祇。就连佛陀的形象，按照一些学者的说法，也是吸收了阿波罗的形象塑造的。正是在这种背景下，大力士赫拉克利斯被佛教"收服"，转变成为佛教的执金刚神。

在古希腊罗马神话中，赫拉克利斯是大力神，是体育竞赛的保护神——这也是为什么阿伊-哈努姆城竞技场以他为保护神。他是宙斯与阿尔克墨涅之子。宙斯正妻赫拉憎恶他，屡屡想置他于死地。但是赫拉克利斯神勇无比，先后完成了十二项不可能完成的任务，这些任务主要是杀死威胁人类的怪兽。在犍陀罗艺术浮雕中，最多的是赫拉克利斯杀死或驯服涅墨亚狮子，也有制服狄俄墨得斯牝马的形象，不过至今还未发现描述其他十项伟业的浮雕。除此之外，他还解救了被缚的普罗米修斯，隐藏身份参加了伊阿宋的英雄冒险队并协助他取得金羊毛，等等。

图2-26

图2-27

图2-26 执金刚神，约2世纪，高39厘米，柏林亚洲艺术博物馆
佛陀和长相类似赫拉克利斯的保镖执金刚神在路上，佛陀在左，身体向前倾斜，做行路状，胡须浓密的执金刚神紧随其后，左手拿金刚杵，右手似乎拿拂尘为佛陀护持。

图2-27 带人狮搏斗场面的盒盖，3—4世纪，克里夫兰博物馆

古典文明中，由于征服了威胁人类的危险力量，杀死了很多威胁人类的怪物，赫拉克利斯被视为人类世界安全的保护者。这一点往往被希腊、罗马，乃至犍陀罗的君主们借用到自己身上，增强王权的说服力。因此，他的形象跟王权联系在一起。希腊化世界以及罗马的统治者每每利用他的形象来进行政治的宣传，视其为王权的保护者。亚历山大大帝在远征中，就把自己描述为赫拉克利斯的后裔和兄弟。在其银币的一面，是头戴狮子皮的赫拉克利斯，另一面则是宙斯。亚历山大并不是唯一这么做的希腊罗马君主，后来的罗马皇帝康茂德和马克西米安也常常以赫拉克利斯自居。

亚历山大的帝国崩溃后，其留在中亚的将领们建立的希腊-巴克特里亚王国，其君主们比如欧西德莫斯和他的儿子德米特里一世，也采用了类似的政治宣传手段。在一枚欧西德莫斯钱币上，描绘着倚坐在狮子皮上、手持大棒的赫拉克利斯。德米特里一世钱币上也出现了类似的图像：站立的、手持大棒、头戴花冠的赫拉克利斯。这种通行的将赫拉克利斯和王权连在一起的思想传统，在后来的贵霜王朝依然得到延续。尽管贵霜钱币大量使用伊朗系神祇，但贵霜帝国的君主，从丘就却（Kujula Kadphise）到胡毗色迦（Huvishka），都将赫拉克利斯铸造在自己的钱币上。犍陀罗出土了大量钱币，正面是君主形象，背面是手持木棒和狮子皮的赫拉克利斯。狮子皮、大棒构造起来的力大无穷的大力士形象——与皇权的权威与力量结合，构成希腊-巴克特里亚以及贵霜帝国统治者的皇权符号和政治宣传手段。正如罗森菲尔德在他的名著《贵霜王朝的艺术》（*The Dynastic Art of Kushan*）一书中论述的那样，杀死威胁人类的怪兽，是君主何以为王的合法性前提，这是一种隐喻。这也是为什么那么多希腊-巴克特里亚以及贵霜君主使用赫拉克利斯作为王权符号的原因。

图2-28

显然，犍陀罗的艺术家们，对希腊神话非常熟悉，至少是对赫拉克利斯的神话非常熟悉，所以在进行艺术创作时，可以依据神话细节进行不同的刻画和描述。在这种知识和思想氛围里，赫拉克利斯护卫王权这一形象，很可能被佛教艺术所吸收，将其改造为护持佛陀的保护神——尽管佛陀神通广大，并不需要保护。护持王权和护持佛法，在思想传统上比较容易契合，正如佛陀传法称为转法轮，模拟的也是转轮王以轮宝征服天下的意涵。

在犍陀罗佛教艺术中，赫拉克利斯的形象出现很早。斯瓦特等地区发现带有赫拉克利斯形象的佛教雕刻，时代在1世纪。似乎在佛陀的形象被塑造出来的同时，赫拉克利斯的形象就被吸收进去了。前书提到，在阿伊-哈努姆古城，出土了赫拉克利斯的青铜雕像，而且在竞技场的铭文中提到了赫拉克利斯——赫拉克利斯是作为竞技场保护神而出现的。再稍晚一点，在贝格拉姆宝藏中，也发现了赫拉克利斯的形象。贝格拉姆出土的赫拉克利斯青铜雕像比较特殊，是一种融合希腊赫拉克利斯和埃及本土神祇塞拉匹斯（Serapis）的"Serapis-Herakles"神。塞拉匹斯神是托勒密王朝时埃及和希腊共同信奉的神，被视为农业及来世守护神，常以蓄发男人形象出现。贝格拉姆出土的塞拉匹斯-赫拉克利斯神，证明了贝格拉姆在国际贸易中的重要地位，也说明当地文明交流达到了很高的高度。

图2-29

图2-28 印章，贵霜时代，塔克西拉博物馆
上面是赫拉克利斯和狄俄墨得斯牝马搏斗的场景，这是赫拉克利斯的一项成绩。赫拉克利斯杀死威胁人类的怪物，象征着君主保护人民，这是希腊延续下来的政治隐喻。但有人认为，这是人马嬉戏图；也有人认为，表现的是印度教的神祇克里师那（Kṛṣṇa）和马形鬼怪克森（Keśin）作战。

图2-29 塞拉匹斯—赫拉克利斯塑像，贝格拉姆出土，阿富汗国家博物馆

丝绸之路贸易带来的财富成就了犍陀罗艺术。大量的财富积累使犍陀罗统治者和居民可以更多倾心于宗教、艺术和体育。根据阿波罗尼奥斯（Apollonius）的旅行记——其记载了访问塔克西拉的情形，当地宫廷过着奢华的生活，标枪和铁饼比赛、载歌载舞的美女、大量的葡萄酒。相应的，犍陀罗艺术也描绘了很多体育比赛、宴饮、性感的舞女等。赫拉克利斯在犍陀罗体育比赛中扮演了重要的角色。体育运动也跟赫拉克利斯联系在一起。在一块与摔跤有关的浮雕板中，描绘着赫拉克利斯手持大棒和狮子皮，驯服一头狮子的情景。其表现的情景跟一般主题有些区别。一般情况下，浮雕描述的都是赫拉克利斯跟狮子搏斗的情形，但是这一块却似乎是赫拉克利斯驯服了狮子。这有可能是犍陀罗当地流传的赫拉克利斯与狮子的故事版本。浮雕中的一面是赫拉克利斯头戴象征王权的头饰，或许跟王权有些关系；另一面则刻画着举重和摔跤比赛的场面。这块浮雕板上面刻有可以抓起的把手，应该是一块比赛用的砝码——记重器。如果一个运动员抓起它，他将看到赫拉克利斯和狮子的一面。赫拉克利斯的天生神力和英雄形象，显然已经融入犍陀罗生活及艺术中。

在希腊罗马文化中，赫拉克利斯的形象并不仅仅局限于大力士。在有些情景中，赫拉克利斯具有暴饮暴食和性能力超强的淫荡形象。在神话中，狄俄尼索斯打扮成赫拉克利斯的样子，被一位女主人索要大量食物的饭钱。还有故事讲，赫拉克利斯曾连续跟五十位女人睡觉。在犍陀罗艺术中，赫拉克利斯的这一形象也被保存下来了。一块犍陀罗出土的装饰盘上，赫拉克利斯喝得大醉，两个女人搀扶着他。他的左边是驯服的狮子，蹲坐一旁。这个装饰盘，有学者认为是通过狄俄尼索斯酒神崇拜期待死后的极乐世界，有学者认为是贵妇用来装梳妆品的容器。赫拉克利斯形象出现在这样的装饰盘中，或许说明他在当时犍陀罗人生活中扮演的角色。如果装饰盘的用途是女人梳妆用器，是否说明赫拉克利斯带有某种情欲的色彩出现在女人个人用品之中？是否反映了当时犍陀罗生活的某种情调？

赫拉克利斯的形象后来进入佛教，成为佛陀的护法神。在佛教里，他的名字变成了执金刚神。执金刚神又叫执金刚夜叉、金刚手、金刚力士。遇佛出世，即降于阎浮提，卫护世尊，防守道场。犍陀罗工匠们在描述佛陀生涯上花费了大量精力，他的出生、成道、初转法轮，一直到涅槃，都是犍陀罗艺术关注的重要题材。佛传故事在犍陀罗美术中往往呈现出现实主义的风格，也加入很多想象的成分。执金刚神几乎出现在佛传故事的每一个情节中，在犍陀罗艺术中，他往往以佛陀保镖和侍从的形象出现。比如燃灯佛授记（Dipankara），佛陀出生七步莲花，佛陀出家，佛陀涅槃，初转法轮，龙王礼拜佛陀，佛陀展示神通，等

图2-30 赫拉克利斯和涅墨亚狮子，26厘米×34.9厘米，1世纪，大都会博物馆
浮雕中，赫拉克利斯一手持大棒，一手拿狮子皮，旁边有一头似乎被驯服的狮子。

图2-31 喝醉的赫拉克利斯，装饰盘，1世纪，大都会博物馆

图2-30

图2-31

等。在所有的场景中，执金刚神都表现出他的保护者属性，手持金刚杵，仿佛时刻准备护卫佛陀及佛法。在犍陀罗浮雕中，他的位置并不固定，有时在佛陀左右，有时在佛陀身后，有时在不显眼的角落。有的时候，他的形象是健壮的年轻人，赤裸上身，留着胡子，手持金刚杵，大多数情况下是高鼻深目的形象。

执金刚神作为佛教的保镖，最初是跟帝释天和梵天连在一起，后来变成重要且独立的角色。《普曜经》等佛典记载了执金刚神随侍佛陀的情形，他平常充当佛陀保镖和侍从的角色，当有人反对佛陀的教化时，他就充当恐吓的角色。执金刚神使用的武器是金刚杵——很可能源自于赫拉克利斯的大棒。在犍陀罗浮雕中，有的金刚杵是中部收敛成棒状，有的是下方带有圆形棒头的大棒。金刚杵在印度造像里是一个重要的符号，它也是帝释天的武器。在佛教里面，帝释天和执金刚神都使用金刚杵作为武器。手持金刚杵，一般是具有"保护神"的特征，负责驱除外道和邪恶力量，护卫佛法、保护信众。在犍陀罗佛教艺术中，手持金刚杵护卫佛陀的基本是执金刚神。除了金刚杵外，执金刚神还经常手持拂尘（caurī），为佛陀驱赶蚊虫。一手持金刚杵、一手持拂尘的执金刚神，常见于犍陀罗的浮雕中。这种造型也向东传播，比如，克孜尔壁画中有栩栩如生的执金刚神，其造型就是一手持金刚杵，一手持拂尘。

脱胎于希腊大力士赫拉克利斯的执金刚神，是犍陀罗佛教艺术独特的风格。桑奇、巴尔胡特、阿马拉瓦蒂等地出土的佛传雕刻中，都没有发现执金刚神的身影，只有在犍陀罗，佛教文献中地位较低的执金刚神却成为佛教艺术的重要形象。或许反映了佛教在犍陀罗，尤其是贵霜统治时期，从一个地方信仰崛起成为世界宗教过程中的一些面相。大乘佛教的一个重要特点就是，佛陀角色从人间导师转变为信仰世界的最高神和主宰者。佛教在犍陀罗的重整，需要执金刚神这样充满神秘力量的武士充当保镖，衬托其神圣伟大。正是在这种背景下，作为希腊神话英雄的赫拉克利斯，被吸收进入佛教体系，变成了佛陀的保镖执金刚神。除了希腊传统的影响外，本地和游牧民族的文化也影响了执金刚神的形象，所以在犍陀罗浮雕中，执金刚神的形象并不是一成不变的。

在表现谋害佛陀的犍陀罗浮雕中，几乎都有执金刚神的身影出现，表明他作为佛陀保镖的形象。比如提婆达多针对释迦牟尼的刺杀，不论是醉象冲佛，还是推墙压佛，执金刚神都在佛陀的身边。执金刚神的恐吓角色，也常常在浮雕中体现出来。佛陀对恶神往往并不是杀死它们，而是教化它们转而行善。在犍陀罗艺术中，执金刚神常常协助佛陀转化恶神，比如夜叉、树精、龙王等，使它们接受佛法。

图2-32 佛传的三个场景，3世纪，柏林亚洲艺术博物馆
在这三个场景中，可以清晰看到手持金刚杵跟在佛陀身后的执金刚神。

图2-33 佛陀与执金刚神，大英博物馆

图2-34 初转法轮中的执金刚神，57厘米×40厘米，5世纪，克孜尔第77窟，柏林亚洲艺术博物馆

图2-32

图2-33

图2-34

A History of Gandhara Civilization　083

在犍陀罗涅槃图中，执金刚神也是不可或缺的形象，尽管汉文文献并没有记载太多关于他在佛陀涅槃中的角色。犍陀罗涅槃浮雕中，除了在床座前仆倒在地，执金刚神一般是手持金刚杵站立佛陀的一边，少数在上方。形象多为曲发赤身，手持金刚杵。有的执金刚神带有鲜明的赫拉克利斯特点，肌肉隆起，服装带有希腊侍者的特色，有时穿一件短希通（Chiton），或束腰外衣；有时着游牧民族样式的筒袖服。面貌有的有须髭，有的是年轻人相貌。

佛教的执金刚神和希腊大力士赫拉克利斯之间的关联，除了外貌相似、武器相近外，最有力的证据是执金刚神头带狮头皮冠、手持金刚杵的造型。这种造型的浮雕出现于2—3世纪。一块藏于大英博物馆的犍陀罗浮雕中，执金刚神头戴狮子皮——在希腊罗马文化中，这是赫拉克利斯身份的标志。这块浮雕应该是佛陀说法图的左上角部分，浮雕上仅仅残存了四个人物形象。画面的左下方是身披狮子皮、头戴狮头帽的执金刚神。他紧握金刚杵，做出护卫佛陀的样子。

古代人类世界文化交流的频繁和深度，远超今人想象。犍陀罗艺术通过丝绸之路再次传入中国，把希腊文化元素也带了进去。虽然受到中土文明和审美观的影响而有所变化，但一些人物形象和场景仍然保留了很多西方元素。比如，龟兹壁画中众多的裸体人像跟希腊人崇尚人体美有间接的关系。隋唐时期的陪葬武士陶俑中，也有类似赫拉克利斯的形象。麦积山的一尊武士像也是头戴虎头或者狮头盔，手持大棒。北齐大臣徐显秀墓出土的一枚戒指上，清晰地描绘了这位希腊大力士的身影。

图2-35

图2-35 执金刚神与比丘们，2—3世纪，大英博物馆
描述的似乎是佛传故事部分场景，下方的执金刚神如赫拉克利斯一样头戴狮头帽。

第四节
扛花环的童子和带翼人物

早期犍陀罗佛教艺术的一个重要装饰元素，是扛花环的童子（Amorino）。这一装饰元素一般出现在窣堵波的基座、圆柱塔身中部以及阶梯的侧面，也出现在舍利容器上。比如有名的迦腻色伽舍利函中部，就围绕着一圈扛花环童子作为装饰。花环呈波浪起伏，其间是贵霜君主和日神、月神的形象，在波谷则点缀着坐佛。

显然，扛花环的童子这一题材并非源自佛教教义本身，而是从其他文化传统中移花接木来的。一般认为，这种装饰题材应该出现在公元前3世纪，是希腊艺术的发明，在罗马帝国时期得到广泛的传播，成为重要的装饰元素。在融入佛教艺术之前，其思想意涵可分为两种，一种象征着胜利和光荣，出现在描述战争胜利的场景；一种是葬礼的场景，大量出现在石棺浮雕上，象征死后世界的荣光，或许跟重生的理念存在关联。犍陀罗艺术中的扛花环童子，如果考虑到舍利（佛陀遗身）崇拜的实质，可能跟第二种场景存在思想上的联系。犍陀罗窣堵波、舍利函上的扛花环童子往往跟充满生命力的莲花蔓草结合在一起，点缀着葡萄卷草、禽鸟等元素，可能象征丰饶多产的乐园图景，是灵魂不灭和死后荣光的意涵，这或许是犍陀罗对佛陀永恒世界的想象。

裸体童子（或者带翼）头戴花环，胸前有珠串项链，组成了犍陀罗图像丰富多彩的风格。这种装饰元素也向东传入中国新疆地区。不过，犍陀罗佛教艺术中的扛花环童子的表现手法具有自身的特点，与西方相同题材画面有显著区别。希腊罗马的扛花环童子图像中，花环往往是一个个悬挂的。但是犍陀罗艺术中的花环则是波形曲线，呈现规则的起伏。这或许是与本地传统相结合的产物。毕竟这一装饰元素的观众，是本地的贵族和民众。

在犍陀罗，带翼神人和花冠也联系在一起。在扛花环童子这一式样中，有时会出现一个带翼人物形象。集美博物馆藏扛花环童子浮雕中，在花环之后就有一个带翼人物，令人感到惊奇的是，他在敲鼓。

带翼神人的形象，跟飞行、升入彼岸世界联系在一起，应起源于西方，沿着丝绸之路往东传播。早期犍陀罗佛教中，飞行的形象出现得非常频繁。胜利女神尼姬和爱神厄罗斯都是带翼的形象。所以，在希腊文化传统和信仰中，带翼的形象和爱与胜利的意涵联系在一起。在佛教八部包括天（Deva）、龙（Naga）、夜叉（Yaksha）、乾闼婆（Gandharvas）、阿修罗（Asura）、迦楼罗（Garuda）、紧那罗（Kinnara）、摩目侯罗迦（Andmahoragas）中，天、夜叉、乾闼婆、阿修罗都是会飞行的，但文献中并没有特别提到他们具有翅膀这一身体特征。所以，恐怕佛教的带翼人物形象，主要是来自西方，而不是印度本土的发明。

阿富汗黄金之丘出土了带有希腊化风格的带翼阿佛洛狄忒。带翼神人在犍陀罗艺术中的大量出现，得益于丝绸之路的繁荣，这条路不仅仅是贸易之路，而且是信仰和文化之路。通过这条路，西方世界和中亚、印度连在一起。尤其是在贵霜统治之下，不同的文化元素融合在一起，造就了犍陀罗佛教艺术的黄金时代。正是在这样的背景下，带翼神人的形象在犍陀罗艺术中大量出现了。伊朗系的祆教（琐罗亚斯德教，Zoroastrianism）也给带翼神人形象提供了思想来源。在犍陀罗佛教艺术中，带翼神人多出现在佛传浮雕中，在斯瓦特出土的初转法轮浮雕中，带翼神人载歌载舞，撒花庆祝佛陀第一次传法。与佛陀形象相比，这些带翼神人体量很小，更多的是一种陪衬、符号的功能，彰显佛陀的伟大。在佛陀出家的场景中，带翼神人出现，带有护佑的意味，显示佛陀的出家受到神圣力量的干预，是必然和不可阻挡的。此外，使用带翼人物形象作为建筑装饰，在大犍陀罗地区非常流行。这种造型，也影响到中国中古时期的佛教雕塑，比如北朝时期的释迦牟尼雕像，在头顶就会有飞翔的带翼神人护佑。

在新疆米兰佛寺中，保存有古希腊罗马风格的"有翼天使"壁画像。虽不能推断这是古希腊罗马文化向东传播的最东点，但这明显是丝绸之路上东西方文化融合的力证。充满生机和活力的犍陀罗佛教艺术，是希腊和地中海古典文明、伊朗系文明、草原文明与印度本土文明等元素碰撞、融合的产物，其代表性的艺术品是以佛像为代表的雕塑。犍陀罗佛教艺术除了雕塑之外，还有壁画，但由于种种原因，保存下来的极

图2-36 雕有扛花环童子的水杯，3—4世纪，诺顿西蒙博物馆

图2-37 扛花环童子，加尔各答印度博物馆

图2-38 扛花环童子，松冈美术馆

图2-36

图2-37

图2-38

少。米兰发现的带有强烈犍陀罗风格的壁画作品，可以说是犍陀罗艺术的重要组成部分。米兰佛教壁画中的"有翼天使"，应该是古希腊神话中的小爱神厄罗斯。壁画中的"有翼天使"有着浓密的眉毛、炯炯有神的眼睛，略微仰视，这样的样式让礼拜者在回廊中通过时，不论从哪个角度，都能与天使对视，获得一种宗教的注视感。马歇尔认为，犍陀罗艺术在处理人像的双眼上，前后期是有变化的。早期的人像，双眼大而有神，到了成熟期之后，人像变得更加宗教程式化，双眼失去个性，往往带有半张半闭的特点，给人一种疏离和超脱人世的感觉。米兰佛寺的"有翼天使"，双眼明大，可能是犍陀罗佛教艺术的早期作品。米兰佛寺壁画的署名者为Tita，这是公元初几个世纪流行于罗马东部的常见名字Titus，罗马的一位皇帝也用过这样的名字。可见作者很可能来自犍陀罗，崇拜希腊艺术。

图2-39　有翼天使壁画，2—4世纪，米兰佛寺出土，大英博物馆

第五节
犍陀罗艺术中的其他希腊诸神

很多人讳言希腊文化对犍陀罗艺术的影响，这是基于对欧洲中心主义的反感，是可以理解的。在欧洲中心主义占主导地位的时代，犍陀罗艺术的出现是欧洲文明影响世界其他文明的力证。但人类文明的交流融合，本是常态，一个伟大的文明必然是开放的，犍陀罗艺术正是在这种世界主义的氛围中才产生的。事实上，文明本身并没有政治性，这些观念是被后人依照自己的需要解释出来的。19世纪上半期，随着犍陀罗地区大量出土带有希腊罗马风格的艺术品，犍陀罗艺术逐渐为欧洲所熟知。在犍陀罗艺术中，能看到更多的希腊神祇。

雅典娜（Athena） 拉合尔博物馆藏有一尊帕拉斯·雅典娜雕像。雅典娜头戴头盔、身穿希腊式无袖亚麻衬袍希通，左手持盾，右手持矛。雅典娜是城市的守护神，这座雕像或是某个佛教寺院的守护神，或是站立在大夏王宫充当守护神。这座充满希腊风格的雕像，一般认为是公元前1世纪的作品——这跟希腊-巴克特里亚王国统治时期相吻合。但也有观点认为，这座雕像的年代应该是2世纪，是贵霜时代的作品。甚至也有可能，这并不是雅典娜本尊，而是受到希腊文化启发而创造出来的本地神祇。这种例子也见于锡尔卡普。从锡尔卡普出土的一座女神雕像，手持莲花，可能是布色羯逻女神。一个城市拥有自己的保护神，完全是希腊罗马的传统。女神高鼻深目和头上的发冠也是希腊神话的形象，但是手持莲花则是融入了佛教的元素。

犍陀罗佛教艺术中的很多人物形象，受到希腊艺术风格的影响，最为人熟知的是佛陀像。也有学者认为，摩耶夫人其实也有模拟雅典娜的痕迹。雅典娜作为智慧女神，经常出现在犍陀

图2-40 雅典娜，2世纪，高82.5厘米，拉合尔博物馆
女神身穿希通，非常飘逸，身体的轮廓极为细腻，甚至凸起的小腹都有体现，比任何希腊罗马的雅典娜雕像毫不逊色。

罗的政治宣传中，和王权符号连在一起，特别突出的是在钱币的反面刻画雅典娜的形象。比如有名的佛教护法王、印度-希腊王国的米南德王，其钱币的正面是君主投掷长矛的场景，背面则是雅典娜投掷闪电的画面。黄金之丘提拉达坂出土的戒指上，也刻着雅典娜的形象和名字。在图像中，雅典娜头戴头盔，手持长矛和盾牌，呈坐姿。雅典娜的形象在中亚尤其是巴克特里亚流传甚广，出现在戒指上不足为奇。雅典娜的形象一路往东，传播得更加遥远，在中国尼雅遗址出土的封泥上，往往印着雅典娜等希腊神祇的形象。

阿特拉斯（Atlas）　阿特拉斯是希腊神话中的擎天神，属于泰坦神族，在泰坦旧神族被新的神族击败后，阿特拉斯被宙斯降罪，用头和双手撑起青天。北非阿特拉斯山脉以他的名字命名，阿特拉斯航空公司飞机的垂直尾翼上绘有他双肩擎天的形象。大家都知道英文的"地图集"也是叫作"阿特拉斯"，这是因为传统西方地图集以他的形象作为装饰。阿特拉斯的女儿是风雨女神迈亚，迈亚和宙斯的儿子是赫尔墨斯。

阿特拉斯被引入犍陀罗造像艺术，主要任务就是托起佛塔的塔基。窣堵波的基座或者其他建筑的底端，经常看到阿特拉斯的形象。在犍陀罗雕像中，他经常是高抬手臂托起重物的姿势——这可能不仅仅是装饰的用途，还应该有思想和信仰的意涵在里面。对于建筑来说，安全和坚固是最重要的，由阿特拉斯来托起建筑，让人们相信，建筑获得了神力的加持，更加坚固和牢靠。

古希腊的神庙常在柱子和三角楣上使用阿特拉斯托起苍天的雕像。而犍陀罗的阿特拉斯经常带有双翼，显得孔武有力，双翼恐怕是犍陀罗本地工匠充满想象力的创造，从其他神祇比如爱神身上移植过来的。在塔克西拉和哈达的窣堵波基座上，阿特拉斯的形象经常出现。一个希腊的神祇被纳入到佛教寺院建筑和窣堵波之中，其思想意涵，也如赫拉克利斯一样，显示了不同宗教之间的融合。希腊神祇阿特拉斯和佛教中的神祇鸠槃茶或有关联。鸠槃茶是南方增长天王之领鬼，是大力鬼王。拉合尔博物馆藏一件鸠槃茶雕像，颇有希腊风格，高鼻深目，腰部纤细，胸部和四肢发达，腰上缠绕裙布，叶状的花环绕在头发上，似乎受到希腊狄俄尼索斯信仰的影响。

海兽特莱顿（Triton）　海兽特莱顿是海洋的信使，是海神波塞冬的儿子，上半身作人形，下半身作鱼尾形。在犍陀罗浮雕和装饰盘中可以看到。在犍陀罗浮雕中，他以成行形象出现。犍陀罗出土的特莱顿数量众多，反映了当时犍陀罗地区除了陆路交通外，可能也接受海上交通带来的信息。

图2-41　阿特拉斯，片岩石雕，2—3世纪，白沙瓦博物馆

图2-42　双翼阿特拉斯，白沙瓦博物馆

图2-43　双翼阿特拉斯，高38.1厘米，克里夫兰博物馆

图2-41

图2-42

图2-43

图2-44

图2-45

图2-46

图2-47

图2-44　阿特拉斯，3世纪，诺顿西蒙博物馆

图2-45　阿特拉斯，大英博物馆

图2-46　双翼损坏的阿特拉斯，大英博物馆

图2-47　阿特拉斯，私人藏品

图2-48 a,b　海兽特莱顿，1世纪，大都会博物馆

图2-48a

图2-48b

图2-49

图2-50

图2-51

图2-52

094　犍陀罗文明史　　　　　　　　　　　　　　　　　　　　　　　第二章　犍陀罗艺术中的希腊文化元素

在塔克西拉、贝格拉姆等地也发现了希腊神祇哈伯克拉底（Harpocrates）的形象。在希腊神话中，维纳斯的风流韵事被静默之神哈伯克拉底撞见，为了掩盖，她让儿子爱神丘比特送了一束玫瑰花给哈伯克拉底，希望他不要将此传出去。接受了玫瑰花的哈伯克拉底闭口不言，因此罗马人将玫瑰花视为严守秘密的象征。如果谈话时桌子上摆了玫瑰花，意思就是不要把所说的传出去。拉丁语中有一个词"Sub rosa"（玫瑰花下），就是这个意思。

风神奥拉（Aura） 在犍陀罗浮雕中，出现了希腊风神奥拉形象。之前学者往往认为犍陀罗浮雕中的风神是玻瑞阿斯（Boreas）。玻瑞阿斯是北风之神，但从艺术形象上看，犍陀罗风神更接近希腊风神奥拉的形象。风神的这种形象对东亚产生了深刻影响，一直到江户时代俵屋宗达绘《风神雷神图》，依然能够看出犍陀罗的影子。

希腊文化元素往东传播，进入塔里木盆地。尼雅东汉墓出土的蜡染棉布，上面有希腊命运女神堤喀的形象。类似的例子还有很多，可见早在两千年前，人类在亚欧大陆上的文化交流已经达到了很高的程度。

图2-53

图2-49 海神，2—4世纪，斯瓦特出土，密苏里大学考古与艺术博物馆

图2-50 海兽特莱顿，装饰盘，东京国立博物馆

图2-51 海兽特莱顿，芝加哥艺术博物馆

图2-52 海兽特莱顿，大英博物馆

图2-53 哈伯克拉底，1世纪，塔克西拉出土，塔克西拉博物馆
阿富汗国家博物馆也藏有一个哈伯克拉底的立像，但造像略异。

图2-54 风神奥拉,2世纪晚期到3世纪,希腊雕塑

图2-55 风神,2世纪,犍陀罗,柏林国家博物馆

图2-56 带有风神形象的贵霜金币,平山郁夫丝绸之路博物馆

图2-57 俵屋宗达,《风神雷神图》,京都建仁寺

图2-56

图2-57

II Greek Elements in Gandhara Art A History of Gandhara Civilization 097 ved # III

Early Kushan Civilization and the Bloom
of Buddhism in Gandhara

第三章

早期贵霜文明和佛教在犍陀罗的繁荣

犍陀罗文明史上一个重要的事件，是贵霜帝国的建立。从公元前2世纪到1世纪中期之前，从粟特地区到印度河流域，希腊人政权遭到了北部游牧民族的彻底扫荡。但随后的贵霜帝国却似乎大量继承了希腊人政权的一些特征，比如货币系统。贵霜货币上符号和文字传达的政治和宗教意涵，和印度−希腊王国时代一样。其语言系统也继承了前代，使用希腊字母拼写的巴克特里亚语和佉卢文。犍陀罗人口结构非常复杂，经历了安息的征服、塞种人的入侵、希腊—印度王国的统治、贵霜的建立。犍陀罗地区在多种文明的浸淫之下，形成了独特的文明。在贵霜帝国时期，犍陀罗达到了一个黄金的时代。《摩诃婆罗多》提到，犍陀罗人不够纯洁，也许就是说犍陀罗当地各种族的人互相通婚，血统混杂，不够"纯洁"。但正是这多种文明融合，才让犍陀罗文明变得独一无二，成为人类文明史料的珍宝。

在1世纪到4世纪间，贵霜帝国在人类历史上扮演了重要角色。它在罗马帝国、汉帝国和安息帝国之间，建立了一个庞大的帝国，并在主要文明之间扮演着中介的角色。贵霜帝国统治着中亚和印度的广大地区，它的出现消除了因为政权林立导致的交流障碍，为不同文明传统之间的互动提供了更好的环境。古代丝绸之路东西贯通，商旅（代表物质）、僧人（代表信仰）、使节（代表政治）在丝绸之路上往来更加频繁，经济繁荣也为宗教信仰的传播和文化艺术的繁荣奠定了基础。贵霜君主（如丘就却和迦腻色伽等）对佛教的大力提倡，使佛教在中亚和西北印度获得一次飞跃和更新，并传入中国。佛教的昌盛，也推动了犍陀罗艺术的繁荣。从这个意义上说，丘就却建立贵霜王朝，是犍陀罗文明史上的一件大事。

第一节
贵霜的起源和建国

中国史籍所见"贵霜",也就是中亚和西北印度次大陆钱币铭文上所见的Kusana。贵霜王朝的前身应该是役属月氏的大夏(即巴克特里亚)小长之一——贵霜翕侯。有学者如余太山认为,后者可以追溯到塞人部落之一的Gasiani。丘就却是贵霜帝国的开创者,其建国伟业也被记录在汉文史料里,比如《后汉书》卷八八《西域传》。《汉书》和《后汉书》的史料来源,主要是汉朝官方经营西域时的官方报告,具有很高的可信度。当汉朝势力强大时,内地对西域的情况了解更多,记录也更详细。当汉朝势力退却时,因为交通隔绝等各种因素,内地就得不到相关的信息,记录也会空缺。因此,虽然迦腻色伽文治武功达到鼎盛,但汉文官修史书中并没有关于他的记载。这不是说他的影响力不够,相反的,很多证据显示,其实在迦腻色伽时期,他对塔里木盆地诸国有很多干涉。

根据汉文史料的记载,贵霜帝国的建立和大月氏西迁有前后因果关系。汉文文献比如《逸周书》《穆天子传》《管子》等都提到过月氏,但是叫法不同,有禺氏、禺知、月支等,这说明中国很早就知道月氏的情况。先秦时,月氏主要居住在内蒙古草原南端。公元前3世纪,则居于敦煌、祁连间。秦朝时,月氏强盛,从河套地区到阿尔金山,都在月氏的影响之下。匈奴此时还比较弱小,处在西边月氏和东边东胡夹击之下。在这种情况下,匈奴一度向月氏输诚,将王子送到月氏当人质,后来著名的冒顿单于就曾经在月氏当人质。匈奴强大起来后,尤其是在冒顿单于统治时期,向东打败了东胡,然后在公元前201年,向月氏发动战争。公元前177年或前176年左右,匈奴通过一场大规模的战争打败了月氏，"夷灭月氏，尽斩杀降下定之。楼兰、乌孙、呼揭及其旁二十六国，皆为匈奴。诸引弓之民，并为一家"。在这场战争中，月氏王也被杀，首级被单于用作酒器。被打败后的月氏大部分向西迁徙，沿着天山北麓进入原来塞人居住的伊犁河和楚河流域，塞人战败向南迁徙。公元前130年左右，乌孙和匈奴联军再次大败月氏。大月氏族人无法在原来的塞地立足，只好再次迁徙到锡尔河与阿姆河之间的河中地区。"月氏乃远去，过大宛，西击大夏而臣之，都妫水北为王庭"。汉文史料还记载云："大月氏在大宛西可二三千里，居妫水北。其南则大夏，西则安息，北则康居。"

这里水草丰美，大月氏得到繁衍生息，虽然控弦一二十万，但也不想再复仇了。汉武帝派遣张骞到达大月氏，约在公元前128年，但是大月氏拒绝了张骞一起合击匈奴的建议。此时，大月氏的对手主要是南边的大夏（希腊-巴克特里亚）。《史记·大宛列传》记载："大夏，在大宛西南二千余里，妫水南。其俗土著，有城屋，与大宛同俗。无大长，往往城邑置小长。其兵弱，畏战。善贾市。及大月氏西徙，攻败之，皆臣畜大夏。大夏民多，可百余万。其都曰蓝市城，有市贩贾诸物。其东南有身毒国。"张骞到达的时候，大月氏并没有渡过阿姆河，而是"都妫水北为王庭"，让南岸的大夏作为附属国。张骞离开后不久，大约在公元前100年左右，大月氏渡河灭掉了大夏的诸希腊小国，将都城迁到了原大夏都城蓝氏城或者监氏城（或即巴克特拉）。所以《后汉书·西域传》记载："大月氏国，居蓝氏城，西接安息，四十九日行，东去长史所居六千五百三十七里，去洛阳万六千三百七十里。户十万，口四十万，胜兵十余万人。"

关于大夏的族属，主要有两派意见。一派意见认为它是希腊-巴克特里亚，一派意见认为是塞种。第二种意见认为，塞人遭月氏驱赶，侵入巴克特里亚，建立大夏。大夏又被尾随而至的月氏所灭。但很明显，贵霜深受希腊化文明的影响，阿富汗阿伊-哈努姆留下了丰富的希腊文明遗物，令人对此有更清晰的认识。很有可能，大月氏征服的大夏就是希腊-巴克特里亚的希腊化王国，而塞人部落只是过客，他们一路推进到阿富汗西南部，再向东发展，建立过一些小的王国。而大批的巴克特里亚希腊人则往南进入印度北部，跟这里的希腊人组成了印度-希腊王国，一直到公元前1世纪，仍然存在。大月氏进入巴克特里亚之后，应该就被当地的文明所打动，甚至不愿意再回到故土向匈奴复仇。

月氏征服大夏之后，根据汉文记载，"分其国为休密、双靡、贵霜、肸顿、都密，凡五部翕侯"。又过了百余年，贵霜翕侯丘就却攻灭其他四部翕侯，初步建立贵霜政权。翕侯是中亚政权的一种传统头衔，乌孙和康居也使用这一头衔，比如见诸汉文史书的乌孙布就翕侯。其原意是"首领"，在很多语境中是次于王的诸侯，突厥后来的头衔"叶护"也与其有关。

对于汉文史书中的"分其国为休密、双靡、贵霜、肸顿、都密，凡五部翕侯"，史学家们的解读形成完全相反的意见。传统的观点认为，这是月氏将自己的部族分为五部。如果是这样的话，那么贵霜翕侯丘就却也就是月氏人，其建立的贵霜帝国也就是月氏人建立的帝国。这种观点在很长时间内占据主导地位。不过近来这种观点越来越受到挑战，尤其是余太山力倡贵霜王朝为大夏人所建——不过他认为大夏是塞种建立的，不是希腊-巴克特里亚的后裔。塞人是古代生活在伊犁河流域、伊塞克湖沿岸以及中亚细亚广大地区的游牧民族总称。中国文献称其为"塞种"，而在西方文献中，"塞人"通常被称为Saka，希腊人称其为"斯基泰"（Scytihans）。

对上述汉文史料的另一种解读，是月氏将被其征服的大夏分为五部，采取分而治之的策略，结束了以前小国林立的局面，分部统治。这种观点或许更接近事实。根据五部翕侯的地理分布也可以看出端倪。五部翕侯基本上都分布在东部的贫瘠山区。比如纳拉因认为它们分布于以阿姆河中游为中心的南北两侧的主要支流谷地之中；余太山认为五翕侯治地均在吐火罗斯坦东部山区。如果月氏是自分五部的话，这样的地理分布很难得到解释。真实的情况应该是月氏王亲统巴克特里亚肥沃的核心地区，而将原来的大夏贵族分成五部，分而治之。如果是这样的话，贵霜翕侯就是大夏人无疑。也就是说，丘就却建立的贵霜帝国，其王族是大夏人后裔。至于大夏人是塞种，还是希腊-巴克特里亚贵族后裔，或是混血的族群，则是另外一个问题。如果上述观点成立，贵霜帝国的建立，某种意义上是大夏贵族的复国，也就必然会沿袭大夏的宗教、文化、政治传统。

汉文史料记载丘就却建立贵霜的过程较为详细，但也留下了很多空白。根据《魏略·西戎传》记载，公元前2年（西汉哀帝元寿元年），博士弟子景卢受大月氏王使者伊存口授《浮屠经》。这一事件是否属实不得而知，但或许能说明，在公元前后，大月氏作为一个政权仍然存在。也就是说，贵霜等五部翕侯之外，仍然存在一个类似中央政府的大月氏王。但此时大月氏王是否已经大权旁落，不得而知。根据史料记载，在半个世纪之后，贵霜灭掉其他翕侯，成为统一的帝国，之前的大月氏政权很可能已经覆灭了。根据汉文史料记载"汉本其故号，言大月氏云"，可以推断，贵霜的王室和大月氏的王室应该不是同一群人。

《后汉书·西域传》记载，月氏分大夏为五部之后百余年，约1世纪中期，贵霜翕侯丘就却崛起，攻灭其他四部，"自立为王，国号贵霜。侵安息，取高附（Kabul，即喀布尔）地，又灭濮达（Pushkalavati）、罽宾，悉有其国。丘就却年八十余死，子阎膏珍代为王。复灭天竺，置将一人监领之。月氏自此之后，最为富盛，诸国称之，皆曰贵霜王。汉本其故号，言大月氏云"。在丘就却的扩张中，犍陀罗也被收入贵霜统治之下。阎膏珍攻灭天竺，在各种文献中都有反映。比如《后汉书·天竺国传》记载："身毒（印度）有别城数百，国置王。……其时皆属月氏。月氏杀其王而置将，令统其人。"印度人迦罗那（Kalhana）写于12世纪的《诸王流派》也有类似的记载。

亚历山大在公元前4世纪征服巴克特里亚之后，用希腊字母拼写的希腊语成为当地的官方语言，后来出现用希腊字母拼写的巴克特里亚语（大夏语，Bactrian）。迦腻色伽一世时，希腊语从钱币上消失，被巴克特里亚语取代。在贵霜早期，希腊文化仍然繁荣，对这一时期的社会文化产生了重要的影响。1993年发现的罗巴塔克碑铭，给出了清晰的早期贵霜王表：

  Kujula Kadphises（库就拉·卡德菲塞斯，汉文"丘就却"，约30—80年）
  Vima Takto（威玛·塔克图，汉文"阎膏珍"，约80—90年）
  Vima Kadphises（威玛·卡德菲塞斯，约90—127年）
  Kanishka I（迦腻色伽，约127—150年）

在这一珍贵铭文发现之前，研究者对贵霜早期历史的理解充满误解。比如认为贵霜存在两个王朝，第一个是卡德菲塞斯王朝，而迦腻色伽是阎膏珍时期的印度总督，后来造反建立了迦腻色伽王朝。但是根据罗巴塔克碑铭，贵霜王系都是父死子继，王系没有断绝的问题。丘就却之后继任者是威玛·塔克图，根据汉文史料记载，他就是阎膏珍。阎膏珍继承丘就却的扩张事业，入侵印度，扫清当地的割据政权，奠定了贵霜帝国的基本版图。

阎膏珍，在罗巴塔克碑铭发现之前，是一位湮没在历史长河中的无名君主，甚至他是否真的存在过，学者们都持怀疑态度。之前学者们往往把威玛·卡德菲塞斯（也就是卡德菲塞斯二世，丘就却是卡德菲塞斯一世）当作汉文史料中的阎膏珍。但是钱币铭文等资料都显示，在两位卡德菲塞斯之间，存在一个"无名王"。这位无名王经常以"伟大救世主"（Soter Megas）的头衔出现。甚至有学者认为他是一位篡位者，后来又被卡德菲塞斯王室将王位夺回。也有学者认为，这位"伟大救世主"就是阎膏珍。《后汉书》明确记载继承丘就却王位的是其子阎膏珍，而《后汉书》史料来自于汉朝经营西域的官方报告，当时贵霜和汉朝关系密切，不可能出现弄错王室世系的错误。而且阎膏珍确实带有"伟大救世主"的头衔，这个头衔显示贵霜君主的内涵依然受到希腊文化的影响——"救世主"是希腊君主有功业者上的尊号。这一头衔对佛教王权观念的发展起到了重要作用。佛教转轮王的神权政治体制，在很大程度上，吸纳了这样一个头衔。

阎膏珍的"伟大救世主"头衔，说明他是建有功业的君主。据汉文史料，他入侵印度，设置副王进行统治。《后汉书·西域传》记载说："阎膏珍代为王，复灭天竺，置将一人监领之。"《后汉书·西域传》"天竺"条又记载："身毒有别城数百，国置王。……其时皆属月氏。月氏杀其王而置将，令统其人。"除了向南的征服，阎膏珍还向北征服了花剌子模、大宛等国，将它们纳入帝国版图。90年，东汉和帝在位时，很可能就是在阎膏珍统治之下，贵霜帝国对塔里木盆地进行了一次军事远征，但在班超的抵抗下遭到了挫败。

根据《后汉书·班超传》和《后汉书·西域传》记载，章帝元和元年(84)，班超攻疏勒王忠，康居派兵援助，班超陷入苦战。因为康居和贵霜有姻亲关系，班超派遣使者以大量锦帛贿赂贵霜君主——很可能就是阎膏珍。在贵霜君主的干预下，康居退兵。此时，贵霜对西域诸国的影响力已经彰显。贵霜曾帮助中国

图3-1　无名王Soter Megas钱币

方面打击车师，也曾遣使贡献珍宝、符拔、狮子。87年，贵霜提出娶汉朝公主为妻，被班超拒绝，并且扣押了贵霜帝国的使者，这激怒了阎膏珍。永元二年（90），阎膏珍派遣副王谢率兵七万越过葱岭远征班超。副王谢，可能是头衔Shahi（沙）的音译，贵霜君主有的在钱币上刻有"贵霜沙"的头衔。班超对军士说："月氏兵虽多，然数千里逾葱岭来，非有运输，何足忧邪？但当收谷坚守，彼饥穷自降，不过数十日决矣。"班超采用坚壁清野的战术，而贵霜大军远离本土，得不到补给，于是向龟兹求援，使者又被班超半道劫杀。副王谢只好跟班超谈和退兵，"月氏由是大震，岁奉贡献"，但这是依据汉文史料得出的结论，尚不知道在战争受挫后贵霜仍占据西域的哪些地区，至少看上去贵霜并未放弃葱岭以东的争霸。从贵霜向龟兹求援的记载看，在当时，贵霜和龟兹等西域国家存在着密切的政治外交关系，也可以说，贵霜的影响力越过了葱岭以东。此后贵霜帝国势力局限于妫水，不过，它并没有停止扩张。116年，贵霜在疏勒扶持中意的臣磐为国王。而到了迦腻色伽时代，贵霜势力得以渗入天山南路，对塔里木盆地诸国的影响增强了。贵霜帝国和汉帝国的战争，使贵霜开放了汉朝通往西方的交通。班超副手甘英穿过贵霜地区，到达了波斯湾，成为中西交通史上的一件大事。

在马土拉城郊马特出土的阎膏珍雕像上，铭文为Vema Takshama，提到其头衔为"大王、众王之王、神之子、贵霜王之子"（Mahārājā Rājātirājā Devāputro Kaniṣko），阎膏珍的钱币铭文还有"大王、众王之王、世界之王、伟大的君主、阎膏珍、救世主"的字样。其钱币上还出现了手指祭坛的画面，跟迦腻色伽一样。这不一定是受到祆教的影响，在吠陀和婆罗门文献中，也有类似的传统。在犍陀罗佛教艺术中也经常出现。

阎膏珍去世后，王位由其子威玛·卡德菲塞斯继承。在卡德菲塞斯二世统治下，贵霜国势继续上升。随着贵霜掌控中西方贸易，它成为汉朝、中亚以及罗马的贸易中转中心。过境商品，尤其是丝绸、香料奢侈品的交易，给贵霜带来巨额的财富。威玛·卡德菲塞斯铸造的钱币分布甚广，从巴克特里亚到马土拉，甚至在东方地区都有发现。他似乎也是第一个铸造金币的贵霜君主，多数金币都用在对罗马帝国的贸易上。贵霜王朝的金币一枚重8盎司，与罗马帝国在1世纪铸造的金币重量相同，可能是便于贸易的考虑。贵霜君主将罗马金币熔化后再重新铸造成自己的货币，这或许反映了贵霜在汉朝和罗马的贸易中间扮演了中间人的角色。贵霜也因此成为丝绸贸易的中心。在其夏都迦毕试发现多种器物，反映了这种贸易的繁荣。从整个贸易趋势来看，东方流往西方的主要是丝绸等商品，而西方的物品除了奢侈品，其余商品成交量较小，这

图3-2 阎膏珍坐像，马土拉博物馆

图3-3 威玛·卡德菲塞斯的钱币，集美博物馆
希腊铭文为"巴塞勒斯威玛·卡德菲塞斯"。背面是印度教的神祇湿婆，手持三叉戟，但其右方为佛教的三宝符号，佉卢文铭文为"大王、众王之王、世界之王、大地之王、正法的拥护者"。

样的后果，就是黄金等贵金属沿着丝绸之路往东流动。除了黄金，其他贵金属或奢侈品也包括在内，在贝格拉姆城址出土的大量物品似乎印证了这一点。

威玛·卡德菲塞斯的钱币上，他经常手持大棒。这一形象很可能来自赫拉克利斯信仰——君主将自己视为赫拉克利斯一样的勇士，驱散邪恶的威胁，守卫人民的福祉。以前学界往往认为，丘就却是护持佛法的君主，到了阎膏珍和威玛·卡德菲塞斯，他们转而信仰婆罗门教，镇压佛教。而到了迦腻色伽统治时期，佛教才得到恢复。这是根据君主钱币上的神祇变化做出的判断，实际上没有任何坚实证据的支持。历史也并不会如此整齐划一，从卡德菲塞斯二世的钱币来看，上面既有印度教湿婆的形象，又有佛教三宝的符号。可见卡德菲塞斯依然执行了宗教宽容的政策，佛教的演进并没有因为君主的变更而受到影响。更接近事实的情况是，佛教从丘就却到迦腻色伽，都得到了贵霜王室的坚定支持。虽然贵霜执行宗教宽容政策，但当时正是佛教的繁荣上升期。从佛教遗迹的规模、数量，以及各种文献的记载看，佛教在贵霜前半期的历史中始终占据主导的地位。相对希腊、印度、伊朗的各种神祇，佛陀并不被认为是某种"神祇"——至少在很多语境或者时段内，所以也可以理解为什么佛陀很少出现在钱币上。

根据西方文献记载，在罗马皇帝图拉真（Trajan）执政期间，来自印度的使团带来了贡品和国书，国书是用希腊文写成。这个使团或许是威玛·卡德菲塞斯派来的。金钱的集聚和商业的发达，也带来了宗教信仰的繁荣和犍陀罗佛教艺术的兴旺。

图3-2

图3-3

第二节
作为佛教转轮王的丘就却

丘就却的出身和崛起目前仍处于迷雾之中。一般认为他是月氏族人，如果是这样的话，在建立帝国的过程中，他肯定要面对印度-希腊王国的敌对。希腊-巴克特里亚诸王国（大夏）就是被大月氏所灭的，那么印度-希腊王国就应该是灭于丘就却之手。但令人奇怪的是，丘就却发行的钱币中，有一种钱币背面却出现了印度-希腊王国国王赫缪斯（Hermaeus）的头像和王衔。这很可能是丘就却早期发行的钱币，因为钱币上除了赫缪斯的头像和王衔，还写有丘就却的佉卢文头衔"丘就却，贵霜翕侯，正法的坚定追随者"。"正法的坚定追随者"（Dharmathidasa）这一头衔或许跟佛教有关系，显示丘就却是护持佛法的君主。

丘就却建立统一王朝之后，发行的钱币上，他的头衔发生了变化，更多地使用"大王"（Maharaja）等头衔——也可能这些头衔是谥号，是其子孙为了纪念丘就却而发明的，而丘就却生前并没有使用过此类称号。丘就却发行的钱币很多是希腊或者罗马样式，显示贵霜帝国在政治和文化传统上受到希腊罗马文明的影响。他的钱币广泛分布于喀布尔和犍陀罗地区，显示这正是丘就却统治的核心区域。

图3-4

赫缪斯出身欧克拉提德王朝，似乎在他的统治之下，希腊文化继续繁荣。他的头衔中有"救世主"的内容，显示他曾有过显著的功业。为什么丘就却这样一个贵霜君主要跟赫缪斯这样一位希腊君主联系在一起呢？这显然绝非偶然。按照逻辑推断，很可能有三种原因。第一种原因，丘就却是赫缪斯家族成员，也就是说丘就却出身前朝王族，是希腊王国欧克拉提德王朝的后裔——甚至有的学者认为赫缪斯是丘就却的父亲。或者，丘就却跟欧克拉提德王朝存在血缘关系，比如后者是他的母族。第二种原因，或许丘就却和赫缪斯是政治联盟，在最初的时候丘就却打着赫缪斯的旗号起兵，强大后就取代了赫缪斯，考虑到印有赫缪斯头像的钱币广泛存在，这种情况可能性较小。第三种原因，可能是丘就却为了安抚希腊裔臣民，宣布自己才是印度-希腊王国政治遗产的继承人。虽然无法得出确切的结论，但很可能在建国的过程中，丘就却打着印度-希腊王国的旗号，这一点似乎像匈奴人刘渊起兵时，号称是汉朝后裔一样。

从汉译佛教文献中，能看出丘就却继承希腊王国政治传统的企图。后汉月氏三藏支娄迦谶（贵霜人，曾生活在迦腻色伽统治时期）译《佛说伅真陀罗所问如来三昧经》中写道："尔时有佛，号字罗陀那吱头。其刹土名曰首呵，其劫名波罗林。尔时怛萨阿竭，有十二亿菩萨，皆精进，悉得忍，皆阿惟越致。其佛寿六十亿岁，其刹土庄严无所不办，其地悉琉璃，无种诸谷者。其有饥渴，名美饮食尽悉在前。其土者无有异道，皆悉摩诃衍。尔时之世有遮迦越罗，名曰尼弥陀罗。……佛语提无离菩萨：'汝乃知时遮迦越罗尼弥陀罗不？今现伅真陀罗是。'"这里的"遮迦越罗"，就是转轮王（Cakravartin）的汉译，"尼弥陀罗"指的就是印度-希腊王国著名的君主米兰陀或西方文献中的米南德一世。有关米兰陀，前一章已进行详细讨论，认为他在佛教发展史上扮演了比较重要的角色。而贵霜高僧支娄迦谶译的这部《佛说伅真陀罗所问如来三昧经》，通过佛陀的话，指出贵霜君主是转轮王米兰陀的转生。

这里的"伅真陀罗"，古正美认为是丘就却。如果这一推断成立，就是说，贵霜建国君主丘就却通过大乘佛典宣扬自己是前朝（希腊化王国）君主转世。这有两层含义。第一层含义，说明贵霜王朝的君主和佛教关系密切，甚至用佛教作为政治意识形态和宣传手段，正如支娄迦谶记载的那样，贵霜君主在前世就是转轮王；第二层含义，是丘就却等贵霜君主试图和印度-希腊王国建立前后继承的关系，所以丘就却就是前世的米兰陀，这既符合佛教的世界观，也体现了某种政治意图。当然还可能有一种情况，就是丘就却本来就带有前朝王室的血脉。不管是自认或者被认为，这些都成为丘就却进行政治宣传的利器。

图3-4 丘就却钱币，大英博物馆
正面是头戴希腊式王冠（diadem）的国王头像，退化的希腊铭文作"国王赫缪斯，救世主"，反面是手持大棒和狮皮的赫拉克利斯形象，佉卢文铭文作"丘就却，贵霜翕侯，正法的坚定追随者"。

图3-5

图3-6

希腊文化对大月氏和贵霜的影响，可以从一件小事看出来。《晋书·乐志》记载："张博望（张骞）入西域，传其法于西京，惟得《摩诃兜勒》一曲。李延年因胡曲更造新声二十八解，乘舆以为武乐。"有学者认为《摩诃兜勒》是大月氏乐，摩诃兜勒可能是希腊文Μακεδονες的音译。如果是这样的话，《摩诃兜勒》可能是一部具有希腊音乐传统的音乐。除了汉文佛教文献中关于贵霜君主和印度–希腊王国君主米兰陀的关系论述外，贵霜（至少是初期）追尊米兰陀也得到了出土文物的佐证。一枚很可能铸造于丘就却时代的钱币上赫然出现了"大王、正法的拥护者、米兰陀"（Maharaja Dharmikasa Menandrasa）的铭文。有学者认为，这是贵霜君主追尊印度–希腊佛教君主米兰陀王的证据。似乎丘就却最为崇拜的就是前代希腊君主米兰陀。丘就却自己以"正法的坚定追随者"自居，他称自己的王朝统治是"以正法的名义建立"（Satyadharmasthita）。结合丘就却时代正是佛教在犍陀罗蓬勃发展的时期，这里的"正法"，很可能指的就是"佛法"。在汉文史料中，贵霜君主被称为"遮迦越罗"（转轮王），而出土的他们的钱币上，则称为"大王"（Maharajasa）、"众王之王"（Rajatirajasa）。"大王"或者"众王之王"，其含义就是"统一君主"（niversal ruler）。这一含义跟汉文佛典中的"遮迦越罗"或者"转轮圣王"是一样。所以在把佛经从佉卢文翻译为汉文时，支娄迦谶特别强调了"遮迦越罗"是"大王"，是和"小王"相对应的一个概念。

在东汉安世高译《犍陀国王经》及另一部佛典《善见律毗婆沙》中，都记载犍陀罗王从信奉印度教，转而信奉佛教的故事。其中有些细节非常生动有趣。其中有一段国王和佛陀的对话，国王问佛陀："今后尊奉佛法，不知道会有什么福报？"佛陀答道："修行精进，将来可以做遮迦越王，也可以得到无为度世之道。"这里的"遮迦越王"指的就是转轮王。如果这个故事具有一定事实基础的话，那么安世高等人讲述的，可能就是他们对贵霜君主为什么尊奉佛教的理解。也就说，贵霜统治者（可能指丘就却）专信佛教，其中一个重要原因，就是能够通过护持佛法，积累功德，成为转轮圣王。

不依国主则佛法难立，君主的支持对佛教发展具有重要的意义。佛教能够在贵霜时期获得巨大的发展，跟王权的护持和宽容有极大关系。反过来说，佛法能够得到王权的支持，一定是符合巩固王权的目的。王权和佛法的关系，应该是佛教以及佛教艺术在贵霜时期——尤其是在贵霜的核心地区犍陀罗——得到发展的重要契机。对贵霜君主而言，其面对的意识形态或信仰体系有多种，有佛教的，有希腊罗马世界的，有伊朗世界的，还有印度教的，这使得贵霜王权和宗教信仰的关系变得异常纷繁复杂。通常的观点认为，贵霜

图3-5　佛陀与礼敬者，2—3世纪，大都会博物馆

图3-6　布施，罗马东方艺术博物馆
贵霜王者或贵族装扮的佛教信徒布施给佛陀，佛陀身后跟着手持金刚杵的执金刚神。

图3-7

图3-8

图3-9

君主的更迭会带来宗教信仰之间地位的起伏。这并不符合逻辑，贵霜帝国的民族构成、文化传统、宗教信仰都呈现出多样性，君主采用兼容并蓄的宗教宽容政策，可能才是历史真相。

在不同宗教的竞争中，佛教获得了持续的发展。原因是多方面的，比如佛教和商业的关系，贵霜的经济基础之一是繁荣的丝路贸易。还有，比如佛教提倡众生平等，打破之前的种姓壁垒。因为外来族群的缘故，贵霜君主在印度教中的地位面临着理论上的困境。而佛教却为贵霜君主提供了更好的理论保障。贵霜帝国占领了北部印度很多重要区域，拥抱在印度被视为异端的佛教教义，压制印度教，导致了传统道德和宗教秩序的瓦解，迎来了一个新的时代。早期印度文献对贵霜的入侵有非常负面的描述，将其视为拥抱异端传统的邪恶入侵者。印度文明在4世纪的复兴，也就伴随着佛教的衰落。

佛教对世俗王权的解释——主要是转轮王的理念——可能为丘就却提供了新的理论。通过十善治国，建立塔寺，丘就却达到了巩固统治的目的。有学者赋予丘就却很高的历史地位，甚至认为他是开创佛教治国理念的人，但并没有证据支持这些论断。在贵霜时期，佛教有关政治的理念获得了发展，除了佛——转轮王这种宗教和世俗的统治理念外，弥勒信仰兴起，填补释迦牟尼涅槃后的权威空间。作为佛教的救世主，弥勒是未来佛，为现世的人们照亮了未来的路，让大众期盼着一个理想时代的到来。这个理念此后传播开来，尤其是在东亚世界，影响深远。在贵霜时期的犍陀罗佛教艺术中，弥勒的图像也成为重要的艺术主题。这跟原始佛教不同——在早期印度佛教中，弥勒的重要性并不显著。

丘就却的钱币能够反映贵霜初期的政治、宗教情形。希腊诸神也是他钱币上的重要神祇。有的钱币背面是宙斯，正面是丘就却，佉卢文铭文写"贵霜沙、丘就却"。有的钱币刻有骆驼或牛的形象，佉卢文铭文写"大王、众王之王、丘就却"。有的刻有君主罗马样式的头像，铭文写"正法的坚定拥护者、贵霜翕侯、丘就却"。有的钱币上，"贵霜翕侯"和"众王之王"的头衔同时存在。这或许说明贵霜的政治体制中，可能最高统治者具备双重身份，他既是诸小王们的统治者，也是贵霜这一政治传统的继承人。整个体制是以贵霜为中心的帝国。就如西汉的皇帝，他既是帝国的皇帝，又是诸侯国中汉国的代理人。丘就却的钱币上甚至出现了盘腿而坐的形象，有学者认为这是最早的佛陀像之一，或许更能佐证文献记载的丘就却和佛教存在紧密关系的论断。

图3-7 贵霜王侯立像，喀布尔博物馆
图3-8 弥勒立像，2—3世纪，西蒙诺顿博物馆
图3-9 丘就却钱币，刻画有盘腿而坐的形象

现在并没有太多有关丘就却宗教态度的信息，但一个事实是，1世纪佛教在塔克西拉、犍陀罗等地非常盛行。塔克西拉的法王塔、卡拉旺（Kalawan）等佛教遗迹出土了大量贵霜时代的文物。卡拉旺遗迹的一个佛典窟中发现了供奉舍利的碑文，直接说明是捐献给说一切有部，这是最早出现部派名字的碑文，时代大约为77年。

1914年，英国考古学家马歇尔在塔克西拉的达磨尔吉卡（或者叫法王塔）挖掘出一件滑石制作的舍利壶，内有银盒。银盒内有舍利函和一个薄银卷轴。其铭文讲到，一个名叫乌拉萨加（Urasaka）的巴克特里亚人，将圣者的舍利供奉在法王塔的菩萨殿中，以此功德，祝愿"大王、众王之王、天子、贵霜王"健康，为诸佛、众生、父母、朋友、导师、族人、亲人以及自己祈求身体健康。这个铭文的年代是78—79年左右。

法王塔建成的时间很早，最早部分可追溯到阿育王时代，阿育王派出传教使团将佛教传入塔克西拉。整个建筑以巨大的塔为中心，分为两部分，南边是塔，北边是寺，面积很大，似乎长期都是佛教的一个重要中心。有学者认为，法王塔并不是一座佛塔，而是一座转轮王塔。原因是根据佛教文献比如《大般涅槃经后分》中把葬塔分为佛塔、辟支佛塔、阿罗汉塔和转轮王塔。佛塔高十三层，辟支佛塔高十一层，阿罗汉塔高四层，而转轮王塔"无复层级"，没有前三者都有的刹柱和相轮，只有基台和覆钵。塔克西拉法王塔的结构似乎符合转轮王塔的结构，只有基台和覆钵，所以认为这座塔是一座转轮王塔。如果推论成立，根据上述铭文的年代推论，可得出结论：这座塔可能是为了纪念佛教转轮王丘就却所建立的转轮王塔。塔克西拉，在丘就却时期，正是其统治的核心区域之一。

从法王塔的名字看，似乎也说明这座塔是一座转轮王塔。在汉文佛典的很多语境里，法王指的就是转轮王。不过法王也可以指代佛陀，而且法王塔的建造年代是早至公元前3世纪的阿育王时代。如果说整个法王塔是为了丘就却所造，恐怕无法令人信服。法王塔应该有一个漫长的不断增筑的过程。由此可以理解，上述铭文中提到的菩萨殿，是作为法王塔建筑的一个组成部分，很可能是贵霜时期新建的建筑。

图3-10 a,b 塔克西拉风貌，这里曾经是人类重要的文明中心

图3-10a

图3-10b

图3-11a

图3-11b

图3-11c

图3-11d

图3-11e

图3-11f

图3-11g

图3-11 a~g 塔克西拉遗址

第三节
贵霜君主的王衔

在阿兰（Ārā）发现的有名的迦腻色伽二世（Kanishka II）铭文，其上写着他的头衔"大王、众王之王、天子、恺撒"（Mahārājasa Rājatirājasa Devaputrasa Kaïsarasa）。"大王"是印度传统，"众王之王"是伊朗传统，"天子"有可能是从中国借用的概念，而"恺撒"则明显来自当时的罗马帝国，是罗马皇帝的称号。迦腻色伽二世的王衔，浓缩了来自四大文明的传统，可谓是贵霜世界主义色彩的一个缩影。正如罗兰德（Benjamin Rowland Jr.）所言，贵霜地处各种文明交流的十字路口，造就了它无与伦比的文明，是一种带有世界主义（cosmopolitanism）色彩的文明。甚至可以说，贵霜地处丝绸之路要道，联通中国、罗马、伊朗、印度等主要的人类文明体，它就是当时的世界中心。这也使得它在1世纪之后的数百年里，成为整个人类世界的贸易、宗教、文化和艺术中心。下文对贵霜君主头衔的概念逐个进行分析，以便更清楚地理解贵霜文明的世界主义色彩。

1. 大王（Mahārāja）和众王之王（Rājatirāja）

一般认为，"大王"是印度传统，而"众王之王"是来自西亚的传统。不过在佛教意涵中，其对应的都是统一君主转轮王。167年，来自贵霜的三藏支娄迦谶到达洛阳，开始译经事业。检其现存的译经典，他从未使用"飞行皇帝"来对译转轮王，全部都音译为"遮迦越罗"。而且，他将遮迦越罗与小王相对，显然是强调遮迦越罗（即转轮王）作为统一君主的特点。汉文佛教典籍中的大王，往往就是译自Mahārāja。

图3-12 犍陀罗浮雕,都灵东方艺术博物馆
一个王者模样的人向佛陀布施,这或许是贵霜王侯的形象。

2. 天子（Devaputra）

贵霜君主头衔中有"天子"（Devaputra）的称号。比如在迦腻色伽等君主的钱币上，就刻有"天子"的铭文。一般来说，在国势强大时，贵霜君主自称天子，在势力衰落或还没有成为统一帝国时，就很少称自己为天子。丘就却在建立贵霜帝国之初，就没有天子的头衔。关于贵霜君主的"天子"头衔，似乎为中国的知识精英所了解，比如张守节《史记正义》引万震《南州异物志》介绍贵霜帝国时说，贵霜"在天竺北可七千里，地高燥而远。国王称'天子'，国中骑乘常数十万匹，城郭宫殿与大秦国同"。在这里，东吴时期的万震明确记载贵霜的君主称"天子"。392年，当伽留陀伽翻译《佛说十二游经》时，介绍后来有名的"四天子说"云：阎浮提有四天子，东有晋天子，人民炽盛；南有天竺国天子，地多名象；西有大秦国（罗马）天子，土地饶金银碧玉；西北有月氏天子，土地多好马。这种"四天子说"的地理观念，显然是后来晚出的理念，并不能反映真实的情况。

"天子"这个词，是在贵霜帝国时期出现的。在贵霜时代之前的印度、希腊-巴克特里亚和安息，君主都没有使用过这一称号。这很容易令人联想到中国的天子称号。那么是不是贵霜从中国借用的"天子"头衔呢？在中国，"天子"的头衔产生于周代。因为"王者父事天，故爵称天子"，也就是说中国的统治者号称是上天的儿子，代表上天统治人民，所以号称"天子"。郑玄讲，汉朝统治者于蛮夷称"天子"，于诸侯称"皇帝"。"天子"的称号在中国经过长时间的实践和发展，已经根深蒂固，成为中土对最高统治者的理解。

斯坦因于20世纪初在敦煌发现的粟特文2号古信札（时间很可能是313年）中，有关称呼晋朝皇帝的粟特语词汇，和犍陀罗语佉卢文的Devaputra意思非常类似。这或许可以证明贵霜帝国很可能是从中国借用词汇来装扮自己的王权，正如它也向西方的罗马借用了"恺撒"的头衔。同时将"天子"和"恺撒"的头衔加在自己头上，这正反映了贵霜文明处于各主要文明中介位置的事实。Devaputra一词在中古中国经常出现，比如唐代，天竺僧人以此称呼唐朝首都长安。义净《大唐西域求法高僧传》云："支那即广州也。莫诃支那即京师也，亦云提婆弗罗，唐云天子也。""提婆弗罗"即Devaputra，盖长安为唐天子所居，所以以"提婆弗罗"代指长安，意思大概是"天子之城"。玄奘《大唐西域记》记西域羯盘陀国（Khabandha）云："羯盘陀国，周二千余里……敬崇佛法。伽蓝十余所，僧徒五百余人，习学小乘教说一切有部。今王淳质，敬重三宝，仪容闲雅，笃志好学。建国已来，多历年所。其自称云是至那提婆瞿罗（唐言汉日天种）。"揭盘陀王自称"至那提婆瞿罗"，也就是"支那"的"提婆瞿罗"（Devaputra），本意就是"中土天子"的意思，玄奘将其翻译为"汉日天种"。

需指出的是，即便是贵霜借用了中国的"天子"概念来装点王权，其"天子"意涵还是和中国本土的"天子"在政治文化内涵方面存在显著差异。尤其是佛教参与进来后，贵霜的"天子"并不是在中国儒家天人感应理论体系里进行理解的，而是在佛教轮回观念里加以解释。或者说，贵霜的天子是累积善业的结果。比如流行中亚的《金光明经》云："因集业故，生于人中，王领国土，故称'人王'。处在胎中，诸天守护，或先守护，然后入胎，虽在人中，生为人王，以天护故，复称'天子'。"

有的学者比如小谷仲男认为贵霜的"天子"和汉地的"天子"不存在关联性。不过据汉文史料记载，三国时期，中土之人已经知道贵霜君主称"天子"的事，故不能完全排除两者之间的关联性。从公元前3世纪的阿育王的头衔，或许能看出此种王号的发展演进。阿育王石敕称其为Devanampiya（上天所喜爱的），所以阿育王是"天爱喜见王"（Devanampiya Piyadessi Raja）。从"上天所喜爱的"到"天子"，可能中间有一些关联性。从此角度来看，"天子"的头衔也有印度和犍陀罗地区的传统因素，不尽然全是中国的影响。

3. 救世主（Soter）

Soter，意思是"救世主""救星"，巴利文写作Tratarasa。这一头衔在希腊世界具有崇高的地位和意义，并不是所有君主都有资格拥有它，须有伟大的功业才能享此头衔。所以它有点类似中国皇帝的"尊号"，是对君主功业的认可。拥有"救世主"头衔比较有名的希腊君主，有埃及的托勒密一世（Ptolemy I Soter，前305—前283）和塞琉古帝国的安条克一世（Antiochus I Soter，前324/323—前261）。他们最重要的头衔，就是Soter。从这一头衔的字面看，有拯救人民的意思，大体跟军功有关。所以，没有伟大的军功，是不能拥有"救世主"头衔的。比如安条克一世，之所以得到"救世主"头衔，是因为他于公元前275年击败了入侵小亚细亚的加拉太人，拯救了爱奥尼亚的希腊城邦。在前一章中，还提及有一些中亚希腊化王国的君主拥有"救世主"头衔，比如米南德一世钱币铭文显示他也拥有"救世主"头衔，反映了他的赫赫武功和保卫希腊—印度王国的功绩。

贵霜帝国继承了希腊政治文化的这一理念，君主头衔中也常有soter的尊号——尽管其来源是希腊传统。比如贵霜最有名的君主迦腻色伽，在罗巴塔克碑铭中被称为"伟大的救世主，正直的、公正的、值得神灵敬奉的贵霜王迦腻色伽"。贵霜钱币上也曾出现所谓无名王Soter Megas（希腊语"伟大的救世主"）的头衔。这位无名王钱币正面是国王侧面头像，佩象征王冠的头带，持权杖或箭头，着希腊式外衣，相貌类似希腊人，高鼻深目。反面则是国王骑马像，头带飘拂，右手持赶象棒或权杖等，周围环绕希腊语铭文。从图像特征来看，这位"无名王"带有很强的希腊君主特征，跟之前的希腊化王国的君主在装扮、相貌等方面都很相似。再加上他的希腊化头衔，或许可以认定他是希腊人后裔。"无名王"的钱币上只有希腊文铭文，也能佐证其希腊文化背景。

4. 翕侯（Yavugasa）

"翕侯"这一王衔，仅出现在贵霜建国的过程中。帝国统一之后，就没有出现，不再作为王衔的构成部分了。有关"翕侯"的意涵，唐代颜师古说是"大臣"的意思。不过准确地说，应该是汉文文献里的"小长"，不是大王，在其之上还有更高统治者。比如大月氏分大夏故地为五部翕侯。这五部翕侯，仅仅统治自己的地盘，在其之上还有一个中央政府由大月氏王主导。

这个头衔不局限于大月氏，其他民族往往也使用，如乌孙，当大月氏进攻时，"攻杀难兜靡，夺其地，人民亡走匈奴。子昆莫新生，傅父布就翕侯抱亡置草中"。又如康居，汉武帝统治初期，"康居王数为乌孙所困，与诸翕侯计，以为匈奴大国，乌孙素服属之，今郅支单于困厄在外，可迎置东边"。颜师古注解云："翕侯，乌孙大臣官号，其数非一，亦犹汉之将军耳"。汉朝也曾封匈奴投降的小王为"翕侯"。也有学者认为，"翕侯"就是后世突厥的"叶护"（射、杀）。

曾在贵霜广泛使用的这些王号，逐渐越过葱岭进入塔里木盆地，流行于鄯善、龟兹一带，也用来称颂当地的国王。比如210年左右，鄯善国王童格罗伽自称"大王、众王之王、伟大的人、征服者、具有道法者、王、童格罗伽天子"。这个时候，东汉因陷入内乱无暇西顾，而贵霜也退出葱岭以东，给鄯善国留下了权力真空。这可能是童格罗伽自称天子的历史背景。这些王号在塔里木盆地的流行，说明贵霜文明的影响曾越过葱岭，影响到更远的地区。

第四节
贵霜经济和社会的繁荣

以前学界往往认为，贵霜的建立者是大月氏人，而大月氏人是游牧民族。所以在当时所谓的世界四大帝国罗马、安息、贵霜、汉朝中，除了贵霜是游牧民族立国，其他三大帝国都是由农耕民族建立的。基于这样的判断，就会认为，贵霜帝国推崇暴力征服、游牧经济，就如历史上众多的游牧民族帝国——如阿提拉和成吉思汗的帝国——那样。但众所周知，游牧民族建立的帝国往往依赖于军事力量的强大，有学者据此提出骑马民族论和征服王朝论。一旦军事力量衰落，帝国就会迅速瓦解。但很显然，跟历史上的那些游牧王朝不同的是，贵霜帝国存在的时间并不短，虽然没有罗马和汉朝那么强盛，也没有延续那么长的时间，但是在贵霜统治阶段，丝绸之路上的贸易、宗教、技术的交流达到前所未有的高度，大乘佛教在贵霜帝国获得飞速发展并传入中国，独树一帜的犍陀罗艺术至今令人惊叹。这些伟大的成就，使贵霜帝国在人类文明史上占据不可忽视的重要地位。

据汉文文献记载，统一后的贵霜帝国非常富庶，甚至《水经注》认为它的富庶超过了中国。《水经注》卷二记载："（贵霜）土地平和，无所不有，金银珍宝，异畜奇物，逾于中夏，大国也。"《水经注》的观点反映了当时中国人对贵霜帝国的基本认识，直白地指出它是一个"大国"，认为它的富裕超过中土（当时中土陷入长期战乱）。即便是贵霜的农业，比起很多文明来说也毫不逊色。比如巴克特里亚地区本就水源充足、土质肥沃、农业发达，之前的希腊-巴克特里亚王国在这里建造了成熟的灌溉农业体系。到了贵霜时代，在这些农业传统发达地区，农业发展继续得到王朝的支持和鼓励。灌溉系统得到扩建和扩展，农业获得了新的持续的发展，在南部地区，出现了集中开垦的农田和农业绿洲。似乎贵霜政权执行了鼓励垦荒的政策，中亚的泽拉夫尚河下游、锡尔河中游及塔什干绿洲地带，以及阿姆河与锡尔河下游地区的广大农业地区，都获得了极大的发展。有的地区即便跟今天相比，其农业灌溉面积都毫不逊色。

张骞通西域之后，不但带来了商业贸易的繁荣，也促进了科技和物种的交换。在张骞通西域之前，自大宛以西至安息，这些地方都没有丝绸、漆器，也不懂铸造铁器。随着汉朝的冶铁、井渠法传入，给贵霜帝国的农业带来了根本性的变革。由于铁器的广泛使用，锄逐渐被更有效率的农具犁所取代。铁犁在耕地、果园、葡萄园中都能使用，装有铁犁头的木架犁在贵霜得到广泛应用，大大提高了生产效率。农业装备的升级，必然带来耕地面积的扩大和产量的提高。贵霜帝国广泛种植粟、大麦、小麦等农作物，杏、桃、李、甜瓜、葡萄等水果，以及芝麻、棉花、苜蓿等经济作物。中国文献，例如郭璞注《山海经》赞曰"月氏国多美果"。

张骞通西域时，见到这里"俗嗜酒，马嗜苜蓿"，也就是人喜欢喝酒，马喜欢吃苜蓿。于是汉朝使者取葡萄和苜蓿种子带回中原，从此中土有了葡萄和苜蓿。汉武帝为了招待使者和养马，特地在离宫旁都种上葡萄和苜蓿，一望无际。司马迁记载，"汉使取其实来。于是天子始种苜蓿、蒲陶肥饶地。及天马多，外国使来众，则离宫别观旁尽种蒲萄、苜蓿极望"。唐人写诗描述其事："汉家海内承平久，万国戎王皆稽首。天马常衔苜蓿花，胡人岁献葡萄酒。"苜蓿是上好的饲料来源，对牲畜养殖非常重要，可以养出健硕的好马。至于葡萄，前书已经揭示，饮酒在犍陀罗文明中扮演了重要角色，也是当地日常饮食的重要组成部分。张骞在大宛，就见到当地人用葡萄酿酒，富裕的家庭甚至藏酒万余石，久者数十岁不会腐败。葡萄起源于小亚细亚东部，然后向东西方传播。在荷马时期，葡萄酒已经成为希腊日常生活和宗教文化中不可或缺的元素。酒神崇拜也成为希腊宗教和神话的重要主题，有关酒神崇拜的主题随着希腊文明传入中亚，进入了希腊-巴克特里亚以及后来的贵霜社会。葡萄传入中国，从稀罕到普遍，给中土带来了更丰富的物产。汉语"葡萄"一词的发音，很可能来自希腊语的βότρυ（botrus）。

除了农业和畜牧业，贵霜帝国最激动人心的经济活动，是基于丝绸之路的商业贸易。从1世纪开始，丘就却、迦腻色伽等贵霜君主东征西讨，囊括阿姆河流域、印度河流域和恒河流域大片领土，建立起一个庞大的帝国。贵霜的位置正处于横贯东西方的贸易通道上。贵霜帝国的出现，取代了以前小国林立、战乱不止的局面，给长距或者本地的商业贸易提供了更安全的保障，也减少了商团的交税成本，提高了商品交换的

图3-13 载歌载舞的场面，贵霜时代，罗马东方艺术博物馆

图3-14 手捧葡萄的贵霜供养人，3—4世纪，旧金山亚洲艺术博物馆

图3-13

图3-14

效率。有证据也显示，贵霜统治者鼓励商业发展，由此在国际贸易中积累起巨量财富。几乎与贵霜帝国建立同时，贵霜人成为国际贸易中的一支强大力量，建立了一个庞大的国际商业网络。商业不仅在贵霜帝国内部各族群之间繁荣，也带动了与罗马、安息、东汉等各个国家地区的商品交换。印度的香料、象牙，中国的丝绸、漆器、铁器，埃及和西亚的玻璃等商品川流不息地在商路上运输。随着商业的交流，宗教输出输入也成为重要的历史情节。佛教、琐罗亚斯德教的理念、艺术沿着丝绸之路进入中国，极大地改变了中国人的心灵和思想世界。甚至从西方传入的音乐理论和新的乐器，比如箜篌、琵琶、胡笳等，也从中国传统的琴瑟之音那里夺去不小的表演份额。

贵霜人建立的庞大贸易帝国，以犍陀罗和巴克特里亚为中心，连接着罗马等西方世界和中国等东方世界，可谓是一个全球化的贸易网络。与西方世界的连接，水路是印度洋西部航线：从埃及亚历山大城等港口出发的商船，穿过红海，绕阿拉伯半岛向东，或者从波斯湾出发的商船，往东在印度河下游的港口登陆，再把货物运到犍陀罗和巴克特里亚，然后送往中国、印度等地，或者在当地售出供本地居民消费；陆路或取道南西伯利亚，或经黑海、外高加索、里海、阿姆河进入巴克特里亚，然后从巴克特里亚往东进入中国，往南进入犍陀罗、印度。贵霜商人和粟特商人一起，在1—4世纪，几乎垄断了中国与外部世界的贸易。葱岭以东虽然不在贵霜的统治之下，但是西域诸国都给予贵霜商人贸易自由，甚至大力支持，让他们在欧亚贸易中扮演中介的角色。他们往中国贩卖的货物包括和田的玉石，阿富汗北部的青金石，印度的珠宝、佛教用品等。另外，从犍陀罗存在一条去往印度西北海岸港口婆卢羯车的贸易支线，通过这条商道，西方、中国、东南亚的货物都可以运抵贵霜，然后转运他处。尤其是在陆路交通因为政治等原因阻绝的情况下，这条海路就变得异常重要。公元前127年左右，张骞在巴克特里亚见到来自四川的竹制品和纺织品，就很可能是通过这条贸易路线运到巴克特里亚的。在数百年间，贵霜帝国在国际贸易中扮演了发动机的作用，大部分的国际贸易都通过它的中介角色而达成，贵霜商人奔走世界各地，对文明的交流起到了重要的作用。除了商业利润之外，宗教、思想、文化、物种、技术等的交流对整个人类文明进步所起到的作用，更是无法估量。

有关贵霜商人参与长距贸易的证据，通过考古发现不断揭示出来，令今人对贵霜这个商业帝国有更多的认识。位于亚丁湾和印度洋交界的索科特拉岛（Socotra）发现了佉卢文、巴克特里亚文、婆罗米文的铭文，或可佐证当时贵霜商人曾经达到过这里。文献记载也佐证贵霜商人当时在远洋贸易中已经占据了重要的地位。希腊作家克里索斯托姆（Dio Chrysostom）在埃及亚历山大城的演讲也提到了巴克特里亚人和印度人，这

图3-15

图3-15 站在摩羯鱼上的女神（水神？）雕像，贝格拉姆出土

正是阎膏珍统治时期，说明当时贵霜商人已经积极主动跨越大洋，到东西方做生意。中国史料记载贵霜商人在印度和东南亚贸易中扮演的积极角色。这一点也被考古证据所佐证。阎膏珍及其子威玛·卡德菲塞斯的铜币在越南湄公河等地出土。除了钱币，在当地出土的犍陀罗式女神雕塑也跟锡尔卡普的同类雕塑极其相像，很可能是贵霜商人携带至此的。

贝格拉姆宝藏中的象牙雕版非常精美，带有显著的印度艺术风格，跟犍陀罗和巴克特里亚当地艺术风格不同。其中一件精美的女神雕像，女神站立在摩羯鱼（Makara）之上，身材婀娜，曲线玲珑，可谓精品。摩羯是印度宗教信仰中常见的一种带有神力的动物，可知这件象牙雕刻是为了吸引印度用户的眼睛。

贵霜商团也在跟中国的贸易中扮演重要角色。贵霜商人奔走于长安、洛阳与西域间的路途中。敦煌悬泉汉简有17枚提到月氏使者或"大月氏客"（商人）。年代大约是公元前1世纪。这个时候贵霜帝国还未建立，仍是大月氏王时代，但两者间已经有了贸易往来。楼兰、尼雅出土的汉简提到"月支国胡"。贵霜建立之后，两者间贸易开始不断增长，最有力的证据就是汉佉二体钱的发行。这种带有汉文和佉卢文两种语言的钱币，显然很利于两国贸易。佉卢文甚至作为官方语言在西域的一些邦国中使用。19世纪末以来，大量贵霜钱币在和田、楼兰、阿克苏等地发现。甚至更往内地的宁夏也出土了17枚贵霜铜币。在中国的贵霜商人，很可能会被称为印度人，因为此时大片印度土地属于贵霜版图。所以斯坦因在敦煌长城烽燧遗址发现的古粟特文信札中有提到贵霜商人和粟特商人在洛阳的内容。1988年出土于甘肃靖远县北滩乡的一件鎏金银盘,上面刻着巴克特里亚文,时代是3—4世纪,可为长距贸易的明证。这件银盘先从罗马运到巴克特里亚,在此刻上巴克特里亚铭文,再被运到中国贩卖。

由于贸易和传教等原因,不少贵霜人在中国定居。在长安、洛阳等核心地区,有大量贵霜人定居生活的痕迹。除了译经僧和外国人质外,甚至包括一些下层人士。东汉末年,董卓被吕布等人谋杀,董卓女婿牛辅在战乱中仓皇出逃,结果被亲信所杀,杀死他的亲信就是"支胡",可能是贵霜人,董卓的凉州军团中应该有不少来自贵霜、中亚的人。贵霜人在中土的经济和科技发展中亦扮演了重要角色,比如玻璃的传入。最初玻璃在中土非常稀少,被视为珍宝的一种,甚至用作供奉舍利的七宝之一。玻璃品很多是在叙利亚和亚历山大城制造,然后运到东方贩卖。中国人最初对玻璃和水晶并没有严格区分,故以高价购买。到了北魏太武帝拓跋焘时,贵霜商人来到洛阳,说自己会"铸石为五色琉璃",然后在山中采矿,在洛阳铸造。他们制造的"琉璃"甚至比从西方买来的还要润泽精美。由此,中国人掌握了"琉璃"的制造技术,"琉璃"价格也就一落千丈,"自此,国中琉璃遂贱,人不复珍之"。

贝格拉姆宝藏保存了为数众多的玻璃制品,很多是喝酒用的酒器。玻璃在当时仍是比较奢侈的物件,这些玻璃容器上有彩绘的图案,其中一类图案是战争场面,甚至有学者认为,表现的是特洛伊等历史上有名的战争场面。除此之外,玻璃容器彩绘也展现了渔猎的场景:奔跑的动物,各样的鱼,等等。令人感到惊奇的是,贝格拉姆宝藏中居然保存了大量用玻璃制成的海豚和鱼。虽然还不清楚这些制作精美(鱼眼和鱼鳍用蓝色玻璃制成)的艺术品具有什么功能,但是它们生动地展现了当年丝路贸易的丰富层面。

图3-16

图3-16 玻璃鱼,贝格拉姆出土

图3-17 a~c 彩绘希腊神话的玻璃容器,贝格拉姆出土,集美博物馆

图3-17a

图3-17b

图3-17c

除了金银，奢侈品在贵霜商人的货物中占很大的比例。比如珊瑚，罗马帝国境内的地中海及红海是重要的珊瑚采集地。虽然罗马人并不稀罕这种东西，但在中国，珊瑚却被视为珍贵的珠宝，因此珊瑚成了极具商业价值的货物。小亚细亚和叙利亚生产的石棉，在中土叫作火烷布，也是重要的商品。其他的，还有从西方输入的安息香。此时，中国丝绸技术在小亚细亚和叙利亚改造后，传入罗马。穿丝绸衣服成为罗马的时尚，丝绸成为抢手的奢侈品，甚至导致罗马元老院因财政困难禁止男子穿东方输入的丝绸。还有贵霜本地特产，也是重要的商品，比如费尔干纳的马、巴克特里亚的双峰驼，都是外国喜爱的商品。双峰驼长于驮运货物，能跨越干旱沙漠，所以成为陆上丝绸之路贸易的最佳运输工具。此外，犍陀罗还以出产木材著称。波斯皇帝大流士兴建宫殿，所用木材据说就是从犍陀罗送来的。直到20世纪，当地的木材还在白沙瓦出售，用来制作木碗、木盘等。由于环境变化，森林大量消失，现在犍陀罗已经失去了古代森林葱郁的面貌。

跟繁荣的商业经济相匹配，贵霜的货币发行也异常丰富。张骞第一次把这一地区的货币情况传到中国："银为钱，钱如其王面，王死辄更钱，效王面焉。"张骞还强调，这里的人"善市贾"，用金银做器具。贵霜第一代国王丘就却发行的钱币主要是铜币，绝大多数钱币上的铭文使用最高王号"大王、王中之王"，或者是"大王、伟大的贵霜王"。钱币样式深受希腊传统影响，有的钱币上有宙斯或战神赫拉克利斯的形象。丘就却在位时间约为30年到80年，活了八十多岁。统一之后，贵霜形成了庞大的国内市场。贵霜又鼓励印度地区同罗马等国进行海上贸易，于是大量罗马钱币通过贸易进入贵霜。贵霜的政治体制中，地方政权似乎享有较高的自主权，可以发行自己的货币。

从阎膏珍到威玛·卡德菲塞斯，金币开始被广泛使用，这反映了当时商品经济的发达和国际贸易的繁荣。贵霜不盛产黄金，中亚和北印度都不产黄金，南印度黄金产量也很少，而且没有记录显示黄金从南印度往北运输。当时生产黄金的主要是阿姆河流域，但是繁荣的丝路贸易从其他地区带来了黄金，贵霜的黄金主要来自跟罗马的贸易。罗马帝国在图拉真皇帝统治时期，于2世纪初期两次击败位于罗马尼亚的达契亚人（Dacia），夺取了达契亚金矿，使得自己黄金产量大增，不再仅仅依靠西班牙的金矿，进而可以使用黄金作为国际贸易的支付手段。沿着繁荣的丝绸之路，来自罗马的黄金持续不断地流入贵霜，给贵霜的经济繁荣注入了活力。不过相比金币，在国际贸易中，贵霜人更倾向于使用铜币。从考古证据来看，在东西方发现的贵霜钱币大部分都是铜币。但因为罗马主要用金银作为支付手段，而中国商人需求的主要商品中也包括金银——当时中国的金银产量不能满足需求。金银价格在中国很高，不论《后汉书》还是《魏略》，都把金银列在货物首位，颇能说明问题。

最能反映贵霜商业繁荣的，可能是出土于贵霜夏都迦毕试的贝格拉姆宝藏。贝格拉姆位于阿富汗东南部，喀布尔河的两条支流交汇处。北边是兴都库什山，东南为河谷。这里自古就是西亚、中亚和印度之间的交通要地。在大流士的贝希斯敦（Bisitun）铭文中提到了迦毕试，其本意就是"城镇"。1922—1925年，法国阿富汗考古团的富歇在这里发现了两座城址，北城被称为"旧王城"，南城被称为"新王城"。1937和1939年，哈金（J. Hackin）夫妇在新王城Ⅱ号发掘区发现了两间密室。密室门道被砖墙封堵，里面藏着一大批外来器物，这些器物来自中国、印度、罗马、希腊、埃及、腓尼基等不同地区，包括上千件象牙和骨雕，179件玻璃器，61件石膏制品，112件青铜器，还有部分陶器、铁器、漆器碎片等。这就是有名的"贝格拉姆宝藏"。

一般认为，玻璃器、青铜器、石膏制品来自罗马，象牙和骨雕来自印度，漆器来自中国，琉璃制品来自腓尼基。最初哈金认为这是迦腻色伽的宝藏，但后来证明其时代可能早一些。富歇认为新王城是贵霜帝国的夏都迦毕试，这座城的建造年代大约是1世纪。这些器物，根据学者的研究，基本属于1世纪中期和2世纪初期。所以有学者认为，这里是贵霜帝国的一处商业据点，贝格拉姆宝藏其实是这个商业据点最后的存储地。考虑到所有器物都出自同一时段，而且成批出现，所以很可能这里的确是一处商业仓库，而不是宫殿或者别的建筑物。这批器物大部分是日常用品，并不是纯粹的艺术品或者奢侈品。在贝格拉姆宝藏中出土的融合了希腊赫拉克利斯和埃及神祇塞拉匹斯的神像，证明贝格拉姆在当时国际贸易中的重要地位。贝格拉姆宝藏中的石膏雕像表现的是希腊罗马神祇，绝大多数是浮雕盘。这些浮雕盘呈圆形或梯形，上面描绘了太阳神阿波罗、酒神狄奥尼索斯、爱神阿佛洛狄忒等。这些器物销售的对象可能是居住在这里的希腊化遗民。整批器物缺乏本地文化因素，比如当地的青金石等，就没有发现，也没有佛教的宗教用品。考虑到佛教在当地传播的情况，这个商业仓库的时段很可能是1世纪中期。

但这个仓库或商站到底属于谁，是贵霜人，还是罗马人的，尚不清楚。1—2世纪，罗马帝国涌现出了斯特拉波（《地理学》）、梅拉（《地方志》）、马林（《地理学导论》）和托勒密（《地理志》）等人。他们根据罗马商人提供的信息，把地理学极大地推进了。托勒密的世界地图甚至标注了很多印度和中亚的山

图3-18

川、城市。这说明罗马商人足迹遍布各地，贸易据点深入中亚。这处商业据点是不是罗马人建立的呢？不得而知。有学者推测，可能是在50年的时候，丘就却挥师南下，攻占喀布尔河谷，之后又攻占布路沙不逻。60年左右，丘就却攻占塔克西拉。在战争过程中，可能是受到惊吓的贵霜人或罗马人商团仓促将商站封闭，让贝格拉姆宝藏一直保存到今天。

贝格拉姆从地理位置上看，作为商业中转站再合适不过了。不论是从阿富汗去西方，还是从喜马拉雅去东方，都必须经过此处，穿越兴都库什山中的狭窄商道。贝格拉姆是丝绸之路上不可忽视的商业中心。从亚历山大城等地运来的货物沿印度河北上，到达贝格拉姆。这样一来，西方商人就可以从海路切入陆路商业网络，从而避开安息对贸易的阻隔垄断。无疑，这些商人及其代理人通过贝格拉姆，将海上运来的货物分销到贵霜各地，或运往印度、东方进行销售。虽然不知这些国际贸易是怎么组织起来的，但贵霜人应该在贸易中扮演了重要角色。贝格拉姆的这座商品仓库的所有者，也可能需要定期向贵霜官方缴税。

在犍陀罗浮雕中，马的形象也不可避免地出现了。早在希腊-巴克特里亚时代，马已经在人们的日常生活中扮演着重要的角色。出土的一件银制马车玩具惟妙惟肖，马匹健硕有力，但马车轮子是固定的，无法转动。作为儿童玩具的马车出现，也说明马在日常生活中地位非同一般。受到希腊文化的影响，一块反映特洛伊木马计的浮雕也为大家所熟知。浮雕中的马应该是犍陀罗本地马的样子。在佛传故事浮雕中，马经常出现，比如释迦王子骑马出行、离宫出走、和车夫与宝马告别，以及马带佛陀舍利归国等。释迦太子往往是贵霜贵族打扮，其宝马犍陟则装饰奢华，身姿健硕，反映了当时人眼中宝马的形象。

唐代伟大诗人李白写《天马歌》，歌颂大宛出产的宝马说："天马来出月支窟，背为虎文龙翼骨。嘶青云，振绿发，兰筋权奇走灭没。腾昆仑，历西极，四足无一蹶。"月支窟的说法，似乎暗示月氏的养马技术极为高超。汉武帝为了得到大宛的汗血宝马不惜发动大规模战争的故事，为大家所熟知。在贵霜帝国极盛时期，大宛正处于其统治范围内。汉文史料也屡屡提及，月氏及后来的贵霜帝国以出产良马著称。马在贵霜社会文化中扮演了重要的角色，也是丝绸之路上的重要商品。犍陀罗浮雕艺术中屡屡出现的犍陀罗马形象，为今人提供了直观的感受。

东吴黄武五年（226），孙权遣中郎康泰出使扶南等国。回国之后，康泰撰写了《外国传》一书。后来此书

图3-18 西勒诺斯青铜面具，贝格拉姆出土
西勒诺斯是畜牧神潘的儿子或兄弟，一说是盖亚的儿子或是赫尔墨斯的儿子，后来成为酒神的养育者、教师和信徒。

散佚，部分内容保存在《水经注》《史记索隐》《太平御览》等著作中。比如司马贞《史记索隐》引《外国传》记："外国称天下有三众：中国人众，大秦宝众，月氏马众。"可见月氏（即贵霜）以马著称，已被广泛认同。又如《太平御览》引《外国传》记："加营国王好马，月氏贾人常以舶载马到加营国。国王悉为售之。若于路失羁绊，但将头皮示王，王亦售其半价。"可见贵霜商人经常把优良的犍陀罗马运往东南亚贩卖。约成书于公元前4世纪到公元4世纪的梵文史诗《摩诃婆罗多》提到犍陀罗马的情况，在其《赌骰篇》中提到各国献给婆罗多族的礼物时写道："大王！婆奴迦车（Bharukaccha）呈送的贡品全部是犍陀罗马。"可见马在贵霜商人的贸易中扮演着多么重要的角色。三国时期东吴的丹阳太守万震著有《南州异物志》一卷，很可惜也散佚了，残存一些语句见于其他著作中。比如张守节《史记正义》引万震《南州异物志》注解大月氏或者贵霜帝国，提到国中骑乘常数十万匹，也说明贵霜以出产良马著称，马在贵霜社会中扮演着重要的角色。

佛教文献经常提到，迦腻色伽的军队有马兵、象兵、步兵、车兵，可见骑兵在贵霜军队中占有重要地位。根据壁画等材料看，贵霜骑兵分为两种，一种是骑射的轻骑兵，装甲较轻，士兵主要用弓箭作为战斗工具。另一种是具装重骑兵，一般配备长矛、砍刀等武器，具备冲撞能力。在贵霜君主发行的钱币上，经常出现君主骑马的形象，而且佛教转轮王的身份标志七宝中亦有宝马。可看出，迦腻色伽等护持佛法的君主，因为马的重要性，在佛教文献中经常提到马的作用。

马作为交通工具、战争资源，在贵霜社会中扮演了重要的角色。除了养马，月氏人也以养牛著称，整个畜牧业都很发达。从大月氏阶段进入贵霜帝国时期之后，整个帝国的畜牧业非常繁荣，汉文史料有很多记载。比如《通典》记载，大月氏"国人乘四轮车，或四牛、六牛、八牛挽之，在车大小而已"。甚至流传一些看似神奇的事情，比如《元中记》记载："大月氏又有牛，名为曰及，今日取其肉，明日疮愈。"这种牛肉取之不竭的传说，或许仅仅是大月氏畜牧发达、产量丰富的反映。类似记载还见于《山海经注》和《太平御览》，说"月氏国有羊，尾重十斤，割之供食，寻生如故"，"月氏国……有大尾羊，如驴尾，即羬羊也"。可见大月氏畜牧业之发达，马、牛、羊的品种都非常优良。大月氏也盛产单峰驼。《汉书·西域传》记载："大月氏国……出一封橐驼。"橐驼即单峰驼。此外，费尔干纳出产"天马"，即汗血马，极善奔跑，汉武帝曾为得到天马而发动对大宛的战争。巴克特里亚盛产双峰驼，适于驮运货物，穿越沙漠，其身影往返于丝绸之路上。

图3-19 乘马车场景，犍陀罗浮雕，3世纪，洛杉矶县立艺术博物馆

图3-19

第五节
贵霜早期佛教的发展

贵霜是一个消失的文明，一个多文化、多种族的文明。其对人类文明的贡献，一个重要的层面就是宗教的融合、创新和发展。尤其是佛教在这里得到新的机会，从口耳相传发展到文本佛经的出现，从个人修行发展到拯救众生的菩萨理念，从没有偶像崇拜发展出精致独特的犍陀罗佛教艺术。作为人类历史上的主要信仰体系之一，佛教在这里实现了飞跃，从一个局限于印度的地方性宗教，发展成一个世界性的宗教。在1世纪，就是贵霜建国和巩固的阶段，佛教得到了发展的良机。贵霜帝国的建立，为佛教在更广阔的地域传播奠定了基础。丝绸之路的畅通、商业的繁荣，为佛教的更新和繁荣提供了条件。佛教在贵霜君主和臣民的供养下，在佛教高僧的推动下，发生了根本性的变化，为进入中国奠定了基础。与原始印度佛教相比，在贵霜时期兴起的佛教带有强烈的现实关怀和政治理念。这个所谓的"大乘佛教"推动了佛像的出现，佛陀的形象从人间导师转变为无所不能的最高神。作为佛教救世主的弥勒地位越来越重要，成为跟政治宣传紧密结合的一种政治和宗教理念，也为普通大众期盼正法时代重新来临提供了思想基础。转轮王观念获得了推动，佛教王权理念更加系统，影响也更加深远。燃灯佛授记思想在犍陀罗地区盛行，这一理念在印度本土较少体现。在几百年中，犍陀罗地区成为世界的佛教中心，佉卢文成为早期传播的重要载体。犍陀罗地区虽然衰落了，但是其带来的大乘佛教，对整个东亚文明从古典走向近代提供了精神食粮。

公元前535年，波斯阿契美尼德王朝征服犍陀罗，犍陀罗成为阿契美尼德王朝的一部分。此后一直到公元前326年，在波斯文明的影响下，犍陀罗地区流行琐罗亚斯德教，阿胡拉玛兹达等袄教神成为重要的神祇。而且巴克特里亚本来就是袄教教主琐罗亚斯德出生的地方，琐罗亚斯德出生的时间约公元前7世纪。此后又有希腊人在巴克特里亚建立希腊化王国，将本来就在这里流行的希腊信仰和神祇进一步融入当地民众的信仰之中。到了公元前3世纪，佛教开始传入巴克特里亚和犍陀罗地区。根据《善见律毗婆沙》的记载，在即位第十七年，阿育王派遣佛教僧人到巴克特里亚和犍陀罗地区传教。在阿育王等君主的推动下，佛教在巴克特里亚和犍陀罗获得繁荣发展。正如前面章节谈到的那样，希腊君主如米南德一世等大力推动佛教，佛教逐渐获得了越来越多的信教人口。很多琐罗亚斯德教徒转而信仰佛教，比如大迦叶等拜火教教团数百人一起接受了佛陀的教诲。在佛教的发展过程中，也吸收了琐罗亚斯德教的一些符号和理念。

在巴克特里亚和犍陀罗地区，希腊宗教、琐罗亚斯德教、佛教、印度教互相影响、碰撞和融合，使得这里成了人类宗教酝酿的一个具有里程碑意义的地方。大乘佛教在这里成型后，越过葱岭，往东亚传播。实际上，早在贵霜帝国建立之前，公元前2世纪，佛教已经成为了犍陀罗的主流宗教。外来统治者包括希腊国王和贵霜君主，都任用佛教高僧担任顾问，以便与广大的佛教人口沟通，达到统治的目的。外来统治者和佛教的结盟，造就了独一无二的文化和艺术。从某种意义上说，佛教对贵霜民族和犍陀罗文明的自我认同的建立，提供了重要的机制和渠道。佛教的和谐宁静打动了野蛮的征服者，净化了他们的心灵，重塑了他们的思想，推动佛教艺术发展，最终造就了一个伟大的文明。

犍陀罗佛教不再追求自我救赎，更多地关注大众，以拯救众生为目的，这成为大家熟悉的大乘佛教的基本内涵。大乘佛教的基本教义是"众生平等"，以"普渡众生"为最高目标，而注重自我修行的教派则被称为小乘。在这种理念里，菩萨（Bodhisattva）的概念就变得非常重要。菩萨不是佛，却以拯救众生为目的。重要的菩萨比如弥勒菩萨，是将来的佛；观音菩萨，则是大众苦难的倾听者；后来中国兴起的地藏菩萨，则抱着"我不下地狱谁下地狱""地狱一日不空，一日不成佛"的理念，拯救世人。从犍陀罗出来的传法高僧们，就是怀着这样的"普渡众生"的理念，穿越流沙，经历千辛万苦去传教的。大乘佛教的这种理念能够吸引更多的民众入教，因为信奉者不必苦苦修行，只要通过礼拜菩萨，对寺院慷慨施舍，就能换来同样的功德。在轮回报应的信仰体系中，这样的功德同样能够改善目前和来世的生存状态。大乘佛教对世俗生活的大量干预，深入大众，赢得了广泛的支持。尤其是对于非印度民族来说，他们更能理解和接受大乘佛教的教义。

图3-20　寺院香炉，贵霜时期，犍陀罗出土，大都会博物馆

图3-21　青铜香炉，贵霜时期，长43.5厘米，大都会博物馆

图3-22　佛陀立像，2世纪，新南威尔士美术馆

图3-23

图3-24 a

图3-24 b

图3-25

图3-23 僧人，塔赫特巴希出土，2—3世纪，大英博物馆

图3-24 a,b 僧人，贵霜时期，大英博物馆

图3-25 礼敬佛教的信徒，2—4世纪，大都会博物馆

大量佛教遗址的发现，足以证明佛教在贵霜帝国时期的地位和繁荣景象。比如有名的塔赫特巴希佛教遗址（Takht-i-bahi），Takht-i-Bahi是乌尔都语"泉水之王"的意思。这座遗址最初可能是一个琐罗亚斯德教的圣地，佛教到来之后，改宗佛教，时代大约是1世纪。遗址出土的铭文证实，早在1世纪初，这里已经是佛教中心。这个时期，正是贵霜崛起的时候。先是贵霜建国君主丘就却的统治，其后是迦腻色伽等统治。到了3—4世纪，塔院建立起来。贵霜王朝晚期和拘多罗贵霜时期，也就是4—5世纪，再次繁荣。到了6—7世纪，密宗兴起，这里出现了密宗的修行建筑。

塔赫特巴希佛教寺院遗址位于500英尺的山丘上，旁边有军事堡垒，年代和寺院同期。遗址位于山顶，有军事城堡，可能让它屡次免于毁灭。它附近的佛教据点都遭到了破坏。它的寺院遗址包括四部分：中部是塔院，是供奉窣堵波的地方；僧房，由单个的僧房围着庭院组成，还包括讲法堂等；寺院建筑，包括很多窣堵波，但这些窣堵波年代比塔院的窣堵波晚；一座密宗寺院遗址，有很多小的、光线很暗的小僧房，出口很低，可能是用作密宗的打坐。还有其他的一些建筑，可能是用作世俗用途或者住宿。建筑材料都是来自附近采集的石头。1864年开始的发掘发现了大量佛教文物，现在保存在大英博物馆。

在政治理念上，转轮王观念也被纳入佛教理念中，成为佛教对世俗君主的主要概念。转轮王是一种帝国意识形态。佛陀和转轮王的关系被定义为神圣和世俗世界的对应：佛陀是神圣世界的最高领袖，转轮王则是世俗世界的最高统治者。转轮王也被赋予了佛陀一样的物理特征，包括三十二相。佛陀的葬礼和转轮王的葬礼也是一样的。佛教对世俗王权的理论，很可能影响到了贵霜君主的概念和相关政治宣传与操作。丘就却和迦腻色伽等贵霜君主被描述为转轮王。尤其是迦腻色伽，他在汉文佛教文献中以转轮王的形象屡屡出现。这些理念传入中国，也对中国本土的政治理念产生了重要的影响。犍陀罗成为佛教世界中心之后数百年间，中国求法高僧络绎不绝前往学习和巡礼。很多高僧到了大犍陀罗地区之后，停留学习和瞻仰圣迹，然后就返回中土，没有再跨过印度河进入印度。主要原因，就是当时佛教在印度本土已经衰落，而犍陀罗才是真正的佛教中心。沿着丝绸之路，佛教的理念和艺术也一路东来。楼兰和于阗的佛寺，乃至云冈石窟，都有犍陀罗艺术影响的痕迹。

民众信仰层面，佛教也深入日常生活中。新发现的巴克特里亚文书中就有佛教文书，向佛和菩萨致敬，写在织物上，有的带有图像，文书礼敬所有佛包括释迦牟尼，然后是菩萨，最后是佛教中的一些神祇，包括夜

图3-26 a~c 塔赫特巴希遗址

图3-26 a

图3-26 b

图3-26 c

叉、罗刹、紧那罗、龙王等，然后是帝释天和梵天。文书上有圆孔，可能是为了悬挂或携带，是日常用物。

佛教在犍陀罗和世俗生活中结合得比较紧密。比如斯瓦特的出土物中，男女情爱的场面尤其多。例如布特格拉出土的一件拱门下的男女浮雕。头裹巾帻的男子站立，女子右手搭在男子肩上，卷曲的拱边上悬挂着两串葡萄，体现的是当时世俗的生活场景。这多少受到了希腊传统的影响，比如酒神狄俄尼索斯场景。浮雕里的女子依照当时的审美标准呈现，丰乳肥臀，展现其生育力。有些浮雕，下半截是佛陀，是神圣的宗教场面；上半截却是两情相悦的世俗爱情画面。一对情侣拥抱在一起，勾肩搭背，男子右手持环状物（花环？），左手搭在女子的肩上。

佛教的发展，给犍陀罗带来了经济和社会结构的变迁。帝国统一的局面带来了经济繁荣，手工业和商业兴盛。高度的城市化出现了，沿着商路建立和扩建了很多城市。这些城市由君主派出的总督管辖。城市分工细致，根据佛教本生经的一些描述，可以一窥当时城市面貌。城市里有专门负责早晨开启城门、夜晚关闭城门的官员，手工业者有自己的居住区，比如毯工村、陶工村、织工村、牙雕街等，宗教建筑在城市空间和日常生活中扮演着重要角色。

大量的城市是由佛教信仰而凝聚在一起的。犍陀罗地区成为佛教的中心，从首都布路沙不逻到山区的第尔（Dir）和巴焦尔都能听到寺院的钟声，而印度的佛教据点，只剩下了桑奇、巴尔胡特、马土拉等地。城市居民尤其是手工业者和商人们是虔诚的佛教徒，因为通过布施给寺院就能获得功德和精神资本，故而为商人们提供了行菩萨道的途径。同时，寺院体系是商业贸易的重要网络，为往来的商队提供客栈、补给。甚至有的寺院提供金融服务，为商人提供融资借款服务。因为有佛教神圣光芒的笼罩，寺院在商业借贷中拥有别人无法相比的信用。而且丝绸之路上的商队，往往跟怀抱传教理想的僧侣们结伴同行。商队为僧侣提供物质供养，僧侣为商队提供精神鼓励。商人和寺院之间存在天然的联系，商人向寺院布施，寺院也向商人提供精神、物流、信用、金融服务。佛教寺院强调佛光普照、众生平等的理念，四方财来自四方，散于四方。商人们通过寺院和僧团跟社会之间搭起桥梁，推动了商业经济的发展。可以说，大乘佛教带有浓厚的商业内涵。佛教的繁荣也造成了相关宗教用品的需求，比如佛教七宝（金、银、琉璃、水晶、珊瑚、珍珠、玛瑙或琥珀）等装饰品及其他的宗教用品，就是商业贸易的重要货物。宗教用品是当时商品的重要组成部分。

图3-27 树下的夫妇，2—3世纪，大英博物馆

图3-28 女性形象，贝格拉姆出土

图3-29 女性形象，4—5世纪，柏林亚洲艺术博物馆

图3-30 树下手持葡萄的女性，3—4世纪，诺顿西蒙博物馆

图3-31 载歌载舞与接吻的场面，贵霜时代，私人藏品

图3-27

图3-29

图3-30

图3-28

图3-31

图3-32

图3-33

图3-34

图3-35

信仰佛教，为各国各民族之间的交流提供了思想和信仰基础。甚至有学者认为，大乘佛教的宇宙观反映了商人的价值观念对佛教意识形态的渗透和改造。同时，商业的繁荣，也给寺院的兴盛提供了条件。商人、手工业者、贵族官僚等阶层的大力支持，让佛教在贵霜帝国成为主流的宗教。贸易的繁荣使犍陀罗地区获得了巨大的财富，从1世纪中期开始，犍陀罗进入了黄金时代。佛教兴盛，佛教寺院里除了佛塔之外，还有宽敞的僧舍，数万僧侣在佛教寺院里修行学习。佛塔上装饰着七宝彩幡，塔克西拉的法王塔周围甚至用玻璃砌成环道，供礼佛者围塔绕行。宗教热情带来了造像的热潮，宇宙观的改变带来了建筑样式的变化。犍陀罗艺术繁荣发展。在贵霜的统治之下，犍陀罗地区第一次成为世界文明的中心。

1833—1838年左右，英国探险家马松（Charies Masson）在阿富汗的贾拉拉巴德西部毕马兰村的一座佛塔遗址（编号2号佛塔）中发掘出一个镶嵌红宝石的舍利盒，现藏大英博物馆。盒高7厘米，出土时已经没有盖子，盒子底部中央为莲蓬纹，绕一周八瓣莲花纹。盒外壁上端和下端分别镶嵌形状不太规整的红宝石12枚和15枚，中部为8个浮雕人像，分别立于连拱门之内，可以明确为佛像的至少有2尊，其特征是，头后有圆形项光，头顶为束发肉髻，睁眼，穿通肩衣，圆领，右手在胸前施无畏印状，左手在腰间似握衣角。佛陀造像穿希腊袍服，采用希腊塑像的单足支撑态（contrapposto）。这件舍利盒可视为犍陀罗希腊式佛教艺术的珍品。佛两侧各有一胁侍，是帝释天和梵天。除了两组佛陀+帝释天和梵天之外，还有两个贵族供养人。印度–希腊君主或贵族供养佛陀舍利并不稀奇。关于这个舍利盒的时代，存在较大分歧。有的学者认为是60年以前，即贵霜王丘就却时期。埋葬舍利盒的佛塔是丘就却时期修建的，一起出土的还有装在舍利盒里的四枚钱币，属于塞王阿泽斯（Ayasa）。阿泽斯一世即位于公元前57年，阿泽斯二世即位于公元元年，但是钱币的年代从逻辑上并不能断定舍利盒的年代。从金舍利盒和青铜舍利佛像及胁侍的造型特点，再结合佛塔等信息，可以推断舍利盒制作的年代是在1世纪前后。这个时期正是贵霜初期，很可能是在迦腻色伽之前某个贵霜君主统治时期。

贵霜佛教的发展，也能从外部世界的记载得到佐证。埃及亚历山大的基督教神学家克莱门特（Clement of Alexandria）提到全世界的哲学流派时，就提到了巴克特里亚人中的沙门和印度人中的裸形智者（Gymnosophists）。这两者之间显然是有区别的，前者是贵霜统治下的巴克特里亚和犍陀罗的佛教僧侣，后者是印度本土的梵志。可见当时外部世界已经了解到佛教在犍陀罗地区发展的状况，并了解到佛教在这里的新发展。根据文献记载，佛教在1世纪可能已经传入中土。张骞分别于汉武帝建元二年（前139）

图3-32 手持莲花的女供养人，大英博物馆

图3-33 贵霜供养人，3世纪，松冈美术馆

图3-34 女性供养人，一手持莲花，一手持棕榈叶，私人藏品

图3-35 女性供养人，丰都基斯坦出土，集美博物馆

和元鼎元年（前116）两次出使西域，第二次出使时曾"分遣副使使大宛、康居、大月氏、大夏、安息、身毒、于窴、扜罙及诸旁国"。此时佛教可能尚未传入中亚和西域地区，故张骞仅听说身毒（印度）有佛教，而在《史记》和《汉书》有关西域诸国的记载中自然不见有佛教的内容。佛教在中亚的广泛传播无疑与贵霜帝国的建立与推动有直接的关系。《魏书·释老志》记载，公元前2年，博士弟子秦景宪受大月氏王使伊存口授《浮屠经》。或许当时中土已经接触到佛教。接受经文的博士弟子之名，《魏略》作"景卢"，《世说新语》作"景虑"，《魏书·释老志》作"秦景宪"，《通典》作"秦景"，《通志》则作"景匿"。虽然学习佛经者名字不清楚，但授经者确定是来自贵霜的月氏人。如果考虑到西域情况，则佛教传入更早。佛教传入中国，最早的一个地方可能是塔里木盆地丝绸南道的于阗。根据《洛阳伽蓝记》和《大唐西域记》的记载，大约在公元前1世纪中叶，已有迦湿弥罗的高僧毗卢折那来于阗传教。

南朝僧祐撰《四十二章经序》记载："昔汉孝明帝夜梦见神人，身体有金色，项有日光，飞在殿前。意中欣然，甚悦之。明日问群臣：'此为何神也？'有通人傅毅曰：'臣闻天竺有得道者，号曰佛，轻举能飞，殆将其神也。'于是上悟，即遣使者张骞、羽林中郎将秦景、博士弟子王遵等十二人，至大月支国写取佛经四十二章，在第十四石函中，登起立塔寺。于是道法流布，处处修立佛寺。远人伏化，愿为臣妾者，不可称数。国内清宁，含识之类，蒙恩受赖，于今不绝也。"而且，东汉永平八年（65），楚王刘英"尚浮屠之仁祠"并供养"伊蒲塞（优婆塞）、桑门（沙门）"。如果这一情况属实，则说明1世纪时，中国一些特定阶层或人物已经开始信仰佛教。汉明帝夜梦金人和楚王刘英崇拜浮屠祠，如果真实发生的话，时间在1世纪中期，正是丘就却当政、贵霜帝国建立的初期。此时，佛教已经是贵霜的主要宗教之一。

此后，佛教很可能在迦腻色伽时代达到繁荣顶点，此时的贵霜人，或者汉文史料中的大月氏人大部分应该是佛教徒。随着佛教传教和商业贸易的频繁，大量贵霜人进入中土，居住在洛阳等中国文明的核心地区。史料记载，在洛阳居住的至少数百人的贵霜居民大多应是佛门弟子。甚至可以揣测，他们在洛阳兴建寺院，按时礼拜佛陀和菩萨，形成初步的佛教社群。这些新的思想、仪式、信仰可能对洛阳这样一个传统古都的文化、艺术、城市面貌都产生了重要的影响。史料记载，汉灵帝"好胡服、胡帐、胡床、胡坐、胡饭、胡箜篌、胡笛、胡舞，京都贵戚皆竞为之"。大月氏人骁勇，史料也显示，大量的大月氏人加入了东汉末诸雄的军队。

图3-36 莲花，犍陀罗，2—3世纪，大英博物馆

第六节
佉卢文的广泛使用及其意义

释迦牟尼在公元前528年涅槃。公元前150年前后，佛经被制作出来。三百年间，犍陀罗地区应该是世界上唯一一个将佛教用书写形式呈现的地区，也就是说，佛经是从犍陀罗地区创造出来的，它的原典语言是犍陀罗语，而不是梵语。比如"昙无德""菩萨""毗耶罗""沙门"和"浮屠"等早期佛教术语，显然来自犍陀罗语。新近发现的犍陀罗语佛教文本和铭文，以及有关佛典起源和语言传承的研究，都显示中国佛教所接受的佛教文本，原本主要是犍陀罗语。目前看来，规模庞大的宗教文献尤其是佛教文献，是研究魏晋南北朝史最具潜力的大宗文献之一。而且，研究者对汉译佛典的权威性和重要性过于低估，给将来留下来巨大的研究空间。早期的佛典没有文本，是口耳相传，最近的研究——比如辛嶋静志对犍陀罗语与大乘佛教的研究——证明，现在大多数学者以为的梵文佛经，实际上是几百年以来不断梵语化，不断进行错误的逆构词、添加、插入的结果。这些最早写于11世纪至17世纪的梵语写本并不是原典，而汉译佛典（大多是2世纪到6世纪，与魏晋南北朝时段几乎重合）才是最接近原典的文献，是研究者应高度重视的研究资料。

比如，《法句经》是二千多年前佛陀唯一亲身口传相授的教义，其在佛教众教义中地位之重要性，可能等同《论语》之于儒教。《法句经》有梵文本和巴利文本，中文本有《法句经》《法句譬喻经》《出曜经》《法集要颂经》等。现藏英国伦敦大英图书馆犍陀罗语《法句经》是世界上现存最早的佛教写本。这件《法句经》成书于1世纪早期，可能是在丘就却建立贵霜帝国之前。1994年，大英图书馆在阿富汗东部哈达（Hadda）地区的沙漠中发现。如此历史悠久的犍陀罗语《法句经》能够保存下来，在两千年后重见天日，多亏当地沙漠的地理和气候之特殊。这些犍陀罗语佛经写在29件桦树皮上，包含大约23篇文献，对照汉文、梵文和巴利文《法句经》进行研究，可以提供非常多的有价值的历史信息。这一犍陀罗语《法句经》和1892年在中国新疆和田发现的《法句经》都是研究早期佛教的重要文献。在这之前，中国境内发现的和佛教有关的最早文物，一个是北京大学赛克勒考古与艺术博物馆收藏的洛阳汉魏故城出土的佉卢文井栏残石，一个是中日联合考察队在塔克拉玛干沙漠腹地尼雅遗址发现的佉卢文木牍。

佉卢文是贵霜帝国的官方语言，在很长的历史时期，被广泛用于行政、商业和宗教事务中。它是佛教传入东方的重要载体，也曾是丝绸之路上重要的国际语言。在位于今巴基斯坦、阿富汗、乌兹别克斯坦、塔吉克斯坦、土库曼斯坦及中国的于阗、鄯善等西域诸国，都曾将其作为官方语言和日常语言使用。贵霜高僧世友等人的著作，对大乘佛教基本理念的形成起了重要作用。各种菩萨出现并被接受，三宝（Triratna）的概念被接受。最重要的是大乘佛教的文献被视为佛的教导，成为佛典。在犍陀罗受到训练的佛教僧侣们，穿越流沙，将佛法传入中国，犍陀罗语文献由此沿丝绸之路东进。

从150年左右，中国开始翻译佛经，在接下来的两百年中，佛经只有两种版本，一种是犍陀罗语，一种是汉语。最早的犍陀罗语佛经文本，在大英图书馆的藏品中能够找到。但近年来，有关佉卢文佛教文书的发现和研究有很大进展。比如阿富汗东部的一座大夏佛教遗址的藏经洞，出土了13捆写在桦树皮上的古写卷，入藏大英图书馆。华盛顿大学的邵瑞祺（Richard Salomon）鉴定后，发现是佉卢文犍陀罗语书写的佛教三藏，时代大约是1—2世纪，也就是贵霜帝国时期。大约在这个时期，佛教经卷被大量制造出来。按照佛教教义，抄写佛经是功德无量的事情，所以抄写佛经不仅是僧侣的事情，世俗追随者也大量参与。贵霜皇室鼓励书面写作和文字文学，之前主要通过口诵传承的佛典也就迅速书面化了。社会文化素养的提高，为大乘佛教的传播奠定了知识基础。此外，迦腻色伽在内的贵霜君主采取宗教包容政策，虽然这一时期大乘佛教逐渐占据主流，但是小乘佛教并没有受到压制，高僧世友就是部派佛教的学者，马鸣菩萨是大乘佛教高僧。僧侣和作为僧侣供养者的商团奔走于丝绸之路上，给东方带来了书面佛典，这些佛典既有大乘佛教的经典，也有部派佛教的经典。

目前发现的佉卢文铭文或者文书，最早的应该是公元前251年阿育王在犍陀罗地区颁布的摩崖法敕，最晚的是中国的鄯善王国国王元孟（Vasmana）时期的木牍文书。但是作为一种文字，很可能佉卢文的产生年代更早，在公元前5世纪或者前4世纪，当波斯阿契美尼德王朝统治犍陀罗的时候就产生了，诞生地应该就是犍陀罗，之后流传到中亚的广大地区，成为丝绸之路上通用的国际语言。佉卢文流行的时间非常长，如果按照公元前5世纪波斯占领犍陀罗到5世纪鄯善王国灭亡计算，这种语言曾经流行了近一千年，不但是重要的通商文字，而且在佛教的发展和传播中扮演了重要角色，是人类文明的重要载体。公元前190年，希腊-巴克特里亚人征服犍陀罗，他们铸造的钱币上不仅有希腊字母，而且在德米特里一世时期，钱币铭文开始使用希腊语和犍陀罗语。公元前165年，米南德一世成为犍陀罗的统治者，在他统治的时期，犍陀罗语逐渐成为官方、宗教和日常语言。双语同时使用的情况非常普遍，米南德一世统治长达30年，对文化的融合提供了重要保障。在米南德统治时期，佉卢文铭文非常流行，比如巴焦尔舍利函上的铭文是佉卢文。到迦腻色伽统治时期，佉卢文占据主导地位，不但是官方语言，而且是佛教语言。迦腻色伽时代的佛教文本，都是佉卢文。

这种起源于古代犍陀罗的古文字，由音节字母组成，包括5个元音，近30个辅音。其书写方式为自右向左横书。它是一种文字符号，由腓尼基文的东方支系阿拉美文演变而来，所表达的语言系统是印欧语系中古印度雅利安语中的一种俗语方言。因为起源于犍陀罗地区，后来吸收于阗塞语、粟特语、希腊语及汉语、龟兹-焉耆语等词汇，这一点跟融合多种文明而成的犍陀罗艺术类似，所以也被称为"犍陀罗语"。"佉卢"一是梵语Kharosthi的汉语音译，也称为"佉卢虱吒"，意思是"驴唇文"。梵语Kharosthi一词由Khara（毛驴）和Ostha（嘴唇）加阴性语尾i组成。驴唇是仙人名，就如中国古代把造字归功于仓颉一样，这种文字被归功于驴唇仙人。《月藏经》云："怯卢虱吒，驴神仙人，隋言驴唇，身体端正，唯唇似驴，是故为驴唇仙人。"南朝梁僧祐撰《出三藏记集》卷一《胡汉译经音义同异记》记载："昔造书之主凡有三人，长名曰梵，其书右行，次曰佉楼，其书左行，少者仓颉，其书下行。梵及佉楼居于天竺。黄史仓颉在于中夏。梵、佉楼取法于净天，仓颉因华于鸟迹……唯梵及佉楼为世胜文，故天竺诸国谓之天书。"

隋唐时期，汉语对犍陀罗语的翻译定型为"佉卢文"。隋代阇那崛多翻译《佛本行集经》中，描述少年释迦太子求学时的情形，太子和他的老师毗奢蜜多罗讨论语言文字，曰："尊者檠黎教我何书（自下太子实为说书），或复梵天所说之书（今婆罗门书王有四十音是），佉虱卢叱书（隋言驴唇），富沙迦罗仙人说书（隋言华果），……凡有六十四种。"哈达出土的佉卢文佛典，可能是当时寺院图书馆很小的一部分。

和田出土的佉卢文文书，也对今人理解佛典的形成有重要的帮助。鸠摩罗什的翻译原本在库车和敦煌等地都有发现。写经是犍陀罗佛教僧侣重要的工作，这些写在桦树皮上的佛经成为重要的佛教思想载体。

1837年，普林塞普解读了阿育王法敕的碑铭，在孟加拉《皇家亚洲学会学报》上发表了这一成果。法国学者罗古贝里（Terrieo de Lacouperie）结合梵语文献《神通游戏》（汉文旧译《普曜经》）和唐代道世编撰的佛教类书《法苑珠林》，比对出这种文字在汉语中被称为"佉卢文"，取代了之前"中古印度西北方言"的旧称，毕竟这种文字流传的地域远远超出了所谓印度西北的地理范畴。这也是为什么著名学者贝利建议称其为"犍陀罗语"。早在公元前2世纪，佉卢文就从犍陀罗传入巴克特里亚，又经巴克特里亚传入中亚和中国的新疆地区。现在发现的佉卢文文献包括阿育王石敕、贵霜碑铭、西域鄯善国木牍、佉卢文佛教写本等。后来随着贵霜帝国的瓦解，佉卢文逐渐在犍陀罗地区销声匿迹，但在中国新疆地区仍继续使用了一段时间。

在新疆塔里木盆地，从19世纪晚期至今，不断有佉卢文文书出土，总数达到千件以上。从昆仑山北麓、天山南麓、楼兰、敦煌长城烽燧、喀什，甚至洛阳古董市场，都发现了残纸、帛书、皮革文书、题记、碑铭、钱币等。1889年，英国驻印度的一位陆军中尉在库车得到一部梵文贝叶经，引起轰动。之后英国人在新疆地区大量收集写卷和汉佉二体钱，斯坦因的收集尤其令人瞩目，贝利在这批材料中发现了佉卢文材料。俄国同样在新疆收集了带有佉卢文的佛教写经和钱币。

从大量的佉卢文材料看，似乎在2世纪之后，佉卢文成为塔里木盆地经常使用的一种文字，尤其是鄯善地区。在新疆地区流行的汉佉双体钱以及佉卢文行政文书，似乎都在暗示，贵霜曾经对塔里木盆地有很深的影响，但是不是能够说明塔里木盆地曾经处在贵霜帝国的有效统治之下，则未足以定论。一直以来，很多西方学者和印度学者认为，这些佉卢文书说明贵霜帝国曾经统治过或者殖民过塔里木盆地，很多学者包括斯坦因、许理和、蒲立本等都持类似观点。但也有很多学者，包括一些中国学者和日本学者，认为这是贵霜难民或者移民进入塔里木盆地的结果。考虑到大量佉卢文文书的出现都跟商业和佛教有关，可能民间商业的发展和佛教东传，是贵霜通行的佉卢文在汉晋时期流布新疆塔里木盆地诸国的主要推动力。

第七节
佛教对地方神祇的吸收

贵霜帝国虽然护持佛法，但是其他的宗教，包括希腊、伊朗、印度教的神祇，也依然在信仰系统中扮演重要角色。佛教对其他宗教神祇持开放态度，往往将他们改头换面，纳入自己的万神殿，按照佛教的逻辑重新解释。

通俗来讲，般阇迦（Pāñcika）和诃利谛（Hāritī）这一对夫妇神是犍陀罗地区的财神。这可能跟我们从佛教文献读到的有关他们二人的印象有明显出入：在佛教文献中，般阇迦被描述为夜叉，而诃利谛则被描述为吃小孩的夜叉女鬼，在汉文文献中被意译为"鬼子母"。夜叉虽然有善恶之分，但是在佛教理念里，这是一种半神半人的类似精灵的生物，很多凶恶的妖怪就被称为夜叉。从犍陀罗佛教艺术的证据来看，这些形象很可能是后来佛教文献增加的内容，至少经过了佛教按照自身理念进行的改造。而犍陀罗浮雕中的这对夫妇并没有凶恶之相，反以财富、多子的富贵神姿态出现在大家面前。财富象征着物质的丰富，多子则象征着人口的繁衍，两者的基本理念和意涵是一样的。所以马克思将人类的生产分为两种，一种是物质资料的生产，另外一种就是人自身的生产。不难理解，在犍陀罗浮雕中，般阇迦和诃利谛组合在一起，成为民众礼拜的夫妇神。

"鬼子母"这一名称，早在西晋译经中就已经出现了，也因此在汉文佛教文献中频繁出现。唐代义净却没有延续这一译法，而自行音译为"诃利帝"。义净在《南海寄归内法传》记载了自己在印度看到的情形，家家"安食一盘，以供诃利帝母"。而且"西方诸寺每于门屋处，或在食厨边，塑画母形，抱一儿子于其膝下，或五或三，以表其像。每日于前盛陈供食"。义净提到的"西方",有学者认为不是指印度,而是指犍陀罗和中亚地区。这一判断符合历史事实,般阇迦和诃利谛信仰出现最早和最流行的地区就是犍陀罗地区。玄奘西行求法途中,专门巡礼了佛陀收服鬼子母的圣迹。他在《大唐西域记》中记载:"梵释窣堵波西北行五十余里,有窣堵波,是释迦如来于此化鬼子母,令不害人,故此国俗祭以求嗣。"

尽管很多佛教文献都清清楚楚地记载,释迦牟尼收服鬼子母的地方,是在王舍城。但是玄奘却将此事发生的地点记录为数千里之外的犍陀罗。鬼子母在成为佛教神祇之前,并不见于任何早期的印度文献,不是印度教的神灵,也不是耆那教的神灵。鬼子母造像最早就出现在犍陀罗佛教艺术中,而且数量众多。从这些证据来看,鬼子母信仰很可能是流行于犍陀罗地区的地方信仰,后来被佛教纳入自己的神灵系统。佛教吸纳具有地方信仰色彩的神灵,影响到佛教艺术的发展,是犍陀罗佛教艺术呈现出文化多元性的重要原因之一。

在佛教文献中,诃利谛是王舍城的守护者,也是专门吃小孩的夜叉——这种形象很可能跟古人对瘟疫的观念有关。也有学者认为,诃利谛最初可能是天花瘟神,是传染病的化身,对儿童的危害极大。佛教文献添加了很多生动的故事细节,比如她和丈夫般阇迦生育了五百个儿子,但是却恶毒地吃掉别人的孩子,以至于王舍城的孩子都快被她吃光了,甚至连怀孕妇人腹中的胎儿也不放过。释迦牟尼展现神通,将诃利谛最喜欢的小儿子嫔伽罗收入佛钵之中,让她也体会到失去孩子的痛苦。佛陀最后劝服诃利谛放弃吞吃小孩,并且授给她五戒:第一不杀生、第二不盗、第三不淫、第四不两舌、第五不饮酒。并且告诉诃利谛,以后佛弟子在受供之前,会先布施给她——这可能是义净所载的理论根据。凶恶的夜叉女鬼,在佛陀的慈悲面前改邪归正,成为众生的守护者,这也是释迦牟尼佛传道过程中的重大胜利。收服鬼子母,成为佛传故事的一个重要情节。出家人在吃饭之前,出食供养,就是要供食给鬼子母。这一故事在汉文佛经中也多有描述,比如在《大正藏》第21册收有《佛说鬼子母经》一卷,唐代高僧不空译有《诃利帝母真言经》一卷。

在诃利谛皈依佛教的故事中,其丈夫般阇迦并没有出现。按照佛教文献的记载,般阇迦是夜叉,但在犍陀罗出土的佛教雕塑中,般阇迦并非夜叉造型——犍陀罗雕塑中的夜叉通常丑陋而且赤裸,犹如苦力,而般阇迦完全是世俗贵族的打扮,威武贵气。诃利谛被描述为吃小孩的女鬼,但其造型也毫不带夜叉女鬼的特征。犍陀罗艺术中的这对夫妇神,不论是图像元素还是艺术风格,都深受希腊文化传统的影响,或许还受到伊朗系文明的影响。诃利谛在犍陀罗雕塑中的形象,几乎都是典雅高贵的希腊女神形象。从出土的造像

图3-37 鬼子母,2—3世纪,高92厘米,西克里出土,拉合尔博物馆

图3-38 手持丰饶角的鬼子母,塔克西拉博物馆

图3-39 左边是带有鬼子母形象的小银盘,右边是带有狄俄尼索斯情景的容器碎片,1世纪,大都会博物馆

图3-40 鬼子母,镀金银质,大都会博物馆

图3-37

图3-38

图3-39

图3-40

III Early Kushan Civilization and the Bloom of Buddhism in Gandhara

图3-41

看，大约在1—2世纪的贵霜帝国时期，般阇迦和诃利谛夫妇神已经被广大民众所信仰，也因此出现了数量众多的神像制作。这个凶恶的外道女鬼皈依佛教的故事，可能是后来佛教徒编造的。有学者认为，这个完整的故事要到5世纪才成立。

犍陀罗艺术中的诃利谛形象可能借用了希腊女神的身姿。希腊文化传统对佛教造像艺术有很深的影响，这种影响不但包括佛像和菩萨像，也包括诃利谛这样的普通神祇。在般阇迦和诃利谛同时出现的夫妇神雕塑中，诃利谛一般都手捧丰饶角。丰饶角的符号来自希腊神话中代表哺乳宙斯的羊角，里面装满了鲜花和水果。传说当宙斯很小的时候，其父想杀死他，他的母亲将他送给山羊神阿耳玛忒亚（Almathea）藏起来，山羊神保护了宙斯，并且用自己的奶水哺育了他。丰饶角的形状即象征山羊角，以纪念山羊神阿耳玛忒亚。至今在西方文明中，丰饶角仍象征着富饶和感恩。希腊的丰收女神提喀（Tyche）标准的样式就是手持阿耳玛忒亚之角，头戴城池冠——从希腊化时代开始，她就是作为城市保护神出现。但是犍陀罗浮雕中的诃利谛并没有戴城池冠的例子。诃利谛的形象也有可能来自命运女神福尔图娜。福尔图娜手持丰饶角，头上并不戴城池冠。诃利谛手持物在不同文明中有显著的变化，比如在西藏文化中的诃利谛，并不手持丰饶角，而是手持吐宝鼠。

般阇迦和诃利谛组合像，体现出两人的对称性。一位是男神，主物质丰饶；一位是女神，主后代繁盛。大英博物馆藏的般阇迦和诃利谛组合像，般阇迦手捧水钵，象征聚敛财富；而诃利谛手持丰饶角，象征物产丰饶（引申为子女繁盛）。在两人之间，有一个夜叉正将小袋的金银放进般阇迦的水钵中——体现了般阇迦财神的形象。在商业发达、商人聚集的犍陀罗地区，对财富的追求是犍陀罗民众期盼的事情。作为丝绸之路的重要城市，对物质和财富的追求也带来了对般阇迦和诃利谛夫妇财神的信仰和崇拜。在有些般阇迦和诃利谛组合像中，并没有孩童的出现，可能主要体现的是对财富的追求。不过，考虑到诃利谛作为多子多福这一主题的保护神，她的出现本身就带有子孙繁盛的意涵。大众供养和礼拜般阇迦和诃利谛，既有对财富的渴望，也有对子孙繁盛的期盼。根据具体场景的不同，或许有些微的差异，但这对夫妇神所代表的基本意涵，应该是清楚的。

般阇迦和诃利谛这对夫妇神，在佛教系统里，是作为佛教的神祇而出现的。所以也就不难理解，为什么在犍陀罗佛教造像中，这对夫妇经常作为释迦牟尼佛的随侍出现。马尔丹县有名的塔赫特巴希窣堵波发现的

图3-41 鬼子母立像，白沙瓦博物馆

图3-42 般阇迦,拉合尔博物馆

图3-43 般阇迦,白沙瓦博物馆

般阇迦和诃利谛石雕，就是位于佛陀左侧。两人并排而坐，年轻威武的般阇迦将左臂搭在诃利谛的肩上，诃利谛手捧长长的丰饶角，两人的服饰和风格都是希腊式的。如果不考虑他们的神灵身份，倒很像是一对信仰佛陀的贵族夫妇供养人。白沙瓦博物馆藏两人坐像，般阇迦左手搭在膝盖上，右手持长矛；诃利谛有头光，右手拿瓜果，左手抱孩童，膝下和背后都有小儿围绕，象征着物产丰富和子孙繁盛。如果强调两人分工的话，似乎般阇迦象征的是商业和金钱，而诃利谛象征的是物产（农业）和子孙。般阇迦和诃利谛夫妇神，也可分开作为佛陀的随侍。比如迦毕试出土的有名的大神变浮雕，身上出火、身下出水的佛陀两侧的方形龛中，对称刻画了一位手持长方形物品的男神和一位手持丰饶角的女神，这两个形象很可能也是般阇迦和诃利谛。

正如前文提及，般阇迦和犍陀罗艺术中表现的夜叉不一样。从图像上看，他接近于伊朗系神灵系统的财神富罗（Pharro）。他们穿戴相似，都戴着鸟翼冠，两个翅膀呈现出Y形。两人都持枪和钱袋（水钵）。四大天王中主管北方的毗沙门天王也戴有鸟翼冠。在犍陀罗出土的四天王献钵浮雕中，只有他穿着专属的衣服。鸟翼冠本身并不能说明神灵之间关系，但考虑到富罗和手持丰饶角的丰饶女神阿尔特茜经常出现在一起——比如在贵霜钱币上，那么作为佛教神灵的般阇迦和诃利谛可能也借用了伊朗系神灵系统的某些元素。

犍陀罗浮雕中，单独出现的诃利谛更多表现出祈佑多子多福的形象。佛教吸收了诃利谛这一形象，为佛教在当地的发展开辟了道路。在塔赫特巴希出土的诃利谛神像雕刻中有的刻着祈祷死去的爱子升天和祈愿守护活着的孩子们的愿文。单尊的诃利谛雕像，往往不持丰饶角，而是被孩童环绕。她体态丰腴，手抱婴儿，慈祥而优美。有的诃利谛有头光，说明她已经是佛教的神祇，甚至被视为修行菩萨道的菩萨了。犍陀罗艺术中的鬼子母形象，向东传播，在东亚佛教中留下了明显的痕迹。

除了般阇迦和诃利谛之外，龙也是佛教吸收的重要神祇，在犍陀罗艺术中多有体现。龙是佛经中Naga的对译，这跟中国传统的龙的含义有巨大的区别，其实在大多数语境中就是大蛇的意思。在佛教理念里，龙是天龙八部之一；在六道轮回的体系里，龙虽然具有神通，但被归于畜生道，和其他动物一样属于三恶道之一。所以在佛教叙事里，转生为龙往往是因为前世的孽缘。最典型的例子是迦腻色伽征服龙王的故事，龙王的前世因为怨恨，转世为龙而加以报复。当迦腻色伽讨伐时，此龙就说："我只不过是畜生道的龙而已，你作为佛教转轮王何必跟我计较。"

图3-44

图3-44 般阇迦与诃利谛，白沙瓦博物馆

图3-45 般阇迦与诃利谛，2世纪，加尔各答印度博物馆

图3-46 般阇迦与诃利谛，3世纪，塔赫特巴希出土，大英博物馆

图3-47 诃利谛，壁画，克孜尔，柏林亚洲艺术博物馆

图3-45

图3-46

图3-47

龙神或者蛇神崇拜，早在公元前5世纪就很流行了。玄奘西行经过贵霜时，还见到当地供奉蛇神的庙宇。佛教兴起之后，并没有消灭这类地方信仰，而是将它们纳入自己的信仰体系中，作为论证佛法伟大的证据。佛教理论本身具有包容性，加上六道轮回解释系统，很容易把龙神等神灵纳入进去。在犍陀罗佛教艺术中，龙神（龙王）是一个重要的形象，在许多佛传、佛本生，乃至礼拜佛陀的场景中能够见到。如果简单地分类，犍陀罗佛教艺术中龙神的出现，往往代表着两种情况。第一种情况，是佛陀降服恶龙，龙是邪恶的、异教的代表，通过降服邪恶势力，证明佛法的威力。第二种情况，是龙神或者龙王主动护持、礼拜、赞叹佛陀，同样说明佛法伟大，众生包括龙都为其折服。

在佛传故事中，龙（恶龙、火龙等）象征异端教派的例子，最明显的是佛陀在优楼频罗火神庙收服毒龙。有学者认为，释迦牟尼收服火龙，象征佛教对拜火教（祆教、琐罗亚斯德教）的胜利。这是大迦叶放弃拜火，转而信奉佛陀的开始。因为在佛教发展史上具有重要意义，所以犍陀罗佛教浮雕中广泛地表现这一主题，相关主题的浮雕见于西格里、塔赫特巴希、拉瓦尔品第（Rawalpindi）等佛教遗址。

娜娜女神起源于两河流域，被波斯帝国继承，后来在中亚地区也出现类似的神祇，乃至由祆教带入中国。贵霜人对娜娜女神的接受经历了很长的时间。到迦腻色伽时期，似乎将娜娜女神作为王权的象征。胡毗色伽的钱币上甚至出现了君主跪在娜娜女神身前接受权杖的场面。

还有一个例子是印度战神塞建陀（Skanda）形象在犍陀罗艺术中的兴起。塞建陀，又称室建陀，是印度教神祇，形象是年轻挺拔的武士。他是湿婆之子，印度教的战神。有趣的是，在犍陀罗艺术中，出现了将其纳入佛教万神殿的痕迹。汉文文献将佛教重要的护法神韦陀跟塞建陀连在一起，认为韦陀的原型就是塞建陀，犍陀罗艺术中，其形象是作为保护寺院和佛法的武士而出现。

图3-48 塞建陀，伽美尔伊斯兰和亚洲艺术中心

图3-49 塞建陀，大英博物馆

图3-50 持弓门神，泥塑，4世纪，大都会博物馆
这尊泥塑反映了战神塞建陀信仰的兴起，一般用他来保卫寺院大门。

图3-48

图3-49

图3-50

IV

The Politics, Beliefs and Art during the Reign of Kanishka I

第四章

迦腻色伽时期的政治、信仰与艺术

迦腻色伽无疑是贵霜历史上，甚至是人类历史上最伟大的君王之一。他在政治、军事和宗教上的成就，让贵霜帝国在人类文明史上扮演了重要的角色。在迦腻色伽统治之下，贵霜帝国最强盛时的疆域和影响力，扩展到葱岭以东的吐鲁番盆地以及北印度平原的广大地区。其时，贵霜帝国首都位于布路沙不逻，即今巴基斯坦白沙瓦。这里也是犍陀罗文明的中心，汉文史料中的"罽宾"很多时候指的就是这里，而不是通常认为的克什米尔。对玄奘而言，迦腻色伽就是犍陀罗之王，这是他最深刻的印象，这也反过来佐证了犍陀罗实际上是贵霜帝国的核心区。除了布路沙不逻，马土拉（位于今印度）、贝格拉姆（位于今阿富汗）、卡比萨（位于今阿富汗）等地也是重要的城市。在贵霜帝国疆域内，存在数量众多的佛教寺院及其他宗教的中心。

在现在看来，军事征服和政治影响并不是迦腻色伽最主要的成就。在迦腻色伽的统治下，沟通东西方的丝绸之路得到巩固和发展，促进了不同文明的交流和融合。作为佛教发展史上的重要人物，迦腻色伽被视为佛教的重要支持者——不管是他自诩，还是被佛教徒塑造成这样的角色。迦腻色伽对佛教的支持，让后者从一个地方信仰一跃成为世界宗教。正是在这样的背景下，佛教从大犍陀罗地区这一飞翔之地，传入中国。佛教在亚洲大陆的传播，是人类世界的一件大事，也深刻改变了东亚诸国的政治、社会、文化面貌。迦腻色伽的统治，对犍陀罗艺术的繁荣发挥了重要的作用，推动造就了人类重要的艺术瑰宝。

图4-2

图4-3

图4-1 佛陀坐像，狮子座，2—3世纪，柏林亚洲艺术博物馆

图4-2 莫拉都（Mohra Moradu）寺院遗址

图4-3 塔克西拉博物馆一瞥

第一节
迦腻色伽的世系及系年

虽然在佛典文献中,迦腻色伽的名字经常出现,他被奉为护持佛教的重要君主。但是,在汉文文献和巴利文文献中,并没有关于他的任何记载。《后汉书·西域传》记载了其曾祖父丘就却和祖父阎膏珍的功业,包括丘就却侵安息,取高附(喀布尔),灭濮达、罽宾,以及阎膏珍攻灭天竺、设立副王等,却只字未提将贵霜帝国带到鼎盛期的迦腻色伽。考虑到迦腻色伽在历史上的地位,可以推测这是由于历史记忆断裂或者信息不畅通造成的。迦腻色伽崛起的时候,东汉已退出西域,从此以后,有关中亚的信息就因缺乏官方汇报而变得模糊起来。此后汉文文献的记载,大多是因袭前载,并没有补充迦腻色伽的相关信息。这可能就是汉文文献没有留下迦腻色伽记载的主要原因。

有关迦腻色伽的文献记载,信息繁杂,彼此矛盾,互相冲突,在新资料出现之前,几乎无法确定。国际学界在1913年和1960年先后开会,企图确定迦腻色伽的年代,但无法达成共识,最受重视的是78年、128年、144年三个年份。吴于廑教授主编的《世界古代史》有关贵霜帝国的描述,认为第三位国王威玛·卡德菲塞斯的统治未被发现,而迦腻色伽一世被推测为阎膏珍时期任命的印度副王,跟丘就却-阎膏珍家族不是同一血脉,而是篡位者。这些推测,在新的材料,尤其是罗巴塔克铭文被发现后,获得了修正。

图4-4

有关贵霜人的种族，一直存在争议，原来认为他们是大月氏人的传统观点受到挑战。传统观点认为，被匈奴和乌孙反复击败后，先后游牧于河西走廊西部张掖和敦煌一带、伊犁河和伊塞克湖附近的大月氏向中亚迁徙，过大宛，定居于阿姆河北岸。公元前1世纪初，西迁的大月氏征服、灭亡了阿姆河南岸的希腊-巴克特里亚王国（大夏）。贵霜分其故地为五部翕侯。有学者理解为月氏自分为五部，更接近真相的应该是作为征服者的月氏将被征服的大夏居民分为五部，居于东部山区。大约在公元前128年，汉武帝的使者张骞到达了大月氏王庭，开启了丝绸之路的凿空大业。按照一般理解，五部翕侯中的贵霜翕侯崛起并建立的贵霜帝国，应该是月氏人的王朝。针对上述观点，有的学者比如余太山经过研究，认为贵霜民族不是大月氏，而应该是塞种人。也有学者认为，应该是带有原先希腊-巴克特里亚血统的混合族群。但贵霜民族很可能并非一个单一民族，而是混合了希腊、草原等诸多文明元素的族群。在定义族群时，文化和传统在其中扮演了比血缘更重要的角色。

在亚历山大大帝征服巴克特里亚地区之后，这里从公元前4世纪开始流行用希腊字母拼写的希腊语。在贵霜人统治这里之后，似乎继续使用希腊语作为官方的语言。但是在迦腻色伽时期发生了变化，使用希腊字母拼写的巴克特里亚语（或者称为"大夏语"）成为官方的语言，比如迦腻色伽的钱币上，希腊语被巴克特里亚语所取代。巴克特里亚语使用希腊字母拼写，在伊朗语中非常独特。有些证据显示，希腊语仍被当地希腊移民使用，但是受到希腊语深刻影响的巴克特里亚语逐渐占据了官方地位。从1世纪开始，随着贵霜帝国的崛起，巴克特里亚语成为极为重要的语言，流行于中亚和印度北部。这一语言流行的时间长达千年仍未断绝。从吐鲁番发现的佛教、摩尼教手稿残片中仍然可以看到这一语言。

然而直到20世纪，学界对巴克特里亚语仍然没有特别的了解。直到1957年苏尔赫·科特尔铭文的出现。这一铭文，根据亨宁（W. B. Henning）的解读，内容与迦腻色伽建造的一座圣殿有关，铭文使用的正是巴克特里亚语。1993年，在罗巴塔克地区的一座山丘上发现了罗巴塔克铭文，同时出土的还有一些建筑残片和狮子雕像。这一长90厘米、宽50厘米、厚25厘米的铭文石刻，正面用希腊文，背面用巴克特里亚语书写。一位英国浮雕工人拍摄照片发给大英博物馆。克瑞布（Joe Cribb）和伦敦大学亚非学院的辛威廉（Nicholas Sims-Williams）教授进行了初步的解读。因为内战，这一石刻始终未能展现实物。直到2000年，英国的阿富汗史学者乔纳森（Jonathan Lee）在阿富汗矿业工业部的仓库中重新发现这块石碑。当年，这一石碑在喀布尔博物馆展览，激怒塔利班，不得不暂时关闭了博物馆。现在，这一石碑的发现地已

图4-4 罗巴塔克铭文

被摧毁，导致人们难以获得更多的历史信息。

在罗巴塔克铭文中，迦腻色伽被称为"伟大的救世主，正义的帝王，神授其王权，他从娜娜女神和诸神处获得王位，他在诸神嘉许之年登基"。根据铭文，迦腻色伽在即位元年，就颁布了希腊文敕令，并将其翻译为雅利安语——这里无疑指巴克特里亚语或大夏语——这或许能说明当时贵霜帝国的语言使用情况。铭文提到了迦腻色伽统治的几个城市，包括华氏城。这是非常令人震惊的信息，因为华氏城远在印度东北的核心文明区。迦腻色伽将自己的统治覆盖到如此远的地方，足以证明当时贵霜帝国势力之盛。根据汉文佛教文献记载，迦腻色伽在围攻华氏城时，将佛钵从这里搬到了自己的首都布路沙不逻，这也可与罗巴塔克铭文的记载相印证。

罗巴塔克铭文的内容主要是关于神庙奠基，但令人欣喜的是，它列出了清晰的贵霜帝国早期世系：迦腻色伽一世的高祖丘就却（库朱拉·卡德菲塞斯），其祖父威玛·塔克图（应该就是汉文史料中的"阎膏珍"）、父亲威玛·卡德菲塞斯。这些信息非常重要，证明贵霜帝国早期的帝王世系出自同一个家族，而且有两个叫"威玛"。根据汉文史料记载，丘就却之子为阎膏珍，应该就是威玛·塔克图。之前很多被误以为是威玛·卡德菲塞斯的人，应该就是阎膏珍。钱币上出现的Soter Megas（伟大的救主），或者无名王，似乎也是阎膏珍。

根据新的证据，现在学者比如福尔克（Harry Falk），将迦腻色伽元年定为127年，那么他的统治时间大约是127—150年，这正是中国东汉时期。《后汉书·西域传》对125年之前的百年间情况记载相当详细，但就是没有提到迦腻色伽，从逻辑推断，其即位应该在125年之后。本书认为，福尔克的推断比较接近事实。

关于迦腻色伽的名字，也很有意思。贵霜帝国的前三代君主，名字有重合的部分，比如丘就却和威玛·卡德菲塞斯，名号中都带有"卡德菲塞斯"；而威玛·卡德菲塞斯和阎膏珍名字里都带有"威玛"。但迦腻色伽显然放弃了前三代国王的名号，而取了带"色伽"（Shka）的名字，此后很多贵霜君主的名字都带有"色伽"，比如胡毗色伽（Huvishka），而且放弃了钱币上的希腊字母。迦腻色伽名字本意估计是"永远年轻"，跟中文里的"万岁"有异曲同工之妙。"迦腻色伽"可能也是一个名号，而非真实的名字，他的姓氏应该还是"卡德菲塞斯"。

图4-5 琵琶乐者骑狮，贵霜时期，拉合尔博物馆

图4-6 狮子，白沙瓦博物馆
狮子是从西亚传入的符号，在佛教中，佛被称为"人中狮子"。

图4-6

图4-5

第二节
汉文史料里的迦腻色伽

迦腻色伽是威玛·卡德菲塞斯的儿子和继承人。威玛·卡德菲塞斯将贵霜的领土扩展到了今阿富汗、巴基斯坦和西北印度。他可能是最早开始发行金币的贵霜君主，不过大部分金币应该是通过与罗马帝国贸易得来的。贵霜君主将罗马金币熔化后再重铸成自己的货币，这或许反映了贵霜在汉朝和罗马的贸易间扮演了中间人的角色，贵霜也因此成为丝绸贸易的中心。在其夏都贝格拉姆发现了大量器物，来自不同文明，反映了丝路贸易的繁荣。

迦腻色伽在汉文史料里，名字被翻译为"迦尼伽""迦尼色伽""罽腻伽""真檀迦腻咤""迦腻色伽""迦腻王""旃檀罽尼咤王""甄陀罽腻王""迦腻瑟咤王""割尼尸割王""罽腻迦""迦腻瑟咤""坛罽腻咤王"等。还有用"犍陀罗王""罽宾王""月氏王"等头衔称呼这位伟大君主的。汉文佛教文献中留下了很多关于他的记载，有些是故事和传闻，比如他护持佛法的事迹，也记载了他的文治武功，甚至记载他因为沉溺军事征服而被手下谋杀的事。

图4-7

图4-7 犍陀罗壁画，阿富汗国家博物馆
图4-8 佛像细部及佉卢铭文，3—4世纪，平山郁夫丝绸之路美术馆

唐玄奘记载，迦腻色伽的影响力跨过葱岭，深入塔里木盆地，乃至"河西蕃维，畏威送质"。对于河西送来的人质，迦腻色伽让其冬居印度诸国，夏还迦毕试，春秋两季则住在犍陀罗。三处地方，都建佛寺。玄奘还参观了当时尚遗存的、由中国人质捐建的佛教寺院，墙壁上画着人质王子的容貌服饰，和中原非常接近。缪涅（Jacques Meunie）认为，迦毕试地区的绍托拉克的一座寺院遗址，可能就是玄奘描述的人质居处。

质子冬季居所似乎位于北印度，玄奘载其名为至那仆底国（唐言"汉封"，大概是因为这里是汉地人质的封土，所以称为"至那仆底"）。此国周两千里，都城周十四五里。关于人质的身份，有学者比对汉文史料，认为可能是疏勒王子臣磐。据汉文文献记载，臣磐是疏勒国王安国的舅舅，因罪流放月氏（贵霜），流放时间大概是114—116年。他和月氏王关系很好。116年，安国死后，其遗腹子继位。臣磐得到月氏王的支持，返回疏勒。疏勒人慑于贵霜势力强大，于是废黜遗腹子，改立臣磐为王，此后臣磐统治疏勒半个世纪。汉顺帝永建二年（127），臣磐向汉朝进贡，被封为大都尉。一直到汉灵帝建宁元年（168），臣磐侄子和德发动叛乱，杀死了他。疏勒位于塔里木盆地西端，人口属于操印欧语系的印欧人种，一直到9—10世纪才回鹘化。臣磐在贵霜支持下回到疏勒后，似乎大力推行佛教，当地遗存摩尔佛寺和佛塔、三仙洞石窟寺等，可能就是在其统治时期开凿建造的。也因为贵霜的势力和影响深入塔里木盆地，带来了佉卢文的使用，不但作为佛典语言，也作为官方文字使用。这里的臣磐是不是玄奘所说的在迦腻色伽王庭充当人质的"河西藩维"的王子，还不能确定。但迦腻色伽统治时期，贵霜的政治和文化影响确实越过葱岭进入塔里木盆地，这为佛教在中国新疆地区的传播和发展提供了条件。

图4-8

元魏西域三藏吉迦夜共昙曜译《付法藏因缘传》卷五记载栴檀罽尼咤王护持佛法，"有大功德"，以泥团置于塔上，发下弘誓，如果将来得成正觉，请将此泥团变为佛像。发愿之后，泥团立刻变为佛像，而且"仪相奇特，状若图画"。迦腻色伽作为佛教君主的威德，还体现在《付法藏因缘传》卷五的另一个故事中。在这个故事中，栴檀罽尼咤王看见外道之塔，以为是佛塔，前往礼拜，结果外道塔崩毁。因为罽尼咤之威德，外道塔不堪承受其福德，所以"王之功德，比于梵天"。马鸣菩萨造、鸠摩罗什译《大庄严经论》也记载了迦腻色伽拜塌外道塔的故事。故事中说，迦腻色伽讨伐东天竺之后，回国途中拜一塔，结果塔立刻坍塌，最后发现不是佛塔。这里强调的是迦腻色伽作为转轮王的功德和神力。佛教的转轮王需累世功德集聚才有资格担当，所以他跟佛陀一样有三十二相，也具有神通——在传说和政治宣传中难免出现一些"荒诞"的描述。佛教转轮王的功德，使他可以拜佛，但是其他的神祇无法承受他的功德。唐代著名的王玄策出使印度，也记载了类似的故事。王玄策记载的故事说，为了避免外道的天神被迦腻色伽拜塌，有人偷偷在神像身上放置了佛像。

根据佛教文献，佛教高僧僧伽罗刹游至犍陀罗，国王甄陀罽腻王（即迦腻色伽）拜他为师，往来密切。僧伽罗刹撰有《修行大道地经》，内容无所不包，甚至超越《普曜经》《本行经》《度世经》等。他发下宏愿，说自己站在树下手扯树叶，就算再大的力量都拽不动自己。迦腻色伽亲自前来，也不能拽动他，大象也拉不动。后来僧伽罗刹升兜率天，跟弥勒高谈，说将补佛处贤劫第八。

《新婆沙论》中也记载了迦腻色伽时的一件事。说犍陀罗国迦腻色伽王有一个黄门（宦官），出城见到一群牛。于是问赶牛人，赶牛人说，这些牛要赶去阉割。黄门思量，自己因为往世的恶业成了太监，现在应该拯救这些牛积累功德。于是他把这些牛都买下来，让它们避免了被阉割的命运。因为这个善业力，黄门居然恢复了男身。回到宫里，他把这件神异的事情报告给迦腻色伽。迦腻色伽听闻这件事非常惊喜，给他很多赏赐，并且任命他做高官，不再充当宦官。这一故事传入中土，也被吸收改造，留在汉文文献里。

《付法藏因缘传》有关迦腻色伽的描述，非常生动，除了描述其威德、智能、施舍之外，也强调其杀伐过重，所以马鸣菩萨为其开示。但据该书记载，迦腻色伽最终的死亡还是跟他的军事征服有关。《付法藏因缘传》卷五提到他四处征伐，四海之内，只有北海之地没有征服，于是整军前往。先派遣诸胡以及大象作为先锋，迦腻色伽率大军随后，计划翻越葱岭，但是所乘的马和象居然不肯前行。大臣们商议，觉得他贪虐无道，数出征伐，劳役人民，不知厌足；欲王四海，戍备边远，亲戚分离；若斯之苦，何时宁息？于是合谋乘迦腻色伽病重之时，用被子将其捂死。这一情节反复被后世的佛教书写所借用，比如道世的《法苑珠林》和《诸经要集》在讨论鸣钟的功德时，就引用了谋杀迦腻色伽的故事。

《杂宝藏经》卷七则提到迦腻色伽的重要辅佐者，说"栴檀罽尼咤，与三智人，以为亲友"，第一位智人是高僧马鸣菩萨，第二位是一个大臣，名叫摩咃罗（Māthara），第三位是一个良医，字遮罗迦（Caraka）。马鸣菩萨说，如果听我说的，可以永离诸难，跳脱六道中的恶趣；摩咃罗则协助君主降服四海；良医遮罗迦则使君主百味随心，杜绝生病。也提到迦腻色伽征服四海，只剩下东方，于是带兵欲至葱岭，结果宝马不肯前进，等等。但是并没有提到他被谋杀之事。

迦腻色伽对中土的影响，其一是寺院鸣钟。佛教寺院的鸣钟，很多时候，都会追溯到迦腻色伽转生千头鱼的故事。这个故事一般上接大臣谋杀迦腻色伽的情节。迦腻色伽杀伐过重（有的文献说他在对安息的战争中杀死了九亿人），行军路上，被大臣用被子闷死。虽然有马鸣菩萨给他讲法，让他避免堕入地狱。但死了之后，他依然躲不过因果报应。按照《付法藏因缘传》的说法，他死后堕入畜生道，化身大海中的千头鱼。剑轮绕其身，旋转斩杀鱼头，斩掉之后又长出新头，持续不断，须臾之间，大海里全是千头鱼的鱼头。迦腻色伽深受折磨，痛苦不堪。岸边有佛寺，维那是个罗汉，按时敲钟。每次敲钟的时候，剑轮就会停止转动，迦腻色伽因此能稍稍喘息，减轻痛苦。于是，迦腻色伽找到维那，恳求他能够在鸣钟的时候打得长一点，让自己少些痛苦。罗汉怜悯迦腻色伽，于是为他长打钟。过了七天之后，迦腻色伽所受的斩头痛苦结束了，获得了救赎。据说，这座寺院一直都保持着长打钟的传统。

《增一阿含经》说，寺院钟声能够让一切恶道（畜生道、饿鬼道）诸苦并皆停止；如果听闻钟声时同时说偈赞，能够消除五百亿劫的生死重罪。这个观念，在中国中古时期非常流行。比如唐代长安大庄严寺的高僧智兴，担任寺庙的都维那，准时打钟，即便冬天寒风刺骨，也虔诚地徒手打钟，即便手掌出血，也不停止。他的钟声穿透地狱，让受苦的灵魂获得解脱。有死去的人托梦给亲属，告诉他们因为智兴的钟声，在地狱受苦的众人获得救赎，希望能够有所报答。智兴告诉众人，自己没有别的法力，主要是读《付法藏因缘传》，里面讲到迦腻色伽千头鱼的故事，受到感动，所以坚持敲钟，让诸恶道众生都能摆脱痛苦。这个故事可以说明，远在犍陀罗的迦腻色伽的故事传说对中土佛教也产生了深刻的影响。

在汉传佛教中，所谓五百罗汉中的第七位栴檀藏王，传说就是迦腻色伽，因为兴教护法有功，而名列五百罗汉的第七位。有关迦腻色伽的佛教文献记载非常丰富，他也被认为是最伟大的佛教君主之一。犍陀罗地区的贵霜僧侣在佛教传入中国过程中扮演了最重要的角色，两汉三国时，外国僧人半数以上来自贵霜领地，"天下博知，不出三支"的支娄迦谶就曾受迦腻色伽的统治。

迦腻色伽和佛教的关系，主要表现在第四次结集。在迦腻色伽时期，在迦湿弥罗曾举行过佛典的第四次结集。胁尊者召集500高僧，世友为上首。这次结集使经、律、论三藏各成10万颂，共960万言。当东印度佛教已不是那么兴旺的时候，西北印度的弗楼沙（也名富楼沙）却成了佛教的中心。有关这次佛教结集的文字记载，可以参看玄奘的描述：

> 健驮逻国迦腻色伽王，以如来涅盘之后第四百年，应期抚运，王风远被，殊俗内附。机务余暇，每习佛经，日请一僧入宫说法，而诸异议部执不同。王用深疑，无以去惑。时胁尊者曰："如来去世，岁月逾邈，弟子部执，师资异论，各据闻见，共为矛楯。"时王闻已，甚用感伤，悲叹良久，谓尊者曰："猥以余福，聿遵前绪，去圣虽远，犹为有幸，敢忘庸鄙，绍隆法教，随其部执，具释三藏。"胁尊者曰："大王宿殖善本，多资福佑，留情佛法，是所愿也。"王乃宣令远近，召集圣哲。于是四方辐凑，万里星驰，英贤毕萃，叡圣咸集。七日之中，四事供养。既欲法议，恐其喧杂。王乃具怀白诸僧曰："证圣果者住，具结缚者还。"如此尚众。又重宣令："无学人住，有学人还。"犹复繁多。又更下令："具三明、备六通者住，自余各还。"然尚繁多。又更下令："其有内穷三藏、外达五明者住，自余各还。"于是得四百九十九人。王欲于本国（弗楼沙），苦其暑湿，又欲就王舍城大迦叶波结集石室。胁尊者等议曰："不可。彼多外道，异论纠纷，酬对不暇，何功作论？众会之心，属意此国（即迦湿弥罗）。此国四周山固，药叉守卫，土地膏腴，物产丰盛，贤圣之所集往，灵仙之所游止。"众议斯在，佥曰："允谐。"其王是时与诸罗汉自彼而至，建立伽蓝，结集三藏，欲作《毗婆沙论》。是时尊者世友，……请为上座，凡有疑议，咸取决焉。……迦腻色伽王遂以赤铜为鍱，镂写论文，石函缄封，建窣堵波，藏于其中。命药叉神周卫其国，不令异学持此论出，欲求习学，就中受业。于是功既成毕，还军本都。出此国西门之外，东面而跪，复以此国总施僧徒。

可能因为迦腻色伽王不是印度贵族出身，在婆罗门教的种姓制度下不能占有适当的位置，因此他就更坚定

图4-9 焦里安遗址装饰佛像，塔克西拉

图4-10 犍陀罗风景

图4-9

图4-10

地以佛教管治帝国，实行佛教保护政策。不仅修建大讲经堂、兴建塔寺、雕刻佛像，又把一批出色的佛教学者招到自己身边，包括胁尊者、世友、众护、马鸣等。马鸣（Ashvaghosha）和龙树（Nagarijuna）两人都是大乘佛教的重要学者，也都跟迦腻色伽的宫廷存在密切关系。马鸣具有卓越的文学才能，是《佛所行赞》的作者。龙树则具有超强的组织能力，同时具有强大的术数能力，可谓是当时的科学家和哲学家。可以说，他们都是犍陀罗人，当时迦腻色伽的首都就在布路沙不逻。公元四五世纪时的无著和世亲，也是犍陀罗人。两人是亲兄弟。迦腻色伽对犍陀罗的佛教艺术和马土拉的印度教艺术都有推动。佛陀的三十二相也是在他的时代奠定了基础。不过他本人似乎更加宠信佛教和波斯的密特拉神。不过，值得指出的是，罽宾不是克什米尔，而是犍陀罗。所以迦腻色伽的第二次结集，不是发生在克什米尔，而是发生在犍陀罗。这才是合乎逻辑和事实的真相。

在迦腻色伽的钱币出现的佛像主要有三种，立佛（Standing Buddha）、释迦牟尼佛（Shakyamuni Buddha）和弥勒佛（Maitreya Buddha）。最有名的带有佛陀形象的迦腻色伽金币收藏于大英博物馆。带有弥勒形象的迦腻色伽钱币反映了佛教救世主主义在贵霜的流行。孔雀王朝的阿育王、希腊-巴克特里亚王朝的米南德一世、贵霜的迦腻色伽，在佛教典籍中往往被描述为佛教转轮王。这一时期，佛教不但具有宗教信仰的性质，还带有政治意识形态的功能。弥勒崇拜显然是贵霜佛教的重点之一，这一点原始印度佛教并不具备。佛教的救世主跟其他宗教不同，佛教的释迦牟尼佛并不具备救世主功能，而普渡众生的救世主是未来佛弥勒。弥勒信仰传入中国后，成为重要的指导政治社会改造运动的理论，引发了数百年的政治狂潮。但是7世纪之后，中土的弥勒巨像雕刻衰落了，弥勒的地位下降，阿弥陀佛和观世音的地位上升，显示了佛教从政治世界退出的痕迹。

在迦腻色伽统治时期，佛教艺术出现了重要的突破，包括犍陀罗的希腊化佛教艺术，以及马土拉样式，都出现了繁荣。除上述两地佛教造像外，在南印度阿马拉瓦蒂还出土有一种风格独特的佛教艺术，一般认为是3世纪案达罗王朝（约公元前1世纪中至3世纪）时期的作品，其风格更近于秣菟罗。同时，迦腻色伽时代丝绸之路的畅通，为佛教东传提供了条件。尤其是迦腻色伽对塔里木盆地的影响力——姑且不论是否统治过——可能会对佛教传播起到直接的促进作用。

在汉文佛教文献中，迦腻色伽虽然被视为佛教转轮王，但是却常常以一个征服者的形象出现，完全是一个军事贵族的样子。在七宝等宗教和政治符号装饰的转轮王浮雕中，君主形象是和平的，并不携带武器。这种和平君主的表达方式，反映了佛教非暴力的信仰特点。对佛教来说，转轮王是一个统一君主，是世界的征服者；但是同时，他的征服是依靠正法的力量，而不是武力。这理论上的矛盾，部分地被转轮王分等的理论化解。根据这种说法，转轮王分为金轮王、银轮王、铜轮王、铁轮王，其中统领一洲（南瞻部洲）的是铁轮王，铁轮王仍然需要依靠暴力征服敌人。迦腻色伽的形象——其实几乎每一个以转轮王自居的君主——都具有着一方面是专制君主，另一方面却是佛法追随者的一些微妙矛盾和冲突。当然一个重要的叙事结构，是君主对之前的军事征服和血腥杀戮进行了忏悔，进而供养和护持佛法，成为佛教的重要护法者。

迦腻色伽保存至今的图像资料，都是军事贵族打扮。比如马土拉出土的迦腻色伽雕像。君主手持大棒和宝剑，全副武装。铭文云"大王、众王之王、天子、迦腻色伽"。一般认为，"大王"是印度传统，而"众王之王"是来自西亚的传统。不过在佛教意涵中，其对应的都是统一君主转轮王。167年，来自贵霜的三藏支娄迦谶到达洛阳，开始自己的译经事业。检其现存的译经典，他从未使用"飞行皇帝"来对译转轮王，全部都音译为"遮迦越罗"。而且，他将"遮迦越罗"与"小王"相对，显然是强调遮迦越罗（即转轮王）作为统一君主的特点。

虽然迦腻色伽作为军事征服者取得了辉煌的成就，但是其对人类文明最主要的贡献，恐怕还是对于佛教文化和艺术的推动，他推动的第四次佛教结集，使很多大乘佛典成为佛典而具有神圣性；在他统治时期，佛教艺术获得重要突破，包括犍陀罗的希腊化佛教艺术，以及马土拉样式，都出现了繁荣，犍陀罗艺术成为人类文明的瑰宝。迦腻色伽时代丝绸之路的畅通，为佛教东传提供了条件。在迦腻色伽的支持下，佛教从犍陀罗地区再次出发，沿着丝路一路东进，进入中土。佛教在亚洲大陆的传播，深刻改变了东亚诸国的政治、社会、文化面貌。他作为军事征服者的功业，在佛教文献里，却成为他转世为千头鱼受苦的源头。

图4-11

图4-12

图4-11 七宝环绕的转轮王，阿马拉瓦蒂出土，马达斯政府博物馆

图4-12 迦腻色伽雕像，高1.85米，2世纪，马土拉博物馆
迦腻色伽裙摆中间的铭文云"大王、众王之王、天子、迦腻色伽"。这一头衔显示他作为统一君主的身份，也或许标识其转轮王的身份——转轮王即统一君主，而不是分裂政权的小王。

第三节
犍陀罗艺术中迦腻色伽的君主形象

佛教转轮王的和平形象。正如历史上的模范转轮王阿育王，在其经历了羯陵伽（Kalinga）的大规模流血征服后，就发表和平敕令，宣告"战鼓的声音"将被"正法的声音"所取代。对佛教来说，转轮王是一个统一君主，是世界的征服者，但他的征服是依靠正法的力量，而不是武力。这是一种帝国意识形态，打上了佛教的显著印记。在佛教有关理想的、统一的君主——转轮王——的观念传入中古中国之后，对中土的政治理论和实践都产生了深刻的影响，很多中国君主，最有名的比如梁武帝、隋文帝和武则天，都以转轮王自居，甚至在诏敕中声称自己受佛所托，以"正法"统治人民。

除阿育王之外，汉文佛教典籍和中亚佛教文本中被记载最为频繁的佛教君主之一就是迦腻色伽。在佛教典籍中，迦腻色伽对自己的军事征服和血腥屠杀进行了忏悔，进而供养和护持佛法，成为佛教的重要护法法王。但难以想象的是，在佛教艺术中，一位佛教转轮王会被雕塑和描绘成崇尚武力的君主形象。但是马土拉出土的迦腻色伽塑像，的确手持大棒和宝剑，完全是一副军事贵族的打扮。这显然并非佛教风格，应该是受到其他文明传统的影响，有学者认为，本土的工匠们重视装饰的细节，强调异国君主的奢华和庄严，马土拉迦腻色伽塑像呈现出来的风格和样式，可能并非是当地传统，而是受到外来文化和美学标准的影响。

君主作为武士形象出现，在各种文明中并不稀奇。佛教典籍将迦腻色伽描述为佛教转轮王，仅是故事的一面。在非佛教的语境里，这位君主应该具有更多的面相，比如他的确是一个重军功的君主。可惜的是，马土拉的迦腻色伽塑像没有头，所以至今仍无法通过塑像来了解这位伟大的征服者、佛教的转轮王到底长成什么样子。同样是贵霜君主的威玛·卡德菲塞斯雕像，也是没有脑袋。这很可能是在后世被刻意斩掉的，或出于政治目的，更多的可能是跟宗教的兴衰起落有关。虽然都是无头雕像，但还是能看出，迦腻色伽和其父威玛·卡德菲塞斯的艺术呈现是有区别的。考虑到同出于马土拉地区，这些区别或许显示两个君主的不同。跟迦腻色伽手持重棒、宝剑相比，威玛·卡德菲塞斯是坐在王座（由狮子形象装饰）上，根据惯常的艺术表现形式，他很可能右手举着鲜花——或许是供佛之用。

有人认为手持大棒是受草原文明的影响，但也可能这是受到希腊神祇赫拉克利斯信仰的影响。从希腊-巴克特里亚时代开始，很多君主的钱币上就有赫拉克利斯的形象，或者君主把自己打扮成赫拉克利斯。威玛·卡德菲塞斯的钱币上经常会出现手持大棒的人，或许暗示其具有赫拉克利斯的角色和能力。在希腊化时代，赫拉克利斯的形象往往跟王权联系在一起。

迦腻色伽金币上的君主形象及轮廓跟马土拉博物馆藏的迦腻色伽塑像具有高度的相似性，具有一定写实的特点。迦腻色伽钱币非常丰富，钱币上有佛教、印度教、希腊、伊朗，甚至其他文明的神祇，体现了当时贵霜的宗教宽容和融合政策。最初他的钱币使用希腊文和希腊神祇，后期的钱币使用大夏语，希腊神祇被伊朗系神灵取代。在他的钱币上，君主一般是带有胡子的形象，身穿厚重服装，脚蹬长筒靴子，从他的肩膀发出火焰，手持长刀，右手向火坛献祭。

迦腻色伽双肩发出火焰的形象，不仅出现在他的钱币上，也被汉文资料记载所印证。630年左右，西行求法的玄奘到达迦毕试国（今阿富汗贝格拉姆附近）。在这里，他听闻了贵霜帝国君主迦腻色伽降服龙王的故事。在迦毕试北边兴都库什山中有龙池，内有恶龙。因为前世孽缘，经常刮起风雨，摧拔树木。迦腻色伽在雪山下修建的伽蓝、窣堵波，也被龙王毁坏。屡建屡毁之后，迦腻色伽兴兵讨伐，准备将龙池填埋。龙王显出神通，声震雷动，沙石如雨，军马惊骇。迦腻色伽大怒，乃归命三宝，请求佛法加护，发愿说："宿殖多福，得为人王。威慑强敌，统赡部州。今为龙畜所屈，诚乃我之薄福也。愿诸福力于今现前。"发愿完毕，迦腻色伽"即于两肩起大烟焰"，结果龙王震惧屈服。

这个故事有一处细节很有意思：迦腻色伽双肩"起大烟焰"，就让龙王吓得投降了。据玄奘记载，这个神通源于迦腻色伽统治南瞻部洲为王的福力，双肩出火正是其福力"于今现前"的结果。这不禁令人想起唐代《酉阳杂俎》记载的另一个故事，犍陀罗（原文作"乾陀国"）国王迦腻色伽（原文作"伽当""加色伽当"）神勇多谋，讨袭诸国，所向皆降。南印度国娑陀婆恨王（Sātavāhana）故意将上贡的细缕染上手印。迦腻色伽发兵讨伐，娑陀婆恨王藏匿地窟中，让大臣告诉迦腻色伽：本国虽有王名，其实只是用黄金打造的雕像，国家是大臣们在统治。于是铸金人送给来讨伐的迦腻色伽。迦腻色伽"自恃福力"，断金人手足，结果藏匿的娑陀婆恨王手足也自动掉落。段成式记载的这个故事，其实也并非他的杜撰。一直到11世纪初，迦腻色伽用转轮王神力斩掉敌方国王手足的故事依然在喀布尔地区流传。11世纪的伊斯兰学者比鲁尼（Alberuni）在其《印度志》（*Ta'rikh al-Hind*）中记载了类似的故事，只不过沾染在布匹上的是国王的脚印，而不是手印。被讨伐的国家是卡瑙季（Kanoj，慧超译为"葛那及"，广为人所知的名字是"曲女城"）。在讨伐中，迦腻色伽被误导进入沙漠，他用长矛戳在地上，水立即涌出，同时敌方国王的手足自动掉落。迦腻色伽手持长矛的形象，似乎就是出现在其钱币上的武士形象，这很容易让人联想到于阗和藏文文献中描绘的迦腻色伽。

图4-13　狮子和训狮人，3—5世纪，高50.8厘米，大都会博物馆

1912年，列维（Sylvain Lévi）在《通报》上发表文章，指出迦腻色伽的神通来自他作为佛教转轮王的福力。无疑，玄奘记载的迦腻色伽降服龙王的故事，佐证了列维的论述。佛教转轮王作为世俗世界的理想统治者，除了具有三十二相之外，还具有其他君主所不及的神力或神通，转轮王本身就是累劫修行积累功德的结果。

有关迦腻色伽的这些"荒诞"的传说，其实有着具体的宗教信仰基础。大英博物馆藏迦腻色伽金币上，就赫然出现了这位伟大君主双肩出火的形象。这枚金币的背面是佛陀，身着通肩式佛衣，正面而立，右手施无畏印，左手拖拽佛衣一角，左侧有希腊铭文BODDO，即"佛"。贵霜钱币背面往往刻画各种神祇，希腊的、伊朗的、印度的。很显然，在这枚金币上，佛陀也被视为神，而不再是人间导师——这是大乘佛教的重要理念。最令人感兴趣的图像出现在金币的正面：作为君主的迦腻色伽，穿着厚重的服饰，长长的靴子，手持长矛，右手指向火坛。而他的肩膀发出火焰，呈现出"焰肩"的形象。作为在汉文佛教文献中名气仅次于阿育王的佛教君主，迦腻色伽保存下来的形象，却完全是一个崇尚武力的征服者。金币上的形象跟马土拉出土的迦腻色伽雕像高度相似，后者手持大棒、宝剑，也完全是一副军事贵族的打扮。

迦腻色伽肩膀上发出的火焰，并不是特例。至少早在其父亲威玛·卡德菲塞斯的钱币上，就已经出现了双肩出火的君主形象。似乎在迦腻色伽之子胡毗色迦统治时期，焰肩的形象符号逐渐让位于头光和背光。焰肩的形象，可以说是贵霜王权的重要符号。而且，从迦腻色伽的这枚金币看，君主有焰肩，但是佛陀没有这一特征，或许说明此时还没有用这一描述君主的符号来描绘佛陀。

图4-14

图4-14 带有佛陀形象的迦腻色伽金币
正面，铭文意为"众王之王、贵霜王迦腻色伽"。
反面为佛陀形象，很显然，佛陀已经被视为神，和迦腻色伽钱币上的其他神祇一样。
佛陀不再是人间的导师而是神灵，应该是大乘佛教的重要理念。

玄奘记载迦腻色伽降服龙王的地点是迦毕试，这里是贵霜帝国的夏都，位于兴都库什山的南麓，从其核心区贝格拉姆出土了大量珍贵的文物，这些已为大家熟知。从艺术风格来看，从这一地区的绍托拉克（Shadolak）、派特瓦（Paitava）等遗迹出土的佛陀造像，跟广义的犍陀罗佛像有显著区别。比如，特别突出佛陀的伟大，带有"反写实主义"风格，或者说带有浓厚的宗教神秘主义色彩。而迦毕试的佛像则贯彻了强调佛陀神通的思路，比如佛陀的头光和背光用火焰纹装饰，头光边缘呈现锯齿状。最为突出的就是大家熟知的水火双神变（Yamaka-pāṭihāriya），佛像上身出火，下身出水，此造型很直接地表现了释迦牟尼、燃灯佛以及君主超凡神圣的特征。最具代表意义的是派特瓦出土的舍卫城神变大奇迹佛和绍托拉克出土的燃灯佛授记本生立像。罗兰德认为，迦毕试的样式显然是宗教色彩浓于人文色彩，呈现出概括的、正面的、神秘的直拙特征。佛陀从带有常人特点的导师形象，转变为威力巨大的、神通的神明。佛陀通过展现神通，驯服外道，说服信徒。迦毕试佛陀造像的变化，反映了佛教思想和传教方式的变迁。

佛像双肩发出火焰的造像，主要出现于迦毕试中部地区。焰肩佛的造型，似乎是迦毕试的传统。这种双肩发出火焰的造型，不仅见于释迦牟尼的双神变，而且见于燃灯佛，以及佛陀结禅定印、结跏趺坐的场景中——犍陀罗其他地区很少看到。一般认为，这是犍陀罗佛教艺术的晚期形式之一，兴盛于4—5世纪。最早传入中国的犍陀罗佛像有不少是带有火焰及背光的迦毕试风格佛像，新疆拜城县克孜尔石窟（第207窟壁画）、吐鲁番拜西哈尔千佛洞（第3窟壁画）和鄯善吐峪沟石窟壁画都能看到焰肩佛像。这种样式依次进入中国、朝鲜、日本，成为东亚佛教艺术中的常见样式。

图4-15

图4-16

图4-15 胡毗色迦金币
铭文上的头衔是"众王之王、贵霜王"，胡毗色迦手持棍棒的形象，可能来自赫拉克利斯信仰。

图4-16 威玛·卡德菲塞斯（带焰肩）金币，大英博物馆

图4-17 a

图4-17 b

图4-17 a~c 双神变，迦毕试，阿富汗国家博物馆

图4-18 双神变佛陀立像细部，脚下出水，阿富汗国家博物馆

图4-19 双神变，克里夫兰博物馆
佛陀双肩发出长长的烟焰，身边是龙王、僧侣和贵族供养人。

图 4-17 c

图 4-18

图 4-19

佛像在创造的过程中，吸收了王者的形象和符号来装扮。比如佛和转轮王都有三十二相，甚至佛和转轮王的葬礼也都一样。从时间顺序上分析，迦毕试佛像出现双肩出火的形象，要远远晚于贵霜早期君主的同类形象。所以不难推断，是佛教借用了描绘君主的手法来描绘佛陀，以展现其神圣的特质。不少学者比如田边胜美，都认为这是通过帝王双肩出火的形象，将佛像完成神格化。田边甚至认为，双肩出火、脚下出水的双神变造像，是通过征服龙王，将伊朗宗教系统中的胜利之神乌鲁斯拉古那（Verethraghna）吸纳到佛教中来。但这种解释颇为牵强，恐不能成立。从逻辑上说，佛陀从人间导师成为大乘佛教的最高神，即便佛教要吸收拜火教的一些元素来装扮佛陀，也会选择其最高神阿胡拉玛兹达。幸运的是，这一点被出土的文物佐证。1979年，乌兹别克斯坦的卡拉特佩（Kara-tepe）遗址出土了带有"佛陀—玛兹达"（Buddha-Mazda）铭文的壁画。卡拉特佩是重要的佛教遗址，地处巴克特里亚——吐火罗故地。一般认为，2—3世纪，这里是贵霜帝国的一个重要佛教中心。壁画中，佛陀结跏趺坐，结禅定印。最令人瞩目的是，佛像背光明显由发出的火焰组成。结合铭文中的"佛陀—玛兹达"字样，可以推定这是一尊佛教的佛陀和祆教的阿胡拉玛兹达合体的佛像，或可说，是佛教吸收了祆教最高神及其拜火特征融合而成的一种艺术模式。

佛陀的焰肩是否是借用了贵霜君主的焰肩造型，尚无文献证据，只能做图像和逻辑上的联想。但可以肯定的是，迦腻色伽等贵霜君主双肩出火，是一种王权符号，是象征帝王权威的光芒。这种君主造型似乎后来舍弃不用，比如印度的笈多王朝就没有见到类似的君主形象。迦腻色伽的焰肩，大多数学者认为跟伊朗传统有关，体现了君主的权威和神力。与此结论相应的是，在上述迦腻色伽金币上，迦腻色伽确实手指火坛，似乎是向火坛献祭。

但故事往往还有另一面，这样画面才更完整。首先可以想到的是，这种上身出火、脚下出水的神通，在佛教传统和教义中，是否有自己的逻辑。佛陀具有十种功德，其中之一是明行具足，神通本就是佛陀的功德之一。通过展现神通摧破外道、说服信徒，是宗教历来强调的重要内容。佛陀和转轮王都具备超自然的神通，能够降服强大的邪神和对手。

佛陀具有光明的属性，正如《法句经》中将其描述为日夜发光、摧毁黑暗的形象。在佛教典籍中，佛陀在舍卫城展现神通，其中就包括水火双神变，身下出火，身上出水，或者身上出火，身下出水，最终挫败了外道的挑战，这是佛传故事中很重要的场景之一。有学者如宫治昭就认为，双肩出火这种表达方式，基本意涵很可能是佛教的火光定或火三昧。佛陀进入深度禅定之后，就展现出这样的神通。描述展现神通的语句，在佛教文献中比比皆是，如佛陀涅槃之前其弟子须跋陀罗入火定，唐若那跋陀罗译《大般涅槃经后分》记载，"身上出水，身下出火；右胁出火，左胁出水"。又如辟支佛展现神通，《佛说菩萨本行经》记载，"身上出水，身下出火；身下出水，身上出火"。鸠摩罗什译《摩诃般若波罗蜜经》提到，当拥有菩萨摩诃萨行般若波罗蜜时，就能"身出烟焰如大火聚，身中出水如雪山水流"。《杂宝藏经》中有"罗汉祇夜多驱恶龙入海缘"，这个祇夜多是跟迦腻色伽关系密切的高僧。他降服龙王，似乎跟禅定有关，从这个角度讲，迦腻色伽降服龙王，是典型的佛教叙事。

然而，佛典最频繁提到的双神变情节是佛陀弟子迦叶展现这种神通。故事的基本情节是：佛陀让迦叶给众人展示神通，展示完毕后迦叶告诉大家，自己是佛陀的弟子，从而令众人认识到佛陀的伟大。比如《佛本行集经》描述迦叶展现神通，"身出烟焰"。更多描述广泛见于《中阿含经》《杂阿含经》等，比如前者描述迦叶展现神通："迦叶入火定已，身中便出种种火焰，青、黄、赤、白中水精色，下身出火，上身出水，上身出火，下身出水。"但是，佛陀为什么要迦叶展示神通呢？《杂阿含经》中写道，佛陀要求迦叶"弃汝先所奉，事火等众事。今可说其义，舍事火之由"。也就是说，佛陀要迦叶告诉大家，他为什么要放弃拜火，转奉佛教。

讨论到此，又不得不回到佛教早期阶段。佛陀和迦叶的关系，或许能给历史画面再增加一块拼图。有一种观点认为，迦叶最初是祆教（拜火教，琐罗亚斯德教）的教团领袖。他的教团集体加入佛教，是佛教发展过程中一个重大事件。有关佛陀收服迦叶的描述，在佛教文献中很多。比如《佛说太子瑞应本起经》，佛陀向迦叶借住"火室"（内有毒龙）一晚。佛陀进去之后，毒龙大怒，身中出烟，佛陀入禅定，也现出神通，身中出烟；龙大怒，全身出火，佛陀也身出火光。火室俱焚，最后佛陀收服火龙，将其收入佛钵。这个故事可能反映的是佛教战胜祆教的意涵。佛陀收服祆教火龙和迦腻色伽收服迦毕试龙王，在叙事结构和内容上，都有相似的地方。

虽不能完全认定迦叶是祆教徒，但至少可以说明，佛教在其发展过程中吸收了一些其他宗教的仪式和思想元素，这些外来元素和自身的传统，共同影响了佛教文献的叙事，也影响了佛教艺术的发展。

迦毕试地区特别热衷的题材，除了焰肩之外，还有授记，不但有燃灯佛、弥勒授记，还有君主的授记，比如阿育王施土姻缘，这种宗教与世俗的双重授记，体现的或许是佛陀和转轮王彼此映照的时间观念。

图4-20 犍陀罗佛教寺院遗址

第四节
布路沙不逻：贵霜的佛教中心

迦腻色伽继承父祖伟业，继续扩张领土，到他统治极盛期，贵霜帝国已经控制了广大领土，其兵锋甚至直逼华氏城下。在丘就却时期，贵霜已经占领了布路沙不逻地区。到了迦腻色伽统治时期，正式将首都从布色羯逻伐底，即今白沙瓦河谷的查沙达（Charsadda）迁到了布路沙不逻。在此后的一段时期，布路沙不逻在迦腻色伽的经营之下，成为帝国的中心。这里不但是政治中心，也被打造成佛教中心，佛钵等重要的佛教圣物被转移到这里。在中国魏晋南北朝时期，巡礼佛钵等圣物及圣迹是西行求法僧人的一项重要活动。

布路沙不逻的意思是"人之城"。龙树菩萨造、后秦龟兹国三藏法师鸠摩罗什奉诏译《大智度初品》解释道："'富楼沙'，秦言'丈夫'。"也就是说，布路沙不逻的意思是丈夫（人）之城。但是，根据在沙琪基泰里（Shah Ji Ki Dheri）佛塔遗址出土的迦腻色伽舍利函，其佉卢文铭文又记载了布路沙不逻另外一个名字——"迦腻色伽布逻"（Kanishkapura），或者叫"迦腻色伽城"，"布逻"就是"城"的意思。可见这座城市也以迦腻色伽本人的名字命名。可以说，在布路沙不逻的崛起过程中，迦腻色伽扮演了重要的角色，这座城市被深深地打上了迦腻色伽的烙印。在《阿维斯塔》（*Zend Avesta*）中，布路沙不逻被描述为阿胡拉玛兹达创造的最美丽的七个地方之一。

汉译佛典中有佛陀嘱咐众神护佑布路沙不逻的描述，比如高齐天竺三藏那连提黎耶舍译《大方等大集经》卷五五提道："尔时世尊以富楼沙富罗国付嘱阿罗脯斯天子千眷属、难提乾闼婆百眷属、净众紧那罗百眷属、摩尼华夜叉千眷属、迦茶龙王阿婆罗罗龙王各二千五百眷属、大怖伽楼罗百眷属、讫多孙地阿修罗五百眷属、烧竹鸠盘茶五百眷属、多卢斯天女三目天女各五百眷属，汝等共护富楼沙富罗国。"富楼沙（弗楼沙）富罗，即布路沙不逻的异译。从那连提黎耶舍的翻译来看，这座城市跟佛教有密切的关系。《大方等大集经》中，佛陀将此城托付给众神，希望他们共同护持此城。法显经过此城，称其为"富楼沙国"，并且记载了迦腻色伽建雀离浮图（迦腻色伽大塔）的事情。

1909年9月和1910年11月，司鹏纳博士（D. B. Spooner）带队在白沙瓦的沙琪基泰里发掘迦腻色伽大塔遗址，发现了迦腻色伽的青铜舍利函。其铭文为佉卢文，意思为："为了接受说一切有部（Sarvāstivādin）诸师，此香函为迦腻色伽大王（Mahārāja）供养的功德礼物……在迦腻色伽城。以此功德祝愿众生福德圆满……迦腻色伽大寺（Kanishka's vihāra）饭厅建造的主持者……"最初，这段铭文被释读为是由阿格西拉斯（Agesilas，迦腻色伽大塔建造者）签名的。阿格西拉斯是希腊人的名字，因此这成为希腊人曾经在迦腻色伽时代参与佛教建筑和艺术设计的明证。最近对舍利容器的清理发现之前的解读可能存在错误，那个单词应该是Agnisala，也就是这个寺院的饭厅。

图4-21 a

图4-21 b

图4-21 a,b 迦腻色伽大塔塔基细部照片，装饰着禅定的佛陀，大英图书馆

这段铭文提到的迦腻色伽城，显然就是汉文史料中的布路沙不逻，可见此城还以迦腻色伽的名字命名。汉文文献中也有记载证明，这座城市以迦腻色伽的名字命名。《大庄严经论》卷三也有提到，说"栴檀罽尼咤王将欲往诣罽尼咤城，于其中路见五百乞儿"。所谓"罽尼咤城"，应该就是布路沙不逻或者弗楼沙。这个故事，也记载于《付法藏因缘传》中，说迦腻色伽"后至腻吒塔"，路遇五百乞丐，施舍给他们财物。这个"腻吒塔"，明显就是他建造的那座著名的佛塔雀离浮图。这座塔，正是建造在罽尼咤城的。城和塔，都以君主迦腻色伽的名字命名。

布路沙不逻成为佛教中心与迦腻色伽的扶持分不开，其中一项重要举措就是迦腻色伽把释迦牟尼生前所用佛钵移往布路沙不逻，使这里成为佛教徒巡礼的中心。一般佛教文献认为，佛涅槃后，佛钵作为释迦牟尼的舍利而被人们当作圣物供养和崇拜，初在毗舍离，而后落入贵霜人手中。5世纪初法显等人瞻仰佛钵的地方就是贵霜故都弗楼沙。但是西行求法高僧，不论是法显还是玄奘，都没有记载佛钵如何到了弗楼沙，更没有将这一移动跟伟大的贵霜君主迦腻色伽联系在一起。根据汉文佛教文献及藏传多罗那他的《印度佛教史》（*Taranatha*）的记载，正是迦腻色伽在围困沙祇多（Saketa）或者华氏城的时候，将佛钵从佛陀故地搬到了自己的国都布路沙不逻，时间应是在127—151年之间。有关这一事件，汉文文献比如鸠摩罗什和真谛分别译的《马鸣菩萨传》《付法藏因缘传》《大庄严经论》等都有记载，故事情节也基本一致，即迦腻色伽王要求对方交出佛钵、高僧马鸣以及具有灵异色彩的慈心鸡。鸠摩罗什和真谛都只谈到了佛钵和马鸣，并未提及慈心鸡，不过鸠摩罗什提到迦腻色伽索要三亿金，佛钵和马鸣各当一亿，却漏掉了记载剩下的一亿如何处理。晚出的佛教典籍如《佛祖统纪》又有新的发挥，记载为索要九亿，佛钵、马鸣、慈心鸡各当三亿，而且依据因果报应逻辑，添记了后来贵霜和安息交战，斩杀安息凡九亿人的情节。《付法藏因缘传》记此事，指出是月氏栴檀罽昵咤王围攻华氏城索要佛钵。《大庄严经论》记载："拘沙种中，有王名真檀迦腻咤，讨东天竺。"也是记载此事。不论是"栴檀罽昵咤"还是"真檀迦腻咤"，均为"犍陀罗迦腻色伽"的异译。《付法藏因缘传》的记载可作为一个例子，它记载月支王名叫栴檀罽昵咤王，也即迦腻色伽，围攻华氏城。华氏城有九亿人，迦腻色伽索要九亿金钱作为赎金。最后华氏城将马鸣、佛钵和慈心鸡奉给迦腻色伽，各当三亿。"马鸣菩萨智慧殊胜，佛钵功德如来所持，鸡有慈心不饮虫水"，能够消灭一切怨敌。后安息王讨伐迦腻色伽，迦腻色伽大败安息，杀安息人九亿。

关于迦腻色伽抢夺佛钵的故事，笼统而论，自然是将佛陀圣物置于自己的国都，彰显自己佛教转轮王的身份，支持其以佛教治国的理念。佛钵以示传法正统，马鸣则用以号召四方。

第五节
雀离浮图和迦腻色伽舍利函

布路沙不逻成为贵霜王朝的首都,这里也被打造成为佛教中心。除了将佛钵从佛陀故地运到这里安置之外,迦腻色伽还建造了可能是当时最为高大恢弘的纪念碑建筑——迦腻色伽大塔。这座位于布路沙不逻的佛教建筑对遥远的中国本土也产生了深远影响,它频繁地以"雀离浮屠""雀离浮图""雀离佛图"等名字出现在汉文典籍中。迦腻色伽执行的是一种宗教宽容政策,佛教、琐罗亚斯德教、希腊、印度教等神祇的图像,在他的钱币上都有出现。但是迦腻色伽对佛教的护持才是最有力的。这一点从他修建的迦腻色伽大塔可以看出,据记载,这是南瞻部洲最高大的建筑了。迦腻色伽建造的最高建筑是佛塔,而不是其他宗教的建筑,这说明佛教在迦腻色伽的统治之下,应该居于主导地位。

来自东土西行求法或巡礼的中国僧人从阿富汗的高山上下到犍陀罗平原时,首先看到的就是这座令人震惊的宏伟高塔。法显赞叹道:"凡所经见塔庙,壮丽威严,都无此比。传云,阎浮提塔,唯此塔为上。"在法显的眼里,这是他见过的最壮丽威严的佛塔,根据传闻,这是南瞻部洲第一的佛塔。《洛阳伽蓝记·宋云惠生使西域》记载宋云、惠生的回忆:"塔内物事悉是金玉,千变万化,难得而称。旭日始开,则金盘晃朗,微风渐发,则宝铎和鸣。西域浮图,最为第一。"在派遣惠生西行之前,北魏灵太后胡氏就已经久闻这座佛塔的伟大,在惠生从洛阳出发前,就敕给其五色百尺、幡千口、锦香袋五百枚、王公卿士幡二千口,到了犍陀罗,只剩下百尺幡。宋云留下两个奴婢,令其永生在迦腻色伽大塔充当洒扫。惠生还花钱雇人摹写佛塔图样,带回中土。从某种意义上说,洛阳的永宁寺就是对雀离浮图的模拟。《洛阳伽蓝记》记载雀离浮图遭遇火灾，云："父老云此浮图天火所烧，佛法当灭。"永宁寺大火，也被赋予了宗教预言的色彩。

汉文史料都明确把这座雀离浮图和迦腻色伽连在一起。比如法显记载，这座塔高四十余丈，建塔的缘起，是昔日佛陀率诸弟子经过犍陀罗，佛陀告诉阿难，说自己涅槃之后若干年，会有国王罽腻伽（即迦腻色伽）在这里建造佛塔。后来罽腻伽出世，帝释天化作牧牛小儿，启发罽腻伽建造此塔。《洛阳伽蓝记》和《大唐西域记》的记载更加详细，都描述了迦腻色伽建立雀离浮图的因缘。基本的情节是：释迦牟尼在世的时候和众弟子游化犍陀罗地区。佛陀指着城东说："我涅槃后三百年，有一个国王叫迦腻色伽的，会在这里建造一座佛塔。"佛陀入灭三百年后，迦腻色伽果然统治犍陀罗。有一天，迦腻色伽王出游城东，见到童子用牛粪垒造佛塔，高三尺。童子突然消失，又出现在空中，向迦腻色伽王说偈语。迦腻色伽感到惊奇，于是在粪塔之外建造佛塔，将其笼盖。但是粪塔却逐渐变高，挺出佛塔，一直高到离地面四百尺才停止。迦腻色伽于是扩建佛塔，塔基广三百九十步。佛塔悉用文木为陛，阶砌栌拱，上构众木凡十三级。上有铁柱八十八尺，八十围，金盘十五重，去地六十三丈二尺。即便如此，粪塔仍然挺出，在迦腻色伽大塔的南边出现。婆罗门不相信是粪，用手指试探，结果戳了一个孔。年岁虽久，粪也没有变质，用香泥填充孔洞，永远填不满。当时如此浩大的工程能够建成，除了人力和技术之外，还有信仰的力量，所以一直有四天王出手帮助迦腻色伽修建此塔的说法。正史中的《魏书·西域传·乾陀国》和《北史·西域传》也提到这座佛塔，比如前者云："都城东南七里有佛塔，高七十丈，周三百步，即所谓'雀离佛图'也。"

道宣在《续高僧传》卷四《玄奘传》中称其为迦腻王大塔，并且指出，"即世中所谓'雀离浮图'是也"。不过他也有些疑惑，不知道为何这座迦腻色伽所造的佛塔，被称为"雀离浮图"，"亦不测雀离名生所由"。值得注意的是，《付法藏因缘传》提到了一个"腻吒塔"，说迦腻色伽"后至腻吒塔"，路遇五百乞丐，施舍给他们财物。这个腻吒塔，明显就是他建造的那座著名佛塔雀离浮图。这个故事，在《大庄严经论》卷三中也有提到，说"栴檀罽尼咤王将欲往诣罽尼咤城，于其中路见五百乞儿"。所谓"罽尼咤城"，应该就是布路沙不逻，或弗楼沙。而《付法藏姻缘传》提到的"腻吒塔"，应该就是以其名字命名的迦腻色伽塔，即汉文史料中的雀离浮图。这座塔，正是建造在"罽尼咤城"的。城和塔，都以君主迦腻色伽的名字命名。而"雀离浮图"是"轮王塔"的意思，显指迦腻色伽的佛教法王身份。这座塔是迦腻色伽护持和推广佛教的重要建筑。敦煌出土的和阗语文献也记载了迦腻色伽修建迦腻色伽大寺的故事，并且指出迦腻色伽是在佛陀涅槃后四百年出世。

迦腻色伽大塔西北还有一座伽蓝，为迦腻色伽所建。玄奘在其《大唐西域记》中记载："大窣堵波西有故伽蓝，迦腻色伽王之所建也。重阁累榭，层台洞户，旌召高僧，式昭景福。"不过玄奘去的时候，寺院已经衰败了。比鲁尼证实了这一点，他在11世纪初提到白沙瓦有一座迦腻色伽所建造的伽蓝"迦腻色伽支提"（Kanik Chaitya）。这样一来，城、寺、塔，都是取自迦腻色伽的名字。

迦腻色伽大塔虽然已经毁灭，但是根据犍陀罗雕塑，还是能够推断它的大概样子（参看柏林亚洲艺术博物馆所藏的佛塔雕像）。因为这座佛塔太过伟大和有名，所以沿着丝绸之路而来的路上，很多佛塔也用雀离的名字命名。比如龟兹就有一座雀离大寺，鸠摩罗什母亲曾在此寺听经。释慧皎撰《高僧传》卷二中，称龟兹这座雀离大寺为"昭怙厘寺"。其实"昭怙厘"就是"雀离"的异译，即Cakra，"轮"的意思。中文中的类似翻译还有"爵离""雀梨""昭怙厘"等。《北齐书》卷一三《赵郡王琛附子叡传》记载，在北齐的首都邺城，也有一座雀离佛院，高叡就是在这里被杀的。邺城这座雀离佛院，应该是模仿犍陀罗雀离浮图，即迦腻色伽大塔，可见这座佛塔对中土的影响之大。

玄奘于634年抵达这里的时候，雀离浮图仍在。虽然屡遭火灾，但是都得到了重建。在公元第二个千年开始，阿拉伯人和突厥人统治了白沙瓦地区。佛教文化和传统逐渐断绝，广为中土所知的雀离浮图也逐渐离开了世人的视野，直到20世纪初再次被发现。

汉文史料中称迦腻色伽为真檀迦腻吒（Chandan Kanika），即犍陀罗（之王）迦腻色伽。Chandan和Gandh是同义词，可以通用。梵文中，真檀（Chandan）即檀香，是一种芳香树木。梵文也用Gandsar称檀香木，所以Gandh和Chandan是同义词。在钱币上，迦腻色伽的尊号是王中之王（Shaonano Shao），或者单用王（Shao）。Shao和Shah的称号，以后也被其他统治者沿用。白沙瓦郊区发现迦腻色伽大塔的沙琪基泰里（Shah Ji Ki Dheri）山丘，其名字可能因为跟迦腻色伽有关，所以被称为沙琪山丘，意思就是王之丘。

图4-22

早在1875年前，康宁汉就预测了迦腻色伽大塔的位置，但一直到1908—1910年才做了很简单的发掘。它的东面出土法王或转轮王葬塔及其造塔记。在20世纪初发掘之后，却并未得到保护，直到2011年位置被重新确定，非常可惜。这座大塔从发掘的情形看，呈现出十字的外观，直径达87米，据玄奘记载，可能高达180—200米，是在印度和中亚发现的最大佛塔。其底座周边装饰着繁复壮丽的灰墁图景。据玄奘记载，这座塔保存着佛陀舍利一斛。发掘者从塔基底座正中的地宫中果然发现了迦腻色伽舍利函。从铭文可以断定，这个以珠宝装饰的舍利函是迦腻色伽王供养的。

迦腻色伽大塔是一座纪念碑性质的佛教建筑，它的建立具有重要的信仰和思想史意义。它使佛陀在涅槃之后，仍能使佛教三宝佛、法、僧保持完整。礼拜佛塔成为礼佛的重要内容。迦腻色伽舍利函下半部中间的雕像是佛陀，被帝释天和梵天所护持，高18厘米，直径12.7厘米，保存在白沙瓦博物馆，大英博物馆存有一个复制品，青铜铸造，时间是迦腻色伽元年，大约为127年（东汉顺帝永建二年，六月，西域长史班勇、敦煌太守张朗讨平焉耆，这一年，郑玄出生。班勇击降焉耆，使龟兹、疏勒、于阗、莎车等十七国内属，直至152年的二十多年间，东汉在西域朝威最盛，贵霜与东汉恢复了交通，宗教传播又再度活跃起来）。

迦腻色伽舍利函的主体部分表现的是贵霜的君主，很可能就是迦腻色伽本人。在其身旁护持的是伊朗系的日神和月神。持花环童子装饰着整个舍利函的主体部分，呈现鲜明的希腊化风格。舍利函的盖子边缘装饰了一圈飞翔的桓娑（Hamsa），象征着从六道轮回中跳脱，这也是佛教基本理想之一。一些桓娑嘴上噙着象征胜利的花环。扛花环童子这一题材，常见于犍陀罗艺术，显然受到古希腊美术的影响，公元前3世纪左右兴起的这一题材，象征着丰饶、生命，以及再生的荣光。童子本身就有生命和重生的意涵，在这里，或许还有跳脱六道轮回、进入永恒境界的意思。

舍利函里保存着三块佛陀的遗身舍利。发掘出土时，舍利仍在其中，被一个六边形的水晶容器装着。1910年，英国政府为了增进和缅甸的关系——缅甸也是佛教国家，当时是英国殖民地——将佛陀舍利送到了缅甸曼德勒，这些舍利至今仍保存在那里。

图4-22 坐佛，大英博物馆

迦腻色伽大塔在玄奘参访之后，就消失在中文文献的视野之外了，但一直到11世纪，它依然矗立在犍陀罗。11世纪，伊斯兰学者比鲁尼记载了迦腻色伽大塔的情况，赞叹它的雄伟。帕拉王朝（750—1199）时期，这里仍是僧侣教育的重要中心，大量佛教僧侣在这里修行和学习。不知何时，这座佛塔被摧毁了，很可能是在伊斯兰化的过程中被破坏的，就如巴米扬大佛一样，它们都太突出、太耀眼……

图4-23

图4-23　迦腻色伽青铜舍利函，白沙瓦博物馆

图4-24　佛陀和追随者，3—4世纪，松冈美术馆

第六节
贵霜僧人在佛教东传中起到关键作用

如果考虑到佛教在公元前四五世纪已经在印度成形并流传,那么在释迦牟尼涅槃(约在公元前483年)之后的五六百年中,佛教都没有传播到中土。尽管有一些关于阿育王分舍利建塔的传说认为中土的一些佛塔也是阿育王所建,但这些佛教遗迹基本上是后来伪托的,并不能证明佛教在阿育王时代已经传入中国。从这个角度看,佛教在东方的传教实际上是非常迟缓的。为什么佛教在2世纪似乎突然在中国发展并繁荣起来,其中最主要的原因是贵霜帝国的崛起。

贵霜帝国,包括稍早的希腊-巴克特里亚以及希腊-印度王国,都大力支持佛教。佛教也获得了很多社会阶层(包括商人阶层)的拥护,但在贵霜君主(尤其是迦腻色伽)的资助下,和国家意识形态结合在一起,获得了长足的发展。也就

图4-24

是说，在内外多种因素的共同作用下，佛教终于获得了革命性的发展。这些发展被学者们总结为大乘佛教的兴起。一方面，庞大的贵霜帝国为佛教的对外传播提供了政治、经济和军事支持，另一方面，也让丝绸之路变得畅通，商旅和僧人沿着丝绸之路，得以进入中国。几乎在同时，汉朝也将势力拓展到西域，保证了塔里木盆地贸易路线的安全。两大文明各自扩张，最终相遇和碰撞，甚至在1世纪末发生了一场至今仍扑朔迷离的大规模战争。根据汉文史料记载，汉朝在西域都护班超率领下，挫败了贵霜深入塔里木盆地的远征军。到了127年（顺帝永建二年），此时在贵霜就是迦腻色伽当政，而汉朝则在塔里木盆地建立起自己的权威。在这样的背景下，贵霜的僧人们，怀着帮助众生解脱的菩萨思想，远涉流沙，将佛教传入中国。僧侣以及作为供养者的商人携带经卷往返于丝绸之路上。大约在147年（桓帝建和元年）前后，著名的贵霜译经僧支娄迦谶到达洛阳，开始译经和传教事业。佛教传入中国，是跳过了很多没有佛教的地区，直接到了中国的核心地区洛阳，然后以洛阳为中心开始四处传教。这与当时商业活动的规律相符合，因为僧人与商队同行对双方都是十分必要的。东汉张衡《西京赋》多次提到"桑门""白象""舍利"等，是佛教传入中国的一种文化反映。在和林格尔出土的一座东汉墓葬中，其壁画上也有表现"舍利"的场景——很可能跟佛教有关。历史上佛教传入中国的故事，往往从汉明帝求法故事谈起，虽然还没有坚实的文献和考古证据，但这一事件如汤用彤先生所论，大致可信。《牟子理惑论》《历代三宝记》《出三藏记集》等文献记载，汉明帝求取《四十二章经》，来自大月氏。季羡林教授推测，这一《四十二章经》原本应该是犍陀罗语。如果这一事件可信，则对应的时代当是贵霜帝国的建国君主丘就却当政时期。《魏书》卷一一四《释老志》则记载，汉哀帝元寿元年，也就是公元前2年，大月氏王使伊存来长安口授佛经。这些频繁出现在汉文文献中的历史记忆，都将佛教传入中国跟大月氏（也就是贵霜文明）联系在一起。可见以犍陀罗为中心的贵霜佛教在佛教传入中国的过程中扮演了多么重要的角色。犍陀罗是当时中土和西域求法者向往之地，这里"多出圣达，屡值明师，博贯群经，特深禅法"。

支娄迦谶就是贵霜君主迦腻色伽和胡毗色迦统治下的臣民，是"博贯群经，特深禅法"的高僧。汉文史料中一般称其为贵霜（月氏国）僧人，简称支谶，在东汉时到中国传教，是最早将大乘、部派佛教典籍翻译并传入中国的高僧。比如僧祐《高僧传》卷一记载："支楼迦谶。亦直云支谶，本月支人。操行纯深，性度开敏。禀持法戒，以精勤著称。讽诵群经，志存宣法。汉灵帝时游于洛阳，以光和中平之间，传译梵文。出《般若道行》《般舟》《首楞严》等三经，又有《阿阇世王》《宝积》等十余部经。岁久无录，安公校定古今，精寻文体，云：'似谶所出，凡此诸经，皆审得本旨，了不加饰，可谓善宣法要弘道之士

图4-25 佛陀立像，白沙瓦博物馆

图4-25

也。'后不知所终。"东晋高僧、同样是来自贵霜的支愍度在其《合首楞严经记》中，也称赞支娄迦谶"博学渊妙，才思测微，凡所出经，类多深玄，贵尚实中，不存文饰"。从《高僧传》的记载来看，支娄迦谶是佛经翻译的先驱，是善于弘法传道的高僧。根据汉文佛教史料的记载，支娄迦谶非常勤奋，翻译佛经很多，《出三藏记集》记载有14部27卷，《历代三宝记》记载有21部63卷。从记载来看，他翻译的经典大多是流行于贵霜的大乘佛教经典，比如《道行般若波罗蜜经》《般若道行品经》（即《道行般若经》，和后来三国吴支谦《大明度无极经》、姚秦鸠摩罗什《小品般若波罗蜜经》是同经异译，宣扬大乘佛教"诸法皆空"的思想）、《首楞严三昧经》等。跟支娄迦谶相比，安世高翻译的佛经更多的是小乘经典，不过富安敦（A. Forte）认为，安世高个人的信仰更偏重大乘，只不过在翻译的时候选择了当时接受程度较高的小乘经典。无论如何，支娄迦谶都不愧是在中国传播大乘般若学理论的第一人，有关思想和理念融入中土学问思想，成为汉魏两晋南北朝时期的显学。因为支娄迦谶的译经事业处于开创时期，故在佛经翻译为汉文之初，就不得不用当时流行的中土概念和观念来"格意"佛经中的思想，所以从这些译经中，能够看到汉代鬼神方术、阴阳谶纬思想的影子。此外，这些译经也保存了贵霜帝国的一些信息，有学者比如古正美认为，这些信息是研究贵霜历史的重要史料。

支娄迦谶所译《般舟三昧经》卷一已经涉及阿弥陀佛信仰。在该经中，提到了阿弥陀佛的净土，说一个人只要专心念诵阿弥陀佛，就可以在禅定中见到阿弥陀佛，死后可以往生西方净土极乐世界，这很可能是西方净土思想传入中土之始。前文提到，在胡毗色迦统治时期，贵霜帝国已经出现了阿弥陀佛的信仰。出土的贵霜文物和汉文译经的记载，都证明阿弥陀佛信仰在2世纪已经流行于贵霜帝国，并且在2世纪下半叶由贵霜僧人支娄迦谶介绍到汉朝。从这个意义上说，早期的汉文译经在史源上确实比梵文写本更权威。而支娄迦谶等贵霜僧人在将佛法传入中土的过程中扮演了至关重要的角色。在东汉首都洛阳，生活着为数不少的贵霜人，有僧侣也有商人等。这些侨民大多保持佛教信仰，并依据大乘佛教菩萨道的理想，以传播佛法、拯救众生为志业。于是，以支娄迦谶为中心，形成了一个佛教群体。支娄迦谶的弟子支亮、支亮的弟子支谦，都是翻译佛经的重要人物，也都来自于贵霜。隋代费长房在《历代三宝记》中感叹，"世称天下博知，不出三支"。除了贵霜侨民和僧侣外，中国本土人士也逐渐加入佛教传播队伍中，比如参与支娄迦谶译经的洛阳人孟福、张莲等。

名字前面冠以支姓的西域人，基本都是贵霜人或汉文史料中的"大月氏人"。羽溪了谛在《西域之佛教》对此有辨正，认为诸经目录皆谓之西域人，但西域人冠之以支姓者，多少与月氏必有关系。前述支娄迦谶、支亮、支谦师徒，都是来自贵霜的僧人，他们的佛教知识和信仰都出自以犍陀罗为核心的贵霜佛教圈。《高僧传》卷一本传记载，优婆塞支谦（也就是说，支谦仅仅是在家修行的居士，并非僧侣）又名越，字恭明，本月氏人。东汉灵帝时，支谦祖父率月氏国数百人来中国，故支谦得以在中国学习。他受业于支亮，"博览经籍，莫不精究。世间伎艺，多所综习。遍学异书，通六国语"，为后来的佛经翻译事业奠定了基础。支谦长相特殊，细长黑瘦，眼多白而睛黄，所以时人赞曰："支郎眼中黄，形躯虽细是智囊。"汉献帝时，为躲避战乱，支谦逃到东吴。孙权听闻其才，召为博士，使其辅导太子孙亮。支谦以大教虽行，而经多梵文，未尽翻译，己妙善方言，乃收集众本，译为汉语。从黄武元年（222）到建兴中（252—253），支谦在三十年间，翻译数量众多的佛经，包括《维摩》《大般泥垣》《法句》《瑞应本起》等重要经典。他也是较早将月光童子信仰介绍到中国，翻译了《月明菩萨经》等佛经。总体看来，支谦的翻译，仍以在贵霜地区盛行的大乘佛教理念为主，以"般若性空"为重点。

除了支谦，大量来自贵霜的僧俗人等，在佛教传入中国的过程中均扮演了文化使者的角色。比如东汉后期活跃在洛阳的沙门支曜，译成《具定》《意小》《本起》等经；支疆梁接（"疆梁接"意为"正无畏"）

在东吴五凤二年（255）前后来到中土，翻译了《法华三昧经》；支法度，在西晋惠帝永宁元年（301）翻译了《逝童子经》一卷；支道根在东晋咸康元年（335），翻译了《方等法华经》五卷；支施仑于东晋咸安三年（373）在前凉国主张天锡邀请下，在凉州翻译了《须赖经》一卷及《首楞严经》《上金光首经》等。这些贵霜僧人或优婆塞，以传法为志业，在早期佛教译经事业中几乎占据了半壁江山。包括竺法护，虽然冠以竺姓，但并不来自印度，而是来自贵霜。安世高，虽然冠以安姓，其实也是来自贵霜属地，当时都在贵霜的统治之下。

竺法护（Dharmarakṣa），本名"竺昙摩罗刹"，竺法护是汉译。其祖上来自贵霜，世居敦煌。八岁出家，拜外国沙门竺高座为师，故以竺为姓。其日诵万言，过目不忘，《高僧传》卷一载其"天性纯懿，操行精苦，笃志好学，万里寻师。是以博览六经，游心七籍，虽世务毁誉，未尝介抱"。在3世纪下半期，为了追寻《方等》深经，竺法护西行，游历诸国，四处求学，最终携带原典（《贤劫》《正法华》《光赞》等165部）回到长安，沿路翻译，以弘通为业。《高僧传》赞曰："经法所以广流中华者，护之力也。"竺法护被誉为"敦煌菩萨"，正是对他孜孜不倦传法的描述。竺法护游历西域，并不是仅仅指他在塔里木盆地游学，这没有必要，因为他本身就居住在敦煌。从文献分析，他曾越过葱岭，到贵霜帝国游学。可以想象，这个本身就是贵霜后裔的高僧，在其母国参访佛教圣迹，学习佛法。竺法护翻译的大量佛经，包括《妙法莲华经》《正法华经》《光赞般若波罗密经》《渐备一切智德经》《普曜经》等，足迹遍及贵霜、西域、长安、洛阳、江左，终其一生，为佛法东传做出了重要贡献。

稍后的南北朝时期，来自大犍陀罗地区的僧人，依然在佛教翻译和传教中扮演了重要角色。比如前秦昙摩难提（Dharmanandin），抱着"弘扬佛法，任重而道远"的理想，在4世纪后半期到了长安，翻译了《中阿含经》《增一阿含经》等佛教典籍。又如，在沮渠蒙逊政权扮演重要角色的、5世纪初期佛教高僧昙无谶（Dharmakṣema），很有可能也是来自犍陀罗地区。《魏书》说他是罽宾人，而在此时期，所谓罽宾，就是指犍陀罗地区。可以说，在鸠摩罗什之前，贵霜僧人在佛教东传中扮演了最重要的角色。从东汉到南北朝四百年间，经贵霜僧人之手，数百种佛经被译为汉文，几乎涵盖佛教典籍的各个部分。

即便鸠摩罗什，也受贵霜佛教影响颇深。一般认为，大月氏推尊崇方等深经，于阗则奉华严部为中心。贵霜佛教东传，于阗深受影响，但龟兹和贵霜佛教的关系似乎更加密切。出身龟兹的鸠摩罗什，大体沿着贵

图4-26 a

图4-26 b

霜佛教的理路，以方等为核心，并引入中观等新学，不但给大乘佛教增添了新能量，而且开辟了中土佛教新格局，追根溯源，贵霜佛教实为其源头。

鸠摩罗什之后，犍陀罗并未从影响中土佛教的舞台退出，反而一直延续到隋唐时期。最为典型的是隋文帝时期的阇那崛多（Jnanagupta）和那连提黎耶舍（Narendraysas）。阇那崛多是犍陀罗人，老家就是贵霜君主居住的首都布路沙不逻。他随一群犍陀罗僧人结伴外出传法，在迦毕试曾停留一年，后来越过葱岭到达于阗，辗转到达长安。开皇五年（585），隋文帝命其创立译场，翻译了《佛本行经》等众多佛经。而那连提黎耶舍是重要的译经家，又在北齐到隋代的中国政治中扮演了重要角色。他来自今斯瓦特谷地，也是犍陀罗文明的核心地区。关于他的重要角色，后文还会继续讨论。直到9世纪，迦毕试僧人般若三藏仍不远万里来到唐朝译经传教。这一切都说明了犍陀罗文明在佛法东传中的关键作用。

图4-27

图4-28

图4-26 a,b 佛陀立像，白沙瓦博物馆

图4-27 佛陀立像，拉合尔博物馆

图4-28 佛像，尼斯亚洲艺术博物馆

第七节
迦腻色伽之后的贵霜历史

虽然据汉文佛教文献记载，迦腻色伽死于内乱——因为他太过野心勃勃，给臣民带来巨大的负担，最后在病重时遭到谋杀——但他的去世似乎并没有影响到王朝的稳定。他的继承者胡毗色迦也是一位雄才大略的君主，在他统治时期，贵霜帝国强盛稳定，丝路贸易保持繁荣，佛教也往东继续传播。

胡毗色迦的名字跟迦腻色伽有共同的部分，据语言学家推测，迦腻色伽的意思是永葆青春（也许就是中文的"万岁"），而胡毗色迦的名字意思是"最伟大的、最杰出的、最具有领导力的"。据林梅村推测，佉卢文传入于阗的时间应该是在175年东汉势力退出西域之后，当时贵霜当政者应该就是胡毗色迦。这段时期在塔里木盆地流行的汉佉二体钱，或许是贵霜帝国势力影响到塔里木盆地的反映。不过，胡毗色迦的统治核心仍是犍陀罗、巴克特里亚以及马土拉，迦腻色伽开拓的北部中亚及西部边疆并非其关注的重点。在胡毗色迦统治时期，迦腻色伽奠定的丝路贸易依然繁荣，并带来巨大的利润。他甚至派出使节到达了罗马皇帝安东尼庇乌斯（Antonius Pius，138—161年在位）的朝廷。在犍陀罗地区，发现了数量巨大的胡毗色迦金币和铜币。

胡毗色迦是佛教的重要支持者，他赞助佛法的形式跟迦腻色伽有所不同。广泛修建的窣堵波和佛教的新发展显示，在他的统治之下，佛教继续繁荣昌盛，并在对外传教方面获得了突破。在葛文多-那噶（Govindo-Nagar）发现的一座雕像的基座上，出现了阿弥陀佛的字样。现在这座雕像保存在马土拉博物馆。根据铭文，这座雕像制作于胡毗色迦统治的第28年，是一个商人家族献给阿弥陀佛的礼物。这一点也被汉文佛教文献所证明。挪威商人Schøyen收藏品中，也发现了写本证据，将胡毗色迦描述为"大乘的"，或可证明胡毗色迦的佛教信仰。

跟迦腻色伽相比，胡毗色迦似乎在佛教和印度教信仰上下的工夫更多，而没有对伊朗系神祇倾注太多热情。除了佛教之外，他投身婆罗门教，是湿婆的信仰者。胡毗色迦钱币上也出现了多达30多位希腊、波斯、印度的神灵。甚至第一次也是唯一一次在贵霜钱币上刻上了希腊—埃及神灵赛拉匹斯神，这是托勒密王朝时期埃及和希腊都供奉的农业和来世保护神，经常是一个蓄发男性的形象。另外，在他的钱币上还出现了罗马女神（Roma aeterna）的形象。

胡毗色迦的继承者韦苏提婆（Vasudeva I，约191—232年在位）应该是贵霜帝国最后一位统一王朝的君主。一方面，贵霜在他的统治下仍维持着强大的国力，另一方面，面对外敌入侵，贵霜帝国已经开始走下坡路了。韦苏提婆也是最后一位在汉文史籍中留下自己名字的贵霜统治者。根据《三国志·魏书·明帝纪》的记载，在太和二年（229）十二月癸卯，大月氏王波调遣使奉献，被曹魏封为亲魏大月氏王。"韦苏提婆"是后来学者给他的梵文拼音，在佉卢文中他的名字是BAZOΔHO（Bazodeo），汉语读音接近"波调"。所以，可以确认这位派遣使者到曹魏的贵霜君主是韦苏提婆或者波调。

在韦苏提婆统治下，贵霜勉强维持了统一。根据《魏略·西戎传》记载，犍陀罗（罽宾）、巴克特里亚（大夏）、喀布尔地区（高附）、北印度（天竺）等地方还在贵霜的统治之下。但是此时伊朗萨珊王朝（Sassanid Empire，226—650）兴起，对贵霜构成严重威胁。韦苏提婆和亚美尼亚国王库斯鲁斯一世结盟对抗萨珊王朝，但是战争进行得很不顺利。萨珊王朝横扫贵霜的中亚领土，甚至巴克特里亚和犍陀罗等核心地区都受到威胁。韦苏提婆被迫跟萨珊波斯求和，称臣纳贡。在这个时期，笈多王朝兴起于印度，北边又有草原民族的侵扰，立国两百年的贵霜迅速步入衰落期。229年，韦苏提婆遣使曹魏，很可能是抱着结盟和寻求军事援助的期望。这说明，贵霜和中国政府之间存在直接的官方联系。

在韦苏提婆统治时，贵霜衰落了，同时，中国也从中亚撤退了。这一时期，佛教东传仍在持续不断进行。佛教教团为寻找新的佛土，把希望寄托到了东方。从韦苏提婆的名字看，他主要信仰的是印度教，"韦苏提婆"是印度教神灵黑天神（Krishna）父亲的名字。他是第一个以印度教神灵为自己命名的君主，这是

图4-29 a

图4-29 b

图4-30

图4-31

图4-32

图4-29 a,b　湿婆，壁画，3世纪，巴克特里亚，大都会博物馆

图4-30　可能是赛拉匹斯，3世纪，巴克特里亚，大都会博物馆

图4-31　法罗神，3世纪，巴克特里亚，大都会博物馆

图4-32　韦苏提婆钱币，背面是印度教湿婆神

第四章　迦腻色伽时期的政治、信仰与艺术

他倾心印度教的明显证据。虽然没有证据显示他抛弃了佛教，但随着印度教的复兴，加上贵霜统治区域的萎缩，佛教的生存状况应该受到了严重影响。

韦苏提婆之后，贵霜国力一落千丈，加上内部分裂，已经失去了帝国的荣耀，甚至算不上是区域强国。这一时期，不但西亚的萨珊波斯兴起，而且在印度本土，笈多王朝也兴起，贵霜残余势力在两边夹击之下，日渐衰落。真正意义上的复兴，要到4世纪末的寄多罗（Kitara）贵霜的建立。

西行的玄奘记载了寄多罗贵霜复兴的情形。《大唐西域记》卷三记载：

> 迦腻色伽王既死之后，讫利多种复自称王，斥逐僧徒，毁坏佛法。睹货逻国呬摩呾罗王(唐言雪山下)，其先释种也。以如来涅槃之后第六百年，光有疆土，嗣膺王业，树心佛地，流情法海。闻讫利多毁灭佛法，招集国中敢勇之士，得三千人，诈为商旅，多赍宝货，挟隐军器，来入此国。此国之君，特加宾礼。商旅之中，又更选募，得五百人，猛烈多谋，各袖利刃，俱持重宝，躬赍所奉，持以献上。时雪山下王去其帽，即其座，讫利多王惊愕无措，遂斩其首，令群下曰："我是睹逻国雪山下王也。怒此贱种公行虐政，故于今者诛其有罪。凡百众庶，非尔之辜。"然其国辅宰臣，迁于异域。既平此国，召集僧徒，式建伽蓝，安堵如故。复于此国西门之外，东面而跪，持施众僧。

根据玄奘的描述，这很可能是寄多罗夺回犍陀罗故地的历史，这个"雪山下王"就是历史上以"勇武"著称的寄多罗。在寄多罗夺回犍陀罗之前，可能有一个王朝遭到篡夺的时期。这个"讫利多种"（《大慈恩寺三藏法师传》称其为"迦湿弥罗国讫利多种"）采取了灭佛政策。《大慈恩寺三藏法师传》卷五记载，一个犍陀罗僧人因为"讫利多种"迫害佛教，远走印度。直到雪山下王夺回犍陀罗，他才从笈多王朝返回犍陀罗。这应该是当时普遍存在的现象。

寄多罗以贵霜帝国政治遗产继承人自居，将自己的统治合法性和历史上的迦腻色伽相连接。寄多罗及其子继承迦腻色伽的遗志，笃信佛教，供养佛钵，吸引逃散各地的佛教僧徒回到犍陀罗等地区。一般认为，由于面临严峻政治形势，尤其是面临鼎盛时期、向西北印度扩张的笈多王朝的威胁，寄多罗强调和支持佛教，礼敬佛教圣物和圣迹，将自己塑造成迦腻色伽事业的继承人，是出于强烈的政治和信仰的需要。

图4-33

210 犍陀罗文明史

图4-34

从世俗文献和佛教文献来看，寄多罗从巴克特里亚挥军偷袭犍陀罗后，其统治中心仍在巴克特里亚，他任命其子驻守布路沙不逻，统治犍陀罗地区。这种二元的政治结构，在历史上留下了又一个"大月氏"和"小月氏"的分别。《北史》卷九七记载："大月氏国，都剩盐氏城，在弗敌沙西，去代一万四千五百里。北与蠕蠕接，数为所侵，遂西徙都薄罗城，去弗敌沙二千一百里。其王寄多罗勇武，遂兴师越大山，南侵北天竺。自乾陀罗以北五国，尽役属之。 小月氏国，都富楼沙城，其王本大月氏王寄多罗子也。寄多罗为匈奴所逐，西徙。后令其子守此城，因号小月氏焉。"所谓"薄罗城"，应该就是巴克特里亚地区的蓝氏城，即大夏故都巴克特拉（Bactria），《魏书·西域列传》写作"卢监氏城"。

关于寄多罗派王子驻守布路沙不逻，并护持佛教圣物和圣迹，记载最为详细的是西行求法的高僧法显。法显记载道："昔月氏王大兴兵众，来伐此国（弗楼沙），欲取佛钵。既伏此国已，月氏王等笃信佛法，欲持钵去，故大兴供养。供养三宝毕，乃校饰大象，置钵其上。 象便伏地，不能得前。更作四轮车载钵，八象共牵，复不能进。王知与钵缘未至，深自愧叹，即于此处起塔及僧伽蓝，并留镇守，种种供养。"这里记载的攻击弗楼沙（布路沙不逻）并且供养佛钵的君主，应该是寄多罗，而不是迦腻色伽——迦腻色伽的首都正是弗楼沙，他不可能攻击自己的首都，而且佛钵本就是迦腻色伽从印度故地抢来的。寄多罗留王子驻守弗楼沙，供养佛钵，是巩固统治的重要手段。这一情况被西行求法的法显记载下来。

5世纪后期，寄多罗贵霜被嚈哒人（白匈奴）攻击，很快亡国。等宋云于520年到犍陀罗的时候，这一带已经被嚈哒统治。嚈哒国王不信佛教，对佛教无情打击，毁坏窣堵波，废黜僧团寺院。1997年吐鲁番洋海的一座墓葬中，发现了护送外来使者的记录，包括来自斯瓦特的使者、笈多王朝的婆罗门使者等。此时，嚈哒击败萨珊波斯，占领了巴克特里亚的寄多罗领地，并进而占领了粟特（Sogdiana），将势力深入到西域。这些使者可能是前往中国求援的。

出土的大量文物，都显示在寄多罗贵霜时期，佛教两大流派犍陀罗流派和印度—阿富汗流派，在贵霜统治下，都获得了繁荣发展。印度—阿富汗流派最活跃的时期，就是寄多罗贵霜统治时期。

图4-33 头像，罗马东方艺术博物馆
图4-34 立佛，黄铜，6世纪晚期，大都会博物馆

图4-35

图4-36

图4-35 坐佛,泥塑,塔克西拉博物馆

图4-36 泥塑佛头,塔克西拉博物馆

图4-37 佛像,塔克西拉出土

图4-37

V

Buddha's Bowl in Gandhara Art:
Religious and Political Symbols

第五章

犍陀罗艺术中的佛钵：宗教、政治符号及传法信物

2014年，印度要求阿富汗归还被置放在喀布尔阿富汗国立博物馆入口处的佛钵。这件佛钵，在19世纪被重新发现，曾引起英国学者康宁汉（Alexander Cunningham）等人的关注。20世纪80年代，阿富汗总统穆罕默德·纳吉布拉（Mohammed Najibullah）下令将其运到阿富汗国家博物馆保存。塔利班当权时，很多佛教文物被毁，但这件器物因带有伊斯兰铭文而躲过浩劫。据历史记载，佛钵被贵霜君主迦腻色伽在2世纪前半期从毗舍离（Vaiśālī）或华氏城抢到贵霜首都布路沙不逻。这也是现在印度要求阿富汗归还的"历史依据"。

闹得如此沸沸扬扬的新闻，却未在中国引起一丁点反响。今人很难想象，在魏晋南北朝时期，这件圣物却在中国的宗教政治世界里持续地产生了重要影响。据慧皎撰《高僧传》，东晋兴宁三年（365）四月五日，襄阳习凿齿致书高僧道安，信中云："自大教东流四百余年，虽蕃王居士时有奉者，而真丹宿训，先行上世，道运时迁，俗未全悟。自顷道业之隆，咸无以匹。所谓月光将出，灵钵应降，法师任当洪范，化洽幽深。"所说的"月光将出，灵钵应降"，涉及当时佛教信仰和政治世界的一大情节，事关弥勒信仰的重要层面，也关涉佛教理想君主转轮王的基本观念。

有关佛钵的艺术史和文献学研究非常丰富。佛钵作为佛教的重要符号和标志，屡屡出现在犍陀罗佛教艺术中，且往往跟弥勒信仰联系在一起。而在中文文献中，关于佛钵的记载也非常丰富，一方面是中古时代西行求法高僧礼拜佛钵的记录，另一方面是佛教关于佛钵作为传法信物的观念深入人心。

图5-1 佛钵，高约0.75米，直径1.75米，重350—400公斤，阿富汗国家博物馆
佛钵矗立在博物馆入口处，其底部以莲花纹装饰，然而外围却有六行伊斯兰铭文，似乎是后来由伊斯兰信徒加刻上去的。

第一节
魏晋南北朝时期的佛钵巡礼运动

中国中古时期有关佛钵的观念、知识和崇拜，并不局限于文字的表述，也并非仅仅是习凿齿等人的想象。佛钵作为跟弥勒信仰、月光童子观念密切相关的圣物或符号，除了存在于人们的思想之中，也作为一个确实存在的器物保存在弗楼沙等处。从文献记载来看，4—5世纪，乃至到6世纪初，存在一个去中亚礼拜佛钵的热潮，正如饶宗颐先生所判断的那样，西行礼拜佛钵是佛教史上的大事。在四五世纪，出现了大量佛钵与中土各种因缘的观念和传说，甚至出现了《佛钵经》之类的伪经。随着西行巡礼佛钵，有关佛钵的宗教、信仰、政治意涵也逐渐传入中国，这一过程跟文献记载及政治宣传中有关佛钵的观念相表里，进而对中国中古时代产生了重要的影响。这也正是习凿齿等人在自己的著述中熟练述及"月光将出，灵钵应降"这一佛教救世主信仰的理念的原因。

西行求法高僧法显一行于399年从长安出发，于元兴元年（402）夏抵达并逗留于弗楼沙。从《法显传》可以看出，法显特别详细记载了有关佛陀的遗物或者圣物（或可统称为舍利），比如锡杖、佛钵、佛牙、佛顶骨等。法显可能是较早瞻仰佛钵的中国僧人。这些佛教圣物大部分均供养于犍陀罗地区，佛钵也正是在弗楼沙受到供养和巡礼。这也可以解释为何在犍陀罗艺术中有大量供祀佛钵的浮雕。从文献记载来看，这一时期，犍陀罗故地始终是中国西行求法高僧巡礼的重要地区，许多僧人到此之后甚至折返中土，并未再深入印度腹地。笔者非常同意桑山正进的论断，这一时期，佛钵崇拜和带有佛钵崇拜的犍陀罗艺术品，表明犍陀罗才是当时的佛教中心，无怪乎大批有志于研究佛法的信徒，由各处云集该地，其中包括相当数量来自中国的求法僧。

法显详细记载了当地日常供养佛钵的情形："可有七百余僧，日将欲中，众僧则出钵与白衣等，种种供养，然后中食。至暮烧香时复尔。可容二斗许，杂色而黑多，四际分明。厚可二分，甚光泽。贫人以少华投中便满，有大富者欲以多华供养，正复百千万斛，终不能满。"根据法显的描述，佛钵"杂色而黑多，四际分明"，符合佛教有关四天王（Lokapalas）献钵的观念——既然佛将四钵合而为一，自然会留下四道分界线，也就是所谓"四际分明"。

在有关佛陀的生平传说中，佛钵的产生带有超自然的性质，它是佛陀用来盛放商人施舍食物的用具。四天王奉上各自为佛陀准备的钵，但佛陀只需要一个。为了不让四天王失望，佛陀将四个钵融合成一个，就是后来的佛钵，这一礼物象征着天王们献给佛陀的法力和神力。关于四天王献钵的有关细节，在不同的文本中有不同记载。《四天王奉钵谭》最早见于支谦所译《太子瑞应本起经》。法显携带回国的《弥沙塞部和醯五分律》原典，宋景平元年（423）由海路到达扬州的罽宾高僧佛驮什译出，其中也有"释迦奇迹谭"。竺法护译《普曜经》里也突出了商人奉炒品和四天王上钵品的故事。玄奘《大唐西域记》卷八"摩揭陀国"条记载："时四天王从四方来，各持金钵，而以奉上。世尊默然而不纳受，……四天王舍金钵，奉银钵，乃至颇胝、琉璃、马瑙、车渠、真珠等钵，世尊如是皆不为受。四天王各还宫，奉持石钵，绀青映彻，重以进献。世尊断彼此故，而总受之。次第重垒，按为一钵，故其外则有四际焉。"法显也描述了佛钵的神异之处，并指出护持佛钵的僧团规模很大，每日供养庄严而隆重。"昔月氏王大兴兵众，来伐此国，欲取佛钵。既伏此国已，月氏王等笃信佛法，欲持钵去，故大兴供养。供养三宝毕，乃挍饰大象，置钵其上。象便伏地，不能得前。更作四轮车载钵，八象共牵，复不能进。王知与钵缘未至，深自愧叹，即于此处起塔及僧伽蓝，并留镇守，种种供养。"

这段记载，跟佛教文献中有关迦腻色伽从毘舍离或华氏城抢走佛钵的记载，从情节上看有些类似，但又有明显的区别。抑或在迦腻色伽之后，弗楼沙遭到围城，另一位贵霜君主（法显所谓的月氏王）试图从此地运走佛钵，最后因为某种原因最后放弃，并在当地建塔和伽蓝（即《法显传》所记的佛钵寺，Buddhapātra-vihāra）进行供养。东京国立博物馆所藏的一件2世纪的犍陀罗浮雕或许正反映了这一史实。这件浮雕上，贵霜装束的两个人试图抬起佛钵。佛钵作为佛教圣物的意义，使得崇拜佛教的君主希望将佛钵置于自己的供养之下，这不仅因为佛钵是佛教的某种象征，而且有着更为复杂的宗教和政治意涵。

图5-2 供养佛钵，3—4世纪，东京国立博物馆
两边是交脚弥勒，佛钵供养是和弥勒连在一起的。

跟法显一起前来的宝云、僧景二僧，"止供养佛钵便还"，不再继续前行。慧景、慧达、道整先向那竭国供养佛影、佛齿及顶骨。之后，慧景在佛钵寺去世，慧达折返中土。关于慧达，值得指出的是，有学者认为就是东晋到南北朝初期那位著名的稽胡族高僧刘萨诃。刘萨诃和中古时代佛教在民间的传播存在密切关系，佛教文献包括慧皎《高僧传》、道宣《续高僧传》及《集神州三宝感通录》等都对他有不少描述，尤其是他感应凉州番禾瑞像的情节，甚至被用于政治运动的宣传。20世纪70年代，敦煌石窟中和刘萨诃相关的文献《刘萨诃因缘记》（P.2680、P.3570、P.3727），以及从初唐到归义军时期，尤其是曹氏政权时期有关刘萨诃的塑像、壁画、绢画等文物（比如1979年甘肃武威出土的天宝年间《凉州御山石佛瑞像因缘记》），受到了学术界的重视。这些文献中出现了刘萨诃西行五天竺、感现佛钵的情节。比如《因缘记》有"和尚西至五天竺，曾感佛钵出现"的文字。史苇湘、孙修身、汪泛舟都认为，依据《法显传》记载，那个跟法显一起礼拜佛钵的慧达应该就是刘萨诃。饶宗颐则认为，与法显同行的慧达和刘萨诃的慧达只是偶尔同名，如果他真的到了印度，道宣哪有知而不言之理。据《集神州三宝感通录》《高僧传》《续高僧传》等，刘萨诃（或"萨何""窣和""萨荷"）确实有法名"慧达"，但从时间上却不能完全与跟随法显前往弗楼沙礼拜佛钵的慧达对应上。而且中古时代僧人重名的很多，佛教文献中就有多位慧达，分属不同时代。若礼拜佛钵的慧达不是刘萨诃，则据相关文献记载，刘萨诃也曾前往中亚礼拜佛钵——当然前提是这一情节不是后来文献重构的。

后秦弘始六年（404），智猛一行14人从长安出发，经凉州，出阳关，西入流沙，历鄯善、龟兹、于阗，登葱岭，其中九人退还。智猛等五人又行一千七百里至波伦国（Bolor，今吉尔吉特地区），同伴竺道嵩又去世。剩余四人共越雪山，渡辛头河至罽宾国（这里的罽宾仍泛指弗楼沙，不是指迦湿弥罗）。《高僧传》载，智猛描述了其见到佛钵的情形："（智）猛于奇沙国见佛文石唾壶，又于此国见佛钵。光色紫绀，四际尽然。猛香华供养，顶戴发愿。钵若有应，能轻能重。既而转重，力遂不堪。及下案时，复不觉重，其道心所应如此。"智猛所见佛钵，即数年前法显所见的那个，所以描述也极其相似，强调了"四际尽然"等特点。不过智猛供养时"钵若有应，能轻能重"的细节，跟前代鸠摩罗什在疏勒顶戴佛钵的情节类似，或有历史书写的母题或技巧在其中。关于鸠摩罗什在疏勒顶戴佛钵，后文将有详述，此处不赘。

宋永初元年（420），昙无竭招集同志沙门僧猛、昙朗等25人，效仿法显，携带幡盖供养之具，发迹北土，远适西方。在路上一共有12人身亡。最终"进至罽宾国，礼拜佛钵"，并且在这里停留一年余，学习梵书梵语。

图5-3 佛陀立像，4世纪，维多利亚和艾尔伯特博物馆
立像台座上雕刻的就是礼敬佛钵的场景。

南朝宋时（根据文献推算，更具体的时间为420—453年之间），高昌沙门道普，也曾"经游西域，遍历诸国。供养尊影，顶戴佛钵"。此外，《高僧传·昙无谶传》还提道："又有竺法维、释僧表并经往佛国云云。"日本文历二年（1235），宗性抄《名僧传抄》记僧表巡礼佛钵事云："僧表，本姓高，凉洲人也，志力勇猛。闻弗楼沙国有佛钵，钵今在罽宾台寺，恒有五百罗汉供养钵。钵经腾空至凉洲，有十二罗汉，随钵停，六年后还罽宾。僧表恨不及见，乃至西逾葱岭，欲致诚礼。并至于宾国，值罽宾路梗。于宾王寄表有张志模写佛钵与之。……僧表接还凉州，知凉土将亡，欲反淮海。经蜀欣平县，沙门道汪求停钵像供养。今在彼龙华寺，僧表入矣。礼敬石像，住二载，卒于寺。"僧表虽然并未抵达弗楼沙观礼佛钵，但是得到了佛钵的画像。在经过四川时，因沙门道汪的请求，将佛钵画像留在当地供养，这些细节无疑说明，至少在5世纪前半期，关于佛钵的观念和崇拜曾广泛存在中土，并成为西行求法巡礼的重要内容。南朝宋时（根据文献推算，更具体的时间为427年之前），酒泉沙门慧览，"曾游西域，顶戴佛钵"。

值得指出的是，一直到6世纪前半期，弗楼沙的佛钵仍然吸引众多僧人前往礼拜。在塑造隋文帝月光童子转世为轮王的政治宣传中扮演重要角色，并翻译《德护长者经》的那连提黎耶舍，也曾游历四方，约于6世纪40年代在犍陀罗地区朝拜佛钵，在那竭等地朝拜佛衣、佛顶骨、佛牙、佛齿等。据道宣《续高僧传》记载，"或言：某国有钵，某国有衣、顶骨、牙齿，神变非一，遂即起心，愿得瞻奉。以戒初受，须知律相，既满五夏，发足游方。所以天梯、石台之迹，龙

图5-3

庙、宝塔之方，广周诸国。并亲顶礼，仅无遗逸。"若那连提黎耶舍的传记记载无误，则说明一直到6世纪上半期，佛钵仍在弗楼沙。可见6世纪上半期的犍陀罗仍保持佛教中心地位。这也可以解释为什么当时译经僧多出自北印度地区。

到了大约630年，在玄奘抵达犍陀罗故地时，佛钵已经不在了。据玄奘撰《大唐西域记》记：

> 此东南山谷中行五百余里，至健驮逻国（旧曰乾陀卫，讹也。北印度境）。健驮逻国，东西千余里，南北八百余里，东临信度河。国大都城号布路沙布逻，周四十余里。王族绝嗣，役属迦毕试国。邑里空荒，居人稀少，宫城一隅有千余户。谷稼殷盛，花果繁茂，多甘蔗，出石蜜。气序温暑，略无霜雪。人性恇怯，好习典艺，多敬异道，少信正法。自古已来，印度之境作论诸师，则有那罗延天、无著菩萨、世亲菩萨、法救、如意、胁尊者等本生处也。僧伽蓝十余所，摧残荒废，芜漫萧条，诸窣堵波颇多颓圮。天祠百数，异道杂居。王城内东北有一故基，昔佛钵之宝台也。如来涅盘之后，钵流此国，经数百年，式遵供养，流转诸国，在波剌斯。

玄奘到时，只看到了原先供养佛钵的宝台，而佛钵已经流转诸国，被移到波斯。在《大唐西域记》有关波斯的记载中，玄奘再次强调了这一信息："波剌斯国，周数万里，国大都城号苏剌萨傥那（Suristan），……释迦佛钵在此王宫。"

与中土僧人巡礼佛钵同时（其实巡礼佛钵并不局限于中土僧人，其他地区比如今天印度等地的僧人也前往弗楼沙巡礼佛钵），有关佛钵的信息逐渐传入中国，并被记录在《水经注》等汉文典籍中，这也是佛教传入拓宽中土地理知识的一个情节。天竺僧人佛图调事佛图澄为师，其所撰书后被称为《佛图调传》，此书仅见于北魏郦道元所撰写的《水经注》，而《隋书·经籍志》并未著录，可能在隋代已经亡佚。《水经注》引《佛图调传》仅有三条佚文，分别是佛树、佛钵、昆仑山，都很重要。其中佛钵条描述的即为弗楼沙的佛钵。据《水经注》引《佛图调传》云："佛钵，青玉也，受三斗许，彼国宝之。供养时，愿终日香花不满，则如言。愿一把满，则亦便如言。"在引用《佛图调传》之后，郦道元又接着引用了竺法维（约宋、齐时人）的记载：

又案道人竺法维所说，佛钵在大月支国，起浮图，高三十丈，七层，钵处第二层，金络络锁县钵，钵是青石。或云悬钵虚空。须菩提置钵在金机上，佛一足迹与钵共在一处，国王、臣民，悉持梵香、七宝、璧玉供养。塔迹、佛牙、袈裟、顶相舍利，悉在弗楼沙国。

又据初唐类书《艺文类聚》卷七三引用支僧载（很可能即所谓月氏人）撰《外国事》云：

佛钵在大月支国，一名佛律婆越（Purusavai）国，是天子之都也。起浮图，高四丈，七层，四壁里有金银佛像，像悉如人高，钵处中央。在第二层上作金络络钵，镙悬钵，钵是石也，其色青。

从魏晋南北朝时期有关佛钵的记载来看，佛钵所在地点大多明确指向弗楼沙，但也有使用其他地名的，比如"犍陀罗（越）""大月支国（或佛律婆越）"，或者"罽宾"。慧皎在《高僧传》中专门就佛钵巡礼发了一番感慨，说："余历寻游方沙门，记列道路，时或不同；佛钵顶骨，处亦乖爽。将知游往天竺，非止一路。顶钵灵迁，时届异土，故传述见闻难以例也。"其实这些名词所指向的地方都是相同的。智猛、昙无竭，与法显是先后脚礼拜佛钵，之所以说是在罽宾国，并不是指迦湿弥罗。自汉以来，中土人每指犍陀罗一带为罽宾，这一点当时人是知道的。之所以让人产生佛钵所在地不同的印象，可能与佛钵流转背后深厚的宗教信仰背景有关，大家相信佛钵可以忽轻忽重、忽东忽西，就像前文提及《僧表传》说佛钵腾空至凉州一样。

从相关文献的梳理来看，从4世纪到6世纪前半期，犍陀罗地区仍是佛教中心，佛钵吸引着众多中土僧人前往巡礼，构成了长达数百年的西行求法运动的重要内容。佛钵巡礼一方面带来了有关佛钵的知识和崇拜，另一方面，因为佛钵并非仅仅存在于中土僧人和民众的想象之中，而是真实存在的。这种情况带来的后果之一，是中土帝王或者高僧在操作佛钵崇拜时，不可避免地受到限制和约束。这一点在隋文帝利用佛教进行政治宣传中有较为明显的反映，下文再述。

第二节
佛钵东迁的文献记载及宗教想象

作为佛教圣物和佛陀舍利的佛钵，一方面存在于佛教徒的宗教信仰和想象之中，另一方面也存在于现实世界之中，其移动被赋予了深厚的宗教和政治意涵。有关佛钵的宗教和政治意涵，其知识和信仰来源可总结为三种，第一，作为真实器物存在的佛钵移动的真实事件；第二，佛教文献和图像塑造的宗教想象；第三，跟弥勒信仰和转轮王观念紧密相连的政治理论和实践。后两者下文会详细阐释，这里先厘清作为真实器物存在的佛钵移动的一些史实。

1. 迦腻色伽将佛钵移往弗楼沙

一般佛教文献认为，佛涅槃后，佛钵作为释迦牟尼的舍利而被人们当作圣物供养和崇拜，初在毘舍离，而后落入贵霜人手中。法显等人瞻仰佛钵，就是在贵霜故都弗楼沙。但是西

图5-4

行求法高僧，不论是法显还是玄奘，都没有记载佛钵如何到了弗楼沙，更没有将这一移动跟伟大的贵霜君主迦腻色伽联系在一起。根据汉文佛教文献及藏传多罗那他的《印度佛教史》（Taranatha）的记载，当迦腻色伽围困沙祇多或者华氏城的时候，将佛钵从佛陀故地搬到了贵霜首都布路沙不逻，时间应该是在127—151年之间。有关这一事件，汉文文献比如鸠摩罗什和真谛分别译的《马鸣菩萨传》《付法藏因缘传》《大庄严经论》等都有记载。故事情节基本一致，即迦腻色伽王要求对方交出佛钵、高僧马鸣，以及具有灵异色彩的慈心鸡。北魏西域三藏吉迦夜共昙曜译《付法藏因缘传》也记此事，指出是月氏栴檀罽昵吒王王围攻华氏城索要佛钵。鸠摩罗什译《大庄严经论》记载："拘沙种中，有王名真檀迦腻吒，讨东天竺。"不论是"栴檀罽昵吒"还是"真檀迦腻吒"，均为"迦腻色伽"的异译。而《大庄严经论》所谓"拘沙种"，大概仍是印度对希腊人的称呼Yona或Yavana。贵霜帝国带有强烈的希腊化特征，这一点也可提供佐证。

以逻辑推断，佛钵应该供养在迦腻色伽大塔中，根据法显和玄奘等西行巡礼高僧的记载，安置佛钵的佛塔位于城中，而迦腻色伽大寺则位于该城东南方。

迦腻色伽抢夺佛钵，笼统而论，自然是将佛陀圣物置于自己的国都，才能彰显自己佛教转轮王的身份，符合以佛教治国的理念。佛钵以示传法正统，马鸣则用以号召四方。或如有的学者所言，佛钵是佛陀出家修行之重要信物之一，可以说是一件象征佛教修行之信物或者物件，代表佛陀精神之所在。佛陀去世之后，发展佛教的国家争相夺取佛钵。迦腻色伽王得了佛钵之后，便将其供奉起来，作为贵霜乃当时阎浮提之佛教发展中心之说明。笼统而论，这样说也并不错，但是却并未阐释出佛钵在佛教政治理论、佛教救世主信仰和佛教王权观中的角色和地位，仅是局限于逻辑的演绎和推断。有学者指出，佛钵被运到弗楼沙后，犍陀罗逐渐成为佛教中心，至少是4—5世纪的犍陀罗，以佛法核心——佛钵为中枢，成为僧俗共同的一大佛教中心地。该地保存至今的大量佛教寺院遗址，也充分证明了这点。实际上在法显到印度的时代，佛教在西域的繁荣，早已超过了印度本土。佛教中心一直都是在中亚，即今天的西北印度、巴基斯坦、阿富汗、中亚诸国、中国的新疆等地区。来到罽宾（犍陀罗）求法的中国高僧，前往佛教发祥地——恒河和亚穆纳河流域，朝拜释迦业绩，是顺理成章的事。然而，实际情况却是来到罽宾的中国和印度的僧徒，以朝觐佛钵然后西行去那竭（今贾拉拉巴德）朝觐为荣耀。那竭的巨大吸引力在于这里拥有大量的"释迦遗物"，对佛教徒成为强烈具体信仰的地方，直到6世纪前半期的那连提黎耶舍，也依然是去这些地区朝觐。这段时间，译经僧也多出自北印度地区。总之，若从迦腻色伽将佛钵从公元前2世纪前半期迁到弗楼沙算起，大约长达四百年的历史。

图5-4 礼敬佛钵，片岩浮雕，3世纪，拉合尔博物馆
浮雕一共三层，最内一层是初转法轮，第二层是燃灯佛授记，
最外一层是礼敬佛钵。整个浮雕表现的是授记思想。

2. 佛钵从弗楼沙转移到波斯

法显之后两百多年，等玄奘于7世纪前期到达弗楼沙时，佛钵已然不在，犍陀罗和那竭失去了佛教中心的荣光。佛钵已经落入波斯人手中，而原先置放佛钵的佛陀沦为废墟。这一点前文已经论及，此处不赘。佛钵的位置变动，似乎正是犍陀罗佛教衰落的一种标志。有学者认为，持续繁荣四百年的犍陀罗佛教，是因为遭到灭佛的嚈哒人入侵而衰落的，犍陀罗艺术也随之终结。这个时间一般认为是在5世纪末。随着嚈哒人大肆掠夺和破坏犍陀罗的财富，这个富裕的国家失去了供养佛教的物质基础。这一时期，移居中国的译经僧大多来自这一地区，游方弘化可能只是遁词，不乏因为躲避灭佛而出走中国者。佛钵流入波斯，可能就与嚈哒人的入侵有关。北魏宋云于约520年抵达犍陀罗，并未提到佛钵，不确定当时佛钵是否已经被搬离。毕竟根据那连提黎耶舍的传记，他在6世纪前半期仍去礼拜佛钵。但可以推断，在玄奘抵达犍陀罗之前不短的一段时间，佛钵已经被搬走了，因为玄奘只看到了荒废的佛钵宝台。

除了游牧民族入侵以及对佛教的迫害之外，桑山正进等人强调交通路线和商业中心变迁对佛钵移动的影响，即兴都库什山西侧道路逐渐取代了喀喇昆仑山道路，成为一条联系印度和塔里木盆地的一般性交通路线——据记载，最早利用这一条道路的是阇那崛多一行，时间是555年。交通路线变迁导致犍陀罗的商业中心地位转移到迦毕试、那烂陀、迦湿弥罗等地。迦毕试地位的提高也因此影响了巴米扬，促成了巴米扬大佛的开凿。

那连提黎耶舍在隋朝时翻译《莲华面经》提到了佛钵被灭佛的莲花面（寐吱曷罗俱逻，Mihirakula）破碎的故事，说："此大痴人，破碎我钵。……佛破碎钵，当至北方。……彼破碎钵，当向波罗钵多国（即波罗婆，也即安息）。"尚不确定那连提黎耶舍的描述只是一种宗教想象，还是基于当时真实发生的事件。不管如何，玄奘有关佛钵的记载，是文献中关于这一佛教圣物的最后信息，之后，它的消息就全然不再出现了。

3. 疏勒的佛钵问题

整个魏晋南北朝时期，佛钵的位置基本上确定是在犍陀罗，更为准确的是在弗楼沙。但在文献中，却屡屡出现了疏勒佛钵的记载。这一情节，恐怕也跟佛教有关佛钵轮转的观念和崇拜有关。

鸠摩罗什曾在疏勒顶戴佛钵，慧皎撰《高僧传》云："什进到沙勒国顶戴佛钵。心自念言：'钵形甚大，何其轻耶？'即重不可胜，失声下之。母问其故。答云：'儿心有分别，故钵有轻重耳。'遂停沙勒一年。"其中描述佛钵忽轻忽重的特征，和后来在弗楼沙顶戴佛钵的智猛的描述颇为相似，可能这种印象出自佛教文献或者教义的描述，形成了较为固定的叙述母题。

疏勒是由葱岭通向龟兹的第一大都，疏勒之传进佛教或早于龟兹。在贵霜强大之时，曾干涉疏勒的内政，扶持王子臣磐入主疏勒。贵霜在佛教成为世界宗教的过程中扮演了重要的角色，佛法昌盛，很可能也在稍后逐渐传入喀什噶尔绿洲。这里也是中土僧人西行求法的中转站，智猛、鸠摩罗什、玄奘都经过这里。据玄奘记载，在迦腻色伽统治期间，"河西蕃维，畏威送质"，贵霜安排人质冬居印度诸国，夏居犍陀罗等地。

从文献记载来看，疏勒存在礼拜佛陀舍利的宗教传统，跟犍陀罗地区非常相似。比如疏勒长期保存着一件佛唾壶，法显亲眼所见。"山行二十五日到竭叉国（今塔什库尔干），与慧景等合，值其国王作般遮越师。般遮越师，汉言五年大会也。……其国中有佛唾壶，以石作之，色似佛钵。又有佛一齿，其国中人为佛齿起塔。有千余僧徒，尽小乘学。"稍后的智猛也瞻仰了这件圣物，"于奇沙国见佛文石唾壶"。除了佛唾壶，疏勒还有佛浴床、佛钵、佛袈裟等。4世纪中叶，道安西行疏勒，见到一件佛浴床，"赤真檀木作之，方四尺，王于宫中供养"。465年，疏勒王给北魏高宗拓跋濬进献了一件长二丈的佛衣，"高宗以审是佛衣，应有灵异，遂烧之以验虚实，置于猛火之上，经日不然，观者莫不悚骇，心形俱肃"。北魏时，还有"沙勒胡沙门，赴京师致佛钵并画像迹"。

疏勒的这些圣物，当然有其本地信仰的成分，或者是出于模仿而造作，也未可知。但这反映了中古时代佛教的一个普遍观念，即佛钵将一路东来，经过中亚进入秦土。比如那连提黎耶舍译《佛说德护长者经》就明确指出："于尔数年，我钵当至沙勒国，从尔次第至大隋国。"这一带有预言性质的观念，被赋予了深厚的宗教和政治意涵，对魏晋南北朝隋唐时期的政治起伏和信仰世界产生了重要的影响。从根本上说，佛钵东来的预言，是和弥勒信仰及转轮王观念紧密相连的。

第三节
弥勒信仰及转轮王观念中的传法信物

几乎每个宗教都包括了所谓的"弥赛亚信仰"(Messianism)，即相信在未来的某个时期，会有受神派遣的救世主降临凡世，拯救一切人类和生灵。佛教的未来救世主往往指弥勒佛，而非教主释迦牟尼本身。弥勒，乃梵文Maitreya、巴利文Metteya的音译名；其他异译名尚有梅呾利耶、末怛唎耶、迷底屦、弥帝礼等。意译则称"慈氏"，盖其义为慈悲。弥勒信仰在中国的兴起，大致在南北朝时期，典型的标志是弥勒诸经的出现。竺法护在大安二年（303）译成《弥勒下生经》《弥勒菩萨所问本愿经》；东晋时，有译者不详的《弥勒来时经》；鸠摩罗什在姚秦弘始四年（402）译成《弥勒大成佛经》《弥勒下生成佛经》；南朝刘宋时，沮渠京声译《弥勒上生经》；北魏时则有菩提流支译《弥勒菩萨所问经》；唐代大足元年（701），义净译成《弥勒下生成佛经》。根据这些经典，弥勒菩萨将在五十六亿万年后，继释迦而在此土成佛，仍然号"弥勒"，即所谓"未来佛"或者"新佛"。弥勒信仰又分为上生和下生两种。前者相信信徒一旦修道得成，便能往生兜率天净土，永享安乐；后者则相信弥勒会在未来下生现实世界，建立人间净土。下生信仰，就为现实政治提供了理论依据。

正如前文所论，中国中古时代掀起无数政治风波的弥勒下生信仰中，转轮王在其中扮演着重要的角色，为弥勒下生做供养的准备。这一点也因此被现实政治所模拟和操弄。而在弥勒信仰以及和弥勒信仰紧密相关的转轮王观念中，佛钵扮演着传法符号的角色，这一点不但反映在佛教的文献记载（包括佛典和疑伪经）中，也被大量的图像资料所支持。佛钵本质上是一种舍利，在很长的历史时期，它被认为是佛法的象

图5-5 弥勒立像，台座是供养佛钵的场景，拉合尔博物馆

图5-5

征。释迦涅槃之后佛法经历了法灭尽的危机，释迦的佛钵最后传到弥勒的手中，象征弥勒承继释迦的正法，佛法得到恢复，也因为如此，有西方学者称其为一种可以回收循环的舍利（recycled relic）。而作为佛教理想君主的转轮王，也因此被赋予了供养佛钵的责任和角色。正如佛教文献等反复提到，佛钵所到之处，君民安乐，佛钵消失，人类社会则陷入灾难。

有关佛钵移动的细节及其和弥勒下生信仰的密切关系，描述最为生动和全面的，恐怕是西行求法高僧法显：

> 法显在此国（师子国）闻天竺道人于高座上诵经云："佛钵本在毘舍离，今在捷陀卫。竟若干百年（法显闻诵时有定岁数，但今忘耳）当复至西月氏国；若干百年当至于阗国；住若干百年当至屈茨国；若干百年当复至师子国；若干百年当复来到汉地；若干百年当还中天竺已，当上兜术天上。弥勒菩萨见而叹曰：'释迦文佛钵至。'即共诸天华香供养七日。七日已，还阎浮提，海龙王将入龙宫。至弥勒将成道时，钵还分为四，复本颇那山上。弥勒成道已，四天王当复应念佛如先佛法，贤劫千佛共享一钵。钵去已，佛法渐灭。佛法灭后，人寿转短，乃至五岁。五岁之时，粳米、酥油皆悉化灭。人民极恶，捉草木则变成刀杖，共相伤割。其中有福者逃避入山，恶人相杀尽已，还复来出。共相谓言：'昔人寿极长，但为恶甚作非法故，我等寿命遂尔短促，乃至五岁。我今共行诸善，起慈悲心，修行信义。'如是各行信义。展转

寿倍乃至八万岁。弥勒出世初转法轮时，先度释迦遗法中弟子。出家人及受三归五戒八斋法供养三宝者，第二第三次度有缘者。"法显尔时欲写此经，其人云："此无经本，我心口诵耳。"

这里记载了法显在狮子国听天竺高僧口诵弥勒经典及佛钵移动。根据法显的描述，佛钵最初在毗舍离，后来到了犍陀罗（弗楼沙城），之后将继续在佛土流传，首先到西月氏，然后到于阗，最后经过中国到斯里兰卡，然后再次到汉地，再回到中印度，之后升入兜率天宫，最后回到南瞻部洲（阎浮提，Jambudvipa）。在南瞻部洲，海龙王将保存佛钵，直到弥勒下生，四天王将其献给弥勒，正如他们之前献给释迦牟尼佛一样。很显然，佛钵是释迦牟尼留给他的继任者（弥勒）遗产的一部分，就像释迦牟尼交给大迦叶保存在鸡足山的袈裟一样，都是释迦牟尼给未来佛的遗产。这应该是"衣钵传人"最早的意涵。佛钵的存世是佛教传统延续性的有形证据，那位给法显讲法的斯里兰卡高僧指出，当佛钵在世间消失的时候，正法也在人世间不复存在了。因此，佛钵是佛教信仰非常独特的符号和象征：正法的流行和佛钵的存世紧密相关。佛教和基督教的终末论是相似的。一个世界的终结预示另一个新世界的到来，一个佛陀的涅槃迎来一个新佛陀的来临，而且其教化没有太大区别。舍利在由佛陀到弥勒的转换中扮演了重要的角色。佛钵、佛袈裟（所谓衣钵）被再次献给了弥勒。

佛钵是犍陀罗艺术中的一个非常重要的符号，而且经常和未来佛弥勒联系在一起。它一定在贵霜宗教信仰中扮演了一种主要的角色。广泛存在的将佛钵和弥勒信仰关联在一起的犍陀罗雕像，也从图像证据的角度，说明了佛钵在弥勒信仰中的角色。从根本上说，佛教救世主主义的核心，在于佛法衰绝之后，将有弥勒新佛出现，将释迦佛的正法时代复兴，所以释迦佛经历的成道、布道的情节，弥勒佛也会演绎一遍。所以就不难理解，为何佛钵在未来弥勒下生中，将由四天王再献给他一次。正因为佛钵在弥勒信仰中的传法物角色，佛钵的移动也就很自然地被赋予了现实宗教政治的意义——佛钵所到之处，就自然是佛教的中心。

必须指出的是，虽然法显所说的这些只是口耳相传，并无经典，但是相关宗教思想并非狮子国天竺高僧杜撰，此说法确实见于佛教文献的记载，更有佛教雕塑作为实物的证据。狮子国那位高僧所说的佛钵移动的情形，和《长阿含经》中的《转轮圣王修行经》等属于同一类型的内容。其佛钵传说与讲法灭尽的《莲花面经》中的佛钵移动的内容亦大体相当，在《莲花面经》中，通过佛陀的话，指出佛钵的移动顺序："当至北方"→波罗钵多国→从阎浮提消失，进入娑伽龙王宫→四天王宫→三十三天宫→炎摩天→兜率陀天→

图5-6 礼敬佛钵，集美博物馆

图5-7 礼敬佛钵，拉合尔博物馆

图5-6

图5-7

化乐天，待弥勒出世后，佛钵就会前来。这里的波罗钵多国，即波斯，那连提黎耶舍译经的时候，可能佛钵已经进入波斯，所以才有这样的描述。稍后玄奘在《大唐西域记》中记载佛钵的移动，即指出佛钵已从犍陀罗进入波斯。尽管《莲花面经》在隋代才由那连提黎耶舍译出，但不能以此绝对认为《莲花面经》就是很晚出的经典，也许天竺道人见过这样类似的经典，然后才能口诵这样的传说。

似乎从佛教传入中土之后不久，就兴起了佛钵将东来的观念。比如《佛灭度后棺敛葬送经》云：

> 末世秽浊，民有颠沛之命，财有五家之分。吾以是故，留舍利并钵，以穰世颠沛之祸，安佑众生。……吾钵者，四天大王之所献也。合四以为一，佛所食器，群生慎无以食矣。灭度之后，诸国诤之。……转当东游。所历诸国，凶疫消歇，君臣康休，谷帛丰穰，欣怿无患，终远三涂，皆获生天。极东国王，仁而有明，钵当翔彼。

佛钵所到之处，"凶疫消歇，君臣康休，谷帛丰穰，欣怿无患，终远三涂，皆获生天"，一片繁荣景象。这种观念在佛教典籍中非常常见。这段文字又指出，佛钵将"转向东游"，因为"极东国王，仁而有明"，所以"钵当翔彼"。这种观念又见于求那跋陀罗译《杂阿含经》，其中借佛陀之口云："我般涅槃后，汝等当护持正法。……如来顶骨、佛牙、佛钵安置东方。"佛教典籍的内容和前所引述习凿齿的说法，存在一个共同的思想和信仰背景。不论作为佛教理念，还是民间传闻，在魏晋南北朝时期，似乎中土广泛存在一种佛钵东来、佛法兴盛的观念。

法显本人和弥勒信仰就存在密切关系，他也是推行弥勒信仰重要的高僧。据统计，法显在《法显传》中一共提及弥勒8次，观音3次，文殊2次，而阿弥陀一次都未提及。可见法显对弥勒信仰的关注。郦道元《水经注·泗水注》云："又东南过彭城东北，泗水西有龙华寺，是沙门释法显远出西域，浮海东还，持龙华图，首创此制，法流中夏，自法显始也。其所持天竺二石仍在南陆东巷堪中，其石尚光洁可爱。"虽然郦道元所谓"法流中夏，自法显始"的说法有赞誉之意，但法显和弥勒信仰的关系从中可见一斑。甚至有学者认为，宋明帝《龙华法愿文》，南齐萧子良《龙华会记》，应追溯到法显携来之《龙华图》。如果法显是弥勒信仰的信徒，那么就不难理解他在自己书中详细描述佛钵移动及其与弥勒下生的关系。

第四节
《佛钵经》等疑伪经及月光童子信仰

习凿齿给道安的信还有更翔实的版本，收在僧祐律师撰《弘明集》中，其中有云：

> 且夫自大教东流，四百余年矣。虽藩王居士，时有奉者，而真丹宿训，先行上世，道运时迁，俗未金悟。藻悦涛波，下士而已。唯肃祖明皇帝，实天降德，始钦斯道，手画如来之容，口味三昧之旨。戒行峻于岩隐，玄祖畅乎无生。大块既唱，万窍怒号。贤哲君子，靡不归宗。日月虽远，光景弥晖，道业之隆，莫盛于今。岂所谓月光首寂，将生真土；灵钵东迁，忽验于兹乎？

虽然个别表述稍有区别，但是《弘明集》和《高僧传》都明确将"佛钵"和"月光"联系在一起，并且暗示佛钵东迁、月光出世，标志着佛法在中土的兴起。习凿齿在信中熟练使用此表述，至少表明，在4世纪下半叶，这类思想观念已经比较普遍了。这一点也跟上文提及的佛典记载相一致，这段时间翻译的汉文佛典也屡屡提到佛钵将至东方。

古正美认为，兴宁三年为365年，东晋肃祖明皇帝司马绍驾崩于325年，也就是说，习凿齿给道安写信时，肃祖明皇帝已经去世四十年了。古氏经过大量自由心证式的推论——前提是她认为这封信里的"月光将出，灵钵应降。法师任当洪范，化洽深幽"，是指道安要为某一个君主以佛教教化天下。在这种逻辑下，古氏推论认为，习凿齿写这封信不是在兴宁三年，而是在379年前秦攻陷襄阳将习凿齿和道安带到长安之后，这封信里说的"肃祖明皇帝"是苻坚，信中描述的是道安在长安为苻坚用佛教意识形态治国的情形。很显然，古氏的解读显示其缺乏基本的历史研究逻辑和史料解读能力，完全不顾史实，颠倒地依据自己设定的结论剪裁、忽略史料。既不解释为什么苻坚会被记载为"肃祖明皇帝"，也根本昧于基本的历史常识。习凿齿在信中提到"肃祖明皇帝"是庙号，就已表明指的是前代君主，其在信中描述的"唯肃祖明皇帝"云云，是对佛教在东晋时代传播情形的追忆和描述。晋明帝司马绍对佛教在南朝的发展贡献很大，比如他以帝王之尊绘制佛像，更是极大地推动了佛教美术的发展。古氏洋洋洒洒数千字的论述，全部建立在其牵强附会的史料误读基础上，在前面的错误结论基础上——即认为习凿齿在信中说的是道安为前秦苻坚用佛教意识形态治国，古氏又推论指出，《申日经》中所提到的"秦土"（"我般涅槃千岁已后，经法且欲断绝，月光童子当出于秦国作圣君，受我经法，兴隆道化。秦土及诸边国，鄯善、乌长、归兹、疏勒、大宛、于阗，及诸羌虏夷狄，皆当奉佛法，普作比丘。"）指的是苻坚统治下的前秦。许理和（Erik Zürcher）认为，"秦"只不过是中土的代称，而古氏却煞有介事地对其进行批判。

再转回正题，关于月光童子信仰和佛钵的关系，也可以从疑伪经中看出端倪。有关佛钵的佛典，比如附于西晋录《佛说放钵经》，已提到弥勒菩萨"仁者高才，功德已满，智慧备足，次当来佛，当知钵处"。此经大概是翻译而来，并非伪造。而僧祐撰《出三藏记集》则依次著录以下佛经：

《观月光菩萨记》一卷
《佛钵经》一卷（或云《佛钵记甲申年大水及月光菩萨出事》）
《弥勒下教》一卷（在《钵记》后）

隋沙门法经等撰《众经目录》也著录：
《佛说法灭尽经》一卷
《钵记经》一卷（经记甲申年洪水月光菩萨出世事，略观此经，妖妄之甚）

在其稍前，著录：
《首罗比丘见月光童子经》一卷
《观月光菩萨记经》一卷

庚午岁西，崇福寺沙门智升撰《开元释教录》著录：

《甲申年洪灾大水经》一卷（与彼《佛钵记中甲申年水事》不同，二纸）

稍后又依次著录：

《观月光菩萨记》一卷（或有经字）

《佛钵记》一卷（或云《佛钵记甲申年大水及月光菩萨事》）

《弥勒下教经》一卷（或在《钵记》后）

到了唐中后期，《佛钵记》似乎仍在。西京西明寺沙门圆照撰《贞元新定释教目录》著录有"《佛钵记》一卷，或云《佛钵记甲申年大水及月光菩萨事》"。根据这些经录，《佛钵经》或《佛钵记》内容显然跟佛钵和月光童子信仰有关。"甲申人水""月光菩萨出""佛钵"这些概念，都指向了将佛钵和月光童子信仰相结合的政治宗教预言，疑伪经的情况或许和图像资料反映的宗教思想是一致的。隋沙门法经等撰《众经目录》云其"妖妄之甚"，大概也缘于此。

《贞元录》也著录了此经，但是已佚失。不过唐初道世《法苑珠林》云："释迦如来在世之时，所用青石之钵，其形可容三斛有余。佛泥洹后，此钵随缘住福众生。最后遗化，兴于汉境。此记从北天竺来，有两纸许。甲子岁三月，至石涧寺，僧伽耶舍小禅师，使于汉土宣示令知。"根此记载，《钵记经》有"两纸"，内容是关于佛钵传入汉地，而且传入的时间和地点都很明确，"甲子岁三月，至石涧寺"。晋宋间，寿春石涧寺与江陵辛寺，往来繁密。法显回到中土之后，他的计划是去建康，而不是回到长安。对他而言，建康才是当时佛教的中心和希望所在。法显于晋义熙十四年，在建康译完经，后来到江陵，就死在辛寺。称涅槃为"泥洹"，也顺于法显的译语。所以《佛钵记》的内容，或许是依据法显的描述敷衍而成？宋元嘉元年（424）是甲子岁，但依《佛钵记》宗教预言的性质，可能并不特指某一个甲子岁，至少在具体解释时有灵活的操作。

《佛钵记》将甲申大水和月光菩萨出世联系在一起，显示了有关佛钵和月光童子的观念，跟中国本土思想融合，呈现通俗化和大众化的特点。这让人联想到，刚兴起的道教并非想无中生有地建构一套末世劫难救赎思想的体系；佛典的译入，为道教建构理论提供了思想来源，晋代《太上洞渊神咒经》便是如此取径佛典劫灾观念而造出。《太上洞渊神咒经》强调甲申大水和终末论的关系，比如："吾至甲申之年，当放洪水，除荡恶骸。当此之时，万民荡尽。吾今特意语汝善信之流，令各知委，教示道众，训诲法流，各各用心，不得如常。"由此，或可推断，《佛钵经》的基本精神跟道教《太上洞渊神咒经》比较类似，都是强调世界终结，救世主（月光菩萨、李弘）出世，新世界来临。

《佛钵经》虽然佚失，但跟它同类性质的《首罗比丘经》（《首罗比丘见五百仙人并见月光童子经》）却幸运地保存了下来。《首罗比丘经》可以视为在弥勒诸经基础上，为适应现实政治社会需要而伪造的经典。该经经文预言，月光童子将于衰败之际，出世于黄河以北的地方，推翻现实世界，拯救人民。其中有很多关于月光出世的内容，比如"月光出世，唯有善者尽得见之。五逆大恶，众生终不见也""月光出世之时，必有大魔而出""设有一人，舍三千大千国土，象、马七珍及国内人民谷帛财物以用布施，不如有人流通吾经""当来之年必有水灾，高于平地四十余里"，月光明王"当出世苠河以北，弱水以南，于其中间王于汉境"。砂山稔首先将"月光童子"与《首罗比丘经》联系在一起。温玉成认为该经为北齐僧庆所造，大约在570年左右。但是萧登福认为是515年法庆所伪造，目的是以月光明王出世为号召，聚众造反。

《佛钵经》或者《首罗比丘经》均为汉地伪造的佛经，但并不是说，它们宣扬的佛钵东来、月光出世的政治预言完全是"无根之水"的杜撰。相反，这一观念有深厚的思想和宗教背景。可以说，佛钵是跟月光童子、佛教终末论和救世主主义紧密联

图5-8

图5-8　手持佛钵的佛陀立像，200年，高190.5厘米，诺顿西蒙博物馆

系在一起的，其作为信仰和政治合法性符号的意义，在目前研究勾勒的历史图景中被完全忽略了。

佛钵作为弥勒下生的传法圣物或者符号，早在犍陀罗的雕像中就表现得淋漓尽致。而中土关于月光童子出世为转轮王的观念，很可能是稍晚的产物。但后来两者联系在一起，佛钵东迁和月光童子出世就成为互相关联的宗教政治预言。其理论前提应该是月光童子在弥勒信仰中的地位，即他转世为转轮王，为弥勒下生做准备。

1982年，许理和在《通报》发表了一篇非常重要的文章《月光王子：中国中古早期佛教的弥赛亚主义和终末论》。在这篇文章中，许理和详细剖析了魏晋南北朝时期道教和佛教有关弥赛亚主义（或救世主主义）的历史和文献，认为4世纪中期之后月光童子信仰的兴起，与道教救世主论和末世论的思想紧密相关。有关佛教文本如《法尽灭经》《佛钵记》《首罗比丘经》《普贤菩萨说证明经》等，也带有强烈的末世信仰和弥赛亚主义的色彩。这些色彩包括，第一，世界陷入浩劫，比如洪水、瘟疫、妖怪等；第二，善恶决战；第三，审判，区分罪人、"种民"等；第四，救世主来到世间，其在人间的助手们也被列在这些文献中，比如《首罗比丘经》列举了十九贤者的名字；第五，美好的未来世界。

许理和没有对《申日经》和《德护长者经》做出进一步的说明。对于《申日经》和《德护长者经》的有关记载，古正美解读为中国帝王以"月光童子"和"圣君"两种姿态或者形象出现，并将"圣君"解释为"转轮圣王"或"转轮王"。因此，在古正美看来，隋文帝具备月光童子和转轮王双重身份。她认为，月光童子是一种佛教转轮圣王，甚至将其与所谓《华严经》佛王传统相连接。这种解释是完全错误的。月光童子是转生为转轮王之前的身份，转生之后，其身份只有一个，就是转轮王。这跟武则天以"净光天女"转生为转轮王的逻辑是一样的。所以许理和指出，《申日经》和《德护长者经》中提到的"月光童子"本身并不是一种救世主。

佛教中和月光童子相关的经典，最早者为三国吴支谦译《佛说申日经》、西晋竺法护译《佛说月光童子经》，之后有刘宋求那跋陀罗译《申日儿本经》、隋那连提黎耶舍译《佛说德护长者经》。《佛说申日经》《佛说月光童子经》《申日儿本经》《佛说德护长者经》都是同经之异译，皆收于《大正藏》第14册。

在佛典中，主要存在两个"月光"，一个即上述诸经中的"月光童子"。月光童子诸经主要讲，外道邪见不兰迦叶等六师挑拨王舍城的豪族申日谋害佛陀，申日有子名叫月光（Candraprabha），他阻止了对佛陀的谋害。正因为如此，佛陀对阿难说了一段预言，说此童子将来会有很高的修为和际遇。那连提黎耶舍将申日翻译为"德护大长者"，所以他的译本名为《佛说德护长者经》。除上述诸经，这一童子还见于其他佛典，比如东晋罽宾三藏瞿昙僧伽提婆译《增一阿含经》卷二五、隋那连提黎耶舍译《月灯三昧经》、唐天竺三藏菩提流志译《大宝积经》卷三一。

另一个"月光"指的是在佛典中经常出现的"月光王"，古正美将两者完全混同。元魏凉州沙门慧觉等在高昌郡译《贤愚经》，僧伽斯那撰、吴支谦译《菩萨本缘经》记载的是月光王因婆罗门外道求其舍头，牺牲自己成全正道的故事。这个月光王和月光童子完全是两个叙事系统。前者发生在中亚的呾叉始罗（塔克西拉），月光童子的故事则发生在在印度的王舍城。

第五节
佛钵、月光与中古时代的政治宣传

如前所论，佛钵在佛陀涅槃之后被视为传法的信物和符号，广泛出现在犍陀罗雕像中，也被汉文佛教文献所印证。可能从贵霜时代开始，佛钵就和弥勒下生信仰联系在一起，作为未来佛复兴佛教理想世界的传法圣物。最晚从4世纪中叶开始，佛钵东来汉地和月光童子在汉地出世为转轮王，已经紧密联系在一起，成为大众信仰的弥勒下生观念的一个重要情节。所以不论是在翻译的佛典，还是在汉地造作的疑伪经中，都出现了围绕佛钵东迁、月光出世为内容的宗教政治预言，而此类政治预言，一方面成为了君主论证自己统治神圣性的理论依据，另一方面也在中古时代掀起了挑战现行政权的重重政治风波。

月光童子诸经中，内容最大的区别，不是月光童子如何保护佛陀不受外道的伤害，而是在此之后，佛陀亲口所说的对月光童子未来际遇的预言。《佛说申日经》就已经加入了色彩浓厚的干预现实政治的成分：

> 佛告阿难："我般涅盘千岁已后，经法且欲断绝，月光童子当出于秦国作圣君，持我经法兴隆道化。秦土及诸边国，鄯善、乌长、归兹、疏勒、大宛、于填，及诸羌虏夷狄，皆当奉佛尊法，普作比丘。其有一切男子、女人，闻申日经，前所作犯恶逆者皆得除尽。当知世尊之所应度如是如是，其有犯逆尚得度脱，何况至心学佛道者。"

在这段文字中，已经明确预言了月光童子将出"秦国"为圣君，并护持佛法。这里的秦国，不过是对汉地的概称，而非古正美所说是苻坚的前秦。而圣君，在稍后的版本里，说得更加清楚，即为转轮圣王——这是佛教最基本的对世俗王权的理解。还须强调的是，月光童子转生之后，身份就是转轮王，并不存在身兼月光童子和转轮王双重身份的问题。佛教的轮回转世理论是其教义的一个核心内容。即便佛陀自身，也在轮回转世中有不同的身份。《申日经》这段文字预言月光未来将出世在中国为君王，统领夷夏，崇信佛法，形式和内容都颇类似中土的图录谶记说。魏晋南北朝时期，许多新谶言不再依附纬书，而是自行结集。无独有偶，《法灭尽经》《小法灭尽经》《观月光菩萨记经》《佛钵经》《首罗比丘经》等由本土僧人编撰的疑伪经，也加入了大量灾异、祥瑞和政治预言。《申日经》虽然是译经，但显然也加入了类似成分。而且，这段内容又不见于同经异译的《佛说月光童子经》和《申日儿本经》，很可能是译者所篡加。

学者们大都注意到，北魏熙平（516—517）年间，九岁儿童刘景晖假托"月光童子"而起事。塚本善隆早已指出，"月光童子"当来源于佛经中"月光菩萨"。月光菩萨与弥勒信仰结合，成为民众追求救世主的新希望。唐高宗弘道元年（683），绥州爆发白铁余之乱或许也跟这一信仰有关。张鷟《朝野佥载》记载白铁余自称"月光王"。这些造反事件，不一定直接受到《申日经》这些译经的影响，实际上，大量存在的疑伪经比如刘宋佚名《佛说法尽灭经》和《首罗比丘经》早已将此类观念通俗化和大众化，《佛说法尽灭经》就指出，佛法灭度后，经法欲灭，人寿短促，灾疾兴起时，月光童子出世，振兴佛法，迨至人寿增长至数千万岁时，弥勒再下世成佛。

到了隋代，隋文帝以佛教转轮王自居，其政治宣传，佛教在其中扮演了重要角色。开皇二年冬，那连提黎耶舍在大兴善寺草创译场，隋文帝"敕昭玄统沙门昙延等三十余人，令对翻传"，监掌译务的除了大昭玄统昙延，还有昭玄都（也就是昭玄都维那）、大兴善寺寺主灵藏等。那连提黎耶舍重新翻译了月光童子经，名为《佛说德护长者经》，其实就是之前支谦、竺法护、求那跋陀罗译过的版本。那连提黎耶舍之所以重译，恐怕政治的目的更重，其记述佛陀对月光童子的预言云：

> 又此童子，我涅盘后，于未来世护持我法。供养如来，受持佛法，安置佛法，赞叹佛法。于当来世佛法末时，于阎浮提大隋国内作大国王，名曰大行。能令大隋国内一切众生，信于佛法，种诸善根。时大行王以大信心、大威德力供养我钵。于尔数年，我钵当至沙勒国，从尔次第至大隋国，其大行王于佛钵所大设供养。复能受持一切佛法。亦大书写大乘方广经典无量百千亿数。处处安置诸佛法藏，名

曰法塔。造作无量百千佛像,及造无量百千佛塔。令无量众生于佛法中得不退转、得不退信。其王以是供养因缘,于不可称、不可量、无边际、不可说诸佛所,常得共生,于一切佛刹常作转轮圣王。

那连提黎耶舍的重译,直接预言月光童子将于阎浮提大隋国做转轮圣王。并且加入了佛钵移动的内容,"大行王以大信心、大威德力供养我钵。于尔数年,我钵当至沙勒国,从尔次第至大隋国。其大行王于佛钵所大设供养",关于月光童子转世在大隋国做转轮王的讨论很多,但是很少有注意到佛钵的角色。显然,那连提黎耶舍非常清楚佛钵在弥勒信仰和转轮王观念中的角色,所以他预测佛钵将由中亚经过疏勒进入中土,并得到转轮圣王(隋文帝)的供养。

不过,到目前为止,并未找到有关文献记载,或者实物证据,来证明隋文帝曾经把崇敬佛钵当作宣传政治理念和推广佛教信仰的手段。不过那连提黎耶舍在这部跟隋文帝政治宣传关系密切的《佛说德护长者经》中清晰地阐述了佛钵对于隋文帝在大隋国做转轮王的角色和意义。有一种可能,是经过长期的传统儒家史观的剔除,有关隋文帝制造佛钵信仰的内容不存在了,而相关的艺术品也不幸湮没;当然还有一种可能,是佛钵信仰在隋文帝政治宣传过程中仅仅存在于文本之上,却并未付诸实践。但是以那连提黎耶舍和《佛说德护长者经》对隋文帝的意义,可以推断:第一,有关佛钵在佛教王权观中角色的知识在当时曾为中国人所知;第二,作为在隋文帝佛教意识形态中扮演重要角色的那连提黎耶舍,曾经试图将佛钵信仰纳入隋文帝的政治宣传之中。

开皇十七年,翻经学士费长房撰《历代三宝纪》可以说对这一点非常清楚:"《德护长者经如来记》云:'月光童子于当来世佛法末时,于阎浮提脂那国内作大国王,名为大行。彼王能令脂那国内一切众生住于佛法,种诸善根。'震旦脂那,盖梵楚夏耳。此称末者,正法既灭,去佛渐遥,通言末法。计佛灭来至今已始一千一百九十五年。依佛本行,正法五百,像法千年,今当像末。"费长房对《德护长者经》做了进一步的解释,并且推算佛陀涅槃之后的时代,到隋代正好是像法末期。《历代三宝纪》也不断重复隋文帝的转轮王形象,比如"用轮王之兵,申至仁之意。百战百胜,为行十善"等。

VI

Buddha in the Transmigrations:
Stories of Buddha's Previous Lives in Gandhara Art

第六章

轮回中的佛陀：犍陀罗艺术中的佛本生故事

佛陀本生故事和佛传故事是犍陀罗佛教艺术的重要主题。佛教的生命观以轮回为核心理念，佛陀之所以成为佛陀，是他经历了累世的修行，积累了无尽的功德。这样的逻辑也同样适用于转轮王、梵天、帝释天及其他众生。佛教的最高理想，就是跳脱这个轮回，实现永久的涅槃。本生（Jātaka）就是佛陀前生的故事，是记载释迦牟尼在过去轮回中修行菩萨道的事迹。在汉文佛经中，这个词被翻译为"阇多伽""阇陀"，又意译为"本生经""本生谭""本缘"等。《大般涅槃经》给"本生"下了一个定义："何等名为阇陀伽经，如佛世尊本为菩萨，修诸苦行，所谓比丘当知我于过去作鹿，作罴，作麞，作兔，作粟散王、转轮圣王、龙、金翅鸟，诸如是行菩萨道时所受身，是名阇陀伽。"

佛教文献里的佛本生故事，有一定的叙事结构，大体分为三部分，先是交代释迦牟尼讲述此本生故事的背景；然后具体讲述本生故事本身，也就是他前世修行菩萨道的经历；最后解释这个前世发生的故事，跟当下的情况有什么因缘。也因此，佛本生故事和后来的佛传故事之间存在着紧密的联系，很多有关僧团、戒律、教义等问题都在本生经中进行了解释。本生经有如释迦牟尼的前史，为后面的释迦牟尼成道传法奠定了时空背景和逻辑基础。

佛本生故事数量极多，巴利文文献记载了多达500多种。在汉文文献中，佛本生故事也不少。特别是有一些具有特殊意涵的本生故事，在中土非常流行，甚至成为中国佛教雕塑和绘画的重要主题，比如尸毗王本生等。

佛陀的前世是在六道（或五道）中转生，理论上可能转生为诸道众生中的任何一类，包括天神、阿修罗、人类、大象、龙等。但是如果仔细分类的话，我们发现，其实佛陀前世故事中，他转世最多的仍是人，这类故事超过一半，这些人物形象包括转轮王、大臣、婆罗门、商人，甚至女人，也有转生为帝释天、树神、迦楼罗等其他众生。佛陀的前世基本上是正面形象，但也有负面形象，比如掳走王妃的迦楼罗王等。有观点认为，佛本生故事有一个不断构建增加的过程。最初的佛本生故事可能都是正面描述佛陀的，后来随着佛教在犍陀罗地区的流传，吸收当地的民间传说，不断增补，最后形成了现在的规模。这样的观点有其合理性，毕竟我们看到，很多本生故事在印度本土并不流传，但在犍陀罗地区很流行，这应该与佛教在犍陀罗地区的再造和重新酝酿有关。佛本生故事大约应该是在公元前二三世纪出现，比如在印度本土巴尔胡特窣堵波的围栏上，已经出现了相关主题浮雕。但这个时候应该还没有文本，仅仅是口耳相传。形成文本的时间，应该到了贵霜时代。

图6-1 大隧道本生，犍陀罗，洛杉矶县立艺术博物馆

图6-1

流传在犍陀罗地区的佛本生故事，根据出土的犍陀罗浮雕来看，很可能是由大乘佛教的知识分子为了宣教而不断创作和宣扬的。佛教在犍陀罗地区的新发展，推动了佛本生故事的流传。这些故事里，可能增加了很多犍陀罗当地的传统习俗元素。有些故事应是民间故事的改头换面，通过家喻户晓的民间传说宣扬佛陀的教义和精神。犍陀罗艺术中的佛本生故事，除了宣扬"因果报应""生死轮回""众生平等""缘起缘灭"外，强调最多的是施舍的精神。这是大乘佛教的一个重要改变：除了通过苦修能够得到解脱外，施舍也是重要的修行法门。这给更多的社会阶层，比如商人，打开了一扇修行的大门。不论是追求好的报应和转生，还是追求终极的解脱，强调施舍的重要性为佛教吸引了大量的追随者。但不论是文学还是艺术，犍陀罗文明的核心精神都是宗教。犍陀罗佛教艺术非常强调历史感和叙事逻辑，非常强调讲述一个完整的故事。佛本生故事，为佛陀的到来提供了时空基础和历史背景，是构成整个佛教发展史的重要部分，佛陀成道，必须放在其前世不断修行（布施）的背景下理解。

尽管释迦牟尼很可能从来没有到过犍陀罗，但很多佛本生故事发生的地点被放在犍陀罗。佛陀自己没到过犍陀罗没关系，他的前世到过就可以了。在这些重要的佛本生故事中，最为关键的是燃灯佛授记——通过燃灯佛给释迦牟尼的前世儒童授记，给释迦牟尼在未来成佛提供神圣性和合法性。这一关键的本生故事，其发生的地点，被放在了今天的贾拉拉巴德，也就是汉文文献中的那竭。通过佛本生故事再造圣迹，是犍陀罗塑造自己佛教中心运动的重要组成部分。而在犍陀罗出土的佛本生浮雕中，数量最多的就是燃灯佛授记，这一主题很多时候跟佛传故事放在一起，被视为佛传故事的开端。2001年被塔利班摧毁的巴米扬大佛中较大的那座，也可能是燃灯佛的形象。

图6-2 燃灯佛授记，斯瓦特，2世纪，大都会博物馆

图6-2

第一节
犍陀罗的佛本生圣迹

犍陀罗地区出土的佛本生浮雕，远远不如佛传浮雕那么丰富，但也留下了宝贵的文明遗产，其中不乏艺术珍品。根据文献记载和考古成果推断，曾经在犍陀罗地区流行的佛本生故事至少包括燃灯佛授记、睒子本生（Śyāma Jātaka）、尸毗王本生（Sibi Jātaka）、六牙象本生（Ṣaḍdanta Jātaka）、精进力本生（Vīryabala Jātaka）、弥兰本生（Maitrakanyaka Jātaka）、苏摩蛇本生（Sūma Jātaka）、阿玛拉本生（Amara Jātaka）、女颜象本生、快目王本生（Sudhīra Jātaka）、佛陀与公牛本生、大隧道本生、须大拿本生（Vessantara Jātaka）、摩诃萨埵那舍身饲虎本生（Mahāsattva Jātaka）等。

4世纪，中国西行求法高僧法显到访犍陀罗地区，他的游记记载了他在犍陀罗见到的本生故事浮雕。这些刻在佛塔上的故事，居然都是发生在犍陀罗当地的本生故事，包括犍陀罗卫国大塔上雕刻的快目王施眼的故事、宿呵多国（斯瓦特地区）尸毗王割肉贸鸽的故事、竺刹尸罗（塔克西拉）两处大塔雕刻的摩诃萨埵那太子舍身饲虎的故事、塔克西拉流传的月光王施头的故事。这四个本生故事，其发生地点（圣迹），都在大犍陀罗地区。其中快目王本生故事发生在犍陀罗，割肉贸鸽的尸毗王本生故事发生在斯瓦特，舍身饲虎的摩诃萨埵那太子本生故事发生在犍陀罗，施头的月光王本生故事发生在塔克西拉。法显看到这些本生故事浮雕的地点，几乎都是本生故事发生的地点。这些本生故事在犍陀罗流行，但在印度本土却鲜为人知。圣迹和圣物是一个地方成为宗教圣地的重要依据。佛教虽然不发源于犍陀罗，但犍陀罗后来崛起成为新的佛教中心。对于犍陀罗而言，尤其是贵霜帝国的君民而言,"制造"犍陀罗本地的圣迹,就具有了重要的意义。其思想和宗教理念与迦腻色伽一世把佛钵从中印度抢到首都布路沙不逻的逻辑是一样的。

有观点认为,犍陀罗境内发生的本生故事往往带有悲壮、惨烈的色彩,动辄就是施头、施眼、舍身等,似乎都在显示犍陀罗本地存在一种宗教狂热传统。也有学者认为,佛教传入犍陀罗地区后,可能受到了草原文化传统的影响。

7世纪,玄奘来到犍陀罗,也目睹了当地众多的本生故事浮雕,据其记载,有睒子本生、须大拿本生、鹿角仙人本生、苏摩蛇本生、慈力王本生等主题的浮雕。法显和玄奘提到的犍陀罗的本生圣迹,基本都跟布施的主题有关。大乘佛教的一个重要理论贡献,就是提倡布施的功德。除了苦修之外,只要通过供养施舍就能获得功德。这种思想有商业思潮在背后发生作用,或许跟犍陀罗当时商贸的发达有关系。求法巡礼的中土高僧都提到,在这些佛本生圣迹处都建有佛寺、佛塔。比如塔克西拉的月光王施头处,法显记载当地有僧众四百,而玄奘7世纪到那里的时候,提到那里建有窣堵波和寺院。玄奘还记载了此处圣迹的由来:释迦牟尼前世曾经是大国王,名字叫战达罗钵剌婆(唐言月光,即Candraprabha),将头施舍给恶意求施的婆罗门。关于这个故事,在汉文译经中多有描述,有的记载月光王因为布施而牺牲,有的则是喜剧的结局。可惜的是,尽管法显和玄奘都亲眼目睹月光王施头的浮雕作品,但现在却没有这一主题的艺术品被发现。

同样,法显在犍陀罗佛塔上所见快目王施眼浮雕,也没有保存下来。据文字记载,这一植根于犍陀罗本土的佛本生故事,曾经在犍陀罗艺术中占据重要的位置。很可惜的是由于历史记忆的断裂,丰富多彩的艺术品至今不传,只能根据文字记载进行一些推测。这个故事的汉译主要出自《贤愚经》。古印度的富迦罗跋国国王眼力惊人,所以被称为快目王。盲眼婆罗门恶意向快目王乞讨双目,乐善好施的快目王却满足了盲眼婆罗门的要求,承受了无比的痛苦。帝释天最后让快目王双眼复明。虽然犍陀罗艺术中看不到这一主题的作品,但在克孜尔却有保存。克孜尔第38窟主室券顶左侧即描绘的是快目王施舍双眼的故事。

玄奘在《大唐西域记》卷二记载,乌仗那国的卢醯呾迦塔,就是慈力王本生故事发生的地方。根据《贤愚经》卷二《慈力王血施缘品》和《菩萨本生鬘论》卷三,这一本生故事解释了佛陀最初点化的憍陈如五位比丘的前世因缘,解释了为什么是他们五比丘最早听闻佛法。释迦牟尼的前世是慈力王,五个吸血夜叉难忍饥饿，慈力王用自己的鲜血施舍给他们，并且发下弘愿，许诺将来成佛，一定先超度他们五个。五夜叉就是憍陈如等五比丘。除了慈力王本生，苏摩蛇本生也发生在犍陀罗。这也是一个关于布施的本生故事，玄奘在《大唐西域记》中也有记载。

布施的最高境界是舍己为人，尸毗王本生就是这样的一个典型。关于尸毗王舍身的故事有多个版本。《贤愚经》卷一和《菩萨本生鬘论》都有详细描述：释迦牟尼前世为尸毗王，"志固精进，乐求佛道"。帝释天及毘首（称毘首羯摩，Visvakarman）二天欲试其念力，于是毘首天乃化为一鸽，帝释作鹰，急逐于后。尸毗王保护鸽子，而鹰则云："大王爱念一切，若断我食，命亦不济。"于是尸毗王"即取利刀自割身肉，持之与鹰，贸此鸽命"。这一主题，在犍陀罗艺术中有生动的表现。

尸毗王本生故事中，佛陀的前世尸毗王舍弃自己全部肉身，在修行上更进一步。这一主题的本生故事，也很早就往东传入中国，在敦煌等地的佛教美术中有所体现。北魏时，据《洛阳伽蓝记》记载，宋云等曾奉命专门到犍陀罗地区巡礼尸毗王本生圣迹。北魏254窟北壁前部也画有尸毗王本生故事，内容更加生动，增加了鹰追鸽子，鸽子向尸毗王求救的细节，并且在尸毗王割肉过程中，有眷属痛哭的场景。相比已发现的犍陀罗浮雕，第254窟的尸毗王本生故事，情节演进更加具体，细节更加丰富，是敦煌莫高窟不可多得的艺术珍品。有意思的是，南印度的朱罗王朝（Chola，2—13世纪）王室自称是尸毗王的后裔，也说明这个故事流传之广。

图6-3 尸毗王本生，片岩浮雕，2—3世纪，大英博物馆
画面中央一个人持秤，正在度量鸽子和尸毗王割下的肉的重量。左边一个王者形象的人，坐在华盖之下，左手搭在侍女的肩上，侍女搀扶着他，即为尸毗王。尸毗王左腿抬起，其下方一个人手持尖刀，正在割取上面的肉。一个鸽子躲在尸毗王的脚下，寻求保护。上方有一老鹰，已损毁。右侧两个人物形象都有背光，其中一个手持金刚杵，应该是帝释天，另外一个是毘首羯摩天。场景中所有人都注视着尸毗王，似乎空气凝滞了，尸毗王的痛苦和志求菩提的决心，被完美地表现出来。

图6-3

第二节
犍陀罗艺术中的本生故事

佛本生故事是人类文学史上的重要遗产。反映在犍陀罗艺术中，它至少还有两方面的意义，一方面，它生动地复活了当时精彩的历史和信仰世界；另一方面，它是佛教艺术的重要主题，是犍陀罗的文明结晶。正如本书所论，本生故事是佛教教义融合民间故事而成，所以很多故事反映的就是当时民众喜闻乐见的家庭伦理、爱情婚姻之类的故事。

1.孝与不孝：睒子本生与弥兰本生

中国历来提倡孝行。二十四孝的故事，一度在民间广为流传。二十四孝故事中，有一个故事讲的是睒子鹿乳奉亲的故事。这个故事说的是周朝的睒子孝顺父母。父母年老，双目失明，想喝鹿奶。睒子披上鹿皮，去深山鹿群中取鹿奶。这个时候，一个猎人打猎，瞄准了装扮成鹿的睒子，睒子告知以实情，得以身免，正所谓"老亲思鹿乳，身挂鹿毛衣；若不高声语，山中带箭归"。这个故事看上去完全是中国的传统民间故事，时代是周朝。春秋时期鲁国附近确实有一个睒国，嬴姓，一直到战国时期还在。睒子奉亲的故事，也就被认为是发生在周朝的一个孝顺双亲的故事。宋金墓砖彩绘二十四孝中的睒子鹿乳奉亲图，描述的就是此情节。但是，睒子的故事实际上并不是出自中国本土，而是通过佛经翻译进入中国的。

传统观点认为，佛教强调出家，割断与世俗家庭的关系，所以对中国本土强调的孝道并不看重。实际并非如此，佛教在传入中国之前，就把回报和奉养父母视为重要的道德修养。睒子本生的故事主题，就是关于孝道的。

早在佛教传入中国之初，睒子本生故事已经被介绍进来。比如三国东吴康僧会译《六度集经》，之后西晋圣坚译《佛说睒子经》就讲述了这一故事。其他如《杂宝藏经》卷一、《经律异相》《法苑珠林》等佛教文献也频频讲述这一故事，可见在中古时代非常流行，广为人知。根据《佛说睒子经》，释迦牟尼前世"下生为盲父母家作子""至孝仁慈，奉行十善"。有一天，"父母时渴欲饮，睒着鹿皮之衣，提瓶行取水"。这时，迦夷国王入山射猎，误中睒子胸口。睒子大哭，因为自己身亡，父母也不能久活。迦夷国王深受感动，将睒子父母带到睒子尸体旁，并深自悔罪。睒子的孝行感动了帝释天等，帝释天将睒子复活。迦夷国王下令奉行佛法，从此国丰民富。

这则故事，最晚到南朝宋代已经改头换面，成为儒家宣扬孝顺父母的题材。在新的故事版本中，所有跟佛教有关的细节都去掉了，比如帝释天、国王皈依佛教、睒子奉行佛法等。整个故事变成了睒子行孝的故事。但宣扬孝行早在佛教进入中国之前，就已经是佛教的重要精神，而非佛教进入中国，被迫接受中国思想的产物。

睒子本生故事也见于桑奇佛塔，但似乎在犍陀罗特别流行，在斯瓦特、塔克西拉等地，都发现了这一题材的浮雕。大英博物馆藏两块犍陀罗浮雕生动地重现了这一故事。虽然在印度本土也见到睒子本生的图像，但这一故事发生的地点，据玄奘《大唐西域记》的记载，发生在犍陀罗："（健驮罗国）化鬼子母北行五十余里，有窣堵波，是商莫迦菩萨恭行鞠养，侍盲父母，于此采果，遇王游猎，毒矢误中。至诚感灵，天帝傅药，德动明圣，寻即复苏。"商莫迦菩萨，就是我们通常所说的睒子。因其恭行菩萨道，所以被称为菩萨。这样一来，睒子本生这一圣迹，也就跟犍陀罗连在一起，甚至建造了窣堵波纪念这一事件。

受到犍陀罗艺术的影响，有关睒子本生的艺术题材也跟着东进，克孜尔石窟的第7、8、17、63、114、157、178、184、186等窟，都发现有睒子本生题材的壁画，时代大约是魏晋南北朝。这些故事中，没有睒子身披鹿皮的形象，而是汲水的形象，说明睒子故事还没有发展演进到二十四孝图的地步。敦煌莫高窟第299窟的壁画中，国王骑马拉弓，睒子在汲水，旁边饮水的鹿群惊醒，狐狸探视，异常生动，是北周壁画的代表作。

如果说睒子本生是从正面推崇孝道的话，犍陀罗艺术中的弥兰本生则是从反面提倡孝道。在犍陀罗浮雕

图6-4

图6-5

图6-6

254 犍陀罗文明史　　　　　第六章 轮回中的佛陀：犍陀罗艺术中的佛本生故事

中，有多例表现这一主题的作品。但是在中原佛教艺术中，至今没有发现这一题材。在新疆的龟兹石窟（比如第14、17、38、69、114、184窟）壁画中，都有弥兰本生。在敦煌佛教文献中，也提到这一主题，比如敦煌写本《父母恩重难报经》讲经文中，对弥兰本生故事的一些情节进行了渲染，尤其是对弥兰因为不孝而堕入大坑地狱，头顶铁轮旋转不停的情形进行了生动的描述，所谓"常有铁轮在顶""昼夜铁轮居顶上""热铁轮于顶上旋，不论时节常疼痛"，等等。虽然藏于法国国家图书馆和中国国家图书馆的敦煌写本并没有提到这个不孝之人的名字，但很明显指的就是弥兰。现在中土尚未发现这一主题的艺术品，可能它并未在中土流行开来，或是有关的艺术品遭到了损毁至今仍未发现。

在汉译佛典中，弥兰的名字也被翻译为"弥莲""慈者""慈童女"等。有关他的故事，记载于康僧会译《六度集经》卷四《弥兰经》，吉迦夜、昙曜合译《杂宝藏经》卷一的《慈童女缘》，宝唱等人辑集的《经律异相》卷四三《弥莲持斋得乐蹋母烧头》（转引自《弥莲经》和《福报经》），阇那崛多译《佛本生集经》卷五十，等等。以《经律异相》的记载为例，弥兰本生故事主要的故事情节是：释迦牟尼前世未成道的时候，是个名叫弥兰的商人，"愚痴，沐浴，着新衣，脚蹋母头"，非常不孝顺。包括他在内的五百商人出海做生意，结果被摩羯鱼撞坏船只，只有他一人得救。此后经历了一系列的奇遇，先后入银城、金城、水精城、琉璃城，享受荣华富贵。但是他不知满足，最后离开琉璃城，进入铁城，被鬼吏捉住，遭受铁轮走顶的痛苦。最后佛陀总结，"不孝父母师，车轮践之，当如弥莲（兰）矣"。

弥兰不孝遭受铁轮走顶惩罚的故事，流传非常广泛，比如9世纪爪哇的婆罗浮屠上也有此主题浮雕。但最早反映弥兰本生故事的图像，无疑出自犍陀罗。从犍陀罗的斯里巴哈劳尔（Sahri Bahlol）等地出土的浮雕残片，生动地描述了弥兰的出海经商之旅以及因不孝受到惩戒的故事。大英博物馆所藏的弥兰本生浮雕，从右到左依次讲述了弥兰的商船遭遇海难以及遇见玉女逢迎、在银城中四位美女侍候弥兰等，左边残缺的部分可能是弥兰进入金城之后的情形。最为形象的是现在藏于白沙瓦博物馆的浮雕，一共有三个场景，也是从右往左讲述，依次是美女逢迎、接受玉女侍候（其中有演奏音乐的场景）、堕入地狱遭受铁轮走顶的惩罚。

图6-4 睒子本生，白沙瓦博物馆
画面中，国王射出的箭正中睒子胸口。可能是供奉型窣堵波的装饰构件。

图6-5 睒子本生，大英博物馆
浮雕像连环画的表现方式，依次展开，表现国王见睒子父母、国王为睒子父母带路、帝释天从天而降、众人见证帝释天救活睒子等四个情节。在浮雕中，叙事的线索人物睒子和国王多次出现，推动故事的演进。

图6-6 弥兰本生，白沙瓦博物馆
在表现弥兰遭受铁轮走顶惩罚的场景中，弥兰双手扶铁轮，旁边一人手持大棒，似乎是汉文文献中描述的鬼吏。

2. 爱情与嫉妒：阿玛拉本生、紧那罗月姬本生和六牙象本生

佛本生故事中有很多是关于爱情、背叛、嫉妒等内容的。在犍陀罗艺术中，此类主题并没有因为与佛教抛却尘缘的精神不符而被摒弃。有些故事中甚至佛陀的前生变成配角，讲述的是民众喜闻乐见的民间故事。比如有趣的阿玛拉本生，在故事中，佛陀的前世是阿玛拉的丈夫，但是故事的中心人物是聪慧的阿玛拉。故事的基本情节是：邻居垂涎阿玛拉的美貌，屡屡骚扰，被阿玛拉坚拒。邻居心怀怨恨，矢口否认之前阿玛拉丈夫托他保管的钱。阿玛拉设局将另外三个垂涎她美貌的追求者装入箩筐中。然后跟邻居交谈，使箩筐中的三人都听到两人的对话。在对话中，不防备的邻居亲口说出了真相。阿玛拉将箩筐中的三个男人抬到王宫，请国王裁决。邻居只好把钱还给阿玛拉。

这则对爱情忠贞而又富有智慧的故事，在犍陀罗浮雕中有生动的表现。白沙瓦博物馆所藏阿玛拉本生浮雕中，精彩地呈现了故事高潮的一幕：在国王和王后面前，作为证人的三个追求者从箩筐中露出脑袋。而阿玛拉身穿长裙，手指箩筐。

犍陀罗本生浮雕中，最能反映提倡爱情坚贞的是紧那罗月姬本生（Canda Kinnara Jātaka）。紧那罗是印度的一种半人半马的小神（东南亚的紧那罗一般是半人半鸟），后来被纳入佛教神祇体系中，成为护持佛法的天龙八部之一。最为人熟知的是少林寺的紧那罗王殿。一般认为，男性紧那罗擅长音乐，女性紧那罗美丽动人，擅长舞蹈。

紧那罗月姬本生在南传《法句经》中有记载。这个故事说的是释迦牟尼和耶输陀罗在前世曾经是一对恩爱的紧那罗。耶输陀罗当时是一个美貌无双、能歌善舞的紧那罗，名叫"乾闼"（Canda），即"月姬"。有一天，打猎的梵授王看到这对情侣在森林嬉戏，垂涎月姬的美貌，于是射死了佛陀的前世紧那罗，把月姬抢走。忠贞的月姬伤心欲绝，坚决拒绝了梵授王的追求。帝释天为她的忠贞感动，将她的伴侣复活，两人再次幸福地生活在一起。这个表现爱情忠贞的故事，还有另一层宗教意涵。这个本生故事是释迦牟尼度化妻子耶输陀罗时讲述的前世因缘，听完这个故事，耶输陀罗也因此开悟。

上面的故事都是成功的爱情，而流行在犍陀罗的另外一个佛本生故事却是关于嫉妒和仁慈的，这就是六牙

图6-7 阿玛拉本生，2—3世纪，17.79厘米×47.02厘米，斯里巴哈劳尔出土，白沙瓦博物馆

图6-8 紧那罗月姬本生，加尔各答印度博物馆
两块浮雕讲述了一个完整的故事。前图表现梵授王遇见载歌载舞的紧那罗夫妇，张弓射向男紧那罗；后图表现男紧那罗倒在地上，月姬紧那罗悲泣，梵授王试图将她拉走；右边残破的部分似乎是帝释天出现复活男紧那罗的场景。

图6-9 紧那罗月姬本生，大英博物馆

图6-7

图6-8

图6-9

象本生。六牙白象在佛教中具有特殊的神圣性，后来的普贤菩萨也用六牙白象做自己的坐骑。汉文译经很早就把这个故事介绍到中土，比如《六度集经》卷四《象王本生》，《杂宝藏经》卷二《六牙白象缘》，《杂譬喻经》卷上《象王小夫人喻》等。除此之外，像《大庄严经论》《根本说一切有部毗奈耶杂事》都提到这个故事。可见这个主题在进入中国之前已经非常流行。

根据《杂宝藏经》描述，这个故事是佛陀讲给一个比丘尼听的。佛陀在前世曾经是一头六牙白象。他有两位夫人，"一名贤，二名善贤"。有一次在林中游玩，白象碰到莲花，想给贤，但是被善贤夺去。贤因此大为嫉妒，认为"彼象爱于善贤，而不爱我"。贤因此发愿，若转生为人，要拔掉白象的象牙，然后"自扑而死，寻生毗提醯王家作女"，长大后，成为梵摩达王的王妃。她让梵摩达王招募猎人，去猎取六牙白象的象牙，奖赏百两金。在王妃的提示下，猎人剃掉须发，换上袈裟，扮成出家人的样子，靠近白象。白象死前得知缘由，配合猎人将象牙拔出给他，并发下宏愿，布施象牙，愿将来可以拔除众生的贪嗔痴。这个本生故事里，据佛陀的说法，白象是佛陀的前世，猎人是提婆达多，善贤是耶输陀罗，而贤则是佛陀面前的那位比丘尼。

3. 迦楼罗拐走王后：卡卡蒂本生

迦楼罗（Garuḍa），一般称为金翅鸟或大鹏金翅鸟，又译"揭路荼"。在印度教里，迦楼罗是主神毗湿奴的坐骑，后来被吸收进入佛教的万神殿，成为护持佛法的天龙八部（天众、龙众、夜叉、乾达婆、阿修罗、紧那罗、摩呼罗迦、迦楼罗）之一。迦楼罗的形象一般作鸟身人首，鸣叫悲苦，以龙为食。汉译佛典中，迦楼罗的形象被描述为"金色两羽具，左手贝，右手执宝螺笛"。日本京都三十三间堂的迦楼罗王立像，原件制作于镰仓时代（1185—1333），其形象就是吹笛状。

在犍陀罗艺术中，迦楼罗经常被描述为跟龙争斗的形象。根据印度教的传说，他的母亲被龙掳走，他跟龙争夺是为了夺回母亲。通过梵天的协助，迦楼罗成为龙种的天敌，以龙为食。在犍陀罗浮雕中最常见的迦楼罗形象，是他搂持一个女性。有观点认为，这表现的是迦楼罗解救自己的母亲。但是这种可能性较低，第一，这是印度教的说法，在佛教典籍中并没有迦楼罗解救自己母亲的记载；第二，这些犍陀罗浮雕展现的迦楼罗和女性的关系，带有强烈的情欲色彩，女性身材婀娜，被迦楼罗搂在胸前。更常见的说法，是认

图6-10

图6-11

图6-12

图6-10 六牙象本生，拉合尔博物馆
浮雕具有中印度艺术特点，从左到右，故事情节依次展开，手法简洁明快，具有世俗化的特点。现存四个场景，白象站在树下，隐藏的猎人举弓欲射；白象早有觉察，自己跪下，让猎人锯掉象牙；猎人将象牙献给王后；再后面有所残缺，或许是王后心脏破裂而死。

图6-11 犍陀罗艺术中的迦楼罗形象，白沙瓦博物馆

图6-12 带迦楼罗形象的盒盖，4世纪，大都会博物馆

为这表现的是迦楼罗掳走龙女，毕竟迦楼罗和龙是天敌。不过，从图像分析，浮雕中的女性没有恐惧或者被强迫的感觉，而且从文献中也找不到有关迦楼罗掳走龙女的文本记载。其实，这个图像很显然是佛本生故事，讲述的是卡卡蒂本生故事，在这个故事里，迦楼罗王拐走了卡卡蒂王后。其所依据的，并不是通常认为的印度教的说法，而是来自佛教的佛本生故事。

据文献记载，卡卡蒂本生故事的主角不是佛陀前世波罗奈国（Benares）国王，而是掳走他美丽王后的迦楼罗王。迦楼罗王化身英俊少年来到波罗奈国，和王后卡卡蒂一见钟情，迦楼罗王施展神通将王后带回金翅鸟岛。国王派一位医生去寻找王后。医生和王后背着迦楼罗王相爱。迦楼罗王知道真相后，明白王后并不专情，自己遭遇到与国王一样的境遇，于是把王后还给了国王。

有趣的是，在巴利文本生经中，保存着一个几乎一模一样的本生故事善颈本生（Sussoṇḍī Jātaka）。只不过王后的名字变成"善颈"，医生换成了国王的一个大臣。最重要的变化是佛陀的前世不是国王，而是拐走王后的迦楼罗王。在此，佛陀的前世是一个负面的形象。巴利文本生经中收录这个故事的两个版本，或许最初的版本是善颈本生，后来衍生出卡卡蒂本生。从故事看，整个故事里，迦楼罗王、王后、医生（大臣）都有道德瑕疵，只有国王没有，这可能是故事遭到改造的原因——在卡卡蒂本生中，佛陀变成了不具负面形象的国王。这个本生故事的背景，是佛陀劝诫一个修行的比丘，放弃为一个女人还俗的念头。这个故事也宣扬，即便做错了事，只要能觉悟，弥补错误，最后依然能修成正果。

在善颈本生故事中，迦楼罗住在龙岛。大臣奉命从波罗奈国出发寻找王后。波罗奈国位于恒河中游，往东顺流而下200公里就是华氏城。大臣从陆路先到著名港口婆卢羯车，然后在这里搭乘商船前往金地。金地在印度文献中多次出现，有学者认为指的是现在马来半岛北部、中南半岛南部在内的地区，是古代印度称呼东南亚地区的叫法。这也说明，在公元前1世纪，在印度和东南亚之间存在一条长途贸易航线。

犍陀罗艺术中的迦楼罗形象，大体可分为两类。一类是鸟首人身，展开的双翼，但还有双手；一类是鸟形，鸟首鸟身，巨大的双翼。不论造型如何变化，基本上都是迦楼罗诱拐王后的主题。可能这一主题充满世俗情色，所以在犍陀罗被广泛制作。有趣的是，迦楼罗的概念和形象，曾经在中国古代广为人知。隋朝灭亡，群雄逐鹿，其中一个凶残的军阀朱璨就自称是"迦楼罗王"。

图6-13 迦楼罗拐走王后，片岩浮雕，33.3厘米×25.1厘米，贵霜时期，大都会博物馆
博物馆题为"迦楼罗消灭龙种"，但其实是佛本生故事。在这幅雕像中，迦楼罗已化身为一只金翅鸟，不但鸟首，身体也是鸟形。图中，身形巨大的迦楼罗将身材婀娜的王后抱在身前，这种造型在犍陀罗浮雕中常见。除了站在他身前的王后，还有两个男性形象分别位于其羽翼之下。

图6-13

图6-14 迦楼罗拐走王后,白沙瓦博物馆

图6-15 迦楼罗拐走王后,维多利亚和艾尔伯特博物馆

图6-16 迦楼罗拐走王后,白沙瓦博物馆

图6-17 迦楼罗拐走王后,私人藏品

4. 持戒的重要性：独角仙人本生

7世纪初，玄奘西行求法，在犍陀罗地区听闻独角仙人（Ṛsyaśṛnga）的故事。在其《大唐西域记》卷二有关犍陀罗的记载中，他写道：从健驮逻国的弹多落迦山（Dantaloka-giri），"西北行百余里，越一小山至大山。山南有伽蓝，僧徒鲜少，并学大乘。其侧窣堵波，无忧王之所建也。昔独角仙人所居之处。仙人为淫女诱乱，退失神通，淫女乃驾其肩而还城邑"。独角仙人的故事原见《罗摩衍那》，但是显然，根据玄奘的记载，犍陀罗地区的民间说法已经把独角仙人本生故事发生的地方认定为犍陀罗，或许反映了这一主题被犍陀罗文明所吸收的情形，也反映了犍陀罗逐渐取代印度本土成为佛教中心的部分情形。这也解释了为什么塔克西拉出土的浮雕中出现了独角仙人本生故事。

《大智度论》卷一七记载了独角仙人的故事，主要说明戒除淫欲对修行的重要性——沉溺情欲会令修行者败坏修为，甚至让仙人丧失五通神力。根据鸠摩罗什的记载，过去久远时代，波罗奈国山中有仙人，洗澡时见到麋鹿交合，不觉淫心大动，精液流入水中，被麋鹿所饮，生下一子，头上有角，这就是独角仙人。在其父的指导下，独角仙人异常精进，得五神通。有一次下雨上山，独角仙人脚扭伤了，于是以神通令波罗奈国十二年不下雨。波罗奈国国王广募有能力让独角仙人失去五通神力之人。有一个美艳无双的女子扇陀应募，并说自己将骑在独角仙人的脖子上回城。独角仙人在扇陀勾引下，失去了神通，天上下起大雨。独角仙人已经习惯享用美食美酒美人，最后答应跟扇陀回城。在快进城门的时候，扇陀假称走不动了，独角仙人让她骑在自己脖子上。这个本生故事中，独角仙人是释迦牟尼的前世，而扇陀则是耶输陀罗的前世。这个故事总结道，淫欲享乐能撼动仙人，何况普通人。淫欲向来被佛教视为修行的大碍。犍陀罗浮雕中的独角仙人本生故事，能起到督促信徒遵守佛法、持戒修行的功能。所以这些浮雕，包括男女亲热的场景，可以刻画在寺院的建筑上。现存的犍陀罗浮雕，往往是这些佛教建筑的构件。

《经律异相》卷三九对这一本生故事也有描述。在汉译佛经中，独角仙人的名字或音译为"倚介尼陵伽""胜渠""俱舍频头"，或意译为"一角""独角""鹿角""仙觉""善觉"。敦煌莫高窟第428窟东壁门南画的可能就是独角仙人本生故事，在图像中，扇陀骑在独角仙人的脖子上，独角仙人拄杖而行，非常简练地描述出故事的主旨。

图6-18

图6-19

犍陀罗发现的独角仙人浮雕有多块，基本上都是类似构图。塔克西拉博物馆和加尔各答印度博物馆所藏独角仙人浮雕只保留了前半部分：独角仙人的父亲——一个婆罗门仙人——在草庐前苦修，怀孕的母鹿生下独角仙人。

5. 布施：舍身饲虎本生和须大拿本生

佛教的三学——戒（戒律）、定（禅定）、慧（智慧），都在犍陀罗本生浮雕中有所体现。但是，从出土品来看，数量最多的却是关于布施的主题。这并不令人感到奇怪，犍陀罗之所以成为佛教中心，经济上的保障是很重要的原因。繁荣的丝绸之路贸易和君主的虔诚支持，为寺院经济提供了坚实的基础。佛教寺院和佛教建筑上以布施为主题的浮雕装饰，除了宗教意义以外，还具有展示的意义。参观的大众能从这些浮雕中了解佛陀前世修行中的种种慷慨布施，得到一些人生启迪。

布施自己的身体和生命，除了前文提到的尸毗王本生，另一个典型的例子是摩诃萨埵那舍身饲虎本生；而布施自己的财物，最极致的例子是须大拿本生，故事中须大拿布施财物、车马、衣服，甚至妻儿。摩诃萨埵那的舍身饲虎故事，在中亚和东亚都非常流行，奇怪的是，在南传佛教中却不见这一主题的任何文字记载和图像。种种迹象标明，这个故事的发源地是在犍陀罗。

摩诃萨埵那舍身饲虎的故事，出现在多部佛教译经中，比如北凉法盛译《菩萨投身（饴）饿虎起塔因缘经》、北凉慧觉等译《贤愚经》卷一《摩诃萨埵以身施虎品》、北凉昙无谶译《金光明经》卷四《舍身品》。在这些文本记载中，主人公有两种不同的身份，大多数文本记载摩诃萨埵那是国王之子，具有王子身份；但是也有经本比如《六度集经》，将主人公描述为修行者。最特殊的是《菩萨投身（饴）饿虎起塔因缘经》，在这部经典中，主人公先是具有王子的身份，然后又放弃身份进入山中做修行者。此经明显是从犍陀罗来的，反映的是犍陀罗当地的信仰。在这部译经的有些版本中，最后记载了摩诃萨埵那太子舍身饲虎的故事发生在犍陀罗，国王为其修建了名为"菩萨投身恶虎塔"的窣堵波。据法盛描述，在这座大塔东面山下，有僧房、讲堂、精舍，有五千僧众四事供养。而且正如佛经中记载的那样，当地人凡是有病的，就到该塔礼拜供养。这在当时的犍陀罗，应该是一个广为人知的故事，并且具有强烈的本土属性。法盛也到过犍陀罗，比法显晚了二十五年，如法显一样，他撰写了有关自己行程的作品《历国记》。他的记

图6-18 独角仙人本生，加尔各答印度博物馆
图6-19 独角仙人本生，拉合尔博物馆
画面中，扇陀已经征服独角仙人，骑在他的脖子上回到城中。

载和描述有其亲身经历作为基础。法显则记载，在竺刹尸罗国（塔克西拉）的大塔浮雕上看到摩诃萨埵那舍身饲虎的内容。

法盛在译经中对这一故事进行了描述。在过去九劫无佛的时代，有一个大国叫乾陀摩提，国王名叫乾陀尸利，王后名叫差摩目佉，太子叫栴檀摩提。太子放弃王位出家修行。当时山崖下有母虎刚刚生产，一共七只幼虎。天降大雪，老虎母子不得食，虎母为饥饿所逼，准备吞食虎子。于是太子决定舍身救虎母，但是虎母羸弱，无力吞食太子。于是太子以干竹刺自己的脖子，让虎母吸血。虎母恢复体力后，将太子吞食干净，仅剩骨骸。故事末尾，佛陀讲了人物对应的因缘：太子就是佛陀的前世，国王和王后是佛陀出家前的父母。

佛教传入中国，在汉传佛教美术史上，舍身饲虎成为一个非常流行的本生主题。新疆克孜尔石窟中，有众多的舍身饲虎壁画。敦煌莫高窟一共有15幅舍身饲虎壁画，最早的是北魏254窟。日本奈良法隆寺的"玉虫厨子"（飞鸟前期，即7世纪中叶）上，也绘有舍身饲虎的场面。2008年在南京长干寺院地宫出土的鎏金七宝阿育王塔（1011年造）上，也有舍身饲虎的图像。

关于布施，影响最为深远的本生故事是须大拿本生，有关这一题材的艺术品分布极为广泛。须大拿的名字汉译为"苏陀沙拏""须大拏""须达拏""须提梨拏"，梵文是Sudāna，意译为"善牙""善施"。巴利文须大拿本生经记载，他是尸毗国国王商贾亚（Sañjaya）之子。较早的汉文译经是十六国时期圣坚译《须大拿太子经》。在此经中，须大拿是叶波国国王湿波之子。叶波国，即犍陀罗。玄奘在《大唐西域记》中记载：犍陀罗跋虏沙城城北，有窣堵波（佛塔），是苏达拏太子（唐言善牙）以父王大象施婆罗门处；跋虏沙城东门外有窣堵波，是婆罗门求施太子儿子女儿后贩卖的地方；"跋虏沙城东北二十余里至弹多落迦山，岭上有窣堵波"，是太子施舍子女给婆罗门的地方。在玄奘的时代，似乎这一本生故事的发生地，已经被认定为犍陀罗。

叶波国国王湿波以正法统治人民，有两万夫人，却只有须大拿一个儿子，为其娶妻名曰曼坻（Maddī）。曼坻端庄无双，须大拿夫妇两人生养一对儿女，过着幸福的生活。须大拿喜好布施，凡人有所求，概不拒绝。叶波国的敌国向须大拿请求施舍战象须檀延（Paccaya）——须檀延在战争中多次击败对手——须大拿太子也没有拒绝。在巴利文本生经中，战象须檀延跟须大拿太子是同时出生的，具有神力。这一点跟佛陀出生故事中的一个细节很像——佛陀的马夫车匿和坐骑白马也是跟佛陀同时出生。

图6-20 须大拿本生，波士顿博物馆
浮雕残破，仅存右边部分，装饰有坐佛，画面中一个人手牵战象的鼻子，似乎是将其布施给请求施舍的婆罗门。

失去战象，国家被置于危险境地。这件事发生后，在大臣们的强压下，湿波国王将太子一家流放到檀特山山中。在去山中的路上，太子又先后布施了拉车的马、车、衣服。在山中，太子一家结草庐而生。儿子耶利年七岁，穿着草衣随父出入。女名罽拏延年六岁，穿着鹿皮衣随母出入。后来又有鸠留国婆罗门前来求施儿女，太子将儿子和女儿布施给他。帝释天看到太子布施如此，从天上下来对须大拿进行最终的试炼——向太子求布施王妃，没想到须大拿也答应了。故事发展到这里，就发生了反转。太子的德行打动了帝释天，不但国王接回了太子一家，而且敌国也深受感动，将战象须檀延送回叶波国，皆大欢喜。这个本生故事，在情节上，跟后来佛传故事中的佛陀出家有些类似，是佛本生故事中非常重要的一个。

犍陀罗浮雕中有大量关于须大拿本生故事的作品，大英博物馆、塔克西拉博物馆以及白沙瓦博物馆都藏有须大拿本生浮雕残片。大英博物馆所藏的须大拿本生浮雕包括四幅，很可能是佛教建筑阶梯上的浮雕。四块浮雕依照时间演进顺序描绘了四个场景：太子布施战象须檀延给敌国，流放途中施舍财物，林中苦修，布施儿女给婆罗门。在第一个场景中，站在右边的须大拿太子将战象交给左边的婆罗门，在两者之间还有一个半身头像露出来。第二个场景中，驾驶双马车的须大拿太子载着妻儿前往檀特山。双马浮雕有精致的装饰物，反映了须大拿太子一家本可以过着荣华富贵的生活。太子似乎是在将财物交到求施的婆罗门手中。在构图中，婆罗门仍然站在左边，一手拄杖，一手接过太子递过来的财物。在这幅浮雕中，须大拿太子似乎有背光，突出他的圣洁形象。第三幅浮雕中，从左到右存在时间顺序，描述了太子一家不断施舍，从马、马车、宝衣、旧衣等，最后几乎一无所有地进入檀特山的情形。在右边，太子和妻子抱着儿女站立在两棵娑罗树之间，似乎表示一家进入了檀特山。第四块浮雕内容非常丰富，描述的是须大拿太子施舍儿女的情景。右边部分，描述了须大拿太子站在草庐前施舍儿女，而两个孩子惊恐异常，一个躲在他的身后，一个似乎在抓着他的衣服，不肯跟婆罗门走。左边部分，一头雄狮站在太子妃曼坻的面前，这头雄狮是帝释天所化，是为了阻挡她回家，以免她影响须大拿太子成就试炼大业。这一情节在汉文译经中有细致的描述。在雄狮身后，是带走两个孩子的婆罗门。

须大拿本生在佛教中地位非常特殊。上座部佛教，本缘部的最后一部经名为《毗输安呾啰王子本生史经》。这里的毗输安呾啰王子，就是北传佛教的须大拿王子。唐义净撰《南海寄归内法传》卷四提到，东印度月官大士作毗输安呾啰太子歌。在上座部教义中，毗输安呾啰王子是释迦牟尼佛前世修行的最后一世，经过此次修行之后，就将完成诸波罗蜜。接下来，将是燃灯佛授记，预言其将在来世成佛。

图6-21 a~d 须大拿太子本生，大英博物馆

图6-22 须大拿太子本生，克孜尔第38窟，5—6世纪，柏林亚洲艺术博物馆

图6-21 a

图6-21 b

图6-21 c

图6-21 d

图6-22

第三节
燃灯佛授记：文本与图像

佛本生故事转向佛传故事的转折点是燃灯佛为未来的释迦牟尼佛授记，即预言后者将在未来成为新的佛。这个时间逻辑也发生在弥勒信仰中——弥勒被认为是未来的新佛，而为他授记的是释迦牟尼佛。这也解释了为什么反映弥勒信仰的佛教浮雕中会出现燃灯佛授记的场景。这两者所反映的宗教信仰是一致的。燃灯佛授记，既可以被视为佛本生故事，也可以被视为佛传故事的开端。在犍陀罗佛教艺术中，燃灯佛授记非常重要，在犍陀罗现在所保存的本生浮雕中，其数量之多也令人惊讶。

令人奇怪的是，这一佛教艺术主题在印度本土并不存在，在犍陀罗地区尤其是贾拉拉巴德和迦毕试地区却发现很多。这说明有关燃灯佛为释迦菩萨授记的观念和信仰，曾在这一地区非常盛行。可以揣测的是，燃灯佛授记这一观念和佛教在犍陀罗地区的重塑有密切的关联，所以也带有强烈的地方色彩；同时，佛教中心从中印度向犍陀罗等中亚地区转移，也带来了新的观念和艺术形式，燃灯佛授记应当是其中一种。燃灯佛授记的思想和艺术形式，是犍陀罗地区的发明创新，是佛教在这一地区的新发展。

燃灯佛在过去世为释迦菩萨授记，这一故事的主角实际上不是燃灯佛，而是释迦牟尼的前世儒童（Sumati）。在《佛本行集经》卷三中，燃灯佛授记的故事，是通过释迦牟尼自己的嘴讲出来的："时燃灯佛……从外来入莲花城中。我时贵此七茎莲花，遥见佛来，渐渐至近……我时即铺所有鹿皮，解发布散，覆面而伏，为佛作桥。一切人民，未得践过……时燃灯佛告比丘言：'此摩纳婆，过于阿僧祇劫，当得作佛，号释迦牟尼……'"

有关燃灯佛授记的佛典记载，非常丰富，内容各有不同，但是大部分情节类似。佛典中的本生故事主要叙述释迦牟尼佛过去累世行善的故事，燃灯佛授记对释迦牟尼的历劫修行，是非常重要的情节，是释迦牟尼成佛的关键步骤。"授记"（vyakarana）即一种预言，或者赋予一方神圣性。在汉译佛经中，也被音译为"和伽罗那"。授记思想，在佛教发展史上具有重要角色。对大乘佛教的形成也具有很重要的意义。燃灯佛授记就是作为过去佛的燃灯佛预言释迦牟尼在未来成佛。这一点类似于弥勒信仰中的授记，即释迦牟尼佛为弥勒菩萨授记，预言弥勒将在未来成佛。燃灯佛、释迦牟尼佛和弥勒佛也因此按照时间排列为过去佛、现在佛和未来佛。许多供养三世佛的寺院的大雄宝殿中央，即供养燃灯佛（左侧）、释迦牟尼佛（正中）、弥勒佛（右侧），代表过去、现在、未来三世。释迦牟尼佛主修今生，是现在佛；燃灯佛主修过去，是过去佛；弥勒佛主修未来，是未来佛，三佛为佛教三大教主。燃灯佛授记思想后来被白莲教所借用。在白莲教编撰的大量经书、宝卷中，到处可见燃灯佛的名号。所谓"初会龙华是燃灯，二会龙华释迦尊，三会龙华弥勒祖，龙华三会愿相逢"，这样的思想其实包含着改朝换代的意涵，借用了燃灯佛授记思想的一些片段和术语，宣扬宗教和政治改革。

有关燃灯佛授记的本生故事，广泛记载于佛教典籍，比如《增一阿含经》《修行本起经》《佛本行经》《般若经》《法华经》等。主体的内容相差不大，比如《修行本起经》卷上记载锭光佛（燃灯佛）为儒童菩萨授记。支谦译《佛说太子瑞应本起经》记载，定光佛（燃灯佛）为释迦牟尼前世授记，后者以七枚青莲花供养燃灯佛，散华止于空中。求那跋陀罗译《过去现在因果经》卷一记载，善慧仙人（即儒童）以七茎青莲花供养普光佛（即燃灯佛）。玄奘译《大般若波罗蜜多经》卷五通过释迦牟尼自己的口说，在往昔燃灯佛时，自己以五茎花供养，布发掩泥。于是，彼如来（燃灯佛）为其授记："汝于来世过无数劫，当成如来。"佛教文献中记载稍异的，出自僧伽提婆译《增一阿含经》卷三八《马血天子问八政品第四十三》，在此处记载中，燃灯佛不是为释迦牟尼授记，而是直接为弥勒授记。这一点明显违背佛教的授记思想。按照佛教授记思想，弥勒是未来佛，接受的是释迦牟尼的授记，而不是过去佛。在此处语境中，很可能弥勒仅仅是取未来佛的含义，对燃灯佛而言，释迦佛就是未来佛。这一点跟将来释迦佛为弥勒授记的意涵是一样的。但也有可能，此处翻译是个技术性错误。因为在同经中《善知识品第二十第三经》中，僧伽提婆翻译的就是定光佛（燃灯佛）为超述梵志（释迦牟尼前世）授记。同一经出现不同的记载，或许是在翻译过程中产生的某种失误。

另外，康僧会译《六度集经》卷六提供了一个完全不同的授记版本。在他翻译的《然灯授决经》中，他记载道：释迦牟尼前世是一位独母，以卖麻油膏为生，常年以麻油供佛。但因为她是女身，无法成为转轮圣王（根据佛教教义，女身有五障，其中一个版本是说，女身不得作梵王、不得作帝释天、不得作魔王、不得作转轮圣王、不得作佛）。独母从高处坠下，瞬间转女为男，而得过去佛授记为释迦文佛。不过，总体上说，燃灯佛为儒童授记，预言其将来成为释迦牟尼，是占据主流的文本记载。这也是连接佛本生故事和佛传故事的关键点，释迦牟尼经过累世的功德积累，通过燃灯佛授记，最终成佛。之后关于佛陀的故事，就是佛传故事了。从佛教美术史研究的意义上说，燃灯佛授记这一主题，连接本生与佛传，又与后来的弥勒授记具有显著的类比性，也因此成为佛教绘画和雕塑的重要主题。这可能说明犍陀罗地区曾经流行类似《修行本起经》《佛本行集经》的早期文本，在这些文本里比较详细地记载了燃灯佛授记的主题。

作为最重要的过去佛，燃灯佛，在汉译佛典中被音译为"提和竭罗""提洹竭"，南传佛典汉译时音译为"提盘迦罗"，意译为"灯光如来""定（锭）光佛""普光佛"等。《无量寿记》记载，过去久远劫，赖"锭光佛"出世教化众生。燃灯佛的本缘，各经所载颇有差异。《大智度论》卷九云，燃灯佛生时，一切身边如灯，故名燃灯，成佛后亦名燃灯。《修行本起经》卷上则记载了一个跟释迦牟尼出家成道类似的故事。提和卫国的国王灯盛贤明，去世之后，将国政交付太子锭光，但太子却出家成佛，将王位授予其弟。成佛之后，燃灯佛巡游世界，教化众生，并预言儒童来世成佛。除此之外，尚有其他版本的故事。在与燃灯佛有关的故事中，大多并不以他为故事中心，而以释迦牟尼前世（儒童、善慧仙人、超述梵志等）为中心，燃灯佛只是作为线索人物出现。尤其是在犍陀罗艺术中，虽然燃灯佛在画面中占据很大的面积，但是其实讲述的是释迦牟尼成佛的机缘以及佛教授记的思想。

犍陀罗艺术中展现的燃灯佛授记画面，基本上能从文本记载中找到依据，文献记载和图像信息相互印证。通过《佛说太子瑞应本起经》卷上（《大正藏》第3册）的内容，结合其他文献的记载，大体描述一下故事的主要情节，可对理解燃灯佛授记的思想与艺术表现提供一个常识基础。

往昔在燃灯佛教导众生的时代，有一个名叫制胜治的圣王，其统治的国家叫钵摩大国。在其统治之下，人民康乐，天下太平。而释迦牟尼还未成佛，只是修菩萨行的年轻婆罗门，名叫儒童。儒童从小聪明睿智，志向宏大，隐居山中修行。听说世间有佛，儒童心生欢喜，披鹿皮衣，前往礼拜。在路途中，遇见五百道人，与其终日竟夜，论道讲义，众人喜悦，临别之时，每人赠送儒童一枚银钱。儒童进入城中，发现大家都在欢喜地平整道路，洒扫烧香。儒童询问何故，回答说："今天佛将入城。"儒童大喜，自言自语："甚快！今得见佛，当求我愿。"正说话的时候，有王家女经过，她的名字叫瞿夷（Gopikā）。瞿夷手持水瓶装七枚青莲（莲花是佛教中的圣花）。儒童看到后，追上去说："大姊且止！请以百银钱雇手中华。"但是瞿夷说："佛将入城，国王斋戒沐浴，这个莲花是献给国王的，不能给你。"儒童出价两百、三百不可得，最后将五百银钱，悉数给瞿夷，希望换取莲花。莲花的价格不过几个银钱，儒童用五百银钱购买，瞿夷贪图银钱，给了儒童五支莲花，自己留了两支。但是她很快后悔了，心疑："哪里来的道士，披鹿皮衣，居然不惜银钱，只买我五枚莲花。"于是追上去对儒童说："你必须告诉我实情，为何花高价买花。不然我要把花夺回来。"儒童说："已经把钱给你了，为何反悔？"瞿夷说："我是王家女，想夺就夺。"儒童没办法，只好说："我准备将莲花献佛，求所愿耳。"瞿夷说："好！愿我后世，常为君妻，好丑不相离；必置心中，令佛知之。我是女人，不能献佛，请将这两枚莲花，替我献佛。"儒童答应了。瞿夷，后来就转世为耶输陀罗太子妃。

一会儿，燃灯佛到了，国王和臣民们，都前往迎接。大家都把名贵的献花撒向天空，但是都落到尘土里。儒童见到燃灯佛，把五枚莲花散向空中，居然都停止在空中，没有一朵坠落地上。儒童又把替瞿夷献佛的花抛洒空中，居然挟在燃灯佛的双肩上——这也是一些犍陀罗雕塑中表现的细节。燃灯佛感知其意，赞儒童说："你经过无数劫，积累功德，今天得到了。自今以后，历经九十一劫，你将成佛，名释迦文。"儒童听取记言，霍然无想，身体升入虚空，去地七仞。落地之后，稽首佛足。儒童看见地上泥泞，就解下身上穿的鹿皮衣盖住泥泞，但是仍不足覆盖，于是把头发散开，铺在地上，让佛蹈而过。自此之后，儒童历经九十一劫，上为四天王，下为转轮圣王，寿终又为梵天。上作天帝，下为圣王，或成儒林之宗，国师道士，周而复始，最终降生迦毗罗卫国（所谓三千日月万二千天地之中央），最终成佛。

虽然作为历史人物的释迦牟尼可能从未到过犍陀罗地区，但有关燃灯佛授记的历史记忆主要存在于贾拉拉巴德和迦毕试地区。佛教典籍中有关燃灯佛授记的地点，也被比附于贾拉拉巴德地区，玄奘时代称为那揭罗曷国。玄奘在西行求法途中经过此地，也描述了燃灯佛授记的圣迹。《大唐西域记》卷二记载，那揭罗曷国东西六百余里，南北二百五六十里，都城周二十余里。但在玄奘到达这里的时候，没有统一的君长，役属迦毕试国，佛教已然衰落。在其城东二里，有高达三百余尺的窣堵波，是燃灯佛为释迦牟尼授记的地方。后来无

图6-23

图6-24

忧王（阿育王）在这里修建佛塔纪念。在它的南边有一个小的窣堵波，根据玄奘的记载，正是昔日儒童布发掩泥的地方。城西南十余里一处窣堵波，则是儒童买莲花的地方，所谓"是释迦菩萨昔值然灯佛，于此买华"。城西南东崖石壁有大洞穴，里面之前住着瞿波罗龙。如来在世时，此龙本来为牧牛之士，用金钱买花，供养授记窣堵波，愿为恶龙，终化身为龙。后来被释迦佛收服，释迦佛也因此留下自己的身影，即佛影窟。玄奘也参拜了这座有名的佛影窟，看到了佛身影像。而在燃灯佛为释迦佛授记的地方，玄奘绕塔礼拜，表达了他的崇敬之情。但显然，玄奘到达这里的时候，贾拉拉巴德已失去了往日佛教中心的神圣光彩。玄奘提到，这里伽蓝虽多，而僧徒寡少，为了参拜当地著名的佛教遗迹，花了他不少资财。

贾拉拉巴德和附近的哈达在贵霜时期是重要的佛教圣地，有燃灯佛窣堵波、佛影窟、佛顶骨舍利等重要圣迹和圣物，是释迦牟尼佛众多本生和佛传故事发生的场所。可以说，它是佛教在中亚和西北印度地区重新塑造和繁荣过程中再造的重要圣地。1840年，印度考古学者查尔斯·梅森（Charle Masson）在贾拉拉巴德附近的毕马兰一处窣堵波废墟中，发现了一件纯金制作并镶嵌红宝石的舍利容器，这就是有名的毕马兰舍利盒。这一圆盒形的舍利容器上绘着佛陀及护持两侧的梵天和帝释天。这很可能是较早出现的佛陀人像造型，具有重要意义。

贾拉拉巴德是今阿富汗南加哈尔省（Nangarhar）首府，位于阿富汗喀布尔河南岸，西边即首都喀布尔，距白沙瓦约180公里。在汉文史料中，其名亦被写作"那乾诃罗国""那伽罗曷国""那迦罗诃国""那竭国"等，是西行求法僧人巡礼的重要地点。《法显传》记载："慧景、道整、慧达三人先发，向佛影那竭国。"《大慈恩寺三藏法师传》称其城为灯光城（Dipankara），或许与燃灯佛授记思想有关。

虽然燃灯佛佛授记的故事"发生"在贾拉拉巴德，但以这一故事为主题的浮雕广泛存在于大犍陀罗地区，近年的考古重镇艾娜克也出土了燃灯佛授记的精彩浮雕。最早有关燃灯佛授记的造像就出自犍陀罗地区，时间大约是1世纪。除了那烂陀、桑奇和阿马拉瓦蒂有限的几例，燃灯佛授记题材的浮雕大部分都出自广义的犍陀罗地区，尤其是迦毕试。这跟授记地点被认定为这一地区有关，或者说，有关燃灯佛授记的思想和信仰，中心地区就在这里。一方面，燃灯佛授记开启了释迦牟尼成佛后的时代，给释迦牟尼在时空里找到了某种确切的定位，增加了宗教吸引力。另一方面，弥勒授记也是从燃灯佛授记接续的，过去已经成功的授记，为弥勒授记提供了历史合法性。

图6-23 燃灯佛授记（儒童布发掩泥），拉合尔博物馆
图6-24 燃灯佛授记（儒童布发掩泥），大英博物馆

犍陀罗的燃灯佛授记浮雕，表现手法非常特殊。其他题材一般都是一图一景，但是燃灯佛授记却采用一图多景的表现手法——在同一个画面中，燃灯佛只出现了一次，而故事情节则有多个。有学者认为，这是一种来自异地的表现手法；也有学者认为，这是因为石刻材料和雕刻工艺的限制，所以把多个情节排列在同一个画面上。一般来说，犍陀罗的燃灯佛授记浮雕，主要包括四个情节：买花、献佛、布发掩泥、升空。以燃灯佛为中心，通过儒童经历的四个情节，从左往右排列，呈现出时间演进的次序。出自犍陀罗西克里的浮雕是具有代表性的作品。

中国龟兹地区的燃灯佛授记故事情节，多忽略了布发掩泥的情节，而专注于莲花献佛和升入虚空两个细节，与犍陀罗浮雕中的燃灯佛授记有较大区别。在燃灯佛授记浮雕中出现的一些细节，展现虔诚和神异是其核心内容。展现虔诚，主要是儒童的布发掩泥；展现神异，则包括儒童升入虚空、莲花停在空中、莲花在燃灯佛的双肩等。值得指出的是，在有的燃灯佛授记浮雕中，执金刚神的形象也出现了，他是作为燃灯佛的护卫角色而出现的。

贵霜时期，迦毕试为其夏都。而从目前知道的佛教浮雕而言，迦毕试样式似乎特别喜欢"授记"的艺术主题。原喀布尔博物馆藏有多尊此类佛像。迦毕试样式一般是威严的正面造型，佛像巨大，占据画面的中心，且带有双神变的异相——佛陀双肩发出火焰，脚下出水。迦毕试的燃灯佛授记，突出的是授记的画面，去掉了儒童向少女瞿夷购买莲花的情节——这一情节理论上是发生在另一空间。在浮雕中，除了肩上出火、脚下出水的燃灯佛之外，其他形象都显得微小，包括儒童在内。而且其他形象大多赤裸，带有明显的希腊风格。

燃灯佛授记题材的浮雕中，有时候会出现礼拜"佛钵"的情景。有的是在燃灯佛授记浮雕的基座上，雕刻着众人礼拜佛钵的情景。有的是在燃灯佛授记场景当中，有手捧佛钵的人物形象。这些都跟弥勒授记联系在一起。佛钵作为传法信物，被视为释迦牟尼入灭之后，弥勒于未来成佛的一种象征。在燃灯佛授记的浮雕中出现佛钵，也正是在这样一个时空逻辑中获得理解的。

燃灯佛授记不仅是个"借花献佛"的故事，也关系着释迦牟尼佛"合法性"来源——只有燃灯佛给他的前世授记，才有后来释迦牟尼以悉达多太子的身份下生成佛，（大乘）佛教也由此展开——或许，释迦牟尼才被视为大乘佛教的佛，而燃灯佛是大乘佛教之前的佛。这也就解释了为什么此主题浮雕广泛存在，而且通常在佛塔入口处装饰这个故事。

图6-25 燃灯佛授记（燃灯佛身后跟着执金刚神），芝加哥艺术研究院

图6-25

第四节
艾娜克的情况

2015年，一则消息突然在微信圈广为流传，说阿富汗艾娜克（Mes Aynak）发现了重要的佛教遗址，出土的文物可以填满整个阿富汗国家博物馆。这则消息虽有所夸大，但艾娜克出土的佛教文物，确实对理解佛教发展史及其与人类文明的交会融合很有价值。本节要谈的是出土自艾娜克的一块佛教浮雕，这块背面绘有疑似彩色佛传故事的浮雕可谓独一无二，展示了当时佛教信仰的一些重要层面，而这些层面，对理解中国中古文明本身也很有启发。

艾娜克，在普什图语中是小铜矿的意思——Mes的意思就是铜。佛教遗址位于阿富汗首都喀布尔东南38公里处的一块荒芜的土地上，海拔2450米，属卢格尔(Logar)省。在这里，发现了400多座佛塔、佛像以及百余英亩的佛教寺院群。除了佛教遗址外，还发现了两座军事堡垒、一座琐罗亚斯德教的寺院、铸币场，以及采铜场和矿工的生活区。目前主要挖掘的是哈梅德（Gol Hamid）的佛寺遗址、卡费瑞特佩（Kafiriat Tepe）寺院遗址以及靠近古代采矿场的瓦里（Baba Wali）村。从这里出土的千余件文物被送往喀布尔的阿富汗国家博物馆保存。艾娜克佛教遗存应该是从贵霜王朝时期开始的，时代是2—8世纪，可能在8世纪后衰落和遭到遗弃。艾娜克出土的最早的钱币属于迦腻色伽，正是在这位贵霜君主统治时期，艾娜克繁荣起来，成为矿业中心和佛教中心。

在艾娜克出土的精美壁画、高质量的钱币、泥塑佛像和菩萨像、佛教石雕都清楚地显示，这里跟同时代的佛教中心哈达、巴米扬等地一样，不但是当时的经济中心，而且是佛教

图6-26

图6-27

图6-28

图6-26 窣堵波，艾娜克遗址

图6-27 坐佛，艾娜克遗址

图6-28 菩萨立像，艾娜克出土，阿富汗国家博物馆

艺术的中心。犍陀罗曾经是人类文明的十字路口，来自希腊、波斯、印度的不同信仰和艺术在这里交会。艾娜克的考古发现，唤起了其作为犍陀罗经济中心和信仰中心，以及中亚丝绸之路重要节点的历史记忆。艾娜克的地理位置非常特殊，跟大犍陀罗地区的重要文明点都相距不远。沿着丝路商队或者中古时代西行巡礼的中国僧人的脚步，从艾娜克出发，往东就是保存了众多佛陀遗物的那竭国，进入白沙瓦平原，就到了贵霜帝国的都城布路沙不逻，往西通往巴米扬，可以看到这里的两座巨佛。

艾娜克成为犍陀罗地区的经济中心、信仰中心和艺术中心，不同于巴米扬、迦毕试等地的重要原因，是它的经济形态。跟巴米扬和迦毕试不同——两者的繁荣与丝路贸易紧密相关——艾娜克的繁荣主要是铜矿开采带来源源不断的收入。艾娜克遗址下方是一条绵延数公里的铜矿矿脉，储量据说有上千万吨，是世界上最大的未开发矿床之一。也正是这个原因，2007年，中国的中冶集团跟阿富汗政府签订了30年高达30亿美元的开采合同。在佛教遗址层下面发现了更加古老的青铜时代遗迹，包括一座冶铜场。很显然，在艾娜克作为佛教中心兴起之前，这里蕴藏丰富的铜矿已为人所知，并开始了采矿。佛教和商业贸易的紧密关系广为所知，但是佛教和类似采矿的工业生产之间的关系，之前却鲜为人知。在这个意义上说，艾娜克的考古发现可谓史无前例，填补了佛教史的重要空白。至少说明，佛教经济体系可能比之前预想的要复杂得多。铜矿为寺院带来了巨大的财富，经济的繁荣、人口的聚集，也让这里成为重要的佛教中心。这一点可从艾娜克出土的众多精美的佛教艺术品窥见一斑。

艾娜克出土的佛教艺术品中，包括大量精美的泥塑佛像，有的高达四五米，仍残留各种颜色的彩绘痕迹。甚至还包括一座高20厘米的木雕佛坐像，这是至今唯一保存完整的犍陀罗木制坐佛，佛陀结跏趺坐，施无畏印，端坐于莲花座上。但是对笔者而言，最感兴趣的是艾娜克出土的一块燃灯佛授记题材的浮雕，镀金彩绘，高41厘米，宽25厘米，时代大约属于3—5世纪。这一片岩浮雕，是典型的犍陀罗风格佛教石雕，但有其独特之处。从艺术形式上看，镀金彩绘能够保存如此完好已属罕见，而且浮雕的背面是彩绘的佛教画——可能是佛传故事里的初转法轮；更为重要的是，其提供了丰富的历史信息，而在之前出土的文物或文献里，并未发现。它们可以让我们对佛教史和中古史上的一些重大问题有更加清晰的认识。

艾娜克出土的这块燃灯佛授记浮雕，采用犍陀罗艺术中常见的一图多景手法描述故事。浮雕中包括布发掩泥的儒童、手持莲花的儒童、升入虚空礼拜的儒童，分别表现三个情节。燃灯佛形象高大，结无畏印，占

图6-29　镀金石膏佛陀面相，艾娜克出土，阿富汗国家博物馆

图6-30　木雕坐佛，艾娜克出土，阿富汗国家博物馆

图6-31　泥塑佛像，艾娜克出土，阿富汗国家博物馆

图6-29

图6-30

图6-31

图6-32

图6-33

282　犍陀罗文明史　　　　　　　　　　　　　　　　　　　　　第六章　轮回中的佛陀：犍陀罗艺术中的佛本生故事

据画面的主要部分。在其头顶，是停在空中而不落下的莲花。如果仅从这些细节看，似乎这块浮雕跟其他犍陀罗出土的燃灯佛授记浮雕并无二致。但如果把浮雕基座内容也纳入图景中，就会发现，这是之前从未发现的类型——在浮雕基座上，出现了四人手持莲花礼敬佛钵的景象。佛钵位于中央，两边分别站立两人，一僧一俗，相互对应。可以说，将佛钵信仰和燃灯佛授记连在一起，这是唯一的图像实物证据。

先来看艾娜克和燃灯佛授记信仰的关系，然后再来分析为什么佛钵出现在了这一看似毫无关联的浮雕上。燃灯佛授记，是犍陀罗佛教艺术中的一个重要主题，出土的浮雕数量之多令人惊讶。佛教中心从东北印度往犍陀罗地区转移，带来了新的观念和艺术形式。燃灯佛授记思想，应该是佛教在犍陀罗地区重塑的结果。燃灯佛授记的信仰和圣迹，就是犍陀罗"再造"佛教圣地运动的一部分。燃灯佛授记"发生"的地点，就在艾娜克以东不远的贾拉拉巴德，这让燃灯佛授记这一主题，带有了地方信仰的色彩。

而这一浮雕基座上的佛钵，是重要的佛教圣物。艾娜克繁荣的时代，它就保存在贵霜帝国的都城布路沙不逻。距离首都不远的经济中心艾娜克的居民，他们当中不少人应该曾去布路沙不逻亲身礼拜佛钵。浮雕基座描述的景象，当为艾娜克僧俗大众所熟知的、在现实中存在的场面。

根据文献（主要是汉文佛教文献，比如《马鸣菩萨传》《付法藏因缘传》等）记载，佛钵是贵霜皇帝迦腻色伽在2世纪前半期，从佛陀故地毘舍离或者华氏城抢到布路沙不逻的。也是基于这些记载，2014年，印度要求阿富汗政府归还现在置放在阿富汗国家博物馆入口处的"佛钵"。研究中亚佛教的学者们认为，将佛钵抢到布路沙不逻，是迦腻色伽打造佛教中心的重要手段。比如桑山正进就认为，以佛钵为中心，犍陀罗成为新的佛教中心。至少在法显的时代，来自中土的西行巡礼求法的僧人以及来自印度的僧人，以前往布路沙不逻朝觐佛钵，复西行去那竭朝觐佛陀遗物为荣耀。而这两件事——布路沙不逻的佛钵和那竭国的燃灯佛授记圣迹——都在这件艾娜克出土的浮雕中出现了。

这万里之外的事儿，跟中国中古史又有什么关系呢？其实关系很大。正如很多学者指出的那样，佛钵是跟弥勒信仰和转轮王理念密切相关的"圣物"或符号。佛钵本质上是最重要的舍利，在很长的历史时期里，它被认为是佛法的象征。释迦牟尼涅槃后，经过漫长的岁月，弥勒将成为新的佛，而佛钵将传到弥勒手中，正法得到恢复。佛教的理想君主转轮王，被赋予供养佛钵的责任和角色。也因此，在犍陀罗佛教艺术

图6-32 燃灯佛授记浮雕正面，艾娜克出土，阿富汗国家博物馆
图6-33 燃灯佛授记浮雕背面彩绘，艾娜克出土，阿富汗国家博物馆

中，佛钵往往跟弥勒的形象连在一起。中国的魏晋南北朝时期，佛钵将来到中土的预言广为流传，对当时的信仰世界和政治起伏产生了深远的影响。

饶宗颐先生在《刘萨诃事迹与瑞像图》中认为，4—5世纪，中土有一个西行中亚、礼拜佛钵的热潮，这是佛教史上的大事，影响深远。也正在此时，中土出现了大量类似《佛钵经》《钵记经》《首罗比丘见月光童子经》之类的疑伪经。这些疑伪经背后的政治、宗教观念，成为民众造反和统治者宣传的理论工具。东晋兴宁三年（365）四月五日，住在襄阳的习凿齿致书高僧道安，就表达了佛钵将来到中国的观念："月光将出，灵钵应降，法师任当洪范，化洽深幽。"隋文帝任用来自犍陀罗地区的那连提黎耶舍翻译《佛说德护长者经》，宣传自己的转轮王形象，也提到佛钵来到隋朝的情节："于尔数年，我钵当至沙勒国，从尔次第至大隋国，其大行王于佛钵所大设供养。"

由此回到这块浮雕本身来，也就容易理解，为什么在燃灯佛授记的主题浮雕中，出现了佛钵供养的内容。从根本上说，释迦牟尼佛为未来的弥勒佛授记，跟过去佛燃灯佛为释迦牟尼佛授记，其宗教逻辑是一样的。佛钵作为传法（所谓"衣钵传人"最早就是从佛陀开始的）信物，出现在浮雕中，是再合适不过了。艾娜克出土的这块燃灯佛授记浮雕跟之前迦毕试绍托拉克出土、藏于集美博物馆的浮雕从构图上非常相近。绍托拉克出土的燃灯佛授记浮雕，也是省去了儒童从少女那里购买莲花的场景，只表现了礼拜、升空、布发掩泥的情节。浮雕中，其右下侧是释迦牟尼佛立像；其台座上，是礼拜弥勒的场景。宫治昭《犍陀罗美术寻踪》认为："图像故事以授记故事为媒介，表现了佛陀的谱系和救济论思想。也就是说，如同过去一开始那样，燃灯佛预言之后释迦成就了菩提，接下去的未来，弥勒菩萨将成就菩提，宣告又一个开悟的世界，这个过程充满了神学性内容。"如果对比迦毕试和艾娜克的两块浮雕，可发现，艾娜克的浮雕台座上，只不过是将弥勒换成了佛钵，但表达的基本宗教意涵是一样的——佛钵本来就是弥勒成道的传法信物。可见弥勒信仰在当时的大犍陀罗地区是一种广泛信仰的观念。

再看浮雕的背面，就更加清楚了。浮雕背面，中间是结跏趺坐的佛陀，还有六个人物形象。虽然模糊，但佛陀身后一人下身穿横纹服饰，类似武士形象，可以判断为佛陀的护卫执金刚神；其他五人都是纯棕红色服饰，可以判断为五比丘。那么，整个彩绘可判断为描述的是释迦牟尼初次讲法，或者说初转法轮。初转法轮是犍陀罗佛传故事浮雕常见的主题之一，除了听法的五比丘之外，原型来自赫拉克利斯的执金刚神，

图6-34 燃灯佛授记，绍托拉克出土，集美博物馆

也是常见人物形象。而且,这块艾娜克浮雕背面彩绘中的释迦牟尼,结跏趺坐,施传法印,其手势不是无畏印,也不是禅定印,而是讲法的手势。这也更加佐证了上述判断。

如果把这块艾娜克燃灯佛授记浮雕视为一个整体,那么其表达的宗教意涵,应该不是随意的,而是围绕着一个主题展开。浮雕主体部分,是过去佛燃灯佛给现在佛释迦牟尼授记;背面的彩绘,是释迦牟尼修行得道后的初次说法;基座部分,是释迦牟尼佛传法给未来佛弥勒的信物。整个的意涵,就是在表达传法的主题:燃灯佛授记→释迦牟尼初次讲法→传给弥勒佛钵。贵霜时期,弥勒信仰兴起,成为重要的信仰和思潮。艾娜克出土了大量高质量的贵霜钱币。在一种迦腻色伽钱币上,有弥勒结跏趺坐的形象,这或许能给上述论断提供一个小小的注脚。

即便是研究中国文明本身,也不能把眼光仅停留在现在的国境之内。古代文明从来不是完全割裂和孤立的,它们之间的关联度超出今人的想象。从研究方法上来说,不仅需要换一个角度观照彼此、换种说法重新解释问题,还需要从失落的历史记忆里打捞文明碎片、重新认识文明本身。解决问题的关键,很多时候不在于自说自话的论争,而在于将(至少一个区域的)人类文明视为整体,从各种狭隘的羁绊(民族、国家、宗教认同等)中拯救历史。

图6-34

VII

The Life of Sakyamuni the Buddha:
His Stories in Gandhara Art

第七章

释迦牟尼的一生：犍陀罗艺术中的佛传故事

毫无疑问，犍陀罗艺术的核心内容是宗教艺术，而宗教艺术的核心，又无疑是佛教美术——目前主要以雕塑的形式保存下来。犍陀罗地区出土的数量众多的佛教雕塑作品，可以跟佛教在犍陀罗的重塑这一历史事实相印证。作为佛教的飞翔之地，犍陀罗的文明不仅重塑了佛教的很多核心理念和宗教关怀，而且发展出了犍陀罗佛教艺术。后来在东亚文明中呈现出来的佛像、菩萨像、佛教视觉艺术作品，都深深打上了它的烙印。

几乎每一个宗教都对描述自己传教先驱的事迹倾注了巨大的心血，正如基督教《圣经》孜孜不倦地描述耶稣的生命历程一样，释迦牟尼的人生经历，他的出生、成道、传法、涅槃，都是佛教神圣历史的一部分，也是理解佛教精神的重要线索。按照佛教的教义，正是因为释迦牟尼出现在世间，众生的命运才发生了根本性的改变。这也能够解释，为什么犍陀罗佛教浮雕中，佛传故事（佛本行故事）占据了重要的比例，在犍陀罗佛教艺术中居于如此重要的地位。

佛教在犍陀罗的发展，其中一个重要的表现，就是佛陀的形象从一个人间的导师，转变为无所不能、至高无上的神灵。佛的形象第一次具体化之后，就被赋予了神圣的属性。文献和艺术品中的佛陀，从根本性质上说，有双重的属性。一方面，他是神圣的，是佛教世界的最高精神导师和裁决者，具有难以想象的神通、智慧和法力；另一方面，他是"真实存在"的一个人物——根据一个传统说法，佛陀释迦牟尼在公元前566年至前485年间生活在北印度中部地区。不论历史解读为何，他存在于特定的历史时空里，他的重要性和神圣性，也必须在特定的历史脉络里才能获得解释和阐发。这两种属性合而为一，在字里行间、雕塑壁画中，共同塑造了受众能够理解接受的释迦牟尼。

释迦牟尼从乔达摩·悉达多（Siddhārtha Gautama）王子转变为讲法传道的佛陀，一方面是一个圣人修行成长的历程，另一方面也是佛教自身神圣历史的重要组成部分。这个过程虽然是个时间逻辑清楚明了的事件，但是整个演进过程中的细节，都跟佛教的基本精神相连接，也就具备了"经"的神圣性。比如佛传中有一个猕猴献蜜的故事，后世的佛教知识分子们讨论饮食的戒律，就往往要引用这个故事说明"水净"的重要性。所以说，佛传故事不仅是佛陀自己的"发家史"，也蕴含了佛教的基本精神和教义。这也是佛传故事成为犍陀罗浮雕重要主题的原因。

可以说，佛传故事的塑造和艺术呈现，不仅是对佛陀个人的缅怀，也是对整个佛法精神的敬畏和虔敬。尽管经过千年的湮没、冲刷，犍陀罗留给后人的艺术品中，以佛传故事为主题的雕塑仍是最为丰富的一类。迦毕试、塔克西拉、白沙瓦、斯瓦特等地，都大量发现了佛传主题的浮雕。不同佛教遗址出土的佛传雕刻，在表现形式和突出主题上，依稀能看出各自的特点。这些都可以印证，捐赠、塑造、供养佛传主题的艺术品，在当时的犍陀罗是多么重要的社会宗教文化活动。这些活动很可能在贵霜帝国时期得到统治阶层的大力支持，进而给后人留下了珍贵的文明遗产。

这些佛传浮雕附属于寺院、窣堵波等佛教建筑，出现在阶梯、墙壁、门廊等地方。这些佛传浮雕深具犍陀罗艺术风格，多是一图多景，或用最激动人心的某个高潮情节来表现一个佛传主题，再通过多幅精心挑选的主题故事，组合起来，呈现出释迦牟尼的生命历程——同时也是佛法流传的神圣历程。大家最为熟悉的是浮雕出现在窣堵波的台基侧面，围绕窣堵波一周，犍陀罗的艺术家们如绘制连环画一样，把佛陀的一生呈现在供养者的眼前。当虔诚的供养者右旋绕塔礼敬时，就如同亲身经历了一遍佛陀的心路历程。作为保存佛舍利的窣堵波，由佛传故事浮雕来进行装饰，构造出神圣的空间和氛围——窣堵波里面保存着释迦牟尼的遗骨，外面是讲述他神圣事业的浮雕。比如最典型的出土于西克里的奉献窣堵波，围绕塔一周展现了佛陀神圣人生历程中的十三个最重要的场景：燃灯佛授记、菩萨在兜率天上等待转生为释迦太子、树下观耕、降服阿波罗逻龙王、吉祥献草、四天王献钵、梵天劝请、佛陀的禅定、佛陀给三十三天说法、菴婆波利的拜访、帝释窟禅定、阿拉毗克皈依、猕猴献蜜。通过这十三个场景，让信仰者了解佛陀成道的来龙去脉以及传法降魔的光辉历程。

犍陀罗佛传浮雕表现出来的这种历史感，有些学者认为是受到了希腊文化的影响。希腊文化确实具有很强的历史意识，《荷马史诗》《希波战争史》等史学名作毫无疑问是希腊文明的历史学传统的明证。不管犍陀罗佛传雕塑所表现出的历史感是否是希腊文化的余绪，这种严格按照人物生平次序来展现一个圣人、一种宗教的来龙去脉的做法，确实是一种非常成功的宗教艺术形式，而这种形式，后来也对东亚宗教塑造先驱和圣徒的形象产生了深刻的影响。

佛陀一生经历非常丰富，简单归纳包括出生、成道、传法、涅槃四个阶段，这四相图是描绘释迦牟尼故事的基本架构，也是现代犍陀罗艺术研究者最常采用的分类方法。以四相为基础，增加别的场景，佛传故事可以扩展为五相图、八相图和十二相图。如果扩展开来，相关的佛传场景有一百多个。这些场景或者主

图7-1

图7-1 佛传窣堵波，西克里出土，拉合尔博物馆
犍陀罗的艺术家们选取了佛传故事中的十三个代表性主题，展现释迦牟尼传法的一生。从内容看，基本上围绕佛陀得道传法展开。

图7-2 佛陀禅定，拉合尔博物馆

图7-3 佛陀给三十三天说法，拉合尔博物馆

图7-2

图7-3

题，有些在犍陀罗佛传浮雕中有保存，有一些则仅仅见于汉文或者其他文字的记载。有些场景文字有记载，但是还没有在犍陀罗找到图像的证据。一般认为，佛传故事出现的时代大约是公元前2世纪，传入犍陀罗后，最早在2世纪达到繁荣的景象。毕竟带有佛陀人形形象的佛传图像，最早也不会早过2世纪——主流的观点认为是先有佛传浮雕中的佛陀形象，之后才发展成为单尊的佛像。

佛传故事也是一个不断累积的过程。第一批佛教文献成书于佛陀涅槃后三世纪。《大事》（*Mahāvastu*）所记载的佛陀生平故事，有的内容是4世纪以后才出现的。成书于1—3世纪的《佛说普曜经》八卷，最早在西晋时由竺法护译出。汉文早期译经非常重要，它们大多是译自佉卢文的原典，对今人理解佛教早期历史具有重要的学术价值。有关释迦牟尼生平的汉文早期译经很丰富，比如马鸣在2世纪创作的《佛所行赞》（*Buddhacarita*）五卷在北凉时由昙无谶译出。其他有关译经，还有东汉晚期竺大力等译《修行本起经》（两卷），三国吴支谦译《太子瑞应本起经》（两卷），刘宋求那跋陀罗译《过去现在因果经》（四卷），隋代阇那崛多译《本行集经》（六十卷）等。四相图中的涅槃入灭，则有涅槃诸经的记载和描述。涅槃经曾经在中国历史上扮演重要的角色。比如在隋代，涅槃学一度是佛教最受关注的学问。这些汉译佛经跟犍陀罗保存下来的佛传浮雕相印证，保存了珍贵的历史记忆。

图像作为历史记忆的载体，区别于文本文献。图像的创造者受到所处文化、思想、信仰世界的影响，自身的艺术修养和社会背景也都会影响到他们的创作。比如在文本文献中，执金刚神并没有那么重要的地位，但是在犍陀罗的佛传雕刻中，执金刚神始终是非常关键的角色，他充当着佛陀侍从和保镖的角色，或者说是"保护神"——尽管佛陀的神通不需要保护。在佛传雕刻的很多场景中，都能看到手持金刚杵、随侍佛陀左右的执金刚神。犍陀罗艺术中表现释迦牟尼年轻时的场景，比如去学堂学习、比试武艺等情节，在印度本土（比如巴尔胡特）的佛教艺术中是看不到的，很可能是犍陀罗地区的独创。

但最令人瞩目的是，第六章讨论的燃灯佛授记，在犍陀罗佛传浮雕中，扮演了极为重要的角色。历史上的佛陀很可能从未到过犍陀罗地区，但是燃灯佛授记发生的地点，不在佛陀故土，而是在今天的贾拉拉巴德，也就是汉文文献中的那竭国——这里是燃灯佛授记发生的地点，故而成为佛教圣地。燃灯佛授记具有非常关键的地位：它是佛本生故事的结束，也是佛传故事的起点。尽管故事的主人翁儒童仅仅是释迦牟尼的前世，但是通过燃灯佛的授记，他已经正式获得了未来成佛的神圣性和合法性，之后历经诸劫转生为释迦太子就顺理成章了。所以就很容易理解，为什么这样一个佛本生故事，却往往出现在犍陀罗的佛传故事里，而且是作为佛传故事的开端：释迦牟尼通过燃灯佛授记，经过一定转生积攒功德，入胎于摩耶夫人体内。摩耶夫人诞下释迦牟尼，也就开启了佛教的伟大志业，众生的命运也因此改变。只有经过佛陀的讲法传道，才能解脱众生，跳脱六道轮回。而这一切，都从燃灯佛授记说起。

虽然不知整个的历史脉络如何，但是基本可以确定，在犍陀罗佛教艺术中，燃灯佛授记是极为重要的主题之一。这也吻合此主题的雕塑大量存在的事实。如果艺术是思想的反映，故可以推断，燃灯佛授记的有关理念，曾经在犍陀罗佛教中扮演极为重要的角色，是犍陀罗佛教的新发展和创造。虽然释迦牟尼没到过犍陀罗，但是他成佛的因缘在犍陀罗，或者说，故事的起点，必须从燃灯佛授记说起。发生在贾拉拉巴德这一佛本生故事，也再次加强了犍陀罗佛教圣地的地位。比如提到的西克里出土、现存拉合尔博物馆的窣堵波上的佛传浮雕，第一块就是燃灯佛授记。这块浮雕通过一图多景的表现手法，展现了儒童从王女手中买花、礼拜燃灯佛、升入虚空、布发掩泥等情节。正如犍陀罗佛传浮雕的特色，虽然故事主人翁是释迦牟尼的前世儒童，但是图像中占据主要地位的是燃灯佛。燃灯佛要比周围的人物形象高大得多。

图7-4 佛传浮雕，燃灯佛授记，拉合尔博物馆

第一节
佛陀出生

伟人或者圣人的出生，一般就与常人不同，会伴随种种异象出现。这一点并非佛教所独有，在基督教文明中，耶稣的降生也被赋予了种种超自然的特色；在中国古代政治修辞里，伟大君主的诞生，云气、动植物乃至身体上的胎记，都是为了显示其与众不同。释迦牟尼来到世间，是佛教的大事，是佛教伟大事业开启的契机，所以也是佛教文学和佛教艺术大书特书的情节。在犍陀罗佛教美术中，有关佛陀出生的作品也就特别多。

1. 白象入胎和净饭王占梦

燃灯佛授记之后，经历诸多转世修行，那个为燃灯佛布发掩泥的儒童将成为释迦牟尼，但是过程并非一蹴而就。汉文译经比如竺大力、康孟详共译《修行本起经》也是从燃灯佛授记讲起的，但是记载燃灯佛授记之后，儒童要反复转世修行，乃至"上为天帝，下为圣主，各三十六反，终而复始"，也就是在人间做转轮王，到天上做帝释天，终而复始。《修行本起经》还提到，等到"期运之至，当下作佛"的时候，释迦菩萨在兜率天（未来的弥勒菩萨也在这里等候下生）上，"兴四种观，观视土地，观视父母，生何国中，教化之宜先当度谁"，然后选定了出生的地点、自己的父母，以及将来先度化谁。最终，释迦菩萨选择迦毗罗卫国净饭王（Śuddhodana）的王后摩耶夫人做自己的母亲。这一汉文史料记载的情节，在犍陀罗浮雕里有表现。斯瓦特博物馆藏的一块浮雕，由四个场景组成，上半部表现了释迦菩萨在兜率天上准备下生，下半部表现的是白象入胎和净饭王占梦。同样的内容，也在拉合尔博物馆的佛传浮雕中能够找到。

释迦菩萨下生时，佛教经典一般描述为"化乘白象，来就母胎"。摩耶夫人也在梦中看到空中有乘白象，"来诣我上，忽然不现"。夫人将此事告诉净饭王，净饭王召相师占梦。相师云："此梦者，是王福庆，圣神降胎，故有是梦。生子处家，当为转轮飞行皇帝；出家学道，当得作佛，度脱十方。"也就是说，如果太子不出家，将成为世界之王，或者说是佛教的理想君主转轮王；如果出家，就成为佛陀。转轮王和佛陀是对应的关系，一个是世俗世界的最高统治者（不出家），一个是神圣世界的最高导师（出家）。这反映了佛教对世俗王权的基本理念。在犍陀罗艺术中，表现白象入胎和净饭王占梦场景的作品都有保存。其中白象入胎前后发现三十多件，可见是当时非常流行的宗教艺术主题。

图7-6

图7-5

图7-5 等候转生，西克里窣堵波浮雕，拉合尔博物馆
释迦在兜率天等候转生为太子，他以菩萨装扮出现，有头光，周围天人合掌礼敬。

图7-6 占梦，大英博物馆

犍陀罗浮雕中，常常将飞来的白象刻画在圆盘上，似乎白象是存在于圆圈之中。这种情况在中印度巴尔胡特的类似浮雕中没有看到，似乎是犍陀罗艺术的发明。白象置于圆圈之内，似乎是显示"托胎灵梦"的意境，表现白象是在摩耶夫人的梦境中来到的。圆盘的符号意涵，至少是把世俗和神圣空间分开，呈现出神异色彩。阇那崛多译《佛本行集经》记载白象入胎云："若母人梦见，日天入右胁；彼母所生子，必作转轮王。……若母人梦见，白象入右胁；彼母所生子，三界无极尊，能利诸众生。"犍陀罗浮雕中的圆盘，是否象征太阳，并不能肯定。而且《佛本行集经》中提到的不光是日天，还有月天，这里的圆盘或许仅仅只是用来区隔现实世界和神圣世界的。从艺术风格看，犍陀罗白象入胎浮雕带有当时典型的希腊艺术风格，具有写实主义特征，图景中的女性曲线和面容都非常美好。

在巴尔胡特的白象入胎浮雕中，摩耶夫人是俯瞰的卧姿，而犍陀罗的同一主题浮雕中，都是左侧横卧。这样一来，白象就是从摩耶夫人的右胁进入体内，正好和佛教典籍关于佛陀从摩耶夫人右胁出生的记载相吻合。右胁而生，符合释迦牟尼的刹帝利身份。在场景中，摩耶夫人往往躺在一个梯形建筑之下，这个梯形建筑象征着净饭王的王宫。在床边往往出现一盏灯——告诉大家这是晚上。除了灯是常见元素之外，其他的床、垫脚的矮凳等，应该是贵霜时代常见的家居布置。通常有卫士出现。卫士很有特色，是手持长矛或腰挎宝剑的女卫兵。雇佣外国妇女担任宫廷卫士，可能是贵霜时代的惯例吧。在大都会博物馆所藏的白象入胎浮雕中，似乎有梵天和帝释天的出现，见证这个伟大的时刻。

在犍陀罗浮雕中，白象入胎和净饭王占梦常常是一起出现的故事主题。一般是净饭王交脚坐在干座上，听取相师（婆罗门）的说辞。犍陀罗佛传雕刻中，净饭王一般是干者的打扮，很可能就是当时贵霜君主的打扮。摩耶夫人的装扮，应该是当时的贵族妇女装扮。斯瓦特博物馆和白沙瓦博物馆所藏占梦浮雕中，王者都是交脚而坐，双腿于脚踝处相交，右腿在前，左腿在后，双手表现为右手仰掌于胸前前伸呈施无畏印，左手抚膝。这种王者的坐姿，也见于贵霜时期的哈尔恰扬（Khalchayan）的王侯相。有学者认为，这种坐姿，后来被弥勒的形象所吸收，是交脚弥勒形象的图像源头。

图7-7 白象入胎，拉合尔博物馆

图7-8 白象入胎，2世纪，大英博物馆

图7-9 白象入胎，大都会博物馆

图7-7

图7-8

图7-9

VII The Life of Sakyamuni the Buddha: His Stories in Gandhara Art

2. 右胁而生和太子沐浴

释迦牟尼的出生是佛教史的大事，犍陀罗艺术中关于佛陀出生的浮雕很多，而且有的非常细节化，比如大英博物馆收藏有表现摩耶夫人乘坐马车回娘家生产的浮雕，很可能表现的是当地风俗。右胁而生的场景则更多，从西克里等地出土了数量众多的这一主题的浮雕。尽管艺术水准和风格各异，但是场景类似，里面的人物形象和图像元素基本都有娑罗树（Śāla）、摩耶夫人、帝释天和梵天、侍女、诸神等。

关于释迦太子的出生，汉文译经多有描述。《修行本起经》记载，摩耶夫人出游，过流民树下，"众花开化、明星出时，夫人攀树枝，便从右胁生堕地"。而刘宋求那跋陀罗译《过去现在因果经》增加了一些细节，比如当释迦太子右胁而生时，"树下亦生七宝七茎莲花，大如车轮，菩萨即便堕莲花上"。释迦太子一落地，没人扶持，就自行七步，举手而言："天上天下，唯我为尊。三界皆苦，吾当安之。"释迦太子刚说完，"应时天地大动，三千大千刹土莫不大明"。东亚佛教中，存在一个佛陀右手指天，左手指地，作"天上地下唯我独尊（佛性独尊）"的狮子吼状。但是在犍陀罗，只有右手施无畏印的造型，并没有手指天地的例子。手指天地的造型，可能是进入汉地的新创造。

释迦牟尼的出生具有种种异象，比如母亲是站立生下他，是右胁而生，而且一出生就会自己行走并发下宏愿，天地为之震动和放光。在表现右胁而生的浮雕中，摩耶夫人是右手上举，手抓娑罗树树枝，双脚交叉而立。宫治昭认为这个姿势模仿的是印度古代的树女神，其意涵象征着丰饶。也有观点认为，摩耶夫人站立产子，是受到希腊神话的影响。也有可能的，右胁而生，是释迦牟尼刹帝利阶层的象征。同样的，作为刹帝利的代表，帝释天也是右胁而生的。印度的种姓制度非常严苛，《摩奴法典》中提到，婆罗门、刹帝利、吠舍和首陀罗分别是从原人的口、臂、腿和脚生出来的。根据这一理论，刹帝利是从双臂所生。净饭王毫无疑问是刹帝利。如果释迦牟尼真的如宣称的那样是一位王子，那么他也具有刹帝利的身份。右胁而生可能反映的是这种宗教文化意涵。

在犍陀罗右胁而生浮雕中，帝释天和梵天往往同时出现，帝释天用布接住太子，而梵天在一旁注视着。《修行本起经》记载在场的包括"释梵四王与其官属，诸龙、鬼神、阅叉、捷陀罗、阿须伦"，而《过去现在因果经》则记载："时四天王即以天缯接太子身，置宝机上。释提桓（帝释天）因手执宝盖，大梵天

图7-10 右胁而生，大都会博物馆
图7-11 右胁而生，2—3世纪，弗利尔美术馆

图7-10

图7-11

王又持白拂，侍立左右。"按照后者的记载，是四天王为释迦太子接生，帝释天手持宝盖，梵天持白拂。这一点跟犍陀罗出土的浮雕场景不太相同。在犍陀罗浮雕中，接生的是帝释天。除了诸神，场景里经常包括鼓手、竖琴等伎乐元素；另外有手持水瓶、丰饶角、棕榈叶拂尘的侍女们。拉合尔博物馆所藏右胁而生浮雕具有浓厚的写实主义风格。帝释天接生，摩耶夫人身形错落婀娜，面容娇美，手搭在侍女的肩上。侍女们手持水瓶和象征物产丰富（也象征生育）的丰饶角。整个场面人物众多，但各具灵性，围绕摩耶夫人呈现出一幅灵动的场景。

释迦太子出生之后，第一项最重要的仪式就是灌顶沐浴。比如《修行本起经》记载，"有龙王兄弟，一名迦罗，二名郁迦罗，左雨温水，右雨冷泉"，给太子沐浴。《过去现在因果经》记载："难陀龙王、优波难陀龙王于虚空中，吐清净水，一温一凉，灌太子身。"此时，"天龙八部亦于空中作天伎乐，歌呗赞颂，烧众名香，散诸妙花，又雨天衣及以璎珞，缤纷乱坠，不可称数"。灌顶沐浴有给受洗者加注神圣性的意涵，太子沐浴灌顶就成为以后纪念佛陀诞生的重要仪式。佛诞日也因此被称为浴佛节。犍陀罗浮雕中，有相当数量的太子沐浴主题浮雕。白沙瓦博物馆所藏的太子沐浴或者叫作灌礼浮雕中，两位侍女扶持新生的释迦太子，帝释天和梵天分立两旁，双手合十，而执行灌礼的是另外两个人物形象，这两个人物可能是上述佛教文献中提到的龙王兄弟。

汉文译经中，大多记载是龙王兄弟为释迦太子灌顶沐浴。后秦鸠摩罗什译《大智度论》提到双龙吐水，北凉昙无谶译《佛所行赞》则只提到双泉从天而降，并没有提到龙。隋代阇那崛多译《佛本行集经》则记，佛陀出生时，不但天降双泉，还有一冷一暖双泉从地涌出。吴支谦译《太子瑞应本起经》则提到四天王为太子洗浴。二龙灌顶图也见于西域地区。但是犍陀罗灌礼浮雕中，并没有出现二龙的形象，而是用人形神祇代替了。相反的，汉文文献中没有关于帝释天和梵天为释迦太子沐浴的记载，但是犍陀罗浮雕中却出现了。比如维多利亚和艾尔伯特博物馆、大英博物馆、西蒙诺顿博物馆分别收藏的灌礼浮雕，都是帝释天和梵天为新生太子沐浴。手持金刚杵的帝释天身份非常明确。

在汉传佛教中，很早就有了"九龙浴佛"的观念和习俗。因为浴佛具有重要的宗教意义，包括对佛教信仰而言，还是对个人而言。比如《浴佛功德经》记载，浴佛有十五种功德，能为十方诸佛之所加护。在中土，早在4世纪，浴佛已经成为风俗。《邺中记》记载石虎举办九龙灌顶仪式，"四月八日，九龙衔水浴太

图7-12 右胁而生，拉合尔博物馆

图7-13

图7-14

图7-15

图7-16

302　犍陀罗文明史　　　　　　　　　　　　　　　　　　　　第七章　释迦牟尼的一生：犍陀罗艺术中的佛传故事

子之像","作金佛像,坐于车上,九龙吐水灌之"。九龙浴佛是中土佛教艺术和建筑常见的主题,至今仍常见于佛寺建筑之中。但是在犍陀罗的佛教艺术中,并没有九龙吐水的内容。汉文译经中,有关九龙浴佛的记载也很少见。唯一提到九龙吐水的是西晋竺法护译《普曜经》卷二:"九龙在上而下香水,洗浴圣尊。"在犍陀罗浮雕中,没有看到九龙吐水为佛沐浴的艺术品。

在犍陀罗地区,根据法显等人的记载,存在行像的风俗,时间就在佛陀出生的四月。这种活动也跟《邺中记》有关石虎九龙灌顶的记载相吻合。这说明,早在三四世纪,浴佛行像已经在中亚和东亚逐渐成为非常流行的佛教仪式。

3. 仙人占相和坐骑出生

释迦太子出生之后,夫人抱太子,乘交龙车,幢幡伎乐,导从还宫。犍陀罗艺术中有表现太子归城(迦毗罗卫)的场景。根据汉文佛典记载,净饭王"闻太子生,心怀喜跃,即与大众、百官群臣、梵志、居士长者、相师,俱出往迎",诸梵志相师为他取名"悉达"(Siddhārtha,汉言财吉)。释迦牟尼是后人对佛陀的尊称,意思是"来自释迦族的修行成就者"或者"释迦族的圣人"。"乔达摩"或"瞿昙"(梵文Gautama),是释迦族的姓氏,传统上认为这是释迦牟尼佛的姓,所以佛陀的名字叫乔达摩·悉达多。净饭王命将太子抱去礼拜神像,结果"诸神形像,皆悉颠覆",这是一个常见的佛教叙事主题——异教神祇无法承受佛陀和转轮王的福力。

释迦太子出生之后,产生了三十二种祥瑞,引得仙人阿夷(阿私陀)来为其占相。阿夷具有猛力,但是"方抱太子,筋骨委震",然后又见太子"奇相三十二、八十种好,身如金刚,殊妙难量,悉如秘谶,必当成佛"。仙人阿夷忍不住流泪,悲不能言。摩耶夫人非常害怕,急忙问是不是不祥之兆。阿夷回答:"吉无不利!敢贺大王,得生此神人。昨暮天地大动者,其正为此矣。"又解释道,三十二相的人,如果在家当为"转轮圣王","主四天下,七宝自至,行即能飞,兵仗不用,自然太平";如果出家,"当为自然佛,度脱万姓"。他接着解释道,自己忍不住流泪的原因,是因为自己已到暮年,没有机会再"睹佛兴,不闻其经",没法听到佛陀的教诲,所以悲痛。

图7-13 灌礼,白沙瓦博物馆
新生太子站立在三脚凳上,龙王兄弟似乎是从圆壶状
容器中倾倒出水给新生的太子灌顶。

图7-14 灌礼,维多利亚和艾尔伯特博物馆

图7-15 灌礼,大英博物馆

图7-16 灌礼,3—4世纪,诺顿西蒙博物馆

图7-17

图7-18

释迦太子出生的同时，他的坐骑揵陟（Kāṇthaka）和马夫车匿（Chandaka）也在同时出生了。在佛教文献里，揵陟马和马夫车匿的出世，就是注定了要陪伴释迦太子度过出家修行之前的岁月。太子、马、马夫同时出生，也再次凸显了释迦太子的不同寻常，彰显了他的神圣性。《太子瑞应本起经》记载："太子生日，王家青衣，亦生苍头，厩生白驹，及黄羊子。奴名车匿，马名揵陟。王后常使车匿侍从，白马给乘。" 这一异象在犍陀罗艺术中也有表现。比如白沙瓦博物馆藏坐骑及马夫同时出生浮雕中，就表现了马夫和坐骑跟释迦太子同时出生的场景。在场景中，车匿的母亲正在给刚出生的车匿按照当地风俗洗浴，婴儿车匿坐在水盆里。其母亲坐在类似凳子的物体上，头饰精致，戴着脚环手环。揵陟马还是幼马，站在母马的肚子下面。母马正在吃草料。背景中的墙壁后面露出三匹马，表示发生的地点是马厩，正符合《太子瑞应本起经》所说的"厩生白驹"。

这个车夫在佛教教义里是个很特殊的角色。在犍陀罗浮雕的多个场景中他都出现了，除了表现佛陀出生的祥瑞——他跟太子的马一起出生——之外，他还经常出现在佛陀离家出走的场景中。这个车夫的名字在汉文佛典中被翻译为"车匿"，也被翻译为"阐陀""阐铎迦""阐陀迦""阐特""羼陀""阇那""栴檀"等。车匿在佛陀出家之后，本拟跟随一起出家，但是因缘未到，释迦太子拒绝了他的请求。在佛陀成道之后，他也成为佛陀的弟子。但是车匿是个很特殊的角色，可以说，他是最早发下誓愿跟随佛陀修道的人。而且，早在佛陀成道之前，他就在王宫侍奉，而且是他送佛陀离开王宫的。作为最早侍候佛陀的人，他的资格是很老的，所以也就特别骄傲。车匿的骄傲，使他非常嫉恨舍利弗和目犍连，因为后两人往往被视为佛陀最早的弟子。在佛教典籍中，车匿的性格比较粗野，被称为"恶口车匿"或者"恶性车匿"，他曾加入佛陀的敌人提婆达多的六群比丘之中。《五分律》将他描述为违反戒律的人，比如他任意伐树，激起民愤。但是车匿在后来醒悟，证得了阿罗汉道。有些佛教典籍记载，他是在佛陀涅槃之后得到醒悟的。佛陀遗言让大家不要理会他，也就是给他"梵檀罚"。在阿难的帮助下，他最终觉悟，证得阿罗汉道。

跟车匿同时出生的马，就是佛陀在迦毗罗卫国作太子时心爱的坐骑白马，名叫揵陟，汉文典籍中又作"揵德""迦磋迦""骞特"等。后来释迦太子四门出游、逾城出走时，乘坐的就是这匹白马。根据《佛本行集经》记载，白马揵陟回去之后受到净饭王的呵责，最终忧愁悲苦而死。死后上生三十三天，在太子成道之后，下生中天竺那波城，成为一婆罗门子，等到长大后拜见佛陀。佛陀知道其前世为自己坐骑，为其说起此段因缘。听毕，前世为揵陟马的婆罗门子入于涅槃。

图7-17 归城，大英博物馆
图中可见摩耶夫人怀抱新生的释迦太子。

图7-18 仙人占相，拉合尔博物馆
右边是净饭王夫妇，左边仙人阿夷接过侍女手中的释迦太子，置于自己膝盖上观看。

第二节
释迦太子的日常

犍陀罗佛传雕刻的历史化表述也表现在对佛陀一生的文化进程的刻画，尊奉古代印度社会高度推崇的理想人生所必经的"四行期"：第一阶段为梵志期，其主要任务是入学堂拜师学习知识；第二阶段是家居期，成家立业，娶妻生子；第三阶段是林栖期，放弃世俗生活沉思冥想，或著书立说；最后阶段是遁世期，云游四方，传播真理。释迦牟尼的生命历程，似乎也是沿着上述的轨迹进行。在佛陀出家修行之前，作为释迦族的太子，他经历了当时贵族子弟一般的生命历程。在这部分的佛传浮雕中，释迦牟尼是贵族子弟的形象。

1.释迦太子在学堂和竞试武艺

根据佛教典籍记载，因为净饭王知道释迦太子如果出家会成佛，留在尘世则会成为理想的统治者转轮王，所以他深怕

图7-19

释迦太子会出家而去，而希望他能留在凡世做转轮王。根据《太子瑞应本起经》等记载，为了消磨太子之志，净饭王为太子建造了三处宫殿，下雨时居住在秋殿，炎热的夏天则居住在凉殿，寒雪时居住在温殿。并且选了五百美女，"择取端正，不肥不瘦，不长不短，不白不黑，才能巧妙，各兼数妓"，每一百人为一班，轮流照顾太子。太子居处，种满甘甜果树，池塘里有百千异类之鸟。净饭王希望能够用惬意的生活和荣华富贵取悦太子，打消他成道的念头。而且宫墙牢固，门开门闭，声音传到四十里外。只要太子离开宫殿，声音就会传出，国王也就会知道。以此防范释迦太子离宫出家。

太子出生七天后，摩耶夫人命终，上生忉利天。太子由其姨母波阇波提抚养长大。释迦太子从七岁起开始学习。他向毗奢蜜多罗（Visvimitra）学习文化知识，向羼提提婆（Ksantidiva）学习武艺。毗奢蜜多罗在汉译佛典中常译作"选友"，是一位文学修养极高的婆罗门；羼提提婆在汉译佛经中常作"忍天"，是释迦族的一位擅长武术和兵法的名师。佛经中多处提到，太子是坐着羊车去上学的。比如支谦译《太子瑞应本起经》云："及至七岁，而索学书，乘羊车诣师门。" 宝唱等集《经律异相》卷四则记载："太子七岁，乘羊车，众释导从，往诣书师。" 犍陀罗佛传艺术中，保存了少年释迦乘羊车去学堂的场景。

图7-20

图7-19 乘羊车诣师门，维多利亚和艾尔伯特博物馆
画面中，个头矮小的太子在一群手抱写字板的书童们的陪同下前往学堂。释迦太子有头光，乘坐两只黄羊拉的车。跟汉文译经中描述的"乘羊车，众释导从，往诣书师"吻合。如果去掉佛教的宗教色彩，这个场景很可能是当时贵霜的贵族子弟上学场景的真实写照。

图7-20 乘羊车诣师门，私人藏品

汉文文献中都提到，少年释迦是乘坐羊车上学。但是在犍陀罗佛传艺术中，有描述太子骑着一只黄羊上学的浮雕作品。这种变通，不知道在当时是否有文献依据，或者仅仅是当时艺术家的想象和艺术创作。

释迦太子被赋予了神异的天分。他作为一个天才学生，让老师们惊叹不已。马鸣菩萨所著《佛所行赞》提到，释迦太子在学习期间，"修学诸术艺，一闻超师匠"。《太子瑞应本起经》则生动地渲染了太子的学识超越师傅，"时去圣久，书缺二字，以问于师，师不能达，反启其志"。也就是说，释迦太子提出的问题，连老师也没法回答。《佛说普曜经》更加夸大了释迦太子的神通，比如他进入学堂，老师不由自主拜服在地。《经律异相》记载："太子问曰：'师有何书见教？'答曰：'有梵、佉留法，可相教也。'太子曰：'异书有六十四种，何止二耶？'师曰：'愿闻其名。'太子答曰：'梵书、佉留书、护众书、疾坚书、龙鬼书、乾闼婆书、阿须伦鹿轮书、天肠书、转数书、观空书（文多不载），欲以何书而见教耶？'师不能解，赞叹而已。"

犍陀罗浮雕中表现释迦太子上学的作品存留不多，比较典型的是白沙瓦博物馆所藏的佛陀在学堂浮雕，展现了释迦太子在老师面前请教问题的场面，在这一场景中，少年释迦始终都有背光。佛陀老师（毗奢蜜多罗？）手持写字板，写字板上是佉卢文，解读出来的意思是"自己与他人的幸福"。佉卢文是贵霜时代的官方文字，也是佛教传播过程中扮演重要角色的一种文字。写字板上的文字，令整个画面充满历史感。这种写实主义的表现手法，也印证了当时佉卢文在佛教传播中的重要地位。在佛教典籍中提到，佛陀学习的六十四种语言中，包括汉字。如果依据这样的逻辑，少年释迦也就是未来的佛陀，是懂得汉字的。

除了学习文化知识，释迦太子也学习武艺。汉译佛典中有竞试武艺的主题，主要讲述佛陀在年少时跟他人比试武艺的故事，有的是跟为了得到美丽的耶输陀罗——也就是后来释迦太子的太子妃——有关。《佛本行集经》中提到，耶输陀罗的父亲提出，"国中勇武技术最胜者"方可迎娶耶输陀罗为妻。在汉文译经中，经常跟释迦太子竞争的是两个人，一个是他的堂兄弟，叫调达（即提婆达多，Devadatta），稍微年长，一个是他的同父异母弟，叫难陀（即孙陀罗难陀，Sundarananda），年纪稍轻。《太子瑞应本起经》中并没有把三人的竞试武艺跟迎娶耶输陀罗联系在一起，而将三人的竞争归结于调达的嫉妒："调达虽有高世之才，自然难暨，然而自憍，常怀嫉意。请戏后园，的附铁鼓，俱挽强而射之。太子每发，中的彻鼓。二人不如，以为鄙耻。久后又请，手搏于王前，要不如者，灌之以水。太子慈仁，虽擗昆弟，不令

图7-21 骑羊上学，2—3世纪，白沙瓦博物馆
有意思的是，画面中，少年释迦牟尼骑着一头羊去上学头上有背光。

图7-22 释迦太子在学堂，加尔各答印度博物馆
画面中，释迦太子端坐在写字板前，正在写字。

图7-21

图7-22

VII The Life of Sakyamuni the Buddha: His Stories in Gandhara Art

A History of Gandhara Civilization   309

身痛。二人久后复请角力。难陀前牵鼻象，掣之至庭；调达力壮，挽而扑之；太子含笑，徐前接象，举掷墙外，使无死伤。于是二人，乃觉不如；王与左右，益知非恒。"这三种比赛，包括射箭、手搏、角力，都是释迦太子取胜。这三个场景在犍陀罗佛传浮雕中都有体现。白沙瓦博物馆所藏浮雕中，有完整呈现射箭、手搏、角力三场比赛的作品。

然而在《修行本起经》中，这三场比赛，跟迎娶耶输陀罗联系在了一起，构成了一个比武招亲的主题。在《修行本起经》中，第一场比赛是角力，城门口安置一头大象挡住去路，调达一拳将其打死；难陀到了之后将大象拖到路旁；等到释迦太子到来，则将大象举起扔到城外，而且大象死而复生。这一场景在犍陀罗浮雕中有生动的表现。最典型的比如白沙瓦博物馆所藏的掷象浮雕，整个场景跟《佛本行集经》的记载极为吻合，而和其他梵文文学及《太子瑞应本起经》有些出入。

第二场比赛是手搏。按照《修行本起经》的记载，这场比赛先是调达和难陀比试，结果调达被击败，"顿躃闷绝，以水灌之，有顷乃苏"。当释迦太子跟难陀比赛时，难陀拜谢而退。

第三场是射箭。根据《修行本起经》的记载，"复以射决，先安铁鼓，十里置一，至于七鼓"，结果调达"彻一中二"，难陀"彻二，箭贯三"，而释迦太子则"彻过七鼓，再发穿鼓入地，泉水涌出，三发贯鼓着铁围山"，引起大家一致赞叹，认为从未曾有过如此神力。大英博物馆所藏的射箭浮雕中，出现了猕猴的形象，似乎是猕猴在协助佛陀拉开弓箭。这一情节和《罗摩衍那》的故事有些关联——罗摩就是在猴子的帮助下射箭取胜的。这里或许有一些民间传说的因素影响了浮雕的创作。

释迦太子竞试武艺的场景，常见于犍陀罗浮雕中，斯瓦特、马尔丹、西克里、贾马尔克里等地都出土过，可见这一题材在当时很流行。不过很多都是小型作品，出现在小型窣堵波上，以组图的形式出现，呈现了少年释迦丰富多彩的人生履历。

图7-23 竞试武艺，拉合尔博物馆

图7-24 掷象，白沙瓦博物馆
通过一图多景的手法表现了调达、难陀、释迦三人竞试武艺的场景。其中一人正挥拳击向位于城门内的大象，应是调达；一人奋力拽着匍匐在地的大象往回拉，应是难陀；而释迦太子则轻松地将大象举起，一手叉腰，一手做出投掷状。

图7-25 角力，白沙瓦博物馆

图7-26 射箭（画面中出现了猕猴的形象），大英博物馆

图7-23

图7-24

图7-25

图7-26

2. 佛陀娶亲和四门出游

汉译《太子瑞应本起经》描述耶输陀罗和佛陀的爱情，追述到燃灯佛授记。在前世中，佛陀的前世儒童为了给燃灯佛供奉莲花，向一位王女高价购买，这位王女当时发下誓愿，愿与佛陀生生世世做夫妻。所以《太子瑞应本起经》说，耶输陀罗（即瞿夷）"是则宿命卖华（花）女也"。也就说，耶输陀罗就是当释迦太子前世为儒童修行时遇到的瞿夷。瞿夷发誓世世与儒童为妻。在燃灯佛授记后，释迦太子出生，与其为妻的就是耶输陀罗。在汉文文献中，也被译为"耶惟檀""耶输多罗"等，意译为"持誉""华色"等。相好端严，姝妙第一，具诸德貌，所以缘定为释迦太子的妻子。

犍陀罗地区出土有表现释迦太子和耶输陀罗举行婚约和婚礼场面的浮雕。在婚约的场景中，太子作菩萨打扮，婆罗门将耶输陀罗引到释迦太子身边，在有的浮雕中，耶输陀罗羞涩地将头转向一边。又如白沙瓦博物馆藏婚礼浮雕，佛陀手牵耶输陀罗的手围着火堆转圈。佛陀曾经结婚应该是有历史依据的。虽然佛教讲切断和世俗世界的联系，但爱情在犍陀罗佛教艺术中还是时常出现的。犍陀罗地区出土了多幅浮雕，表现佛陀婚礼盛宴的情形，以及佛陀和耶输陀罗在宫殿里的奢华世俗生活。这些场景的浮雕都是寺院或者窣堵波的装饰物，构成了佛陀一生的历史长卷。

图7-27

图7-27 婚约，拉合尔博物馆
画面中，婆罗门将耶输陀罗介绍给释迦太子。耶输陀罗身形丰满优美，面容姣好，羞涩地将头转向一边。释迦太子身形比浮雕中的任何人物形象都高大得多。耶输陀罗身后有手提水瓶的侍女，而诸神出现加以赞美礼敬。这块浮雕经常被当作须大拏太子本生故事，但是场景并不符合。尤其是太子身形高大、耶输陀罗带着侍女等细节，都说明这不是发生在荒山野岭的故事——在须大拏太子本生故事中，有老婆罗门向太子求施夫人的场景。

图7-28

图7-29

图7-30

图7-28 婚礼,塔拜克出土,2—3世纪,大英博物馆

图7-29 婚礼(出现执金刚神),3—4世纪,瑞士Rieberg博物馆

图7-30 婚礼,1—2世纪,塔克西拉博物馆

图7-31

图7-32

图7-33

图7-34

表现释迦太子结婚主题的浮雕，还包括宴饮的情节。在犍陀罗布奈尔（Buner）地区一处佛教窣堵波遗址中，考古学家发现了一组雕刻板，一共三块，似乎是属于窣堵波阶梯上的装饰物。这三块浮雕展现的都是宴饮庆祝的场面。每一块都是刻画了六个人物，但有意思的是每一块上的人物服饰却明显不同。其中一块上面的人物是伊朗风格的打扮，却在演奏古希腊的经典乐器比如七弦琴、双管风笛；另一块上面的人物身穿典型的希腊服装，左边是男女畅饮美酒的画面，右边是两个男子运送美酒的场面，羊皮酒囊和酒坛清晰可见。中间是手持棕榈扇的女人面对着敲击手鼓的乐手。最后一块，毫无疑问，展现的是身穿印度服饰的六个人物，中间两个人身穿长袍，其中一个还手持一串葡萄。三块浮雕中的人物服饰各不相同，分别身穿伊朗服饰、希腊服饰和印度样式的服饰，可能表现的是天下众生都为释迦太子的婚礼欢欣鼓舞。罗兰德将这些画面定义为"悉达多太子的婚礼"——毕竟它们原属于佛教窣堵波，应该具有佛教的意涵。不过，这组浮雕中，太子并未出现，而且整个构图和风格带有强烈的酒神节庆祝的色彩。这可能是早期犍陀罗艺术中存在的宴饮歌舞主题的影响。一方面，这说明犍陀罗文明的多样性和世界主义色彩，另一方面也让我们更有理由相信，酒神崇拜后来被纳入了佛教的教义和宣传中，成为佛教艺术的一部分。

释迦太子和耶输陀罗的结合生下儿子罗睺罗（Rahula）。释迦牟尼成道后六年，回到迦毗罗卫度化释迦族，让罗睺罗出家并说法。罗睺罗是佛教僧团的第一位沙弥。他以舍利弗为师，目犍连为阿阇梨，最后证得罗汉道。罗睺罗出家这一情节在犍陀罗佛传故事中也有表现。

图7-35

图7-31 婚礼（身穿伊朗服饰的庆祝人群），1世纪左右，美国克利夫兰艺术博物馆

图7-32 婚礼（身穿希腊服饰的庆祝人群），1世纪左右，美国克利夫兰艺术博物馆

图7-33 婚礼（身穿印度服饰的庆祝人群），1世纪左右，美国克利夫兰艺术博物馆

图7-34 婚礼（运酒的细节，羊皮酒囊和酒坛细节），1世纪左右，美国克里夫兰艺术博物馆

图7-35 罗睺罗剃度，旧金山亚洲艺术博物馆
画面中佛陀结跏趺坐，施无畏印。耶输陀罗怀抱罗睺罗，却转头看着佛陀。侍女则在给罗睺罗剃发。整个画面写实而灵动。在浮雕的右端，则是已经剃度的罗睺罗礼拜师傅舍利弗的场景。

释迦太子和耶输陀罗的宫廷生活充满了虚华的表象，但是太子最终不会止步于宫廷之内。走向修行得道之路的缘起，是四门出游的故事。如何克服生、老、病、死这些人类最基本的痛苦，是佛教的中心议题。四门出游和充满虚无欢乐的宫廷生活场面相对照，表现出人生皆苦，欢愉只是无常的主旨。在原始佛教中，很少见到此类表达。但是中国和日本佛教中，它却是重要的主题。四门出游这一艺术主题的起源，似乎也跟犍陀罗有关。汉文译经比如《太子瑞应本起经》和《修行本起经》都详细描述了太子出游见到的老、病、死的痛苦以及沙门修行的美好：出东门碰见病人，看到病人受疾病的折磨，即便富贵也无法避免；出南门碰见老人，感叹日月流逝，时变岁移，老至如电，悲从中来；出西门碰见送葬，感叹"富贵无常，身为危城"，寿有长短，福尽命终，谁也无法躲过一死；出北门碰见修行的沙门，断绝情欲，一心得道，太子心向往之。汉文文献中往往强调，这病人、老人、死人、沙门都是帝释天所化，主要目的就是引导释迦太子出家修行成道。在犍陀罗佛传浮雕中，有关于四门出游的作品，比如白沙瓦博物馆所藏出游的片岩浮雕，骑在马上的太子面对鼓胀肚子的病人。似乎是连续的四段场景，分别是太子遇见病人、老人、死人、沙门的场面。感悟众生皆苦的释迦太子，决心出家修行。

3. 树下观耕和逾城出走

释迦太子从世俗走向神圣，是佛传故事的高潮之一。佛陀告别世俗繁华，投身精神的追求，从王者走向了圣者。这个情节就是释迦太子逾城出走。在逾城出走这个主题前后，还有一个释迦太子树下观耕的故事。这个故事的位置在汉文译经中不太一样，比如在《太子瑞应本起经》中，树下观耕的故事发生在释迦太子逾城出走之后，是净饭王追赶释迦太子时发生的。但是在《修行本起经》中，树下观耕的故事，发生在四门出游之后，逾城出走之前，是促使释迦太子下定决心离家修行的决定性因素。从逻辑上推断，《修行本起经》的记载，或许更加符合时间顺序。按照《修行本起经》的记载，太子四门出游之后，闷闷不乐。有大臣建议让太子"监农种殖，役其意思，使不念道"，于是净饭王"便以农器犁牛千具，仆从大小相率上田，令监课之"。太子坐在阎浮树下，看见"耕者垦壤出虫，天复化令牛领兴坏，虫下淋落，乌随啄吞。又作虾蟆，追食曲蟮，蛇从穴出，吞食虾蟆，孔雀飞下啄吞其蛇，有鹰飞来，搏取孔雀，雕鹫复来，搏撮食之"。释迦太子感叹六道众生辗转吞食，惨不忍睹，贵极而无道，皆与地狱对门。欢乐短暂，痛酷百端。天帝之问，无 可诃，太子顿时觉得，从此再也不会被欲望所困扰了。

图7-36 树下观耕，拉合尔博物馆

此时，净饭王想念太子，前来迎接。净饭王遥见太子坐在树下，太阳酷烈，但树荫总能遮蔽太子的身躯，所谓"日光赫奕，树为曲枝，随荫其躯"。两人乘车回城时，碰到诸梵志，梵志告诉净饭王："明旦日出，七宝当至。"净饭王"大欢喜"，以为释迦太子"必成圣王"。七宝是转轮王的身份标志，七宝到来，预示着转轮王的到来。但是这里并不是指世俗君主，而是指释迦太子将走向成佛之路。净饭王误以为释迦太子将如婆罗门占相时预言的那样，留在家中成为转轮圣王。在犍陀罗佛教艺术中，有关太子观耕的艺术品令人极为震撼。东亚佛教艺术中的树下观耕，主要是释迦菩萨树下思惟像，菩萨半跏而坐。但是犍陀罗佛教艺术中的树下观耕，释迦太子是结跏趺坐，很少有半跏而坐的情况。

图7-36

图7-37

图7-38

树下观耕之后，释迦太子已经下定了出家修行之心。就如《修行本起经》所描述："是时太子，还宫思惟，念道清净，不宜在家，当处山林，研精行禅。"这一刻释迦太子年十九，四月七日夜。在汉文译经中，现存最早翻译的《修行本起经》描述通常谓之太子惊梦的情节。为了督促释迦太子下定决心，诸天召乌苏慢（厌神）入宫施法，宫殿瞬间都变成坟墓，耶输陀罗王妃及歌女各个都变成死人，骨节解散，骷髅异处，膨胀烂臭，青瘀脓血，流漫相属。太子观视宫殿，悉作冢墓，鸱鸺狐狸，豺狼鸟兽，飞走其间。太子观见一切所有，如幻如化如梦如响，皆悉归空，而愚者保之。即呼车匿，急令备马，逾城出走。

在犍陀罗佛传艺术中，往往通过强烈的对比来表现汉文译经中的太子惊梦这一主题。犍陀罗浮雕往往将释迦太子繁华的宫廷生活和他决心出家放在一起连续展现，象征佛陀放下空虚繁华的世俗生活，走向神圣的成佛之路。这些浮雕往往采用左右布局，或者上下布局，一边表现歌舞升平、醉生梦死的宫廷生活，一边表现歌舞停歇，繁华落尽，再婀娜多姿的舞女，再优美动人的伎乐，全然不见，只剩下丑陋的现状：蓬头酣睡的舞女，枕鼓而眠的乐师，和之前判若两人。这种对比的表现方式，让人们有强烈的繁华散尽、人生无常的感叹。而在众人之中，只有释迦太子保持清醒，坚毅地决定逾城出走，让整个画面呈现出从世俗走向神圣的庄严感。

逾城出走是佛陀走向成佛之路的第一步。这一场景带有走向悟道的胜利色彩，跟旧的世界决裂，走向神圣的远方。这种宗教题材在当时的犍陀罗应该深受欢迎，这是佛教史上的大事，太子骑马逾城出走那一刻起，众生的命运也就改变了，他们将迎来一个有佛陀的时代。

太子命车匿备马，上马之后徘徊于庭，担心开门会有声音。于是四大天王之一的毗沙门天王命令手下的夜叉捧举马足，让其不发出声音，逾墙而出。在犍陀罗浮雕中，往往有夜叉托起白马四蹄的场面。犍陀罗逾城出走浮雕中，释迦太子虽然仍未成佛，但是已经有了头光。他骑在白马上，举起右手施无畏印，表现出毅然决然的态度，往往身边已经出现了手持金刚杵的执金刚神。之后的佛传故事图像中，执金刚神几乎成了必不可缺的元素。在犍陀罗的佛传故事场面中，佛陀的"保护神"就是手持金刚杵的执金刚神。执金刚神的形象，通常是希腊大力士赫拉克利斯，有的时候身穿游牧民族的服装，有的时候带有印度本土药叉的形象，所以有些学者会认为执金刚神是来源于印度传统。但其实执金刚神的出现，是在犍陀罗地区，是将希腊大力士赫拉克利斯纳入佛教万神殿的结果。

图7-37 树下观耕，2—3世纪，片岩浮雕，白沙瓦博物馆
释迦太子坐在阎浮树下的台座上结跏趺坐，施禅定印，而台座则雕刻着耕种的场景。在台座的右侧，是掌犁人轭牛，左侧是身穿长裙的人在祈祷，而最左边是净饭王礼拜太子。太子的面容温情而忧伤。垂下的衣裳将人物雕像和基座的内容连成一体。画面中，太子的形象占据了整个浮雕的大部分，呈现出圣人的威严和神圣。而耕田的部分和净饭王礼拜的部分，则只在基座上出现，不影响故事的完整性。

图7-38 树下观耕（太子发冠上有狮子形象），2—3世纪，平山郁夫丝绸之路博物馆

图7-39

图7-41

图7-40

320　犍陀罗文明史　　　　　第七章　释迦牟尼的一生：犍陀罗艺术中的佛传故事

图7-42

图7-39 太子惊梦，2—3世纪，片岩浮雕，卡拉奇国家博物馆
画面分为两部分，上部分表现的是释迦太子和耶输陀罗奢华的宫廷生活，下部分表现的是繁华消逝，太子准备逾墙出走的场景。宫治昭认为上半部或许受到塔克西拉出土的装饰盘的影响，是常见的飨宴场景。太子侧卧在卧榻上，跟坐在旁边的耶输陀罗交谈，周围是乐舞的表演。下半部是乐舞结束后的场面，乐女们各个姿态丑陋，露出凡俗的一面。持矛的女卫士守卫寝宫。此时太子的装束或者发髻已经发生了变化，预示着跟世俗世界决裂，准备离宫出走。

图7-40 太子惊梦，柏林亚洲艺术博物馆
表现了释迦太子众人皆醉我独醒的场景。耶输陀罗已经入睡，而太子坐在床边，似乎已经下定决心出走。在汉文文献中，卫士们也被描述为"淳昏而卧"。不过犍陀罗浮雕中，卫士一般都是清醒的状态。

图7-41 太子召来坐骑，白沙瓦博物馆
画面中，马夫车匿牵来了太子的坐骑，太子妃耶输陀罗在一旁沉睡。

图7-42 太子惊梦和逾城出走，伯克利艺术博物馆
浮雕分为上下两部分，上面表现的是太子惊梦的场景，下面表现的是逾城出走。令人惊叹的是，浮雕中太子骑马跃出画面，呈现出割舍世俗世界的意涵。而其旁边，面如赫拉克利斯的执金刚神出现了。

图7-43

图7-44

除了上述元素，手持伞盖的马夫车匿，和手持弓箭的五道大神成为不可或缺的人物。在太子马前，往往有手持弓箭的人物形象。以前的研究者，多认为这是魔王波旬前来阻止，也有学者认为这是毗沙门天王导引。但是根据汉文译经典，比如《太子瑞应本起经》中，提到太子遇见主五道大神，名曰贲识，左手持弓箭。这一浮雕中手持弓箭的，恐怕就是这位五道大神。这又是一例汉文早期译经能够佐证犍陀罗图像的例子。

4. 告别宝马和开始修行

释迦太子骑马离开迦毗罗卫之后，行到阿奴摩国，下马，将身上的宝衣、璎珞、宝冠解下，尽数给了马夫车匿。《太子瑞应本起经》中增加了太子和猎户交换衣服的场景。根据它的记载，太子并没有将衣冠交给马夫车匿带回，而是和猎户交换了鹿皮衣。不过在犍陀罗浮雕中，大多是表现释迦太子将衣冠交给车匿带回的场面，也再一次印证《修行本起经》的内容，似乎很多描述更接近犍陀罗佛教图像的表达内容。车匿长跪不起，希望能够跟随太子修行。但是太子认为车匿因缘未到，拒绝了他的请求。脱下王子的衣冠之后，释迦太子就从一个王者转变为修行者，从一个珠宝冠髻、璎珞装饰的刹帝利王子，转换为身穿僧袍、束成螺发的形象。头光、螺发、僧袍成为走向神圣的释迦牟尼的基本视觉元素。

最令人动容的是释迦太子的坐骑犍陟马。《修行本起经》记载，白马犍陟"长跪，泪出舐足，见水不饮，得草不食，鸣啼流涕，徘徊不去"；《佛所行赞》则记载，白马"屈膝而舐足，长息泪流连"，而车匿"悲塞情昏迷，合掌而胡跪"。犍陀罗佛教艺术中最为有名的离别场景，恐怕就是释迦太子跟犍陟马告别。一方面是释迦太子和曾经与自己朝夕相伴的马夫、宝马离别，一方面是太子跟尘世的繁华告别。从此之后，完成一个尊贵的刹帝利王子到苦行的修行者的转变。犍陀罗告别宝马浮雕中，往往出现白马"屈膝舐足，泪如连珠"的细节。一般来说，白马犍陟是浮雕画面中的主角，占据画面的最大部分。有的作品中，甚至去掉了马夫车匿的形象，只保留白马。有的这一主题浮雕中，会出现释迦牟尼的侍者执金刚神。

与宝马告别是佛陀走向修行之路感动人心的一幕，难怪在犍陀罗浮雕中这一主题成为热门的描述对象。同时这一主题也向东传入东亚世界，在东亚的艺术史上留下了痕迹。比如大英博物馆藏一块唐代绢画，表现的正是这一主题。在返回的路上，车匿"随路而啼"，一边走一边哭。马夫车匿回到宫中，宫城内外，莫不惆怅。

图7-43 逾城出走，加尔各答印度博物馆
除了手持伞盖的马夫车匿、手持弓箭的五道大神贲识、捧起马蹄的夜叉、手施无畏印的释迦太子外，似乎迦毗罗卫城的城市女神也出现了。她头戴城塞形冠，两肩带有城塞纹路，目睹太子走向神圣这一伟大的时刻。

图7-44 逾城出走，2世纪，罗里延唐盖出土，加尔各答印度博物馆

图7-45

图7-46

324 犍陀罗文明史　　第七章 释迦牟尼的一生：犍陀罗艺术中的佛传故事

图7-48

图7-47

图7-45 告别宝马，1—3世纪，柏林亚洲艺术博物馆
释迦太子身后的背光标识了他的身份。此时他赤裸上身，赤足，已经将太子衣冠交给车匿。旁边扛着伞盖的车匿手里捧着太子的衣冠。画面中的主角不是释迦太子，而是白马犍陟。它前倾垂首，跪倒在太子脚下，低首舔舐太子的双足。嘴巴微张，似乎在发出悲怆不舍的嘶鸣。这非常符合汉文译经中所谓"屈膝舐足"的描述。

图7-46 告别宝马，拉合尔博物馆
这件浮雕作品中，出现了执金刚神的形象。虽然有些残破，但是立于释迦太子身后的执金刚神手持的金刚杵清晰可见。

图7-47 告别宝马，大英博物馆

图7-48 爱马犍陟和手扛华盖的马夫车匿归来，拉合尔博物馆

在汉文译经中，担心太子安危的净饭王挑选阿若憍陈如（意为"知本际"）等五人跟随释迦太子修行，但是最终五人离开了释迦。释迦牟尼成道之后，初次讲法，就是回去找他们五个。所以他们五个是佛陀得道后度化的第一批信徒。尤其是阿若憍陈如，被认为是佛陀成道后第一位度化的人，是第一位证得罗汉果的阿罗汉，是"五百罗汉"的第一名。在释迦牟尼刚踏上修行之路时有一个细节，即渡过尼连禅河（Niranjana）。犍陀罗浮雕中有表现这一细节的作品，比如白沙瓦博物馆所藏的一块出土于斯里巴哈劳尔（Sahri Bahlol）的浮雕，大约2—3世纪。在画面中，尚未成佛的释迦太子坐在莲花宝座上渡河，背景中出现的水波、鱼、乌龟、河蚌等象征着释迦太子在渡河。除了这个细节外，一般将佛陀剃发的情节安排在这一阶段。根据《修行本起经》的描述，释迦太子"离恩爱，远诸苦恼根，思欲剃头发，仓卒无有具。帝释持刀来，天神受发去，遂复前行"。也就是说，是帝释天给他剃刀，释迦太子剃发后，天神将落发拿走供养。

在此后的佛传故事浮雕中，释迦太子的形象已经发生了根本性的变化。一般来说，释迦牟尼在佛教美术中，成道之前一般被描绘为菩萨的形象，在成道之后是佛陀的样子。但是犍陀罗美术中，修行中的释迦太子，也常常是佛的形象，身披袈裟，而不是菩萨装扮。在汉文译经中，往往会花很多的篇幅记载释迦太子和摩揭陀国（Magadha）国王频婆娑罗王（Bimbisara）的见面及对话。频婆娑罗王问释迦太子为什么放弃转轮王不做，而去修行。这是一次关于世俗的荣华富贵和追求精神的彻底解脱之道的对话。频婆娑罗王及其王后皈依佛法，成为佛教最初的护持者。他也是后来在佛陀传法中扮演重要角色的阿阇世的父亲。现在留存的几件犍陀罗浮雕中，或许表现的就是佛陀遇见频婆娑罗王的场景。

图7-49 五位修行者，大都会博物馆
画面中五个人都是手持象征婆罗门身份的水瓶，可能表现的是最初跟随释迦太子修行后来又抛弃他的阿若憍陈如等五比丘。

图7-49

第三节
修行得道

佛传故事的核心，是佛陀的修行求道和传法布道。犍陀罗佛教美术中也因此创造了大量相关主题的作品。从普通的修行者，转变成拯救众生的佛陀，这是佛教诞生的关键，也被赋予了许多神圣的色彩。在犍陀罗艺术中，这是永恒不变的主题。几乎有关佛陀成道的所有细节，都被作为神圣的事件隆重而庄严地刻画在浮雕中。

1. 断食苦修和走向菩提

初会频婆娑罗王之后，佛陀走上了苦修之路。苦修在古代印度地区具有悠久的历史，《薄伽梵歌》等文献都专门讲述禅定修行可以获得的种种神通。苦修也被佛教纳入自己的修行体系，希望通过苦修禅定获得精神上的升华，达到身心解脱和开悟。在佛教文献中，比如三国吴支谦译《太子瑞应本起经》、前秦僧伽跋澄译《僧伽罗刹所集经》、后秦鸠摩罗什译《大智度论》等译经都花了不少篇幅讲释迦牟尼为了寻求解脱之道而走向苦修之路。尤其是唐代地婆诃罗译《方广大庄严经》对释迦牟尼的苦修情形描述得非常详细。释迦牟尼苦修的地点是摩揭陀国的前正觉山西南十五里的毕钵罗树下。在这里，释迦牟尼苦修六年，发誓："使吾于此肌骨枯腐，不得佛，终不起。"在苦修过程中，天神献食，释迦牟尼拒绝。于是天神令佛陀的左右两边自生长出粮食。于是佛陀一日只吃一麻、一麦，以续精气。

苦行是对身体和意志的巨大考验，佛陀端坐六年，形体羸瘦，皮骨相连，玄清靖漠，寂默一心。不断有所成就：众恶自灭，念计分明，思想无为，成一禅行；却情欲意，无恶可改，不复计视，念思已灭，成二禅行；外诸好恶，一不得入，内亦不起，心正身安，成三禅行；心不依善，亦不附恶，正在其中，成四禅行。一离贪欲，二离瞋恚，三离愚痴，无复罣碍，等等。

在犍陀罗佛传浮雕中，苦行中的释迦是重要的主题。释迦苦行像展现出释迦牟尼的牺牲精神，展现他为了众生寻求解脱之道深受身心之苦的情况。这一艺术主题传入东亚，在中国和日本佛教艺术中也成为重要的主题。但是，这种极端写实主义的风格，在印度本土的早期佛教艺术中并不常见。用写实主义的描述手法来表现佛陀成道中的艰辛和坚定，可能是犍陀罗的僧侣和艺术家对佛陀禅定修行的新发展。保存下来的犍陀罗释迦苦行像，无一不在释迦苦行遭受的苦难上着手。最有代表性的是拉合尔博物馆藏苦行像。这座高84厘米的苦行像，可以说是人类艺术中有关宗教修行主题的传世之作，其价值怎么夸张都不为过。在场景中，释迦为波浪状束发肉髻，禅定印，结跏趺坐在一个四方台上。台座上铺着吉祥草。正面台座上刻画着左右六位供养人礼拜灯台的场面。佛陀瘦骨嶙峋，小腹塌陷，盆骨突出，额头上青筋血管清晰可见，雕刻精细。

这些图像展现的细节和唐代地婆诃罗译《方广大庄严经》的文字描述几乎完全吻合："身体羸瘦如阿斯树，肉尽肋现如坏屋椽，脊骨连露如笮竹节，眼目瞔陷如井底星，头顶销枯如暴干瓠。所坐之地如马蹄迹，皮肤皱如割胸形，举手拂尘身毛燋落，以手摩腹乃触脊梁。"从细节上看，文献所谓"脊骨连露如笮竹节"，和拉合尔博物馆所藏的这件释迦苦行像几乎完全符合：释迦像从喉头到胸部中线，如一串圆珠。虽然这和现代人体解剖学的常识相违背，但是展现了当时人对人体的观念和认识。在近两千年前能达到如此高度，也令人着实感叹。苦行像展现出来的特征，有的观点认为是受到了古代希腊悲剧手法和写实主义传统的影响。

除了单尊的雕像，犍陀罗佛传的组图中，也有表现佛陀苦行的场景。在这些场景中，裸上身的苦行释迦趺坐在敷有吉祥草的台座上，男女信徒捧钵盂、水瓶前来劝说释迦进食。手持金刚杵的执金刚神侍立在侧，通常带有希腊的卷发和浓密胡须。

经过极致的苦行，佛陀认识到，光靠断食苦行，是没法悟道的。而《修行本起经》则将停止苦行跟神异故事连在一起。帝释天感念释迦已经在树下苦行六年，形体羸瘦，于是感化两女献食给释迦，所谓"使世间人，奉转轮王食，补六年之饥虚"。于是两女"取五百牛乳，展转相饮至于一牛"，然后取牛奶做乳糜，

图7-50 a

图7-50 b

图7-51

图7-50 a,b 释迦苦行像，灰绿片岩，2—3世纪，西克里出土，拉合尔博物馆

这件犍陀罗艺术的珍品，用了近乎可怖的写实主义手法，刻画出受尽身心折磨、瘦骨嶙峋的释迦。深陷的眼窝、塌陷的小腹、皮下清晰可见的血管，释迦牟尼的眼睛带着极度饥饿下的痛苦和恍惚，也带着修行成道的执念和坚定。莲台基座上，每边三人，其中两人对面相跪，焚香顶礼，旁边站着的人，或双手合十，或手举供物，向佛礼拜。

图7-51 苦行中的释迦，白沙瓦博物馆

释迦被描述成近乎骷髅的形象。台座上展现的是商人献食的场景。商人献食是紧接着释迦苦行的佛传故事。

图7-52 苦行中的释迦，3—5世纪，大都会博物馆

虽然只剩下躯干，但从这座苦行像仍可以看出释迦苦行遭受的痛苦。台座上展现的是初转法轮的场景。释迦牟尼经受苦行的痛苦，为的就是修行得道。而台座上，就是佛陀修行得道后初次讲法的情景。苦行像和台座上的故事紧密相关，组成了一个完整的故事。

图7-52

献给释迦。但是释迦太子先到尼连禅河洗浴,然后才接受施舍的乳糜。牧女献糜的故事主题,在汉文译经中常见,献食的两女,一名难陀,一名波罗。这在犍陀罗浮雕中也有体现。一般是苦行的释迦太子在台座上结跏趺坐,而牧女等人手托钵盂和水瓶供养。在有的浮雕作品中,牧女献糜的故事和后面发生的四天王献钵、商人献食,三个场景出现在一起。

食用了牧女献给的乳糜,释迦恢复了体力,最终来到菩提伽耶的菩提树下。菩提树具有神圣意涵,有的学者认为这个菩提树是世界中心的象征,连接天地。最重要的,这是释迦牟尼成佛的地方。正是在菩提树下,释迦最终经历降魔修行得道。《修行本起经》中对释迦成道的场所进行了描述:"望见丛林山,其地平正,四望清净,生草柔软,甘泉盈流,花香茂洁,中有一树,高雅奇特,枝枝相次,叶叶相加,花色翁郁,如天庄饰,天幡在树顶,是则为元吉,众树林中王。"此时,释迦前行碰到了名叫"吉祥"(Swastika)的刈草人,他在割吉祥草。于是释迦向他求施吉祥草,"今汝施我草,十方皆吉祥"。刈草人献给释迦吉祥草,释迦将其垫在菩提座上,走向成道之路。

吉祥草铺在菩提座上之后,释迦走向菩提座。在犍陀罗浮雕中,有表现佛陀走向菩提座那一刻的作品。这时候,魔王波旬出现了。走向菩提座这一主题的浮雕,有不少采取二元对立的表现方式:中间是铺着吉祥草的菩提座和众树之王的菩提树;一边是身形高大的释迦牟尼(此时他已经是佛陀的样子)和侍卫执金刚神,以及赞叹的诸神;另一边是魔王波旬及其美丽的女儿。

2. 降魔成道和龙王护持

释迦牟尼成道,是通过排除魔王波旬的干扰而达成的,所以这个过程被叫作"降魔成道"。这种正义战胜邪恶、神圣战胜世俗的二元表达方式,展现了佛陀成道的不易。魔王波旬是佛教欲界之首,就是织田信长自称的"第六天魔王"。在欲界的他化自在天,意思是以他人之乐事而自在游戏,特别喜欢阻扰佛教中人修行。在释迦牟尼成道的过程中,魔王心中惶怖不宁,希望能破坏释迦牟尼成佛。汉文译经中一般都会提到魔王之子对魔王的劝解,认为释迦牟尼三界独尊,众神皆礼待,不应该去破坏他。在《太子瑞应本起经》中,魔王之子的名字叫"萨陀",在《修行本起经》中叫"须摩提(汉言贤意)",我们姑且称之为须摩提。

图7-53 牧女献糜,关西大学博物馆
图7-54 牧女献糜和释迦苦行,3世纪,柏林亚洲艺术博物馆

图7-53

图7-54

图7-55

图7-56

图7-57

图7-58

图7-55 吉祥献草，西克里出土，拉合尔博物馆
图景中除了献草的刈草人，还有手持金刚杵的执金刚神、赞叹礼敬的诸天神等。

图7-56 吉祥献草，2—3世纪，白沙瓦博物馆
场景中，释迦牟尼站在中间，头有背光，身穿长袍，右手持吉祥草，双眼睁大，长有胡髭。执金刚神在其左手边，长着浓密的胡须和头发，手持金刚杵。刈草人头发卷曲，赤裸上身，脚下是一堆吉祥草。其双手合十，向佛陀礼拜。

图7-57 走向菩提座，2—3世纪，克里夫兰博物馆
右侧的魔王波旬上身赤裸，是世俗王者的打扮，其女身形婀娜、面容姣好，站立在其身后。魔王形象之上还有两位年轻女性，可能也是魔王的女儿。这一件有所残缺，在有的同一主题浮雕中，有魔女手举摩羯鱼幢的细节。此幢象征着情欲。

图7-58 走向菩提座（有象征情欲的摩羯鱼幢），2—3世纪，诺顿西蒙博物馆藏

魔王不听须摩提的劝解，而是召集三个女儿，这三个女儿在《修行本起经》中分别叫欲妃、悦彼、快观，让她们诱惑释迦放弃修行。三女身穿华丽的衣裳，熏香装扮，极尽妖冶巧媚之能事，扰乱释迦修行。但是释迦心净，如琉璃一般不可玷污。三魔女说："菩萨你仁德至重，诸天所敬，我们仰慕。我们年在盛时，即便天女端正，也没有我们漂亮，希望我们能够侍奉你的起居。"释迦回答说："你们前世有福报，转生为今天的天身。身形虽好而妖媚，但内心不端，就像花瓶盛放臭毒。如果死去，会堕入三恶道中，受鸟兽身。请离开，我不需要你们服侍。"释迦牟尼说完，三魔女就化身为老态龙钟的老太婆，无法自复，拄杖而还。魔女的诱惑这一主题，在犍陀罗浮雕中有非常生动的描述。

看到三个女儿失败而归，魔王更加愤恨，召集鬼神，按照《修行本起经》的记载，"合得十八亿，皆从天来下，围绕菩萨，三十六由旬，皆使变成狮子、熊罴、兕虎、象、龙、牛、马、犬、豕、猴猿之形，不可称言。虫头人躯、蚖蛇之身、鼋龟之首，而有六目，或一颈而多头，齿牙爪距，担山吐火，雷电四绕，攫持戟鉾"。在早期巴利文献中，魔王所率领的十支军队分别是贪、厌、饿、渴、欲、懒、惧、疑、怒和骄。各种怪物一起上前，雷电四绕，持刀剑攻击释迦。但是释迦"不惊不怖，一毛不动"，甚至"光颜益好，鬼兵不能得近"。魔王上前，自己跟佛陀论战。魔王说："你本来可以做转轮圣王，七宝自至，统领四方，为什么要出家受如此之苦？"释迦牟尼以智慧力，伸手按地，于是大地震动，魔王及其仆从一起颠倒倒地。这一细节在犍陀罗降魔成道浮雕中有生动的表现：在台座上经常出现身穿铠甲的魔军旋转倒地的场面。不过值得指出的是，在犍陀罗艺术中，魔王波旬往往是半跏思惟的姿态，而在原始印度佛教艺术中，他往往是蹲着的。这或许也是犍陀罗艺术的创新。

图7-59 魔女的诱惑，雷特博尔格博物馆
释迦在美色诱惑下，安定自若，坚如磐石。台座前和背景中有跌倒的魔兵，魔女两个正面一个背面，身形婀娜多姿，充满诱惑。右侧有哀叹的魔王。

图7-60 降魔成道（台座前魔军士兵颠倒倒地），白沙瓦博物馆

图7-61 降魔成道，柏林亚洲艺术博物馆
画面中手持刀剑的魔军纷纷扑向释迦牟尼。台座前面的地上出现了大地之神的形象，作为整个事件的见证者。而在画面的左上角，出现了手持金刚杵的执金刚神。

图7-59

图7-60

图7-61

图7-62

图7-63

释迦牟尼降魔成道，在犍陀罗艺术中，是用军事胜利的场景来表达的。精神世界的成道和觉悟，被描绘为一场惊心动魄的正邪之战。这是一种善恶二元的理念，魔王所代表的其实是众生的贪嗔痴。反映在犍陀罗美术中，构图也常常是左右对立的。魔王和魔军士兵都是武士装束，这种以战争场面表现降魔成道的手法，在印度的桑奇没有前例。在桑奇，魔军往往是药叉的形象，而魔王则为贵族装束。有的学者认为，用战争场面表现成圣的历程，可能受了希腊罗马文化传统的影响，比如罗马皇帝图拉真建造的征服蛮族的纪念碑。魔军身上的铠甲、手中的藤弓短矛等武器和盾牌，以及短裙和头盔的式样，反映的很可能是当时犍陀罗当地战士的装扮。贵霜的军队常用的武器就是双刃刀、藤弓、战斧等。尽管贵霜骑兵在战争中扮演重要角色，但是在降魔得道的浮雕中很少体现。根据希罗多德《历史》记载，在薛西斯对波斯的战争中，印度人和犍陀罗人也在薛西斯的大军之中。犍陀罗人使用藤弓和短矛，正如犍陀罗浮雕魔军的装扮一般。降魔成道这一主题，在中国的克孜尔和敦煌壁画中都有表现，有些元素显然受到犍陀罗的影响。

通过战胜魔女的诱惑和魔军的攻击，释迦牟尼完成了走向终极解脱之路，修成正觉的佛陀，从此走向传法之路。完成修行之后，释迦牟尼眼能彻视力，耳能洞听，诸天、人、龙、鬼神、动物，其身行口言、心所欲念，都能闻知。释迦牟尼见众生在天上、人中、地狱、畜生、鬼神五道轮回（汉译佛经中有阿修罗道，合为六道），只有跳脱轮回，才是解脱之道。智慧已了，明星出现，廓然大悟，得无上正真之道，为最正觉。得佛十八法、十神力、四无畏。

降魔成道后，释迦牟尼完成了走向终极解脱之路，修成正觉的佛陀，从此走向传法之路。按照支谦的说法，在佛陀成道后，畜生道中的众生，龙是最先见到佛的。在佛传故事体系里，此时有两个故事情节出现，一个是迦罗龙王皈依，一个是文邻瞽龙护持。有关迦罗龙王礼赞，隋代阇那崛多译《佛本行集经》中有详细描述：佛成道后，迦罗龙王（隋言黑色）诣于佛所，将自己的宫殿布施给释迦牟尼。于是释迦牟尼受迦罗龙王宫殿，在宫殿中结跏趺坐七日，而迦罗龙王也受三自皈依，所谓皈依佛、皈依法、皈依僧。阇那崛多笔下的迦罗龙王，即迦梨迦（Kālika）龙王，在汉文文献中有多种不同翻译，比如迦罗迦龙王、伽陵伽龙王、加梨加龙王，又意译为俱时龙王、黑色龙王。在犍陀罗现存的佛教浮雕中多有表现。比如德里的印度国家博物馆所藏的一块迦罗龙王皈依浮雕中，龙王和王后在象征宫殿的平台中向佛礼敬，佛陀身后跟着手捧金刚杵、威武雄壮的执金刚神。类似的场面，也见于拉合尔博物馆所藏的窣堵波装饰浮雕。

图7-62 降魔成道，弗利尔美术馆
形象高大的释迦结跏趺坐在菩提座上，左右对称构图，右侧是即将拔出宝剑的魔王波旬，魔王之子须摩提在阻止其拔剑；左侧是放弃了攻击的波旬，一手举起，表现出懊恼的样子，须摩提搀着他的手臂。在菩提座前，身穿重装铠甲的魔军，手持刀剑盾牌，旋转倒地，正符合汉文译经中魔军旋转倒地的记载。

图7-63 降魔成道，拉合尔博物馆

图7-64

图7-65

文邻瞽龙护持的故事，在汉文译经中多有渲染。比如三国吴支谦译《太子瑞应本起经》描述这一情节：佛陀"起到文邻瞽龙无提水边，坐定七日，不喘不息。光照水中，龙目得开，自识如前，见三佛光明，目辄得视"，文邻瞽龙"前绕佛七匝，身离佛围四十里，龙有七头，罗覆佛上，欲以障蔽蚊虻寒暑，时雨七日"。隋代阇那崛多译《佛本行集经》卷三一也花很大的篇幅描述该龙护持佛陀的场面，包括龙王"以其大身，七重围绕，拥蔽佛身，复以七头垂世尊上，作于大盖，嶷然而住"等。阇那崛多将该龙的名字译为"目真邻陀"（Mucalinda），并记载该龙王住在摩揭陀国的"目真邻陀龙池"。文邻瞽龙用身体围绕佛身七匝，并用七头覆盖佛上为其障蔽蚊虻寒暑的图像，在目前留存的汉传佛教遗物中鲜少见到，但是在东南亚等南传佛教国家，这是一个常见的艺术主题，通常是佛陀结跏趺坐在盘起的龙身上，龙头从佛陀背后升起，在佛头后形成五个或者七个扇形龙冠——七头似乎更符合汉文译经的记载。比如大都会博物馆藏的一尊12世纪柬埔寨的佛陀坐像，描述的就是文邻瞽龙护持场景。

文邻瞽龙护持这一艺术主题，是龙王在雨季保护禅定的佛陀，这带有明显的印度本土的传统特色。但是在犍陀罗艺术中，这一场景很少出现。从现存的浮雕来看，犍陀罗艺术从表现形式上更加古朴直接。比如英国伦敦的维多利亚和艾尔伯特博物馆收藏的一件犍陀罗浮雕中，龙王全身盘成七圈将佛陀罩住，为佛陀抵挡风雨。佛陀沉静打坐，只露出头部。

3. 商人献食和天王献钵

佛陀成道后接受商人献食，在汉文译经中多有提及，《修行本起经》比较简单，仅仅提到佛陀"度二贾客，提谓、波利，授三自归，及与五戒，为清信士"。《太子瑞应本起经》记载得比较详细：佛陀禅定七日，不动不摇。树神希望有人献食给佛。此时五百商人经过，里面有两个，一个名叫提谓（Trapusha），一个叫波利（Balika），两人是兄弟。他们向树神祈福，树神现出光像，告诉他们，在尼连禅水边，有至高无上的佛陀，如果能够献食给他，就会获得大福。众人听到此言，认为既然连树神都礼敬，佛陀必是至尊，于是前往菩提树下稽首献食。有关提谓、波利献食给释迦牟尼的故事，在《普曜经》等佛教典籍中都有描述。玄奘在《大唐西域记》卷一"缚喝国"（巴克特里亚）也详细讲述了这一故事："大城西北五十余里，至提谓城。城北四十余里有波利城。城中各有一窣堵波，高余三丈。昔者如来初证佛果，起菩提树，方诣鹿园。时二长者遇被威光，随其行路之资，遂献麨蜜，世尊为说人天之福，最初得闻五戒十善

图7-64 魔王的军队，2世纪，拉合尔博物馆
画面上群魔众多，分成三层，下层魔兵是人形战士，或缠头巾，或戴盔帽，身穿铠甲，手持刀剑、长矛和盾牌；中层和上层魔兵则是兽形，或獠牙，或双面，或浑身毛发，挥舞棍棒。魔兵被刻画得栩栩如生，也衬托出释迦成道的不易。

图7-65 迦罗龙王皈依，印度国家博物馆

图7-67

图7-66

也。既闻法海，请所供养，如来遂授其发、爪焉。二长者将还本国，请礼敬之仪式。……二人承命，各还其城，拟仪圣旨，式修崇建，斯则释迦法中最初窣堵波也。""波利"，按照冯承钧的解释，就是巴克特拉。如果是这样，提谓和波利两个兄弟很可能是从巴克特里亚出发到华氏城以南的菩提伽耶经商。这或许是事实，因为释迦牟尼最早的徒弟中，就有从巴克特里亚来的人。

过去诸佛都有钵盂，佛陀也不能如常人一样用手进食。这时四天王遥知佛当用钵，于是前来献钵。佛陀不好意思拒绝任何一位的好意，于是合四钵为一，因此佛钵上面有四道痕迹，所谓"四际"。有关佛钵在犍陀罗艺术中的宗教和政治意涵，前文已经进行了详细讨论，这里不再赘述。根据佛教经典的描述，须弥山腹有一山，名犍陀罗山，山有四山头，四大天王各住一山各护一天下（四大部洲，即东胜神洲、南瞻部洲、西牛贺洲、北俱芦洲）。这四大天王分别是：东方持国天王（Dhṛtarāṣtra）、南方增长天王（Virūḍhaka）、西方广目天王（Virūpākṣa）、北方多闻天王（Vaiśravaṇa）。其中北方的多闻天王，又叫毗沙门，所有夜叉都归他统领；而西方的广目天王，则是龙的领袖。这些神祇最初出自印度教，被佛教吸纳成为护法。在犍陀罗四天王献钵的佛传浮雕中，常常由毗沙门天王亲手将佛钵献给释迦牟尼。

图7-68

图7-66 文邻瞽龙护持，12世纪，柬埔寨，大都会博物馆

图7-67 文邻瞽龙护持，桑奇

图7-68 佛陀和僧徒一起用钵进食，科孚岛亚洲艺术博物馆

犍陀罗发现很多四天王献钵的浮雕，其构图基本类似。画面中央，佛陀结跏趺坐于台座，台座在树下。右手施无畏印，左手托钵，或者握着裙裾。执金刚神手持金刚杵，护持在侧。犍陀罗美术中，毗沙门天王与其他天王服饰装扮显著不同。他头戴鸟翼冠，这是伊朗系文明中财神富罗的符号。犍陀罗浮雕中毗沙门的形象，融合了希腊神祇赫尔墨斯和罗马神墨丘利的形象，进而跟富罗连在了一起。在犍陀罗浮雕中的毗沙门天王形象，融合希腊、罗马、伊朗、印度四种神的特征。毗沙门天王到了中亚之后，获得了格外的重视和拔高。到了东亚之后，在中国和日本文明中地位进一步上升。犍陀罗美术中，毗沙门获得单独的神格，为后来的佛教毗沙门天王信仰发展奠定了基础。

在佛传故事里，猕猴献蜜是一个很有趣的主题。这一主题发生在佛陀传道过程中。犍陀罗美术中对这一主题有生动的刻画。猕猴献蜜除了见诸文献，还有圣迹存在，这个圣迹在马土拉。唐代高僧玄奘在《大唐西域记》中记载马土拉的猕猴献蜜旧迹云："……大涸池，傍有窣堵波。在昔如来行经此处，时有猕猴持蜜奉佛。佛令水和，普遍大众，猕猴喜跃，堕坑而死，乘兹福力，得生人中。"《中阿含经》对猕猴献蜜记载得更加详细：佛陀与众弟子经过此处，猕猴突然拿走了佛钵。众弟子惊呼追赶，担心猕猴会打碎佛钵。佛陀温和地说："不要紧，不要紧，它没有恶意。"猕猴拿佛钵去娑罗树上盛了蜂蜜，拿回来给佛陀吃，佛陀拒绝了；猕猴挑出蜂蜜里的小虫，再给佛陀，佛陀再次拒绝了；猕猴看见佛钵沿上有流出来的蜜，于是拿到水边去洗钵，水溅入钵中，等猕猴再拿回来时，佛陀接受了。

猕猴献蜜的故事，一方面，验证了佛陀的伟大和神圣，众生包括猕猴在内，都争相供养；另一方面，这个故事在佛教戒律中非常重要，关系到佛教饮食的重要规则。猕猴奉献蜂蜜给佛钵，里面有虫，当然不能食用，这违背佛教的不杀生教义。但即便没有虫子，佛陀也不能接受。因为佛教持戒过午不食，如果过了午后，可以饮用非时浆，比如蜂蜜水。食用蜂蜜，必须水净。所以当猕猴不小心把水溅入钵中之后，佛陀就可以饮用了。另外，《贤愚经》对猕猴献蜜的前后因缘，做了更加详细的交代。根据《贤愚经》的描述，舍卫国贵族师质没有子嗣，非常烦恼，他听了沙门的建议，一心供佛。猕猴献蜜欣喜若狂，结果失足摔死，就转生为师质之子，名字叫摩头罗瑟质。摩头罗瑟质长大后跟随佛陀出家，成就阿罗汉果。众人外出传道时，摩头罗瑟质将钵抛向空中，待钵回来时就装满了蜂蜜。阿难觉得奇怪，就问佛陀，佛陀告诉他摩头罗瑟质前世就是那只猕猴，因为供佛蜂蜜才有如此功德。阿难又追问，既然有如此功德，为何前世成为猕猴。佛陀于是又讲了猕猴的前世，是一个年轻沙门，因为诋毁一位阿罗汉而堕入畜生道变成了猕猴。因果循环体现在佛教的时间观念上，进而在佛教艺术中，扮演着重要的角色。

图7-69 四天王献钵，拉合尔博物馆
画面中，四天王都双手捧着一个钵，释迦牟尼手中的钵更大一点，表示他将四钵合而为一了。

图7-70 四天王献钵（佛陀手里还没有钵出现），小型窣堵波装饰浮雕，拉合尔博物馆

图7-71 猕猴献蜜，拉合尔博物馆

图7-69

图7-70

图7-71

第四节
讲法传道

释迦牟尼成道之后，受梵天劝请，放弃自我涅槃的想法，留下来度化世人。佛传故事的一类重要主题——讲法传道，也就登上了艺术舞台，在犍陀罗美术中留下来很多珍品。佛陀传教，依靠的是正法的力量。在犍陀罗佛教艺术中，释迦牟尼是以神话般的方式发展信徒。佛陀通过一系列的神通和施法，降服各色人等。这些人中，有的是信仰外道的人，比如信仰琐罗亚斯德教的迦叶三兄弟、信仰婆罗门的指鬘王；有的是危害人类福祉的神怪妖兽，比如阿波罗逻龙王等；有的是深具欲心的凡人，比如难陀。佛陀通过神通，使不同背景的人都皈依佛法，显示了佛法的伟大和神圣。从某种意义上说，佛陀征服不同信仰的神、人，宣传了佛教对其他宗教的征服和胜利，这些故事也宣传了佛教轮回、功德等理念。

1. 梵天劝请和帝释窟禅定

佛陀成道后，感念"夫道至妙，虚寂无念，不可以凡世间意知"，觉得众生"皆乐生求安，贪欲嗜味，好于声色，故不能乐佛道""空无所有，谁能信者"，于是决定自行涅槃，舍弃众生。这个时候有一个重要的情节出现了，这就是梵天劝请，梵天劝说佛陀放弃自我涅槃的想法，留下来传道讲法。梵天劝请在佛传故事中有独特的位置，它开启了佛陀传法的征途。佛陀接受了梵天的劝请，放弃了涅槃的想法，转而以众生的解脱为自己最终的目标。这在汉文译经和犍陀罗艺术中都是重要的细节。《太子瑞应本起经》载，当佛陀想自行涅槃时，梵天悲念："三界皆为长衰，终不得知度世之法，死即当复堕三恶道，何时当脱？天下久远乃有佛耳，佛难得见若优昙华，今我当为天人请命求哀于佛，令止说经。"

在犍陀罗美术中，梵天劝请是重要的艺术主题，这和文献的记载非常吻合。在犍陀罗，以梵天劝请为主题的浮雕作品很多。宫治昭和德立芙（J. E. van Lohuizen-de Leeuw）等学者甚至认为，犍陀罗最早的佛像，可能就出现在梵天劝请的浮雕题材中。巴基斯坦拉合尔博物馆藏罗里延唐盖（Loriyan Tangai）遗址出土的一件梵天劝请石雕，年代在1世纪。这一作品一般是佛陀位于构图的中间位置，结跏趺坐在树下金刚座上，施无畏印，有时候也有禅定印。帝释天和梵天双手合十分立两侧，有时候还有众神出现在场景中，赞美佛陀。这种构图形式后来或许也被用在了表现佛陀与世俗供养人形象上。

梵天是印度传统的最高神灵，他敦请佛陀讲法，并在一旁赞美，也就承认了佛法的高明和伟大。佛陀选择讲法，而不是自行涅槃，也就从单纯的成道者变成了伟大的救世主。婆罗门和刹帝利共同构成了古代印度社会的精英阶层。梵天和帝释天分别是婆罗门和刹帝利的象征者。梵天在现实中对应婆罗门，是修行者，其装束经常是简单质朴，头发绾起，手持修行者的水瓶，几乎没有任何装饰物；帝释天（因陀罗）对应的是刹帝利贵族，所以装饰打扮是世俗王子的形象，经常是敷巾冠饰，佩戴项圈耳环。梵天对应的是圣者、修行者的角色，帝释天则是对应王者的形象，是两种不同神格的神。犍陀罗菩萨像和佛像的形成，梵天和帝释天的形象，起到了重要作用。佛陀身边两侧梵天和帝释天的侍立，象征着佛陀为神圣世界和世俗世界的最高导师和精神领袖。后来佛陀两侧演变为观音和弥勒菩萨侍立，很可能跟梵天—帝释天的组合有沿袭关系。

早在公元前3世纪时，作为印度教的最高神，梵天的图像已经出现了。但是梵天的重要身份标志水瓶还没有出现成为定式。梵天形象的定式，似乎是到了贵霜时期，由犍陀罗佛教艺术发展出来的。这个水瓶是宇宙根本真理的象征，也被视为盛有长生不老的甘露。手提水瓶既是梵天的特征，也是婆罗门的特征，从理论上说，婆罗门是梵天的后裔，梵天是婆罗门阶层的代表。

在佛传故事里，梵天和帝释天始终扮演着推动剧情发展的角色。这也反映在犍陀罗艺术中。比如，是梵天和帝释天敦请释迦菩萨从兜率天下生。在前文提到的西格里窣堵波上，可以看到未来释迦佛在兜率天的浮雕，四位帝释天装扮的天神和四位梵天装扮的天神双手合掌礼敬。佛陀的准备转生、出生、成道、传法，梵天和帝释天都提供支持。佛陀诞生时，梵天和帝释天出现，梵天双手合十赞美，帝释天亲手接住从摩耶夫人右胁出生的太子；太子沐浴，在有的浮雕中是梵天和帝释天为他灌顶祝福；佛陀出家，逾城出走，梵天和帝释天在关键时刻施展神通让太子看清楚世间无常的真相；为了避免马蹄声惊动众人，梵天和帝释天

图7-72

图7-73

图7-74

导引太子出城，众夜叉托起揵陟马的四蹄；佛陀成道，欲自行涅槃，梵天和帝释天敦请佛陀传道讲法，佛陀放弃涅槃，从一个修行成道者，转变为救世主。佛陀降服迦叶等外道，梵天和帝释天也现身助威。在佛传浮雕中，除了执金刚神，最显眼的角色，就是梵天和帝释天了。

图7-72　梵天劝请，斯瓦特风格，柏林亚洲艺术博物馆

图7-73　梵天劝请，斯瓦特地区，拉合尔博物馆
场景中，佛陀在菩提树下做禅定状，梵天和帝释天单膝下跪，劝请佛陀。

图7-74　梵天劝请，塔克西拉博物馆

图7-75　梵天劝请，拉合尔博物馆

在东汉时译出的《修行本起经》中，梵天劝请的情节是和大家通常所谓的帝释窟禅定的主题连在一起的。当梵天发现佛陀决意涅槃时，赶紧告诉帝释天，让他派遣"天乐般遮伎"赶到佛陀禅定的石室。当"佛方定意觉"，般遮就"弹琴而歌"。这个浮雕主题有文献的基础。南传上座部佛教《巴利文大藏经》中有一部《帝释所问经》。在汉传佛教文献中，对应的佛典包括《长阿含经·释提桓因问经》《中阿含经·释问经》《帝释所问经》《杂宝藏经·帝释问事缘》等。这些不同佛典都收录在《大正藏》，很容易找到。根据这些佛经，有一天，佛陀在王舍城东边、庵婆罗村北边的毗陀山因陀娑罗窟中禅定。此时佛陀已经进入了火焰三昧的状态，所以整座毗陀山都发出光芒。

帝释天想去拜访佛陀，但是又怕打搅，于是派遣天龙八部中的青年乾达婆、乐神般遮翼（Pancisikha）先去通报。般遮翼受命之后，持琉璃琴先去拜见佛陀。在离佛陀不远的地方，般遮翼弹奏乐曲，唤醒佛陀。佛陀为般遮翼的音乐打动，从三昧状态中出来，告诉般遮翼说："善哉！善哉！般遮翼，你能用清净音和琉璃琴称赞如来。你的琴声不长不短，悲和哀婉，感动人心。你的演奏，各种意义都包含了。"之后，帝释天和释迦牟尼进行了对话，《帝释所问经》记载两人关于"八正道"等内容的对话。通过对话，佛陀让帝释天解除了心中的烦恼和困惑，而乐神般遮翼也获得了功德。在有的版本中，因为这一功德，般遮翼娶到了自己爱慕之人。

乾闼婆本意是以香气为滋养的神，是服侍帝释天的乐神之一。通常他和阿修罗、龙同列，是天龙八部之一。有时候也称为飞天（Vihaṅgamā）。其伴侣就是天女——这种观念带有强烈的婆罗门教的色彩，婆罗门教的神祇很多是男女配对的。乾闼婆以擅长音乐著称，而中土佛教艺术中，飞天也常常承担着演奏音乐的职能。

犍陀罗佛传浮雕中的帝释窟禅定，佛陀结禅定印，而不是说法印。有时候佛陀因为火三昧的状态，发出火焰，舔卷石窟的洞壁，在浮雕中也有体现。佛陀的宝座下面往往出现动物，比如狮子、鹿、羊、猪等，表示这发生在荒野。帝释窟禅定这一佛传情节在犍陀罗艺术中的表现形式多变。比如塔克西拉出土的帝释窟禅定浮雕，就显得非常特别。与通常的表现形式不同，这块浮雕呈现上下结构，没有边框。整个画面被显眼的栏杆分成上下两部分。最下部的野猪，象征着佛陀禅定的自然环境。除此之外，还象征着佛教六道轮回中的畜生道——这一点跟整个浮雕上部天人部分形成鲜明对照。栏杆之上，是天人散花的场景，巨大的

图7-76

图7-77

图7-76 帝释窟禅定，白沙瓦博物馆

图7-77 帝释窟禅定（台座下面出现动物，表示故事发生在荒山野岭），拉合尔博物馆

图7-78

图7-79

图7-80

花朵从栏杆之上撒下,落在栏杆之下佛陀禅定的石窟上。撒花的天人脚上头下,呈现出飞行的姿态。在佛陀两边胁侍的是梵天和帝释天。梵天的地位似乎比帝释天更加显耀一点。两者都有头光,双手合十做礼拜状。结跏趺坐的佛陀结禅定印,显示出比梵天和帝释天更高的神圣性。

图7-81

图7-78 帝释窟禅定(场景中出现了乐神般遮翼弹琴),拉合尔博物馆

图7-79 带翼演奏的乐神,私人藏品

图7-80 帝释窟禅定,贵霜时期,约2—3世纪,塔克西拉博物馆

图7-81 帝释窟禅定局部,洛杉矶县立艺术博物馆
画面中,各种动物们在山间奔跑,带有背光的诸天在空中飞行,非常生动。

2. 五比丘重逢和初转法轮

佛陀成道之后，听取梵天的劝请，决心传法。最早听佛讲法的，就是最初跟随他修行的五比丘，这是佛陀最早的五个弟子，是佛教僧团的开始。这五比丘在《佛本行集经》中的名字是：憍陈如、跋提梨迦、摩诃那摩、波沙波、阿奢逾时。在五人之中，最有名的是憍陈如。有的佛教文献记载，因为释迦牟尼接受乳糜供养，五比丘认为他放弃修行，因此离他而去。佛教主张中道的修行，反对耆那教的极端苦修。佛陀修行之道，才是正道。待佛陀成道后，先到鹿野苑去找他们。五位苦行僧远远见佛陀过来时，商量不应对他行礼。但是佛陀到来时，众人却不自觉起身行礼。佛陀向五位比丘首次宣讲四谛五蕴、无我说和八正道等佛法，比丘们纷纷开悟，认识到万物有生有灭，并请佛陀继续说法。这次在鹿野苑的讲法，就是佛陀的初次讲法，或者叫"初转法轮"。转轮王依靠轮宝的力量征服世界，而佛陀用佛法征服世界，用的是法轮。

初转法轮是佛教的大事，在叙事进程上回应了仙人预言佛陀成为转轮王或者佛陀的预言。法轮象征佛法，比拟佛陀如转轮王一样，用正法的力量征服世界。几乎所有的犍陀罗遗址都出土有表现佛陀初转法轮故事的雕刻。在已出土的浮雕中，法轮通常有三种表现形式：第一种形式最为常见，是车轮状。一般是佛陀坐在菩提树下的宝座上，宝座的前方放着象征佛法的转轮。第二种造型为莲花瓣形，置于画面中间的宝座上，而佛陀则站立，面朝转轮，右手施无畏印。第三种形式是少见的太阳造型，画面呈现帝释天和梵天礼敬法轮的情形。

犍陀罗浮雕中还有一类主题，是表现最早听法的五比丘准备听佛第一次传法的场景。在这一主题中，五比丘面对佛陀，有的手持扇子，有的手持水罐，有的手持别的工具，为佛陀初次讲法做准备。画面中也会出现天神和类似丘比特的形象。

在数量众多的初转法轮浮雕中，犍陀罗的雕刻家以螺发、头光、袈裟、无畏印、莲花座、菩提树等象征符号刻画出图像的叙事主角——佛陀的形象；以两头相背的鹿暗示故事发生的地点是萨尔那特的鹿野苑；以象征达磨之法的车轮、象征佛法僧三宝的三叉和五位剃度过的僧人点明故事的主题事件——初转法轮。

在佛经中记载，除了五比丘听法外，无数菩萨、帝释天、大梵天和所有天神都来顶礼膜拜佛陀，聆听佛陀

图7-82 初转法轮，2世纪，布鲁克林博物馆
画面中，一位比丘为佛陀搬来了宝座。

图7-83 初转法轮，约2世纪，28.6厘米×32.4厘米，大都会博物馆
佛陀的发髻呈波浪形，面相呈椭圆形，双目微垂，身着古希腊式圆领长衫。佛陀端坐台座上，右手轻触法轮，法轮显示出部分，应该是八轮辐。佛陀有头光，憍陈如等五比丘围坐在佛陀周围，穿着长袍，剃光头。执金刚神出现在佛陀的右侧身后，手持金刚杵。台座前两只鹿回首相对，表明这里是佛陀初转法轮的鹿野苑。

图7-82

图7-83

首次布道。在犍陀罗初转法轮浮雕中，除了五个比丘（有时数量不一定是五个）之外，还有众多的其他听众。比如弗利尔美术馆所藏初转法轮浮雕中。佛陀结跏趺坐在树下的台座上，右手施无畏印，左手手持裙裾。两侧是重逢的五个比丘、执金刚神以及众多赞美的天神。台座的正面有法轮和两只鹿。同样的情况也见于柏林亚洲艺术博物馆所藏的初转法轮浮雕，出现的比丘数量明显超过了五个。或许还有一种可能，就是这里展现的并不是初转法轮，仅仅是佛陀说法图。

初转法轮的主题有时候和别的主题连在一起，比如和礼拜佛钵等故事连在一起。

用法轮或者三宝符号来象征佛陀，似乎是早期佛教艺术的特征。但似乎在犍陀罗，至少是早期的时候，仍然保留着这样的表现手法。在初转法轮浮雕中，有时候佛陀消失了，佛陀的初转法轮被法轮（经常是三个，象征佛、法、僧三宝）和三宝符号所代替。除了佛陀用符号象征以外，其他的图像元素则没有太大的变化。

图7-84

图7-85

图7-84　初转法轮，2—3世纪，弗利尔美术馆

图7-85　佛陀讲法，2—3世纪，柏林亚洲艺术博物馆

图7-86

图7-87

图7-88

图7-89

图7-86 初转法轮，拉合尔博物馆
值得注意的是，画面中佛陀不见了，取而代之的仅仅是象征佛法的法轮以及法轮之上的三宝符号。

图7-87 初转法轮，大英博物馆

图7-88 初转法轮，3—4世纪，高73.3厘米，诺顿西蒙博物馆
佛陀坐像和台座上出现的法轮及动物共同构成了初转法轮的主题。

图7-89 初转法轮，加尔各答印度博物馆

图7-90

图7-91

358 犍陀罗文明史　　　　第七章 释迦牟尼的一生：犍陀罗艺术中的佛传故事

图7-92

图7-90 初转法轮，1—2世纪，平山郁夫丝绸之路博物馆
画面中出现了飞翔的天人，手持金刚杵的执金刚神。

图7-91 初转法轮，私人收藏

图7-92 初转法轮（上部出现礼拜佛钵），拉合尔博物馆

3. 收服迦叶和度化难陀

佛陀夜入优楼频罗（Uruvilva）火神庙显神通降服毒蛇，度化迦叶（Kasyapa）三兄弟及其千人弟子，是佛教僧团扩张的一大契机。迦叶兄弟供奉火神，有的学者认为迦叶可能是早期的琐罗亚斯德教徒。不过印度本土宗教中也有拜火的传统，所以这个问题还需继续挖掘论证。佛教和琐罗亚斯德教在丝绸之路上一直保持着密切的关系，甚至是你中有我、我中有你。犍陀罗浮雕中，有不少描述释迦牟尼收服迦叶的场景，火都扮演了重要的角色：火不能伤害佛陀，也就是异教徒信奉的神灵无法撼动佛陀的伟大。这是一个很重要的宗教主题。

据支谦译《太子瑞应本起经》，佛陀度化五比丘之后，希望能够让佛法更迅速地为人所知，于是想到在尼连禅水边修行的迦叶兄弟教团，迦叶三兄弟各有自己的教团，大迦叶自己有五百弟子，另外两位迦叶各有二百五十位弟子，加在一起就有一千人的庞大传法力量。尤其是大迦叶或者叫优为迦叶，大明勇健，国王臣民都尊奉他。如果能够度化大迦叶，那么佛法就能更有效地得到传播。待佛陀见到迦叶，迦叶起身行礼，赞叹道："幸甚，佛陀前来相见，不知道带来什么消息。"佛陀回答道："无病第一利，知足第一富，善友第一厚，无为第一安。"

接下来是故事的高潮部分。佛陀向大迦叶借他们教团的火室住宿一晚。这个火室应该是大迦叶教团的圣地，供奉着圣火。如果迦叶是琐罗亚斯德教徒，那么这里就是保存着祆教的圣火。迦叶说："没什么吝啬的，但是里面有毒龙，恐怕会伤害您。"佛陀回答："没事，毒龙不会害我。"几经辞让，大迦叶最终答应了佛陀的请求。于是佛陀"入火室，持草布地，适坐须臾，毒龙瞋恚，身中出烟；佛亦现神，身中出烟。龙大忿怒，身皆火出；佛亦现神，身出火光。龙火佛光，于是俱盛，石室尽燃，其炎烟出，如失火状"。代表佛法的佛光和象征琐罗亚斯德教的龙火争竟之下，把整个火室都点燃了，就像失火了一样。大迦叶出来"相视星宿"，看见火室的情形，感叹道："咄！是大沙门端正，可惜不随我语，竟为毒火所害。"以为佛陀可能遇害了。迦叶令五百弟子人，持一瓶水，就掷灭火。但是火势更大，大家都认为佛陀必死无疑了。

图7-93

图7-94

图7-95

图7-93 佛陀会见大迦叶，拉合尔博物馆
这一主题的浮雕都突出迦叶作为林修者的苦行形象。

图7-94 佛陀会见大迦叶，2—3世纪，白沙瓦博物馆
佛陀有背光，迦叶坐在茅棚里，而执金刚神手持金刚杵，跟随佛陀。

图7-95 降服毒龙，密歇根大学艺术博物馆
画面生动有趣，展现了迦叶及其弟子们运水救火的场景。有的弟子攀爬到火室顶部往下浇水。毒龙呈蛇状，在佛陀的台座前，似乎即将被佛钵所收。

图7-96

图7-97

佛陀在火室内"以道神力，灭龙恚毒，降伏龙身，化置钵中"，用佛陀将毒龙收服——象征着佛教对异教的胜利。第二天一早，佛陀"持钵盛龙而出"。迦叶惊喜问道："大道人乃尚活耶？器中何等？"佛陀回答："然，吾自活耳。是钵中者，可言毒龙，众人所畏，不敢入室者也。今者降之，已受戒矣。"犍陀罗浮雕中，有佛陀向大迦叶及其弟子展示收服毒龙的作品。

虽然佛陀收服了火室内的毒龙，但是大迦叶自持修为，认为自己的罗汉道比佛陀高明。之后佛陀又经过多次展现神通，试图将大迦叶收服。这些神通包括：分别召唤四天王、帝释天、梵天来听佛讲法；施展神通，让迦叶及其弟子燃不起火——这具有佛法比拜火高明的象征意义；从数千亿里外取来阎浮树果、呵梨勒果、阿摩勒果、自然粳米，吃完后从地涌水给佛洗漱；等等。但是迦叶顽固地认为，佛陀并未得道，只不过会些神通，超不过自己的罗汉道。最后佛陀对迦叶说："汝非罗汉，亦不知道真。胡为虚妄，自称贵乎？"迦叶"心惊毛竖，自知无道"，于是稽首礼拜，率五百弟子礼拜佛陀。迦叶和五百弟子须发自动掉落，披上袈裟，接受佛戒，做了沙门。

图7-98

图7-99

图7-96　降服毒龙，2—3世纪，布鲁克林博物馆

图7-97　降服毒龙，拉合尔博物馆
浮雕上部表现的是降魔得道。下部画面中，佛陀向迦叶师徒展示了收服的火龙——从佛钵露出蛇首，非常生动。

图7-98　迦叶礼拜佛陀，大英博物馆
在浮雕中，执金刚神在佛陀的右侧，手持拂尘，似乎在给佛陀驱赶蚊虫。佛陀端坐在树下，大迦叶合掌礼敬。

图7-99　迦叶兄弟礼拜佛陀，2—3世纪，绍托拉克出土，喀布尔博物馆

大迦叶的两个弟弟，那提迦叶和竭夷迦叶，也在大迦叶的劝说下，信仰了佛陀，追随佛陀修行。两人各自有二百五十沙门。到此为止，佛陀有了千人弟子。佛陀为诸位弟子展现神通，一是飞行，二是说经，三是教诫。诸弟子看到佛陀神通，莫不欢喜，礼拜奉行。

如果说佛陀收服迦叶教团是对异教徒的胜利，那么佛陀劝导自己的堂兄弟难陀出家，则是家族内部的度化。但是这次度化具有象征意义，涉及佛教关于情欲的论述。佛陀降服外道迦叶使用的多是神通和法力，而对于难陀，则是在佛陀设计的情景中得到启发和感悟，舍弃世俗专心修行。这是佛陀传法过程中度化他人的两种类型。

难陀（Nanda）是释迦牟尼的同父异母弟弟，在汉文文献中又作"难提""难屠"等。通常称其为"孙陀罗难陀"（汉语是"艳喜"的意思）。难陀据说身长一丈五尺四寸，容貌端正，具三十相，只比释迦牟尼的三十二相少了两相：白毫，以及耳垂稍短。孙陀罗难陀也正是那位与释迦太子竞试武艺的参与者之一，另一位比试者是佛陀的反对者提婆达多。释迦牟尼度化难陀的故事，在《大宝积经》《佛本行集经》中都有记载。马鸣菩萨更撰有《美难陀传》（Saundarananda），也是以难陀舍爱出家为描述对象。在这些故事中，难陀被树立为断除爱欲而出家的典型。其在佛弟子中以调和诸根第一者著称。

佛陀度化难陀的故事，情节跌宕，主题引人入胜，将佛法的精神融入文学色彩中。从马鸣撰《美难陀传》的情况看，关于难陀出家的故事至少在2世纪的贵霜曾广为流传，成为重要的文学题材。在汉文译经中，这一故事也多有记载，比如《普曜经》等。

在故事中，难陀的妻子孙陀利（Sundarī）是大美女，难陀非常喜欢自己的妻子，每天都为妻子梳头。释迦牟尼想度化他，于是与弟子阿难到迦毗罗卫城乞食。经过难陀门口，难陀对释迦牟尼说："你是堂堂的转轮圣王，怎么能到处乞食呢？"他拿了佛陀的钵，进去盛饭。正在这个时候，释迦牟尼转身离去，让阿难告诉难陀，把饭送到祇园精舍去。难陀只好持钵到了祇园精舍。佛陀让他留下修行，叫人给他剃发，难陀留恋家中美丽的妻子，拒绝剃发。最后佛陀自己动手，帮难陀剃发，让他在祇园精舍修行。难陀无心修行，一心想回到妻子身边去。在犍陀罗艺术中，通常用难陀给佛陀送食的场面来表现这一故事。在故事中，佛陀、难陀、难陀美丽的妻子孙陀利都会出现。除此之外，也有用佛陀亲手为难陀剃发这个场景来表现难陀出家主题的。

图7-100 难陀出家，加尔各答印度博物馆

图7-101 难陀出家，大英博物馆
右侧是难陀和妻子孙陀利，孙陀利在化妆，侍女环绕；难陀拿钵欲出，扭头看着孙陀利，孙陀利似乎在叮嘱他早点回来。难陀有背光，只是比佛陀个头矮小。这符合佛教文献中关于难陀的记载——难陀比释迦牟尼三十二相少了两相，也深具资质。左侧是难陀将半钵饭递给佛陀，佛陀佯装拒不接受，将其诱回寺院。阳台上刻画有侍女，似乎在窃窃私语。整个浮雕栩栩如生，带有强烈的戏剧色彩。

图7-102 佛陀为难陀剃度，加尔各答印度博物馆
画面中佛陀亲自往难陀头上浇水，难陀无精打采地低头不语。执金刚神手持金刚杵侍立在侧。

图7-100

图7-101

图7-102

VII The Life of Sakyamuni the Buddha: His Stories in Gandhara Art

佛陀逼迫弟弟难陀出家，而难陀时时刻刻想着逃回去找自己美丽的妻子。有一次他趁佛陀和五百弟子进城有事逃回去，结果在路上被佛陀逮到。难陀整天烦闷不安，愁眉苦脸。佛陀知道他的心意，于是施展神通，度化了难陀。他先带难陀到了天上，天女身材窈窕，倾国倾城。佛陀问难陀："是母猕猴漂亮，还是你的妻子漂亮？"难陀愤怒地说："猕猴怎么跟我美丽的妻子比。"佛陀又问他："是天女漂亮，还是你的妻子漂亮？"难陀回答："天女漂亮多了，以孙陀利比天女，就好像猕猴比孙陀利。"难陀得知修行能转生到天上做天女的夫君，就不再思念妻子孙陀罗了。他一心修行，想将来到天上去。

佛陀知道难陀持戒修行，并非是真心实意，而是想转生天上，和天女们在一起。于是佛陀又施展神通，带难陀参观地狱。地狱恐怖的情形吓到了难陀。特别是地狱的狱卒告诉他，将来即便转生到天上，还是有命终的时候，到时候就会堕入地狱受苦。地狱里有一个位置，在为痴迷女色的难陀留着。受到教诲的难陀终于觉悟了，不再希望升天享福，一心修行，脱离轮回之苦，最终成为佛陀重要的弟子。

4. 提婆达多谋刺佛陀

作为释迦牟尼年轻时的伙伴，难陀和提婆达多都跟随佛陀出家，但是两人的结局不同。在佛陀涅槃前七年，佛陀的堂兄弟提婆达多谋划取代佛陀成为僧团领袖。提婆达多是佛教史上一个非常特殊的角色，在汉文文献中被译为"提婆达兜""地婆达兜""调婆达兜"等，法显译为"提婆达多"，意思是"天授""天启"。提婆达多大概是佛陀生前最主要的挑战者，也是佛陀终生的敌人。遵从他教义的教派，被称为"提婆达多派"，一直到东晋法显、唐代玄奘西行求法时，仍在活动，可见其生命力非常旺盛。根据法显、玄奘的记载，提婆达多派只供奉过去三佛，不奉释迦牟尼。玄奘还记载，他们不食奶酪，严格遵循提婆达多的遗训。

在犍陀罗浮雕竞试武艺中经常出现提婆达多的形象。提婆达多既是佛陀的堂兄弟，也是佛陀侍者阿难的同胞兄长。佛教文献记载其身长一丈五尺四寸，有大神力，容貌端正。在汉文文献里，提婆达多却被描写成从小就贪婪狭隘，嫉妒释迦牟尼的一切成就。汉文文献《根本说一切有部毗奈耶破僧事》记载一件事可见一斑：众人基于释迦太子的威名和圣德，准备送一头宝象给太子。提婆达多心存嫉妒，将大象打死。这一点，似乎在犍陀罗浮雕中有所体现。释迦牟尼成佛后，返回迦毗罗卫国，释迦族人五百跟随其出家，包括

图7-103 刺客杀佛，加尔各答印度博物馆
刺客出现在图像的左侧，右侧的佛陀平静自若，而佛陀身后的执金刚神似乎惊到，发出惊呼。

阿难、优婆离、阿那律陀、提婆达多等。提婆达多十二年中，善心修行，"坐禅入定，心不移易，诵佛经六万"，取得了很高的造诣，也因此赢得很多追随者。在王舍城受到摩揭陀国王子阿阇世的供养。随着提婆达多修行、地位的提高，而且他跟释迦牟尼一样出身释迦族，姓瞿昙，所以他向释迦牟尼提出领导僧团的要求。这种挑战佛陀地位的举动遭到了佛陀的反对。

佛法讲众生平等，不分种姓出身，一律平等。提婆达多的追随者很多出身释迦族，自视甚高。而且他在戒律上也有自己的看法，提出天授五法，或者提婆达多五事的观点，主张"尽形寿乞食，尽形寿着粪扫衣，尽形寿露坐，尽形寿不食酥盐，尽形寿不食鱼及肉"。这是更倾向苦修但不利于弘法的戒律，释迦牟尼并不接受。此时政治形势发生了有利于提婆达多的变化：阿阇世王子亦欲取代其父频婆娑罗王而为摩揭陀国王，因此与提婆达多合谋。阿阇世最终取得了王位，但是提婆达多提出的领导佛教僧团的要求被佛陀拒绝了。释迦牟尼认为提婆达多是"啖唾痴人"，没有资格领导僧团。愤怒的提婆达多及其追随者便离开佛陀，另组新的教团。在佛教文献中记载，在阿阇世的配合下，提婆达多曾多次谋杀佛陀。按照佛教教义，分裂僧团或者"破僧"是严重的罪行。提婆达多分裂僧团产生的影响，根据玄奘等人的记载，延续了数百年之久。提婆达多分裂教团、另立中心的做法在佛教初期的历史上应该是佛教面临的一次重大危机。所以在后来的佛教文学里，提婆达多被塑造成一个犯下五逆重罪、破坏僧团、谋害佛陀的恶人形象。比如《根本说一切有部破僧事》描述，因为提婆达多的恶业，遭受无间地狱烈火焚烧，痛苦不堪。

图7-103

阿阇世供养提婆达多，使后者获得了很大的宗教权威，对佛陀构成威胁。但是后来阿阇世皈依佛陀，逐渐疏远提婆达多。这场早期的佛教路线斗争最终以佛陀取得胜利而告终。但是在整个斗争过程中，根据佛教文献记载，提婆达多处处想谋害佛陀，包括刺客杀佛、推墙压佛、狂象害佛、爪毒伤佛、抛车击佛等恶行。这些内容，在犍陀罗美术中有生动的呈现。

执金刚神在佛传故事中扮演着佛陀保护者的角色。从时间顺序上说，执金刚神最早在佛陀逾城出走时就已经出现在佛陀身旁了。之后在佛陀度化众生的过程中，执金刚神都扮演了重要角色，在提婆达多几次谋杀佛陀的场景中，执金刚神也出现了。这很可能也是犍陀罗当地的创新。只有在犍陀罗浮雕中，执金刚神才在提婆达多刺杀佛陀的故事中出现。在提婆达多派出的刺客试图推倒墙壁砸死佛陀时，在佛陀身边出现的执金刚神似乎在帮助佛陀将墙壁推回去。

在提婆达多用狂象践踏佛陀时，执金刚神出现在佛陀身边——他出现本身就意味着保护的力量。关于提婆达多和阿阇世王用狂象谋杀佛陀，文献的记载大体相似。阿阇世王有一恶象，名叫"那罗祇梨"（Nalagiri），极为凶狠暴虐，勇健非常，锐不可当。提婆达多和阿阇世王商议，以醇酒将象灌醉，待佛陀入城乞食，放醉象杀佛。阿阇世准其所请，并下令全国人民：明日将放醉象，所有人民不得于里巷中游荡。佛陀事前已知此事，但是仍然坚持沿原路入城。此时象师奉命在象鼻装上利剑，冲向佛陀。众弟子见大象奔来，纷纷走避，只有阿难守护在佛陀的身边。《增一阿含经》载，佛陀此时入慈心三昧，醉象"即自解剑，向如来跪，双膝投地，以鼻舔如来足"。

根据佛教文献的记载，除了推墙压佛、狂象害佛之外，提婆达多还曾谋划从王舍城外耆阇崛山上推动巨石压佛。佛陀并未受伤，但是却被击中脚部而出血。目前在犍陀罗浮雕中还未发现这一主题的作品。除了直接意图伤害佛陀之外，提婆达多还犯下众多罪行，比如传闻他殴打莲华色比丘尼导致对方死亡。有的文献还提到，提婆达多曾有意染指释迦牟尼出家前的妻子耶输陀罗。在佛本生故事中，提婆达多往往在佛陀的前世中就与佛陀为敌，比如在九色鹿本生中，忘恩负义、向国王泄露九色鹿所在的人就被称为提婆达多的前世；又比如在须大拿本生中向须大拿太子求施儿子的婆罗门也被认为是提婆达多的前世。

图7-104 推墙压佛，大英博物馆
画面的左侧是试图推倒围墙的刺客，右边佛陀倾身用手托住了墙，佛陀旁边的执金刚神手持金刚杵，跃跃欲试。执金刚神是希腊大力士装扮。

图7-105 推墙压佛，大英博物馆

图7-106 刺杀佛陀，拉合尔博物馆

图7-104

图7-105

图7-106

图7-107

图7-108

图7-109

5. 收服恶神和度化众生

佛陀在传法过程中降服各色危害众生的恶神，包括夜叉、恶人、龙王等，似乎反映的是佛教对地方"邪神"信仰的胜利：从"邪神"崇拜中争夺信徒。这类故事很多，在不同宗教中也常有表现。犍陀罗艺术中对佛陀战胜这些"邪神"多有渲染，是浮雕造像的重要主题。

指鬘王（Aṅgulimāla）在汉文文献中被翻译为各种名字，比如"央崛摩罗""央崛鬘"等。《经律异相》记载，他"杀害人民，各取一指，用作华鬘，以是故，名曰鸯崛鬘"。《贤愚因缘经》则记载，"鸯仇魔罗，晋言指鬘"。玄奘在《大唐西域记》中进行了纠正，指出："鸯崛利摩罗，唐言指鬘，旧曰央崛摩罗，讹也。室罗伐悉底之凶人也，杀人取指，冠首为鬘。" 早期汉文译经中对他的皈依有很多的描述，比如西晋竺法护译《佛说鸯掘摩经》一卷、西晋法炬译《佛说鸯崛髻经》一卷、刘宋求那跋陀罗译《央掘魔罗经》四卷，等等。这或许说明佛陀收服指鬘王的故事在犍陀罗地区曾广为流传。这一点也由出土的犍陀罗浮雕所证明。在犍陀罗浮雕中，指鬘王皈依作为佛传故事的重要主题，多次出现。比如拉合尔博物馆所藏的指鬘王皈依浮雕。画面中，高大的佛陀双手合十，似乎在向指鬘王讲法，指鬘王头戴手指编成的花鬘，一手持刀，一手持盾，仰望着佛陀。右侧，指鬘王再次出现，同样一手持刀，一手持盾，举刀欲砍。在画面中央的上部，是飞起的执金刚神，手持金刚杵，似乎要扑向对佛陀不利的指鬘王。这种执金刚神的造型，在降服阿波罗逻龙王的犍陀罗浮雕中也有表现。

有关指鬘王的记载，各文献有所出入，但基本的内容差不多。一般认为，他是佛陀同时代的人，住在舍卫城。有的说他是憍萨罗国波斯匿王的宰相之子，信奉婆罗门教，受婆罗门蛊惑，以为杀千人就能得到涅槃，于是到处杀人，并且把死者的手指切下，戴在头上当作花鬘。在有的版本中说，他杀了九百九十九人，还差一个的时候，欲杀害亲生母亲，凑够千人之数。佛陀怜悯他，为他说法度化，最后指鬘王忏悔皈依，成为佛陀弟子，最终证得阿罗汉果。玄奘在《大唐西域记》中明确记载在室罗伐悉底国有其遗迹。

佛陀以智慧和无畏，降服食人夜叉阿拉毗克（Yakṣa Āṭavika），也是佛传故事中常见的主题，表现了佛陀收服"邪神"的慈悲和神通。由于佛陀的度化，阿拉毗克皈依佛法，从杀人的恶神转变为护人的善神。根据佛教文献记载，阿拉毗（Āṭavī）国王在狩猎时在森林里被阿拉毗克擒住，为了活命答应每天为夜叉奉

图7-107　降服醉象，白沙瓦博物馆
画面非常紧张，醉象冲向佛陀时，众弟子惊慌失措，释迦牟尼轻轻用
手抚摸大象的额头，以神通驯服醉象，丝毫没有受到伤害。

图7-108　降服醉象，维多利亚和艾尔伯特博物馆

图7-109　降服醉象，1—3世纪，孟买威尔士亲王博物馆

献一个孩童充当食物。十二年之后，阿拉毗国在食人夜叉阿拉毗克的蹂躏下，已经再也没有孩童可以提供了。国王决定把王子献给夜叉食用。正在此时，满怀慈悲的佛陀出现，以神通挫败夜叉的袭击，又以智慧解答夜叉提出的一系列问题，最终使阿拉毗克皈依佛法，放弃食人。

佛陀的保护者执金刚神从本质上说也是夜叉。但是在犍陀罗艺术中，夜叉往往是作为雕刻的背景人物出现，很少是故事的主线人物。但是佛陀降服食人夜叉阿拉毗克的故事中，阿拉毗克是以故事的主要角色出现的。在西格里等地出土的相关浮雕（窣堵波上），刻画了更为详细的阿拉毗克皈依场景。

图7-110

图7-111

图7-110 降服食人夜叉阿拉毗克，拉合尔博物馆
场景中，佛陀端坐在拱门之下的莲花宝座上，全跏趺坐，施无畏印。左侧是食人夜叉阿拉毗克双手将孩童奉还给佛陀。右侧则是国王一家，国王双手合十礼拜，身后是王后，国王夫妇之前是一个孩童，应该是准备献祭的王子。

图7-111 降服食人夜叉阿拉毗克，加尔各答印度博物馆
场景中，佛陀全跏趺坐，施无畏印，左边的阿拉毗克将孩童奉献在佛前。

图7-112 降服食人夜叉阿拉毗克，3—4世纪，松冈美术馆

图7-112

佛陀降服斯瓦特河上游经常令河流泛滥的龙王阿波罗逻（Apalāla），在佛教文献中记载不多，似乎这一事件，是后来加进佛传故事的，是犍陀罗地区的发明。关于这一事件发生的地点，《大智度论》说是"月氏国"，也就是贵霜。《阿育王传》说是乌苌，也就是斯瓦特。根据玄奘《大唐西域记》的记载，阿波罗逻龙泉是苏婆伐窣堵河的源头。派流西南，春夏含冻，晨夕飞雪。雪霏五彩，光流四照。阿波罗逻龙王就住在这里。在迦叶佛时，龙王的前世是人，名叫殑只，精通咒术，能降服恶龙，让它们不降暴雨。因为他的缘故，国人能够储存余粮，安居乐业。大家非常感谢他，经常奉献粮食等给他。但是天长日久，难免有所怠慢。结果殑只就觉得怨恨，发愿成为毒龙，暴行风雨，摧毁庄稼。等他死后，就转生为阿波罗逻龙王，居住在龙池之中。结果龙泉流出白水，损害土壤，给当地人造成严重损害。佛陀怜悯此国人，于是带执金刚神来到龙泉，希望能够度化阿波罗逻龙王。执金刚神，"杵击山崖"，恐吓龙王。阿波罗逻龙王深感恐惧和震惊，于是从水里出来皈依。听佛陀讲法后，龙王心净信悟。佛陀告诉他不能再损害庄稼。

犍陀罗浮雕中有多件描述佛陀收服阿波罗逻龙王的作品，最为有名的是大英博物馆藏降服阿波罗逻龙王的片岩石雕。在画面中，佛陀头有背光，高鼻深目。执金刚神赤裸上身，带有鲜明的希腊大力士赫拉克利斯的特征，肌肉发达，手持金刚杵。阿波罗逻龙王、龙后以及龙子位于画面中央。双手合十，跪在一处从水面升起的台子上，向佛陀礼拜。威武的执金刚神第二次出现在画面的右上方，飞在空中，左手伸向前方，右手握着金刚杵，腾跃起来，似乎要扑向龙王一行。龙子回头惊恐地看着飞跃而起的执金刚神，整个画面栩栩如生，似乎能感受到执金刚神迫使龙王向佛陀屈服的紧张气息。浮雕所描绘的场面，跟玄奘的记载高度吻合。根据《大唐西域记》的记载，阿波罗逻龙泉西南三十余里，水北岸大盘石上，有佛陀的足印，是佛陀降服龙王后留下的圣迹。玄奘到这里的时候，当地人在佛足印上面建造了房子，远近都来供养。顺流而下三十里，则是佛陀洗衣石，袈裟的纹路如同雕刻一般。有的浮雕将佛陀和龙王的故事结合起来，展现佛陀收服龙王的神通。

在佛传故事中，除了佛陀降服斯瓦特河的阿波罗逻龙王之外，塔克西拉地区也流行医罗钵呾罗龙王（Naga Elapattra）的传说。玄奘经过这里的时候，还专门记载了这个故事。据他描述，塔克西拉大城西北七十里的地方，有一个医罗钵呾罗龙王池，池周百余步，水质澄清，里面生长着杂色莲花。玄奘特意提到，这里的龙王就是往昔迦叶佛的时代损坏医罗树的那个龙王。"此龙者，即昔迦叶波佛时坏医罗钵呾罗树比丘者也"。当地人求雨的时候，跟僧人们一起到龙池祈祷，就能心遂所愿。玄奘记载的所见所闻并非空穴来风，而是有文本记载的证明，在犍陀罗佛教艺术中，有关此龙拜见佛陀的故事也是一个重要的主题。

图7-113 降服阿波罗逻龙王，大英博物馆

图7-114 降服阿波罗逻龙王，拉合尔博物馆
画面中，佛陀接受龙王的礼拜，龙王身后是龙后，佛陀身后站立着强壮的执金刚神。

图7-115

图7-116

图7-115 降服阿波罗逻龙王，印度国家博物馆

图7-116 降服龙王和收服火龙，2—3世纪，诺顿西蒙博物馆

关于医罗钵呾罗龙王的故事。佛教文献多有记载，比如《根本说一切有部毗奈耶杂事》。大体情节是：释迦牟尼住世的时候，一天，医罗钵呾罗龙王前来拜访他，但是化身为转轮圣王的样子。这一点被佛陀识破，就对他说："快点变回原形。以前迦叶佛的时候，你不守戒律，犯下罪孽才遭到转生为龙的惩罚，现在还如此愚痴。"龙王回答说自己结怨太多，担心恢复龙身会遭众生报复。佛陀命执金刚神守护龙王。龙王化身为多首龙，每个头上都长着医罗树。风吹摇动，流出脓血，污秽难闻，苍蝇虫蛆遍布，龙王很痛苦。佛陀告诉龙王，待将来弥勒佛出世，他将为龙王授记脱离龙身。佛陀向大众讲述了医罗钵呾罗龙王的因缘：迦叶佛时，龙王前世是出家修行者，发下宏愿，即便树叶打头，都要持戒忍受。但有一次医罗树打到额头异常疼痛，就将其损坏，从而破戒堕为龙身。

塔克西拉最初应该有龙王的本地信仰，后来这些土神被佛教纳入到自己的万神殿，成为佛教神祇的一部分。有关这一主题的犍陀罗浮雕具有代表性的是大英博物馆藏犍陀罗浮雕。除此之外，白沙瓦博物馆也藏有同样主题的浮雕，可见这一主题在犍陀罗地区曾经非常流行。在白沙瓦博物馆所藏同一主题的浮雕中，除了出现了医罗钵呾罗龙王蛇身的形象，在画面的最左边，还出现了一个他的人形形象——头顶出现了蛇头装饰。

图7-117　　　　　　　　　　　　　　　　　　　　　　　　　　　　　　　　　　　　　　　图7-118

图7-117　医罗钵呾罗龙王的拜访，2—3世纪，大英博物馆
浮雕可能是装饰板的一部分，周边有装饰符号。左部残缺，右部完整。佛带有背光，右肩裸露，手势做传法状，结跏趺坐。面容宁静，眼睛睁开。右边是礼拜佛陀的三位僧人，两位坐着，一位站立。最值得注意的细节出现在佛陀宝座的前面：一条蛇，盘绕三次，抬头吐舌对着佛陀。

图7-118　医罗钵呾罗龙王的拜访，白沙瓦博物馆
画面中，医罗钵呾罗龙王有五个头，符合佛教文献所说的多首龙的描述。犍陀罗浮雕中，除了用人形表示龙王外，很多作品中就是把龙表现为蛇的样子。

犍陀罗美术中有表现佛陀度化摩纳的故事,在汉文《佛说鹦鹉经》中,能找到这个故事的一个版本。根据《佛说鹦鹉经》,佛陀在舍卫国乞食,到了摩纳家里。摩纳不在家,他心爱的一条白狗坐在床上吃东西,狗食用金盘子盛放。白狗见到佛陀,就冲他吠叫。佛陀对它说:"不要叫,不要因为愤恨就大叫。"白狗听了佛陀的话,心生嗔恚之心,从床上跳下来,卧在木堆旁边忧愁悲泣。摩纳回来发现白狗这样的情形,询问家人,知道是佛陀来过,于是去找佛陀。他问佛陀这条白狗跟他有什么因缘,佛陀告诉他,这条白狗的前世是摩纳的父亲都提。摩纳大怒,说他的父亲一生行善布施,死后肯定往生天上,怎么会托生到狗身上呢。世尊告诉他,其父由于生前骄傲自大、自以为是,以此善行而生起强烈的傲慢,所以才会投胎为犬。即便是立志升入天上的修行者,因为增上慢之心,也会往生畜生道。佛陀让他回家验证。摩纳回去之后按照佛陀的吩咐,对白狗说:"如果你前世是我的父亲,就到床上去,就吃金盘里的食物,就帮我找到生前藏的各种珍宝。"结果白狗真的帮他找到了,见此情形,摩纳高兴大叫:"瞿昙沙门说的对啊。"他又去礼拜佛陀,并跟佛陀进行了对话。《佛说鹦鹉经》就是利用这个故事,通过佛陀和摩纳的对话,来讨论众生转生的因缘。正如世尊所说,众生因为自己所造的业而得到报应。也缘于这个业,转生有所高下。威德还是卑贱、富裕还是贫穷、智慧还是愚蠢,等等,都是由前世不同的业造成的。

图7-119

图7-120

6. 德护皈依和月光授记

如果说佛陀跟提婆达多的斗争，是佛教僧团内部的争夺，那么度化德护长者（Śrīgupta），则是释迦牟尼在和外道的斗争中取得的一个重要胜利。德护长者是居住在王舍城的有权势者。他不信佛法，崇信外道六师（耆那教祖师尼乾陀若提子、顺世论先驱阿耆多翅舍钦婆罗、无作论者富兰那迦叶、宿命论者末伽梨拘舍梨子、不可知论者删阇夜毗罗胝子、原子论者迦罗鸠驮迦旃延）。外道六师撺掇他陷害佛陀。根据汉译《德护长者经》描述，他们计划邀请佛陀到德护家中，事先在七重门下挖掘火坑，坑深足以埋没七个人，在坑里安置佉他罗炭无烟之火，希望佛陀失足陷落坑里死掉。除此之外，他们还计划在饮食中下毒，毒害佛陀。德护认为，如果佛陀真是智者，就不会来赴会。

德护长者有个儿子叫月光，年纪十六岁，容貌端正，身有二十八种大丈夫相，在过去的轮回中多次听过去佛说法。月光童子得知父亲受到外道蛊惑要陷害佛陀，心生忧虑，规劝父亲不要做这种恶事。但是德护不听，坚持己见。佛陀应邀前来，一切天王、一切龙王、一切夜叉王、一切捷闼婆王、阿修罗王、迦楼罗王、摩睺罗伽王、紧那罗王侍从，恭敬赞叹佛陀。佛陀施展神通，使德护长者设下的火坑毒药皆灭，家内清净如常。德护见到佛陀的神通，大受震动，礼拜佛陀，真诚在佛陀前忏悔："我本愚痴受六师教。今于佛前至心忏悔。由父昔世敬信外道。我顺父故作如是罪。今因月光令我信佛。我今殷勤至心忏悔。更不作罪。愿佛救我。"

图7-119 白狗吠叫，加尔各答印度博物馆

图7-120 白狗吠叫，大英博物馆

图7-121 德护的邀请，白沙瓦博物馆
画面中出现了月光童子，站在德护长者之后。这个童子将在中国中古史上扮演重要的角色。

月光童子诸经中,有些版本加入了释迦牟尼预言月光童子下生为转轮圣王的内容,比如《德护长者经》说:"又此童子,我涅槃后,于未来世护持我法,供养如来,受持佛法,安置佛法,赞叹佛法。于当来世佛法末时,于阎浮提大隋国内,作大国王,名曰大行,能令大隋国内一切众生,信于佛法,种诸善根。时大行王,以大信心大威德力供养我钵。于尔数年我钵当至沙勒国,从尔次第至大隋国,其大行王于佛钵所大设供养,复能受持一切佛法。"这段话一般被认为是翻译者为隋文帝做政治宣传加进去的,目的是宣扬隋文帝是月光童子下生。

收服外道,是佛传故事的一个重要主题。除了上述德护长者的故事,还有其他的故事,比如收服鹿头尊者(Vangisa)。这个故事在《增一阿含经》中有记载。传闻鹿头尊者耆鹏舍是一位聪明绝顶、多才多艺的婆罗门修行者。其最大的本事是能通阴阳、探知过去和未来,仅仅凭敲击骷髅的骨骸就知道死者的过往以及往生何处。他也擅长诗歌,具有文学才能,在跟随佛陀出家修成阿罗汉道之后,常以诗歌赞颂三宝。往昔,佛陀与五百罗汉共同驻锡在舍卫城耆阇崛山中。在众婆罗门撺掇下,鹿头尊者前来拜见佛陀,想挑战佛陀的权威。但遭到了挫折,最后皈依了佛陀。这个故事在犍陀罗艺术中也有表现,虽然作品较少。比如白沙瓦博物馆藏的一件贵霜浮雕,展现的就是这个故事。在场景中,鹿头尊者双手捧着一个骷髅头。

7. 舍卫城神变和三道宝阶降下

佛陀在第二十五年到了舍卫城的祇树给孤独园坐夏。在那里,一位商人给孤独(Anathapindada)为佛陀及其弟子捐建了祇园精舍。但是在舍卫城,佛陀取得的最大成就是彻底降服六师外道。这是佛教发展史上的著名事件。

面对六师外道的挑战,佛陀最终施展双神变大神通,令在场的天人、龙、人等众生震撼异常。汉文佛教文献对这场佛教和外道的"大决战"有诸多细节性的描述。比如佛陀现四威仪行立坐卧,入火光定出种种光(青、黄、赤、白、红),身下出火身上出水,身上出火身下出水;施展神通,召唤诸龙持妙莲花,大如车轮数满千叶,以宝为茎,金刚为须,从地涌出。佛陀在莲花上安稳而坐,并在无量妙宝莲花上展现化佛神通,让每朵莲花上都有化佛安坐。这些化佛身出火光、降雨,或放光明、或时授记、或时问答、或复行立坐卧现四威仪。佛陀展现的大神通,彻底击败了六师外道。在有些汉文文献中,六师外道羞愧乃至自

图7-122 给孤独长者的馈赠,2—3世纪,大都会博物馆
图7-123 欢迎佛陀进入舍卫城,大都会博物馆

图7-122

图7-123

图7-124 a

图7-124 b

图7-124 c

图7-124 d

图7-124 e

图7-124 a~e　舍卫城神变，拉合尔博物馆
以结跏趺坐的佛陀为中心，左右胁侍菩萨，扩散到周围众多佛、菩萨、天人、龙王、供养人等，构成通常所说的净土变相的形式。整尊造像上一共表现了67个人物，每个人物都栩栩如生，有自己的身份特点，是犍陀罗文明不可多得的人类遗产。浮雕上的很多细节都符合文献的记载，比如佛陀召唤龙王前来礼拜，在此浮雕底部就有龙王礼敬的画面。

杀，其弟子纷纷转投佛陀，接受佛法。在舍卫城神变的故事情节中，那伽龙王扮演了重要角色——当佛陀需要莲花作为道具时，那伽龙王献出此物。集美博物馆所藏的最为经典的舍卫城大神变（双神变）浮雕的基座上，就刻着五朵莲花，或许就是取义于此。文献的记载，也被犍陀罗浮雕的图像所佐证。拉合尔博物馆藏舍卫城神变浮雕，以结跏趺坐的佛陀为中心，扩散到诸佛、菩萨、天人、龙王、供养人等。浮雕上的很多细节都符合文献的记载，比如浮雕底部就有龙王礼敬、献出莲花的画面。

释迦牟尼出家之后，受摩揭陀国频婆娑罗王邀请到王舍城，受到供养。在这里，舍利弗和目犍连加入了佛教僧团，成为佛陀的重要弟子。在之前，他的同父异母弟弟难陀已经加入了教团。佛陀成道后一年回到迦毗罗卫国，他的儿子罗睺罗也加入教团。他的堂弟提婆达多等姓瞿昙的族人大量加入了佛教僧团。但是对于已经去世的母亲，佛陀通过神通到三十三天面谒母亲，为她说法。这是佛传的一个重要主题，表达了佛教对回报母亲恩情的重视。同时，佛陀上忉利天（Trayastrimsa）也是为了向众天神讲法。讲法完毕，帝释天制造金、银和宝石三梯，众天神和大梵天护送佛陀从天上下来。三道宝阶降下是佛传中的重要主题，在犍陀罗佛教艺术中也常有表现，而且这个主题很早就出现了。早期的犍陀罗沿袭以前不表现佛陀的传统，比如斯瓦特博物馆藏三道宝阶降下浮雕中，就没有刻画佛陀的形象，而是在中间宝阶的最下层，刻有佛陀的足迹。一位比丘尼跪在佛足迹前迎接。这个佛足迹，就用来象征佛陀。

佛陀从忉利天下来，梵天和帝释天护持。另外有一个很重要的细节，就是在人间恭候佛陀下来的人，必须是转轮王。但是犍陀罗浮雕中，往往是一个女性形象。这个女性形象，是女尼莲华色（Utpalavarna）。根据《杂阿含经》卷二三、《增一阿含经》卷二八等记载，佛陀返回人间时，莲华色化作转轮王之身，迎接佛陀，之后再恢复本来面目礼拜佛陀。

莲花色女尼，在汉文中又译为"青莲华尼""莲华色尼"。她是佛陀重要的女弟子，出家之前命运坎坷。她是王舍城人，婚后曾生下一个女儿。因发现其夫与其母私通，所以离家至波罗奈城，另嫁一长者。日后长者至郁禅国经商，娶一少女归波罗奈国，后来莲华色比丘尼才知道，长者新娶乃自己的女儿。经历此后，莲华色深深感到命运悲凉，之前与母亲共夫，现在则与女共夫，因而自暴自弃，遂至毗舍离城沦为妓女。有一日，因听闻目犍连说法而归信佛法，成为佛陀重要的弟子。有的佛教文献记载，莲华色死于提婆达多之手，被后者怒击头部而死。

图7-125 三道宝阶降下，斯瓦特博物馆
梵天和帝释天在宝阶两旁双手合十，用佛足迹表现佛陀，在犍陀罗艺术中相当少见。

图7-126 忉利天说法与三道宝阶降下，2—3世纪，白沙瓦博物馆
这个拱门形的浮雕作品分为三层。最里一层描述的是释迦牟尼从忉利天返回。佛陀正准备沿着中间的那道宝阶下来，梵天和帝释天侍从左右，沿着左右的宝阶下来。左右各有一个飞翔的人物形象在撒花。左右两侧各有二个信众，双手合十，恭候释迦牟尼。在宝阶到达地面的左边，有一个跪倒在地的人物形象，似乎在迎接佛陀的降临，这应该是佛教文献中提到的比丘尼莲华色。莲华色化身为转轮王，是第一个迎接佛陀从天上下来的人。中间一层描述了佛陀端坐中间，左右各有五个信众护侍。在两侧信众之后，是一对狮首鱼尾的海兽。最外一层有所毁坏，但内容结构和第二层类似。

图7-125

图7-126

8. 优填王与释迦牟尼瑞像的出现

在佛教文献中，瑞像作为佛像中一种非常特别的造像样式，其最早的源头是优填王旃檀瑞像（Udayana Raja Style Buddha），是完全按照释迦牟尼佛成道后在忉利天为其母摩耶夫人说法时的形象雕刻的，是释迦牟尼的"真容像"。优填王（Udayana）在汉文史料中经常出现，意译为"出爱王""日子王"等。最为知名的就是"优填王"。优填王是憍赏弥国的国君。这个国家和摩揭陀国、憍萨罗国等对峙，也是一方大国。皇后崇敬佛法，但是王妃无比夫人却是一个瞋心极重的女人。只因佛陀曾经拒绝过她的追求，所以肆意报复，并迫害信佛的皇后。后来优填王见识到佛法的伟大，于是请求佛陀帮他解脱色戒。于是佛陀讲了好色的四种恶态：一是以淫为乐，不觉其秽；二是为色所迷，六亲不顾；三是坏清净行，离经叛道；四是淫心大作，索求无度。优填王听闻佛法后，也皈依佛陀，成为虔诚的弟子。

根据《增一阿含经》记载，有一次，帝释天邀请佛陀上升忉利天说法。佛陀并未告知诸位弟子，突然离去。僧团众人为此忧心忡忡。波斯匿王、优填王来问阿难，阿难也不知道如来去处。优填王忧愁过甚，乃至病倒，并且告诉诸位大臣，如果再见不到如来，估计活不下去了。大臣们出主意，要保住国王的命，应该制作如来的瑞像。当大臣们告诉优填王这个想法，优填王欢喜雀跃，不能自已，觉得这是个好主意。于是，优填王召集国中的能工巧匠，以牛头栴檀作如来形像，高五尺。这样一来，国王就可以时时供养。听到优填王的想法后，波斯匿王也召集自己国内的巧匠，以紫磨黄金打造如来的形像，也高五尺。从此阎浮提内才开始有了如来的瑞像，让众人礼拜瞻仰。表现这一佛传主题的犍陀罗浮雕，存于白沙瓦博物馆和大都会博物馆等地。比如在白沙瓦博物馆所藏浮雕中，佛陀身穿袈裟，右肩赤露，手作说法印，眼睛半合。在佛陀右边，是两个打坐的僧侣。左边是手捧如来瑞像的优填王。

但是，这到底是传说，还是历史，没有文献和考古的证据可以证明。不过大家一般认为，佛像最早产生的地区，应该是大犍陀罗地区，而不是印度本土。接着上面的故事：待佛陀从忉利天宫说法后回来。大家纷纷向其礼拜。优填王手捧紫檀瑞像前来。佛陀见到此像，大为欢喜，并且指出制作佛像，具有无上的功德，"造佛形像者，终不堕恶趣，其福不思议"。玄奘西行经过憍赏弥国，记载其国都城大精舍内，供奉着栴檀佛像，据说就是优填王所造。

图7-127 优填王献瑞像，3—5世纪，大都会博物馆

图7-127

9. 施土因缘和育王授记

燃灯佛授记与阿育王施土两个情节，似乎并不相关，但是实际上关系非常紧密。前者是释迦牟尼获得授记，得到成佛的预言，将在未来世成佛。后者则是阿育王的前世小儿获得授记，得到将来成为转轮王的预言。这两者一个是成佛，一个是成为转轮王，却是从宗教和世俗两相对应的。比如拉合尔博物馆所藏的一块燃灯佛授记造像，就是和阿育王施土因缘连在一起的。

很显然，阿育王施土因缘被纳入佛传故事，应该是在阿育王成为伟大的佛教转轮王之后，而非佛陀当时真实发生的故事。最起码，这样一个故事就算在佛陀时代已经出现了，也是到了阿育王或者阿育王之后的时代才正式跟阿育王连在了一起。阿育王施土因缘很可能是阿育王时代重新构建的佛传故事，这个故事为阿育王作为佛教君主提供了理论依据。阿育王作为佛教历史上著名的护持者，对佛教的发展起到了关键性的作用。把他的前世纳入佛传故事，通过佛陀预言（授记）的形式，授予他统治人间的神圣权力，这应该是整个事件的叙事逻辑。

汉译佛典中有关阿育王施土的记载很丰富。早在东汉支娄迦谶翻译《杂譬喻经》的时候，就记载了这件事："昔阿育王曾作小儿时，道遇佛，不胜欢喜，以少沙土至心奉佛，由此之福故得为圣王。" 西晋安息三藏安法钦译《阿育王传》云："佛言：我若涅槃百年之后，此小儿者当作转轮圣王四分之一，于花氏城作政法王，号阿恕伽。分我舍利而作八万四千宝塔，饶益众生。"这样的叙事逻辑，和隋朝的那连提黎耶舍翻译《德护长者经》时，预言隋文帝当于大隋国做大国王是一样的，都是通过"于经有征"、佛陀亲口所说的形式，授予君主统治的神圣性和合法性。阿育王施土因缘在犍陀罗艺术中有很多作品，传入东亚后也成为广为流传的艺术主题。佛传故事中还有很多主题，有些主题在犍陀罗佛教艺术中能找到对应的图像，也有尚未找到对应的图像，但不能推定就没有，毕竟现在保存下来的佛传浮雕是少数，只能让后人窥见犍陀罗辉煌艺术的一斑而已。能够看到图像的，对我们理解有关中国佛教的问题很有帮助。

10. 菴婆波利布施芒果园和最后的告别

从一个妓女成为佛陀重要的弟子，莲花色并不是唯一的例子。菴婆波利（Amrapālī）也是从社会的边缘

图7-128 施土因缘，哈达出土，集美博物馆
浮雕由上下两部分组成，下面是初转法轮，上面是小儿施土。画面中佛陀面对两个小儿，其中一个似乎在将土放入佛钵中。

图7-129 小儿施土因缘，加尔各答印度博物馆
画面中执金刚神跟随佛陀，有手捧丰饶角的人，表现诸天神观礼的场景。

图7-130 阿育王献土，私人收藏

图7-128

图7-129

图7-130

VII The Life of Sakyamuni the Buddha: His Stories in Gandhara Art

修行人成为佛陀的追随者。很多宗教都会有类似的情节，强盗、妓女等遭人歧视者成为传教的重要角色。对强调众生平等的佛教而言，这一点更为重要。不论是杀人强盗，还是沦落社会边缘的妓女，在信仰面前都有均等的机会。菴婆波利，又称为柰女、庵婆女、庵婆罗女、庵婆罗树女、庵树女等。"菴婆"就是芒果的意思。菴婆波利在汉文佛经中有多种翻译，其中《柰女耆婆经》记载，因为她由柰树而生，所以也意译为"柰女"。她是摩揭陀国频婆娑罗王之妃，良医耆婆之母。法显西行求法时，曾提到中印度吠舍厘城（Vaiśālī），"城南三里，道西，庵婆罗女以园施佛，作佛住处"。

菴婆波利美艳动人，几个离车族王子都追求她。她赚取大量财富，花了很多钱在慈善上，因而名声远播。释迦牟尼最后的传法旅程中，接受菴婆波利的邀请，去她居住的芒果园吃饭。在菴婆波利邀请之后，离车族王子也来邀请佛陀赴宴。佛陀告诉他们，已经接受了菴婆波利的邀请。王子们愤愤不平，认为菴婆波利只是个妓女，而佛陀接受她的邀请而拒绝了自己的邀请。有些僧众也为此埋怨，认为佛陀不该去菴婆波利这种下贱阶级家中吃饭。接受菴婆波利的布施后，菴婆波利问佛陀："像我这样的人也可以行善业吗？"佛陀说："当然可以。"佛陀对僧众说："河流的水来自不同的地方，但是最后都流到海里去了。无论什么人，只要接受我的教法，持八正道，就能证得真理，没有贵贱之分。"菴婆波利最后将自己的芒果园奉献给了佛陀，作为僧团居住修行之地。关于这个情节，在犍陀罗艺术中也有不少体现。

佛传故事的最后一段是佛陀的涅槃。在佛陀涅槃之前，菴婆波利知道了，前来礼拜佛陀。西格里窣堵波出土的成组佛传浮雕，展现了佛陀的一生，其中一块，描写的就是菴婆波利的故事。

曾经到访犍陀罗的高僧法显在其翻译的《大般涅槃经》卷上中生动地描述了这个见面的情景：菴婆波利，颜容端正，世界第一。听闻佛陀即将涅槃，她心中悲伤、涕泣交流，和五百眷属一起来拜访佛陀。佛陀遥见菴婆波利前来，跟诸比丘说："今天菴婆波利来看我。她容貌殊绝，举世无双。你们要端心正念，不要心生邪见。"接着告诫诸位比丘，人的身体无非是臭皮囊，无一可乐。"智者当远离，勿生染着心"。菴婆波利来到佛前，头面礼足，呜咽衔泪说："希望佛陀不要涅槃，那样众生将如婴儿失去慈母。"于是世尊为来众说法，讲述六道轮回之苦。言毕，佛陀起身前往干荼村中，并且制止众人跟随。但是菴婆波利等心怀眷恋，不忍离去。于是佛陀施展神通，化作河水，将众人隔开。菴婆波利等人只好绝望而回。

这个佛传故事是佛陀得道传法历程的终结，接下去就进入了佛陀涅槃的阶段。

图7-131 菴婆波利的拜访，拉合尔博物馆
图像的左侧是菴婆波利，右边是听法的比丘。

图7-132 菴婆波利的拜访，西克里出土，拉合尔博物馆
故事框定在两根科林斯柱之间。佛陀端坐莲台上，持无畏印，可惜面部损坏。配角人物相比佛陀形象小很多，描述了菴婆波利拜访佛陀的情景。但是具体这个场景描述的是菴婆波利献芒果园，还是佛陀涅槃前菴婆波利的告别，不能完全确定。前者的可能性更大一些。

图7-131

图7-132

VIII

Nirvāna, Worshiping the Stupas and Buddha's Relics

第八章

从佛陀涅槃到礼敬窣堵波与舍利

犍陀罗佛传特别重视表现佛陀涅槃的场景。考虑到涅槃在佛传中的重要性，本书专门将涅槃以及涅槃之后的窣堵波和舍利崇拜单列一章。

佛教追求的最高理想，是跳脱六道轮回或者五道轮回，免受轮回之苦，达到彻底的觉悟。这种最终的圆满，就是涅槃。佛陀得道之后本来可以自行涅槃，置众生于不顾，但是在梵天劝请之下，放弃了自行涅槃的想法，转而为众生说法，让众生体会到佛法的伟大，从而得到最终的解脱。不过，佛陀在完成传法的使命后，还是会走向涅槃。释迦牟尼在菩提树下的涅槃，因此成为佛教传统的重要情节和场景。

佛陀涅槃，一方面，从世俗的角度理解，这是一个死亡的场景；另一方面，从宗教的角度理解，标志着达到佛教所追求的最高理想。这种矛盾，或许是早期印度佛教在表现佛陀涅槃这一情节时，拒绝用死亡场景，而用窣堵波来标志佛陀涅槃这一伟大宗教意涵的主要原因。用窣堵波来表现佛陀涅槃，展现追随者礼敬，奉献鲜花、幢幡的场景，有种观点认为这是来自原始印度教的圣树信仰。在佛教里，窣堵波象征的是彼岸世界，佛陀涅槃不仅是个人的解脱，而且是佛教普遍理想的实现。佛教徒在围绕窣堵波进行右绕礼拜时，可以看到在窣堵波上雕刻的佛本生故事和佛传故事，追忆其功德。

但是，窣堵波这种象征主义的表现手法，跟犍陀罗涅槃图的故事主义和写实主义风格明显不同。犍陀罗的涅槃图像具有一定现实主义的描写手法，的确将佛陀的入灭描写成了一个令人悲痛的死亡场景。窣堵波在犍陀罗佛教艺术中的意涵，跟在原始印度佛教艺术中的意涵已经有很大的不同，它超出了涅槃的范畴，而成为佛陀和佛法的象征。窣堵波和舍利函上的符号和图像，随着佛教向东传播，也在东亚文明中留下自己的痕迹，比如桓娑作为"雁"进入中土文明后，被纳入语言系统，对大雁塔的命名产生影响，展现了佛教对人类文明发展的贡献。

佛陀涅槃后留下的遗骸和圣物，通过分舍利建塔的形式，成为"制造"佛教信仰中心和神圣空间的重要元素。犍陀罗保存着最多的佛陀舍利和圣物，这些圣迹和圣物成为佛教徒包括中国西行求法僧人礼拜的中心，也是犍陀罗能够成为佛教中心的重要依据。在犍陀罗艺术中，保存佛陀舍利的窣堵波凝聚了新的信仰认同，各种形状的舍利容器成为信仰和艺术的重要组成部分。犍陀罗重塑佛教圣地和信仰中心的运动，其重要的一环就是对佛陀舍利的供养和窣堵波的大量修建。

图8-1 形状各异的舍利容器，塔克西拉博物馆

图8-1

第一节
悲伤而神圣：犍陀罗的涅槃图像

佛陀的涅槃和常人的死亡，其意义是根本不同的。前者是佛教追求的最高理想，而后者却是生离死别的悲剧。但在2世纪以后，犍陀罗地区开始出现了以右胁累足而卧的释迦牟尼为中心人物的涅槃图像。在这种宗教图像中，释迦牟尼周围围绕着悲痛的弟子、众神、末罗族举哀者，甚至外道等人物形象，少则四五人，多的达40多人，一起为佛陀离开而悲痛欲绝。在构图上，犍陀罗浮雕也出现了将太子出生和佛陀涅槃两个场景连在一起的做法，通过出生和入灭两个场景，来象征佛陀的神圣历程。

涅槃是佛传的一部分，所以犍陀罗的涅槃浮雕，一般都属于小型的雕塑作品，作为佛传故事的一环进行表现。比如白沙瓦博物馆藏、出土于塔拜克的佛传浮雕，在一块石碑上划分五个场景，呈现了佛传故事，其中一块就是涅槃：在娑罗双树之间，佛陀涅槃，右胁累足而卧，弟子们围在四周，手持锡杖的大迦叶匆忙赶来。涅槃图表现形式的框架基本一致：都是用横长的画面两端配以娑罗双树，画面中央寝台上横卧着入灭的佛陀。周围的人物举止，很多可以在《涅槃经》中找到文献依据。但也有一些内容，可能是一些艺术创造或是非文本传统的影响，体现了佛教艺术的灵活性。

有关涅槃的佛经很早就传入中国，2世纪，熟悉犍陀罗佛教的安世高来到中国，翻译了《小泥洹经》。可惜的是，这个版本已经失传。西晋竺法护译出《方等般泥洹经》后，涅槃的故事和思想就流传东土了。后来的版本还有北凉昙无谶翻译的《大般涅槃经》四十卷，东晋法显翻译的《大般涅槃经》三卷。涅槃思想在隋代曾经流行一时，涅槃学成为佛教的显学，并在国家礼仪和政治中扮演重要的角色。

图8-2 可随身携带的佛龛，4—5世纪，大都会博物馆
表现的是佛陀出生和涅槃两个场景，一头一尾，象征了整个佛传故事。

图8-3 佛陀涅槃、分舍利、礼敬窣堵波，白沙瓦博物馆

从犍陀罗涅槃图作品来看，这些涅槃图受到佛经记载的影响，基本上符合了佛经文字对释迦涅槃的描述。图像和文献存在高度的吻合。除了写实主义的特点，犍陀罗释迦涅槃图还具有强烈的佛传图特征，表现出很强的历史演进痕迹，很多文献记载的事件，都在涅槃图中体现出来。除了涅槃场景外，犍陀罗雕刻中还有涅槃后的一些场景，包括末罗族人将佛陀入殓，荼毗（jhāpita，即火葬），以及荼毗之后搬运、守卫、分舍利、起塔供养等场面，呈现出明显的时间顺序。

犍陀罗涅槃图目前已经发现达70多例，全部为浮雕。一般认为，犍陀罗的涅槃图开创了其后中亚、东亚涅槃图的基本图像模式，成为佛教涅槃图的范本。巴米扬、克孜尔石窟中的涅槃图虽然都有自己的一些革新，但是对犍陀罗涅槃图的基本样式存在明显的继承关系。

犍陀罗涅槃图的中心人物是入灭的释迦，右胁累足而卧的释迦是犍陀罗涅槃图的重要特征。犍陀罗文明和印度早期文明有明显的区别，用死亡场景来表现释迦涅槃，是犍陀罗艺术的创新，这是一种根本性的变化。有些学者认为此类涅槃图像的出现，其中一个原因或许是前者受到了其他文明体比如希腊、罗马世界传来的葬礼图像的影响，例如希腊、罗马文化系统内的石棺卧像——死者的飨宴以及装饰盘的影响。在这个构图中，佛陀躺在有支脚的床座上，结节状的柱脚来自希腊文化的影响，兽足则来自西亚的影响。

但是跟希腊、罗马图像相比，犍陀罗涅槃图也有明显的区别，比如佛陀并非仰卧，而是右胁而卧，双足相叠。这种卧法或许就是《增一阿含经》所描述的"狮子的卧法"。在巴利文《增一阿含经》中，将卧姿总结为三种，第一种是仰面而卧，这是"死者的卧法"；第二种是左胁在下的卧法，这是"爱欲者的卧法"；第三种是右胁在下的卧法，是"狮子的卧法"。犍陀罗涅槃图中的释迦，都是右胁朝下的卧法，这是"狮子的卧法"。释迦涅槃不同于常人的死亡，所以采用"狮子的卧法"来进行表现。这一点在犍陀罗艺术中被严格遵行：在已知犍陀罗涅槃图中，释迦无一例外都是"狮子的卧法"，绝对不会出现仰面朝上的卧姿。不过在中国、日本的涅槃图中，偶尔却会因为人为的疏忽，将入灭的释迦表现为正面朝上。

入灭的释迦右胁朝下，累足而卧，北首横卧，头朝北。宫治昭认为，这是朝着佛教宇宙中心轴须弥山的方向。古代印度似乎死者头朝南是普遍的现象，将释迦描述为头朝北，也许是要表现出他并非死亡，而是超脱涅槃的意味。浮雕上横卧的释迦头朝左，是基于当时以左为北的观念。如果头朝右，右胁而卧，那么从

图8-4 死者的飨宴，装饰盘，1世纪，直径13.5厘米，塔克西拉出土，大英博物馆

图8-5 佛陀涅槃（右胁朝下），泥塑，塔克西拉博物馆

图8-6 佛陀涅槃（台座是扛花环童子），2—3世纪，东京国立博物馆

图8-4

图8-5

图8-6

图像上，佛陀就只能看到背面了。尽管围绕佛陀的弟子们悲痛欲绝，但躺在中间的佛陀面貌表现出安详、沉静、智慧、圆满，而非世俗理解的痛苦死去的样子。佛陀的眼睛闭上了，但是在大多数涅槃图中，头光还在，佛陀的衣纹也没有从寝台上垂下来。

犍陀罗涅槃图中，除了佛陀，围绕他的还有弟子、外道、众神、末罗族人等。释迦的弟子是犍陀罗涅槃图中的重要角色，关于他们的举止和故事，基本都能从《涅槃经》中找到文献依据。每个弟子都有符合自己身份和修为的角色，比如，在涅槃图中，往往有一个悲痛欲绝、扑倒在地的弟子，同时有一个出手相挽、冷静劝导的弟子。这一对角色，学者们基本确定就是阿难和阿那律（Aniruddha）。《佛说长阿含经》卷四记载了佛陀涅槃时弟子们的表现："时诸比丘悲恸殒绝，自投于地，宛转号啕，不能自胜。"而阿那律和诸比丘谏道："可止住。诸同仁，勿悲勿叹，尊师过去曾云曰：'喜诸爱者，生别死离，死后当入别境。'"富歇也据此判断，犍陀罗涅槃图中的一对弟子角色是失态的阿难和冷静劝导的阿那律。阿难跟随释迦时间最长，感情深厚，最为悲痛。而阿那律已超脱凡人之爱，所以在佛陀入灭之时，表现得非常冷静。在犍陀罗涅槃图中，扑倒的阿难和伸手相挽的阿那律大多数时候是出现在床座的前面，少数时候出现在床座一侧。

在犍陀罗涅槃图中，佛陀最后一个弟子须跋陀罗（Subhadha）的形象很容易辨认，而且在犍陀罗涅槃图中出现得最为频繁。按照《涅槃经》记载，须跋陀罗在释迦开悟后，很快悟道，他不忍目睹释迦入灭，于是在释迦入灭之前先进入灭定。在犍陀罗涅槃图中，释迦的床座前，或正坐或背坐，几乎无一例外都出现一个身披覆头僧衣的角色，结跏趺坐，施禅定印。须跋陀罗是佛陀最后的弟子，覆头僧衣标识其修行僧的身份。这种形象的须跋陀罗形象在巴米扬、克孜尔、敦煌的涅槃图中被严格继承，也见于云冈、法隆寺玉虫厨子板绘。除了覆头衣，须跋陀罗的另外一个特征是三脚架吊着的皮质水袋，不过这个符号在东亚佛教罕见。富歇将水袋解释为对佛陀最后的供养——弟子们为佛陀镇热准备水袋的说法大概并不可靠。

摩诃迦叶在犍陀罗涅槃图中也扮演着重要的角色。迦叶在释迦入灭时不在拘尸那罗，但在犍陀罗涅槃图中，他却必不可缺——因为涅槃故事的结束，需要迦叶礼拜佛足。据《涅槃经》记载，释迦灭度后，末罗族人将其遗体包裹纳棺，积薪点火，火却燃烧不起来。此时阿那律传达天人旨意，说大迦叶没有礼拜佛足，所以火烧不起来。这时大迦叶合掌，向积薪右绕三匝，将覆物从佛足部取下，对佛足俯首礼拜。礼拜

图8-7　失态的阿难和冷静劝导的阿那律，火奴鲁鲁艺术馆

图8-8　佛陀涅槃，斯瓦特风格，大都会博物馆
画面中，须跋陀罗是面朝佛陀，在有的浮雕中，他是背对佛陀的。

图8-7

图8-8

VIII Nirvāna, Worshiping the Stupas and Buddha's Relics　　　　　　A History of Gandhara Civilization　401

之后，荼毗之火终于燃烧起来。关于大迦叶礼拜佛足，玄奘在《大唐西域记》中也有记载，他在西行求法路上经过拘尸那罗，那里仍然有佛陀荼毗的窣堵波存在，土壤黄黑，土杂灰炭，如果诚心发愿以求，甚至还能发现佛陀的舍利。玄奘提到，在佛陀荼毗旁边，也有窣堵波。这座窣堵波是"大迦叶波现双足处"，根据玄奘记载，当佛陀荼毗之时，火烧不燃，众人都很惊骇，阿那律说，这是在等迦叶。等迦叶回来之后，"是时佛于棺内为出双足，轮相之上，见有异色"，阿难解释说，"佛初涅槃，人天悲恸，众泪迸染，致斯异色"，于是迦叶作礼，礼拜完毕，荼毗之火自己燃烧起来。据说佛陀涅槃，曾从棺中起来三次，第一次出臂，问阿难治路；第二次起坐，为母说法；第三次现双足，示大迦叶。

在犍陀罗涅槃图中，迦叶正赶到拘尸那罗，在路上碰到了一名异教徒，进行对话后知道释尊在七天前已经入灭。所以在涅槃图浮雕中，迦叶的角色，有跟手持曼陀罗花的外道对话的形象，也有礼拜佛足点燃荼毗之火的形象。法显译《大般涅槃经》卷下记载，迦叶见一外道手执曼陀罗花问道："汝从何来？"答言："我从拘尸那城来。"迦叶又问："汝知我师应正遍知不？" 其即答言："识，汝大师在拘尸那城婆罗林中双树之间， 已般涅槃，今得七日……"在犍陀罗涅槃图中，多以赤裸儿童表现外道。这个外道据《阿含经》记载，是尼乾子；《佛般泥洹经》记载为"有异学者，名优为（Ajīvaka）"，也就是"邪命外道"阿耆毗伽。不管是尼乾子（耆那教徒），还是阿耆毗伽（生活派），在犍陀罗浮雕中，都是裸体年轻人的形象。尼乾子本就是"裸体外道"，不系衣食，以为少欲，知足者也。大迦叶和裸体外道的对话，往往出现在涅槃浮雕的一侧，多为右侧。外道背向佛陀，全身赤裸，剃须发，右手持从停放佛舍利的天冠寺拿走的曼陀罗花——人们以此花供养佛陀。弗利尔美术馆、维多利亚和艾尔伯特美术馆、加尔各答印度博物馆等地所藏的犍陀罗浮雕，都出现了这种裸体外道的形象。

在犍陀罗涅槃浮雕中，佛陀的守卫执金刚神继续充当保护神的角色。在图像中，这位跟随释迦左右朝夕相处的守卫者，表现得非常悲伤。他有时出现在释迦枕边或者背后，有时出现在床座的前面。当他出现在前面的时候，表现的是悲痛欲绝倒地的形象。不过，汉译《涅槃经》中并没有关于太多执金刚神在佛陀涅槃后的文字，只有《佛入涅槃密迹金刚力士哀恋经》中提到了他的行为举止，描述了执金刚神在佛陀涅槃后的表现："密迹金刚力士见佛灭度，悲哀懊恼，作如是言：'如来舍我而入寂，今后我将无归无依、无覆无护，如毒箭深入吾心。'密迹金刚作如是语已，恋慕世尊，愁火转炽，挥臂踊跃，闷绝堕地，良久乃悟，即而坐起。"根据此经记载，执金刚神悲痛得扑到在地。玄奘《大唐西域记》中"拘尸那揭罗国"条

图8-9 佛陀涅槃，2—3世纪，弗利尔美术馆
画面左边，裸体外道和匆匆赶来的大迦叶正在对话。

图8-9

记载:"普贤寂灭,侧有窣堵婆,是执金刚神辟地处,……执金刚神密迹力士见佛灭度,悲恸唱言:'如来舍我入大涅槃,无归依,无覆护,毒箭深入,愁火炽盛。'舍金刚杵,闷绝躄地。久而又起,悲哀恋慕,互相谓曰:'生死大海,谁作舟楫?无明长夜,谁为灯炬?'"比玄奘早的法显也到过拘夷那竭罗城,他指出这里有金刚力士悲伤掉落金刚杵的地方。看来,有关执金刚神因为佛陀涅槃而悲痛倒地、金刚杵掉落的情节,早就有佛典的记载,甚至存在关于此一情节的遗迹。这一点,在犍陀罗涅槃浮雕中,也被表现出来。执金刚神丢下金刚杵,仆倒在地的情节,后来被中国和日本的涅槃图所继承。

除了在床座前面仆倒在地外,犍陀罗涅槃浮雕中,执金刚神一般是手持金刚杵站立佛陀的一边,少数在上方,形象多为曲发赤身,手持金刚杵。有的执金刚神带有鲜明的赫拉克利斯的特点,肌肉隆起,服装则带有希腊侍者的特色,有的穿一件短希通,或者束腰外衣,顶部为扇形外翻边缘。有的身穿游牧民族样式的筒袖服。面貌有的有须髭,也有的是年轻人的相貌。有的金刚杵为中部收敛成棒状,有的则是下方带有圆形棒头的金刚杵。在汉文佛教典籍中,有关佛陀涅槃的记载,执金刚神并不是特别重要的角色,但在犍陀罗的涅槃浮雕中,他似乎是一个必不可缺的形象。

娑罗树是犍陀罗涅槃浮雕中的又一个典型特征。诸本《涅槃经》记载,佛陀的床座位于拘尸那罗的两棵娑罗树之间,所以犍陀罗浮雕在画面两端各配一棵娑罗树,很少有省略的情况,除非画面太小。娑罗树是见于喜马拉雅山麓和印度的半落叶树木,叶子呈现马耳形,这正和犍陀罗涅槃浮雕上的树的形状相吻合。马歇尔认为,为了使涅槃图像完整,在背景中加了两棵娑罗树,树叶中隐藏的林中仙女其实就是树神。这一点犍陀罗和印度不同,印度往往用夜叉女立于树下表示树神,但犍陀罗的树神则用一个女性形象现于树间。树叶中闪出身子的树神不见于《涅槃经》的记载,但《长阿含经》卷四记载,佛陀涅槃时,双树神复作颂曰:"何时当复以,非时花散佛,十力功德具,如来取灭度。"娑罗园林神也作颂曰:"此处最妙乐,佛于此生长。即此转法轮,又于此灭度。"

在犍陀罗地区的涅槃浮雕中,末罗人是不可或缺的角色。汉译《涅槃经》中对末罗族记载比较简单。按照佛陀的遗言,是拘尸那罗城的末罗人为佛陀举行葬礼。在汉文译经中,末罗人也通常被翻译为摩罗、满罗、跋罗、力士等。作为佛陀葬礼的承办者,整个佛陀遗体的处理,都是由他们完成。他们持香花、乐器迎接佛陀遗身,用音乐、舞蹈、香料等供养。最后荼毗时,四位末罗族首领洗头更衣,试图点燃荼

图8-10 佛陀涅槃,维多利亚和艾尔伯特美术馆
画面中,执金刚神因为悲伤过度而跌落金刚杵。

图8-11 佛陀涅槃,大都会博物馆
图画上,顶部有从树丛中露出头部的女树神。

图8-12 涅槃图局部,柏林东方艺术博物馆
值得注意的是执金刚神悲痛倒地,金刚杵掉落在地。

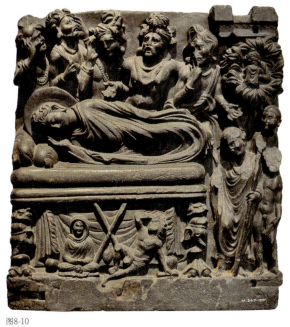

图8-10

图8-11

图8-12

毗之火，但是点不着。原因是率领五百僧众的大迦叶没有回来。等大迦叶礼拜佛足，积薪自燃。待荼毗完毕，末罗人用香水灭火。荼毗后七日夜，起大高楼，置舍利于楼上，即严四兵，防卫守护，并且种种供养。他们是佛陀涅槃仪式的全程参与者和承办人，这就可以理解，为什么犍陀罗涅槃图中，悲痛哀悼乃至脸部痉挛而失态的末罗人成为不可或缺的角色。犍陀罗涅槃浮雕中，女性的角色较少，可能跟《涅槃经》的记载有关，在释迦入灭时，阿难向释迦询问该如何对待妇人时，释迦一言不发。可能出于戒欲的考虑，涅槃浮雕将女性排斥出去。

图8-13

根据《涅槃经》记载，佛陀涅槃之前，众神中波旬最先出场，他向释迦询问涅槃的时间，佛陀告知其三个月后入灭，魔王欢喜踊跃而去。在犍陀罗涅槃浮雕中，魔王询问释迦入灭和魔女的诱惑出现在画面的右侧，有的与大迦叶和外道的对话相对应。魔王波旬左手搭在其女肩上，两人相对。莫高窟第148窟佛陀涅槃场面的左下方则出现了六个舞蹈的老年男性，应该是六师外道。上部有榜题云："拘尸那城中外道六师闻佛涅槃……欢乐。"《佛入涅槃密迹金刚力士哀恋经》中有"诸魔恶人，见佛涅槃，皆大欢喜"的说法，莫高窟第148窟中的六师外道或许根据此经所绘制。除了魔王，梵天与帝释天有时也出现在犍陀罗涅槃浮雕中，根据《涅槃经》，释迦入灭时，众神和弟子唱起颂诗，梵天唱人生无常，帝释天唱诸行无常和寂灭之乐。犍陀罗涅槃图像中，如果梵天和帝释天出现，前者为卷发或者束发，手中或有水瓶，后者或头戴冠饰，成对出现。

巴米扬的涅槃图，跟犍陀罗本地比较起来有不少的变化，比如先于佛陀入灭的须跋陀罗。犍陀罗浮雕中他身上并无火焰，但是在巴米扬，须跋陀罗身上出现了火焰，标识其进入"火界定"。而且巴米扬的涅槃浮雕中，执金刚神和树神极少出现，这一点跟犍陀罗屡屡出现的执金刚神和树神有明显的不同。阿那律挽起阿难的情节，在巴米扬涅槃图中也销声匿迹。犍陀罗浮雕中，大迦叶多为立姿，而巴米扬及汉地，大迦叶多为跪姿。与迦叶对话的外道，在巴米扬、克孜尔不常见。从犍陀罗到汉地，外道的衣着逐渐增加，不再是裸体形象。巴米扬的佛陀涅槃图中，开始出现摩耶夫人，而且末罗人的哀悼姿态也出现了变化，比如拔头发、用刀划脸、割胸的动作，这些大概是受到中亚或者游牧民族传统的影响。巴米扬存在巨大的涅槃像，玄奘在7世纪经过这里的时候，记载道：在城东二三里伽蓝中有佛入涅槃卧像，长千余尺。国王在这里经常举行无遮大会，热闹非凡。这可能是历史上规模最大的涅槃像。2008年，法籍阿富汗考古学家塔尔兹（Zemaryalai Tarzi）在巴米扬找到了一尊19米长的卧佛的部分身体部位和残片，不知这是不是玄奘所记载的长千余尺的涅槃图。

最为显著的是，巴米扬石窟所表现的释迦涅槃中，出现了弥勒。这样就使故事出现了继续发展的可能。佛陀的涅槃不是结束，弥勒在未来降世间，继续弘扬佛法。"涅槃"和"弥勒"正是从入灭到重生的意涵。这两个主题，也正是犍陀罗佛教艺术着重表现的内容。在涅槃诸经中，找不到有关弥勒的记载。他在涅槃图中出现，并不是来哀悼，而是代表着佛陀入灭，佛法永恒。日本应德三年（1086）的高野山涅槃图中，右卧的释迦牟尼头前有一菩萨形的人物，榜题云"慈氏菩萨"。这种情况显示，从巴米扬到汉地可能有一个连续的传统。

图8-13 佛陀涅槃，大英博物馆
涅槃图中人物最多的，通常是悲伤的末罗族人。

第二节
佛陀的葬礼

犍陀罗佛教艺术表现佛陀涅槃带有强烈的现实主义风格，除了涅槃之外，还用凡人葬礼的形式展现了佛陀的葬礼，延续了写实的风格，并呈现出历史情景延续的手法。关于佛陀的葬礼，有关浮雕包括遗体裹布、入殓、送葬、荼毗等主题。

佛陀的葬礼，是模仿转轮王葬礼举行的。这不是因为佛陀出身于迦毗罗卫王族，最根本的原因，是基于佛陀和转轮王的对应关系：前者是信仰世界的最高导师，而后者是世俗世界的最高统治者。佛陀用法轮征服众生，轮王用轮宝征服天下。有关葬礼的安排，佛陀和阿难有一段对话。东晋天竺三藏帛尸梨蜜多罗译《佛说灌顶冢墓因缘四方神咒经》卷六就记载了佛陀葬仪和转轮王葬仪之间的关系：佛陀涅槃前，阿难询问采用何种仪式。佛告阿难云："汝可语诸末利伽及信心居士我葬之法，如转轮圣王法则无异。"阿难又问转轮圣王的葬法，佛陀回答道，用鲜洁白毡三百余端缠裹尸体，用捣碎的细末香涂抹全身。用三层棺（紫磨黄金棺、铁棺、栴檀杂香棺）盛放尸体。灌以苏油，香薪烧之。火灭之后，收取骨末，在四衢道头露净之处，建塔供养。这样的葬礼，是希望另十方众生都能思慕正法，精勤苦行，体会佛法，最终达到涅槃之乐。

《涅槃经》记载，佛陀涅槃后，他的葬礼由末罗族人负责。末罗人对遗体进行了一周的供养，然后运往火葬场，遗体用布缠裹，纳殓入棺。有关佛陀遗体裹布的犍陀罗浮雕，表现的是侧卧在床榻上的涅槃，全身包括脸部都像缠绷带一样用布匹层层包裹。根据《涅槃经》的记载，要如转轮王一样，用五百寻长的布来包裹佛陀遗体。这或许跟当地的葬礼传统有关。一寻为五尺或六尺，汉译佛经中，有的翻译为"五百段"，有的翻译为"三百余段"，藏传佛教传统则记载为五百层布。

在佛陀的遗体被用五百寻布缠绕之后，接下来就是纳棺。也就是将佛陀尸体纳入三层棺，犍陀罗浮雕中，也有展现将佛陀遗体纳棺的场面。在场景中，时常能看到犍陀罗涅槃图出现的元素，比如执金刚神、娑罗树、大迦叶、众神等。

在纳棺之后，佛陀的遗体被运往拘尸那罗的火葬场进行荼毗，也就是火葬。犍陀罗浮雕中存在荼毗的场面。画面上一般是熊熊烈火将棺椁环绕，左右各有一个灭火人，根据文献记载，是两位末罗族首领在荼毗之后用香水扑灭熊熊燃烧的火焰，图像中可见他们手持系有水罐的长棒。

荼毗之后，待火尽灭，收取骨末，就是佛陀的真身舍利。在佛陀灭迹之后，他的遗体和遗物就成了佛教追随者心目中的圣物，因此也就引起了争夺。在犍陀罗浮雕中，可以看到守卫佛陀舍利的情形。

图8-14

图8-14 佛陀涅槃，约3世纪，柏林亚洲艺术博物馆
浮雕上的佛陀被用五百寻布层层缠绕，甚至连头部也不例外。唯一露出的是佛陀的双脚。这可能跟有关大迦叶礼拜佛陀双足有关，根据记载，只有在大迦叶礼拜佛陀双足之后，荼毗之火才能顺利点燃，佛陀的葬礼才能完成。

图8-15

图8-16

图8-17

图8-18

图8-15 纳棺，西克里佛传窣堵波，拉合尔博物馆

画面中有娑罗树、执金刚神、佛陀弟子等角色。《起世经》卷二记载，在纳棺之后，又"从上下钉，令其牢固"，浮雕中可以清楚地看到下钉的样子，棺材上留有明显的钉牢的痕迹。

图8-16 荼毗之火，拉合尔博物馆

图8-17 荼毗之火（左边是分舍利的场景），拉合尔博物馆

图8-18 荼毗之火（左边是礼敬佛陀舍利的场景），加尔各答印度博物馆

图8-19 荼毗之火（末罗族供养人喷洒香水、鲜花），集美博物馆

图8-20 守护舍利（两女分立在荼毗之后尚未分配的佛陀舍利两侧），加尔各答印度博物馆

第三节
分舍利的场景

佛陀遗骨的处理，在不同佛经版本中记载略同，都提到在荼毗之后，取出骨骸，在交通要冲建立佛塔供养，目的是让十方之人思慕佛法，追随正道，比如东晋天竺三藏帛尸梨蜜多罗译《佛说灌顶冢墓因缘四方神咒经》卷六的记载。宗教学上的舍利其实就是跟神、圣身体相关的圣物，对舍利的崇拜并非仅限于佛教，大多数宗教都有对自己宗教神灵或圣人身体的崇拜。这种崇拜神灵、圣人、领袖的做法，通行于各文明，贯穿人类历史所有时代。

佛教敬仰和舍利崇拜是从佛祖释迦牟尼的舍利开始。古印度葬俗兼重火葬与土葬。因此，世尊释迦牟尼涅槃、荼毗之后，还要将遗骨即舍利纳于容器中下葬。对于这诸种事宜，释迦曾将做法详细告知弟子。《四分律》中规定："云何安舍利？应安金塔中，若银塔，若宝塔，若杂宝塔……"这里述及的金塔、银塔等并非高大的建筑，而是指安放舍利的小型容器。

舍利作为佛教最重要的圣物之一，对佛教徒具有重要的意义，进而成为君主争夺的对象。《大般涅槃经》记载，佛陀弟子阿难对拘尸那罗的末罗人晓示，世尊的舍利应该视为世间一切王中之王的骨殖，应该在火化分舍利之处建塔纪念。圣人和领袖的遗体，被赋予了神圣的力量，带来了政治、宗教宣传的资源。舍利作为重要的佛教圣物和政治象征物，不断被南亚、中亚，以及后来的中国君主所使用，形成一个绵延千年的传统。佛陀遗体荼毗之后，遗下舍利（一说八斛四斗）。拘尸那罗王认为，既然佛陀涅槃在自己土地上，就应该由本国士民起塔供养。消息传出后，其他各国国王都率军前来，派遣使者要求共分舍利。

图8-21

图8-22

图8-23

图8-24

图8-21　塔形舍利函，1世纪，大都会博物馆

图8-22　舍利函（有明显的后期修补痕迹），1世纪，大都会博物馆

图8-23　球状舍利函，大都会博物馆

图8-24　塔形青铜舍利函，4—5世纪，高57.8厘米，大都会博物馆

据《长阿含经》卷四和《菩萨处胎经》等佛经的记载，共有拘尸那罗城的末罗族、波婆国的末罗族、阿勒伽波国（Allakappa）的跋离族（Buli）、迦毗罗卫国的释迦族、毗舍离国的戾车毗族、摩揭陀国的阿阇世王、罗摩邑的拘利耶族、毘留提国的婆罗门众等前来争夺舍利。除了人间的八国王各严四兵来争，天龙八部也希望能够分得舍利。诸国军队围困拘尸那罗城，派遣香姓婆罗门，即陀罗那（Drona）作为使者进城传达自己的诉求，希望拘尸那罗王能够共分舍利，作为交换，各国愿意奉上国内最贵重的珍宝。但是拘尸那罗的末罗族却断然拒绝。诸国威胁："吾等和议，远来拜首，逊言求分，如不见与，四兵在此，不惜身命，义而弗获，当以力取。"但拘尸那罗不为所屈，强硬回复："远劳诸君，屈辱拜首，如来遗形，不敢相许，彼欲举兵，吾斯亦有，毕命相抵，未之有畏。"双方都不相让，眼看一场战争无法避免。最后陀罗那以佛陀的基本精神加以劝导，认为不能"争佛舍利共相残害"，最后各国达成协议，共分舍利。

7世纪初玄奘西行求法经过拘尸那罗时，还记载这里有"八王分舍利处"，前面有石柱，石柱铭文记载了分舍利的事情。玄奘在《大唐西域记》中还生动地描述了诸国争夺舍利的情景，除了人间的诸国外，帝释天也提出"天当有分"，阿那婆答多龙王、文邻龙王、医那钵咀罗龙王也要求分得舍利，最后三分，一诸天，二龙众，三留人间，八国重分。

佛陀舍利最后分成八份，分给八王。主持分舍利的香姓婆罗门把原先装舍利的瓶子带回，最后到达的毕钵孔雀王分不到舍利，于是将释迦牟尼荼毗后留下的炭灰带回去，也建塔供养。所以汉文佛典里说："八王起八塔，金瓶及灰炭；如是阎浮提，始起于十塔。"虽然是八王分舍利，最后其实是建了十座佛塔供养，除了舍利塔，还有瓶塔和炭塔。起塔供养佛陀舍利的地方，都与佛陀生前存在一些关联。

分舍利是佛教信仰的重要历史情节，在犍陀罗佛教艺术中频繁出现也就不奇怪了。有的浮雕表现从荼毗之所往拘尸那罗城中运送舍利的情形。在舍利进城的场景中，有的画面中央是城门，两边有严阵以待的守卫，肩扛舍利容器的人正在进城。守卫舍利的场景也在犍陀罗浮雕中有所表现。在这样的画面中，佛陀舍利被安放在台座上，舍利容器被布覆盖，左右是手持武器戒备的士兵。有时候手持武器的士兵会被守卫和礼拜的人所取代，有的守卫舍利的人手持类似拂尘的东西，似乎是为了保持清洁。

分舍利的情形必然跟战争场面有关联，诸王率军争夺舍利反映出佛陀舍利的重要性。在表现争夺舍利的犍

图8-25 分舍利，东京善养密寺
佛陀的遗骸被分成了八份，旁边的诸国使者在焦急地等待，手里捧着用来装舍利的容器。

图8-26 分舍利（台上是八份舍利），洛杉矶县立艺术博物馆

图8-27 分舍利（台上只剩下五份舍利），拉合尔博物馆

陀罗浮雕中，有的作品，比如集美博物馆藏的一块浮雕中，拘尸那罗的城墙被描绘得高大坚固。浮雕很可能是对当时军事据点的真实描写，反映了贵霜帝国的军事特征。

在分舍利的犍陀罗浮雕中，中心人物是婆罗门陀罗那，他往往被描绘成带胡须的形象，他端坐中间，主持分配。而在他左右两边则站着各国的使者，或四人，或八人，正在等待分配舍利。舍利的形状是圆团状，有的上面有条纹。这大概反映了当时的丧葬风俗。

图8-25

图8-26

图8-27

八王所分的舍利，经历了沧桑巨变，许多都不可得见，但分给释迦族迦毗罗卫国的舍利居然在经历了两千多年后被重新发现了。1898年，法国考古学家佩普（W.C.Peppe）在印度北方邦距尼泊尔边境1公里处的毕波罗瓦（Piprawa），发掘了一座直径约35米，已经崩毁的砖造佛塔，在里面发现了一件高6寸、直径约4寸左右的蜡石壶，放在铁和水晶层叠的函内，里面有黄金花，花上安放着佛骨。水晶盒子放在一个大石匣内。壶上用古老的婆罗米文刻道："这是释迦族的佛世尊的遗骨容器，是有名誉的兄弟及姐妹、妻子们（奉祀）的。"不少学者认为这可能就是在所谓"八王分舍利"时释迦族分得的那一份释迦遗骨。

值得指出的是，似乎舍利崇拜只有在以犍陀罗地区为中心的西北印度才比较强烈，其他地区并没有如此写实而具体地描述舍利的艺术品。虽然参与分舍利的都是今印度本地的部族和国家，并没有佛典记载的有今巴基斯坦、阿富汗或中亚地区的国家参与分舍利，但在犍陀罗分舍利浮雕中，却屡屡出现了象征这一地区的人物形象。在有的分舍利场景中，出现了一些身穿束腰上衣和裤子，明显具有游牧民族装束风格的人物。而在搬运舍利的浮雕中，不但有大象，还出现了马匹和骆驼。这种骆驼据说是产自巴克特里亚的双峰驼。这种种情形，很可能是以犍陀罗地区为政治、宗教中心的贵霜等政权，试图将自己纳入佛教传统，争夺宗教话语权的反映，正如迦腻色伽将佛陀遗物佛钵抢夺到布路沙不逻一样。

图8-28 送舍利，拉合尔博物馆
护送者骑的是骆驼，身穿游牧民族服装，手捧舍利容器，或许显示佛教在中亚地区传播的情形。

图8-29 送舍利，巴基斯坦考古研究所
场景中，护送舍利的人骑着大象，手捧塔形舍利函。分舍利的八王中，有的佛典说有乌仗那国国王上军王。如果是这样，最初分舍利时就有一份到了犍陀罗斯瓦特地区。玄奘也记载了上军王骑白象送舍利回国，接近城门时白象暴毙化作巨石的事情。这块浮雕或许表现的是上军王护送舍利的情形。

图8-30 隋文帝舍利塔卜铭
分舍利建塔，也被中国中古时期的君主，比如隋文帝所模仿。

图8-28

图8-29

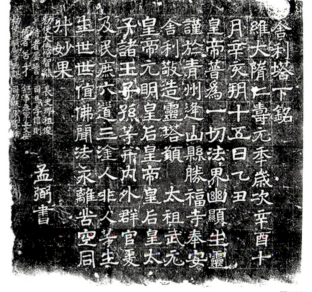

图8-30

第四节
犍陀罗的佛陀圣物

在前文讨论迦腻色伽时，已经谈到犍陀罗最重要的佛陀圣物佛钵的故事。迦腻色伽一世把佛钵从华氏城抢到布路沙不逻，之后在数百年中，以佛钵为核心圣物，犍陀罗成为佛教的一大中心。中国西行求法高僧在其巡礼过程中，一项重要的内容就是去今白沙瓦附近参拜保存在那里的佛钵。在艾娜克出土的燃灯佛授记浮雕基座上，也装饰了礼拜佛钵的内容。佛钵作为佛法的象征以及跟弥勒信仰紧密结合的圣物（释迦牟尼给未来佛弥勒的传法信物），经常出现在犍陀罗浮雕中，是犍陀罗艺术非常流行的主题。

舍利，汉译又作"设利罗""实利""室利罗"等，唐代慧琳《一切经音义》《法华玄赞》《资持记》等都指出，其发音应该更接近设利罗、室利罗，意思是体，也就是佛身体、如来碎身遗骨。唐代高僧道世在佛教百科全书《法苑珠林》中将舍利分为三类："一是骨，其色白也；二是发舍利，其色黑也；三是肉舍利，其色赤也。菩萨、罗汉皆有三种。若佛舍利，椎击不破，弟子舍利椎试即碎。"

对佛陀圣物的崇拜是犍陀罗地区的一大特征。对舍利的崇拜，也主要集中在犍陀罗地区。在印度其他地区，包括佛陀出生地，都看不到相关雕像或其他艺术品。佛顶骨、佛牙、佛影、锡杖、袈裟、佛发、佛钵、佛足迹、晒衣石等佛教圣物，广泛分布在犍陀罗、斯瓦特和今阿富汗南部的广大地区。中国西行求法高僧们都曾目睹这些圣物或者圣迹，他们留下了详细的描述。法显的《佛国记》、宋云的《宋云行记》和《洛阳伽蓝记》、玄奘的《大唐西域记》等都对此有详细记载。有关佛陀舍利及其他圣物的传闻和信仰，也在魏晋南北朝时期传入中国，逐渐广为人知。

越过喀布尔峡谷，西边紧邻的是那揭罗曷国，这里是燃灯佛为前世释迦授记的地方。佛影窟、供奉佛顶骨的窣堵波非常有名。尤其是佛影窟，释迦曾在此教化瞿波罗龙，将佛的身影留在了洞窟内。法显记载，诸方国王遣工画师模写。这个佛影窟早已为中土所熟知，成为中国西行求法巡礼高僧向往的朝圣之地。玄奘时代，佛教已经衰落，佛影窟中佛的身影几乎消失了，但是玄奘记载，如果虔诚礼拜，还是可以重新浮现的。那揭罗曷最为人所知的是那里保存着佛顶骨、佛齿等舍利。《高僧法显传》记载了法显在那揭罗曷所见到的供养佛顶骨的场面：

> 那竭国界醯罗城，城中有佛顶骨精舍，尽以金薄七宝挍饰。国王敬重顶骨，虑人抄夺，乃取国中豪姓八人，人持一印，印封守护。清晨，……出佛顶骨，置精舍外高座，上以七宝圆碪，碪下琉璃钟覆，上皆珠玑挍饰。骨黄白色，方圆四寸，其上隆起。……以华香供养，供养已，次第顶戴而去。从东门入，西门出。……日日如是，初无懈倦。供养都讫，乃还顶骨于精舍中，有七宝解脱塔，或开或闭，高五尺许以盛之。……（那竭）城中亦有佛齿塔，供养如顶骨法。

这里提到的醯罗城，就是现在的哈达地区。哈达在贾拉拉巴德以南，是一个重要的佛教中心，也是佛教艺术的天堂。窣堵波众多，供养佛顶骨舍利等。据玄奘记载，这里还供养着释迦牟尼的袈裟、锡杖，乃至世尊的眼睛："又有七宝小窣堵波，有如来眼睛，睛大如奈，光明清澈，皦映中外。"即便到了7世纪初，前往礼拜的人，仍然是"相继不绝"。

哈达的本来意涵就是"骨"，反映了此处供奉佛陀舍利的神圣性。中国西行求法僧人往往去这里朝圣，法显、宋云、玄奘等都曾在此驻足。哈达的佛教艺术有自己的特点，灵动多样，包容了希腊、伊朗、印度等多种文化元素。跟犍陀罗核心区不同，这里的雕像往往用灰泥雕塑而成。灰泥质地柔软，雕像柔美细腻，相比犍陀罗佛教造像的静穆庄严，这里的佛教造像更加柔和静谧。

除了贾拉拉巴德、布路沙不逻等地供养着佛陀圣物，根据玄奘的记载，迦毕试也保存着释迦牟尼的遗骸和圣物。佛传故事中讲到释迦牟尼降服阿波罗逻龙王的事情，也发生在这里。所以在玄奘到来的时候，这里仍保存着佛足迹和释迦晒衣石等圣迹。

图8-31

图8-32

图8-33

广义的犍陀罗地区，因为没有圣地，所以更加强烈地希望通过佛陀舍利和圣迹崇拜，树立和强化自身的佛教中心地位。这里被描述为释迦牟尼前生舞台的本生处，留下了足迹、佛影、晒衣石等圣迹，还保留了大量各式各样的佛陀遗物。佛教轮回的时间观念，给犍陀罗人将自家描述为佛教圣地提供了理论依据。虽然历史记忆中的释迦牟尼并不出生和生活在这里，但这里却是他成佛之前接受燃灯佛授记的地方。犍陀罗这么多佛陀舍利的"物理性"存在，使其对于北印度的佛陀故地（比如佛诞生地、修行得道地、初次讲法地、涅槃入灭地），具有更高的神圣性。这一点在中古时代体现得很明显——对中国的西行求法僧人来说，犍陀罗远比北印度佛教圣地具有更大的吸引力。佛陀生前使用的佛钵、佛陀的头顶骨舍利，这类佛教圣物是巡礼僧人必须礼拜的圣物。在数百年中，犍陀罗佛教远远比北印度要繁荣得多。佛陀舍利的崇拜，在今阿富汗、巴基斯坦和西北印度，尤其是犍陀罗地区，是最为根深蒂固的地区。大量跟舍利崇拜有关的佛教艺术品，包括表现分舍利场景的浮雕、众多形状各异的舍利容器，乃至保存舍利的窣堵波，都是对这一现象的反映。

在此，通过佛发舍利的个案，来说明舍利崇拜在犍陀罗艺术中的地位。佛发舍利在佛教史上是比较特殊的一种圣物。在犍陀罗艺术中，能够看到礼拜佛陀发冠的浮雕。佛教僧侣剃掉头发，以示切断俗缘，从自我的小爱转化为对众生的大爱。所以剃发本身是一个过门仪式，随着头发的剃落，标志着身份和认同的转换。佛、法、僧为佛教三宝，但佛陀本身是否属于僧伽中的一员，是佛教史上争论很久的一个话题。佛陀不是普通的僧侣，但有时又被解释为僧伽中的一位。就佛发而言，佛陀剃落头发，标志着佛陀的出家——剃发后来也因此被赋予了切断跟世俗家庭联系的意涵。不论是佛教文献，还是犍陀罗佛教浮雕，都有佛陀剃发的描述和场景。但即便剃发后，佛陀仍然是有头发的，而且佛发是佛陀作为圣人标志的三十二相之一。佛发在佛教教义中具有特殊的意义，比如犍陀罗雕塑中的燃灯佛授记，其中一个重要的情结就是儒童（未来的佛陀）以长发布地，让燃灯佛蹈踏而过。于是燃灯佛预言，儒童将于未来世出生于迦毗罗卫而成佛。

佛发舍利也是佛陀舍利中很重要的一种，而且是唯一的佛陀在世时就被建塔供养的佛舍利。作为跟佛陀紧密相关的圣物，佛发崇拜（cudamaha）在佛教信仰中有重要的意义。佛教传入中国之后，有关佛发舍利的崇拜也随之传入，曾在历史上留下特殊的痕迹，直到今天。

《本生姻缘记》（本生经的序论与佛传）、《佛说普曜经》《大事》对佛陀剃发进行了描述，比如《本生姻缘

图8-31 佛头或菩萨头，哈达出土，大都会博物馆

图8-32 哈达的小型供养窣堵波

图8-33 佛头，灰泥雕塑，4—5世纪，高29.2厘米，哈达出土，维多利亚和艾尔伯特博物馆

记》记载道："(佛陀)右手持剑，左手抓住发辫以及上面的冠冕，将其割断。于是，他的头发变成了两寸长，并且右旋，紧紧贴在头上。从此，终其一生，佛发永远保持两寸长，胡须也复如是。"佛发舍利的物理特征，按照《僧伽经》的说法："佛发青而细，犹如藕茎丝。"《佛三昧经》借佛陀自己的话说："我昔在宫沐头，以尺量发，长一丈二尺。放已右旋，还成蠡文。"于阗实叉难陀奉制译《大方广佛华严经》卷二七说，"如来发，净妙无杂"。总之，佛发是青色，粗细如藕丝，长一丈二尺，右旋（佛典中有些记载，认为凡人头发左旋，唯有佛发右旋）。虽然佛典中记载佛发长度为一丈二尺，《梁书·诸夷传·扶南国》记载梁武帝遣高僧云宝去扶南迎取佛发，长度也是一丈二尺，但是多数情况如《法苑珠林》所记"引长尺余、卷可寸许"，玄奘在《大唐西域记》中记载其在迦毕试见到佛发的情形为："如来发，发色青绀，螺旋右萦，引长尺余，卷可半寸。"有时，佛发的长度也被赋予一些神异色彩，比如李延寿《南史·夷貊上扶南国》记载，南朝梁中大通三年（531）八月，梁武帝改造阿育王塔，从塔下发现佛陀舍利及爪、发，佛发是"青绀色"，而且可以随意拉伸，"众僧以手伸之，随手长短"。2001年3月，浙江省文物研究所对雷峰塔地宫进行考古发掘，出土了装有吴越国王钱弘俶供奉的佛发舍利，这一舍利被称为与北京佛牙舍利、法门寺佛指舍利并列的佛陀真身舍利。据出土石碑，这一佛教珍宝被称为"佛螺髻发"，螺髻正是佛陀三十二相之一。

综上所述，不论是佛经的记载、西行高僧的目睹，还是汉地崇拜佛发的文字描述和出土证据，有关佛发的基本特征大体一致，反映了对佛发的崇拜。除此之外，还可看到犍陀罗雕塑中展现的礼拜佛发的情形，与文献的记载可以彼此映照。

图8-34

广义的犍陀罗地区毫无疑问曾是佛发崇拜的核心地区之一，中土的佛发崇拜应该也受此影响。直到7世纪上半叶，玄奘在迦毕试仍看到崇拜佛发舍利的盛况，佛发被"以七宝装之，盛以金匣"，相当隆重。佛陀本人虽然从未到过犍陀罗，但是《大智度论》却记载，佛曾到罽宾国降服隶跋陀（即汉译"离越"）仙人，后者恳请佛陀给予其佛爪、发，建塔供养。《经律异相》卷六也记载说，这座塔仍在山下，那里有一座离越寺，其实应该叫作隶跋陀寺。不过《法句譬喻经》却记载，是佛派遣一个名叫须漫的罗汉，拿着佛发、指甲到罽宾南山中建造佛塔，常有五百罗汉旦夕烧香、绕塔礼拜。

迦毕试地区跟佛发供养存在密切关系，不但由文献的记载证明，也得到了实物的支持。栗田功曾著录一件内容为礼拜佛发的犍陀罗雕塑。在浮雕中，佛发被置于伞盖之下，周围被一群贵霜贵族围绕，其中明显被夸大的一人形象可能是贵霜君主，他双手合十，正朝佛发施礼，值得注意的是，他手上拿着一个水瓶般的小容器。更有意思的还有一件私人收藏品，这件浮雕构图分成三个部分，大小大致相当，左边是通常被认为的佛发舍利，右边是佛陀盘腿而坐的形象，而中间却是一个类似包裹的袋子。这个袋子被隆重其事地置于整个构图的中间，其拱顶为梯形，而左右佛发和佛陀都是圆形拱顶。即便这块浮雕原是某件佛教艺术品的一部分，也能说明这个袋子才是整个雕塑的核心内容。那这个袋子到底是什么意涵呢？这就需要回到佛教原典中去找到答案，归根结底，这跟佛教的佛发崇拜有关。

图8-35

图8-36

图8-34　鎏金阿育王塔，雷峰塔地宫出土

图8-35　礼拜佛陀发冠，拉合尔博物馆

图8-36　礼拜佛陀发冠，白沙瓦博物馆

大约翻译于姚秦时期的《毘尼母经》卷三对佛发供养进行了详细的描述，包括用什么容器、怎么运送，等等。据其记载，佛在王舍城时，佛发长得很长，但是诸比丘心怀恭敬，无人敢提议给佛陀剃发。后来一位优波离童子跟随父母朝佛，童子心生给佛陀剃发的念头，于是向佛提出。佛陀就答应了，并且指出，剃发是善举，要让后代众生知道剃发有大功德。佛发应该是第一种佛陀舍利，而且是在佛陀涅槃之前就开始由信众供养。据《毘尼母经》，佛陀对如何盛放佛发做了规定："此发不可故衣故器盛之，当用新物。"当瞿波罗王子来见佛陀提出供养此发时，佛陀又说："应用七宝作器盛之供养。"于是瞿波罗王子做七宝瓶装之。同样翻译于姚秦时期的《四分律》也对这一情节进行了描述，佛陀说："不应以故器盛如来发，应用新器，若新衣、若缯彩、若钵肆酰岚婆衣、若头头罗衣裹盛。"《四分律》的记载更为详细和精确，提出佛发其实是由布麻缯彩等制作的袋子盛装，制作袋子的材质不同，佛陀还反复两次做了列举。

如此，就可以理解，为什么在这件犍陀罗雕塑中央位置，安置的是一个明显为布袋子的容器。那么其构图，从右边的佛陀，到中间包裹佛发的袋子，再到盛放佛发舍利的容器情形，是一个逐步演进的过程，可以说是对上述《四分律》和《毘尼母经》记载佛陀剃发故事的图像展示，或者说，整座雕塑所讲述的就是上文论及诸佛教文献中记载的情节。

关于怎么运送佛发，佛陀也做了规定，乘坐象、马、车，乃至"乘人肩头上"都可以，而且启程时，要演奏各种伎乐。《毘尼母经》记载，瞿波罗王子运送佛发途中，听到别国贼来抢夺佛发，于是在半道上建造佛塔进行供养，此塔因此叫作佛发塔。《四分律》却没有这一情节，而是记载王子回国之后为佛陀建塔，并指出，这座塔是"世尊在世时塔"——也就是说，不是佛陀涅槃后才建的，可以说是最早的佛塔。

佛发的供养，直到玄奘西行求法时，在中亚到印度的路上仍时常见到，比如迦毕试、瞿毘霜那国、窣禄勒那国、阿输陀国、那竭城等各处，均造有不少的佛发塔。可见这一信仰传统历史之悠久，也就不难理解为什么在犍陀罗雕塑里能够看到反映佛发崇拜的情形。

有关佛发供养的佛典记载还有不少，这些记载或多或少反映了佛教信仰的一些面相，或许在佛教艺术中也有体现。比如梁沙门释僧祐撰《释迦谱》卷三记载了须达长者向佛陀拜求佛爪、佛发供养的故事。须达在汉文文献中也意译为"善与""善给""善授"等名，他是舍卫城的富商、波斯匿王的大臣，是佛陀的重要供养者之一，号给孤独，他和祇陀太子共同施给佛祇树给孤独园。根据汉译佛典的记载，佛陀经常游行诸国，经久不还，须达思恋渴仰，于是请求佛陀给他一点信物以便时时供养。佛陀于是给他了发、指甲。须达建造了佛塔进行供养。《佛本行集经》卷三二也记载，外国来的商人向佛陀祈求一件东西作为留念，让其回到家乡后，尽管不再见到佛陀，但也可以将此物建塔供养礼拜，以表达对世尊的忆念。于是佛陀将佛爪、发送给商人，说："若见此物，与我无异。"《杂宝藏经》卷五也记载了类似的故事，频婆娑罗王多次拜见佛陀，但其宫中妇女却不能日日参拜佛陀，于是王用佛发在宫中建塔，以便宫中之人能够经常供养。这些跟佛发有关的记载，情节都差不多，核心的理念就是佛发即代表佛陀本人，礼拜佛发即礼拜佛陀，具有同样的功德。这也是犍陀罗地区雕塑中有礼拜佛发的思想根源，反映了当地佛教信仰的重要层面。玄奘西行时，见到人们礼拜佛发塔，传闻其有治疗疾病的效果，"人有染疾，至诚旋绕，必得痊愈"，这大概是佛发信仰通俗化的结果。

《大智度论》卷三五等佛教典籍也记载，佛陀出家时剃下来的头发，帝释天取走，在忉利天城东，照明园中建发塔供养。佛陀涅槃之后，舍利由诸天、龙、王三分。这一点广为人知，初唐四杰之一的王勃在《释迦如来成道记》中引《菩萨处胎经》说，佛灭度后有舍利八斛四斗，人间的八国国王、天龙八部都来争夺，于是三分，一分奉诸天，一分与龙神，一分给八国。其中，佛发就被帝释天拿走，王勃特别说，"即悉达太子入雪山时自截下发掷于空中者"。犍陀罗雕塑中大量的佛陀头像，其唇上多有两撇小髭。此髭在佛陀涅槃之后也成为大家礼拜的对象，据《大阿育王经》的说法，阿阇世王得到了佛口髭，但是在回国途中遭到头禾龙王的勒索，威胁破坏其国土，最后阿阇世王只好将佛髭给了头禾龙王。

有关佛发的崇拜至今仍然兴盛。比如斯里兰卡的阿努拉德普勒有佛发舍利塔，孟加拉国也曾向斯里兰卡赠送佛发舍利，供奉在迦多罗伽摩（Kataragama）。缅甸的大金塔，据说是由朝拜佛陀的缅甸商人带回，等等。不过若追踪历史渊源，很可能保存在中国的佛发具有深厚得多的传统和历史。

《梁书》记载，西晋武帝太康二年（281），南北朝时期的异僧刘萨诃在病重垂危将落地狱之时，受观音菩萨现身的启示，往洛阳、临淄、建康、成都、鄞县（今宁波）五处，礼拜那里的阿育王塔——阿育王在南瞻部洲建八万四千座塔，其中有一些被附会为在中国，其实并没有任何证据证明这一点，但反映了佛教传入中国的一些情形。刘萨诃在鄞县果然找到了阿育王塔。刘萨诃聚集众人挖掘地宫，入一丈，发现三块石碑，长六尺。中间的石碑有铁函，铁函内是银函，银函内还有金函，金函里保存着三片舍利和佛发、爪各一枚，佛发长数尺。到了梁武帝时代，梁武帝改造这座佛塔，发现佛发仍在。五代时期，吴越国诸位君主崇信佛教，很可能正是在这段时间，佛发被移往杭州雷峰塔地宫供养。

第五节
犍陀罗的舍利容器及桓娑的宗教意涵

作为舍利崇拜最根深蒂固的地区，犍陀罗出土了大量的舍利容器。这些舍利容器一般外层是陶、滑石、冻石、片岩等质地，而内层用较为贵重的黄金、水晶等材料制成，形状有窣堵波形、桓娑形、圆筒形和罐形等。尽管佛教的最高理想是跳脱六道轮回，然而对大多数俗人来说，他们只想选择现实的目标——争取获得更好的转生。通过捐造、供养、礼拜佛教寺院、窣堵波、佛教造像来积累功德，是很多在家修行的佛教信徒的首选。供养舍利，也是出于这样的目的。舍利容器中保存的铭文，清楚地说明舍利供养者的愿望。比如大都会博物馆收藏的印爪瓦门（Indravarman）王子和拉玛卡（Ramaka）供养的舍利容器都带有类似愿望的铭文。后者可能是前者的舅舅，他们属于公元初年西北犍陀罗地区的阿瓦卡（Avaca）王国。

犍陀罗现存的舍利容器中，与舍利一起，往往保存着宝石、水晶、钱币、金银艺术品等在当时被认为是贵重物件的东西，这也符合佛教文献的记载。而且这种做法在东亚地区也被继承下来，中国出土的舍利容器中，往往也伴随着金银珠宝。佛陀舍利代表着智慧、仁慈、德行，所以需要庄严其像，用金银珠宝来装饰它。舍利容器中的钱币，往往是当时的钱币。但也有前代的钱币，因为在原先的舍利容器中已经伴随着佛陀舍利，具有一定的神圣性，所以也被继续保存下来。不过在大多数情况下，供养者会倾向使用自己当时使用的货币来供养佛陀舍利。

有一些犍陀罗舍利容器被设计为窣堵波的形状。这里的窣堵波可以被视为是对宇宙空间的三维模拟：下面的基座象征世

图8-37 a

图8-37 b

图8-37 c

图8-37 a~c 印爪瓦门舍利容器，5—6年，直径9.2厘米，巴基斯坦出土，大都会博物馆
在有纪年的铭文中，印爪瓦门列举了很多亲人的名字，希望能够通过供养佛陀舍利为他们积攒功德，往生天界。

俗世界，中间的半圆空间象征佛陀舍利的纯净世界，最上层的伞盖形建筑象征着上天。中间的柱子贯通三部分，象征着佛陀位于宇宙的中心。佛陀涅槃前，就来到位居世界中心的菩提树下。塔形舍利容器，可视为对佛陀神圣性的强化。

前文提及迦腻色伽舍利函，出土于白沙瓦附近的这个青铜舍利容器上，清晰地描述了桓娑成行飞翔的形象。这个形象和符号，在犍陀罗的舍利容器上有非常生动的表现，并且对中国的佛教艺术和建筑产生了深刻影响，值得深入探讨。

经历千年风霜、至今矗立在西安的大雁塔，也曾经俯瞰着隋唐长安那座历史上的伟大都市。它是中国中古时代带有强烈世界主义（cosmopolitanism）色彩的辉煌文明的见证者，也是佛教在亚洲兴起与传播这一世界脉络的重要地标。它的建立，在某种意义上是中土长安崛起成为新的世界佛教中心的象征；同时，从这里出发，佛教横渡东海，将佛光洒在日本列岛上。它的宗教、思想、文化意涵，以及在整个人类文明起伏演进中的意义，清晰地刻画在历史的记忆里。不过，历史记忆又是如此的脆弱，以至于我们至今说不清楚为什么这座伟大的佛塔叫"雁塔"。虽然名无固宜，约定俗成谓之宜，但"大雁塔"之得名，背后却很可能存在被历史记忆所湮没的信仰与思想情节，而这些情节，将有助于我们理解佛教的域外思想因素和中国文明的关联性。

大雁塔的得名，目前最为学界认可和大众称道的，是《大唐西域记》所记玄奘在印度所闻僧人埋雁造塔的传说。据玄奘回忆，在因陀罗势罗窭诃山东峰伽蓝前有窣堵波，名叫"亘

（许赠反）娑"，玄奘注云："唐言雁。"根据注音，这里的"亘"读音为"桓"。其实在汉文佛教文献中，这个词多译为"桓娑"。关于这座亘娑塔的兴建缘由，玄奘记载，该寺最初修习小乘，开三净食（可以吃自然死亡的动物的肉）。某日，一僧人饿极，看见群雁飞过，戏言说："今天午饭还没着落，菩萨应该知道吧。"刚说完，一雁就投身坠落，死在僧前。众僧很感动，觉得是"如来设法，导诱随机"，于是转而修习大乘，建佛塔，将死雁葬于塔下，遂命名佛塔为"亘娑"（雁）。

玄奘见到这座以雁命名的塔，是否意味着长安大雁塔是仿这座塔而建的呢？但没有任何文献记载能够证明两者之间的关联。近代学者们也只不过是从《大唐西域记》中找出了这条记载，然后联想到长安大雁塔的建塔缘由上去。看似合理，实际从史源和逻辑上都存在无法解释的地方。翻检唐人文献，找不到两者之间的关联，到了宋代，宋人似乎也不知道长安大雁塔和《大唐西域记》的这条记载有什么关系。比如宋人张礼《游城南记》对大雁塔得名的解释，是依据《法显传》有关达嚫国（即憍萨罗国，Kosala）迦叶佛伽蓝佛塔的记载，这座佛寺"穿石山作塔五层，最下一层作雁形，谓之雁塔"，张礼由此推论，长安大雁塔与此有关。但是检《法显传》原文，却发现这座佛寺最下层为象形，往上依次为狮子、马、牛、鸽形。鸽雁同类，唐代习尚以雁为贵，凡言鸟者多以雁代之，故慈恩寺大雁塔以雁命名，是否如此，不得而知？但是唐初徐坚《初学记·道释部》记载释道安在襄阳檀溪寺造五重塔，正是对达嚫国伽蓝的模仿，唯一的区别就是"最下为雁形"。故张礼所说也未必全错，有关信息传入中土后，或有失真，但可以确认的是，达嚫国迦叶佛迦蓝有雁或鸽的符号。

图8-38

史实（historical facts）和构建的知识（constructed knowledge）是有区别的。有些观点是现代学术的产物。学术研究除了能够呈现出新的历史画面，也可能会制造出并不存在的关联，绘出并不存在的历史画面。从这个角度说，越是技艺精湛、思想丰富的历史学家，其过于完美的结论越值得警惕。

其实大雁塔得名"雁塔"甚晚，并非在建塔之初就命名为"雁塔"，而是后人追加命名的。也就是说，玄奘本人并不知道自己建造的这座塔名叫"雁塔"。玄奘弟子记载其于652年在长安晋昌坊慈恩寺建塔时，"仿西域制度，不循此旧式也。塔有五级，并相轮露盘，凡高一百八十尺。层层中心皆有舍利，或一千二千，凡一万余粒"。不但玄奘本人并没有把这个塔叫作雁塔。翻检初、盛唐时的诗文、佛教文献、官方文书等史料，这座佛塔主要的名字叫作"慈恩（寺）塔""慈恩寺浮图（屠）"，因其位于慈恩寺西院，有时也被称为慈恩寺西院浮屠，比如杜甫诗《同诸公登慈恩寺塔》、韩愈文《长安慈恩塔题名》、高适诗《同诸公登慈恩寺浮屠》等。中唐之前慈恩寺并没有"雁塔"的固定说法，到了科举制度勃兴，"雁塔题名"成为潮流，雁塔之名才流行开来。至于在雁塔前冠以"大"字，则大约起于明代。明代科举考试的文举人和武举人，仿照唐人故事，分别会聚于慈恩寺和荐福寺立碑留念，亦曰"雁塔题名"。因西安南郊有两座雁塔，为便于区别，遂有大、小雁塔之称。

其实，雁塔作为一种对佛塔的描述性文字，在唐代非常普遍。比如初唐四杰之一的王勃，在其文字中不厌其烦地用"雁塔"描述各个寺院的佛塔，比如《梓州元武县福会寺碑》云："都人狎至，瞻雁塔而欢心。"沈佺期《游少林寺》诗也称少林寺佛塔"雁塔风霜古，龙池岁月深"。卢藏用《景星寺碑铭》也用"雁塔分身，初疑踊出；蜂台合势，更自飞来"来形容景星寺佛塔。武三思《大周封祀坛碑（并序）》云："心悬万月，从雁塔而乘时；足驭千花，自龙宫而应运。"敦煌写本P.3445是一篇咏赞法门寺真身舍利的五言诗。《偈》诗中称法门寺真身舍利塔"神光分皎皎，雁塔起巍巍"。最值得注意的是武则天撰《大福先寺浮图碑》描述大福先寺佛塔，云："于阗香像，尽写龙龛；舍利全身，咸升雁塔。"其实这里已经点出了雁塔跟佛教舍利信仰的紧密关系，雁是跟佛教舍利信仰紧密相关的一种符号。

从上述分析，可以推断三点：第一，雁塔早在慈恩寺那座今天叫作"大雁塔"的佛塔建造之前，已经被广泛使用指代佛塔；第二，在慈恩寺大雁塔建造之后很长的时期内，它并不叫"雁塔"；第三，"雁塔"成为慈恩寺那座佛塔的专属名称，并不是玄奘赋予的。所以，从跟玄奘有关的文献中裁剪一段记载来推断大

图8-38 大雁塔

雁塔的得名，从逻辑上并不成立。如果要解释为什么慈恩寺大雁塔被叫作雁塔，可能需要解释的不是单个的塔为什么叫雁塔，而是为什么"雁塔"这个词在中古时代被广泛用于描述佛塔。其根源性的原因，在于雁（桓娑）和佛教的密切关系，而不是跟哪座具体的佛塔有什么因缘。这涉及桓娑的真实意涵。

孟尼尔·威廉士（Monier Williams）将梵文hamsa（中文即桓娑）翻译为雁、天鹅、火烈鸟（flamingo）等。在西方学界，经常被翻译为天鹅（swan）。比较例外的是福斯保尔（N. Fausboll）翻译《法句经》时，将hamsa都用anser（雁）一词来对译。让·沃格尔（Jean Vogel）在1952年质疑是否hamsa就是天鹅，其主要的依据是，在现代的印度，天鹅是极其罕见的，反而斑头雁（anserindicus）非常普遍。他认为，之所以西方和印度学者倾向于把hamsa翻译为天鹅，是因为天鹅在意涵上显得更加文雅。

然而，最近几年，又有学者提出反面意见，认为印度是有天鹅的。一些鸟类学家都指出，印度西北喜马拉雅地区确实是疣鼻天鹅（mute swan）的迁徙地。2003年，学者们确认，在西北印度、东北巴基斯坦，尤其是克什米尔和巴基斯坦的南部部分地区是疣鼻天鹅的栖息地，但是这些证据仍不能证明古印度也有天鹅。

虽然hamsa或者说中文文献里的"桓娑"到底是斑头雁还是天鹅，尚有一点争议，但是毫无疑问，这个跟佛教教义密切相关的圣鸟被介绍到中国并被逐步融入汉文语境的时候，雁成了它的主要翻译。如果hamsa的原型是斑头雁，那么现在矗立在西安的大雁塔，更好的英文翻译就是Anser Pagoda，而不是Wild Goose Pagoda。当然最好的翻译应该是Hamsa Pagoda（桓娑塔），"雁"最初就是从hamsa翻译过来的。

桓娑是吠陀时代主神梵天的坐骑，在印度教里它象征着梵天。在不二论哲学里，这种鸟生活在水边但是羽毛却没有被水打湿，因此被用来形容生活在充满物欲的世界里但是却不被这些表象所玷污。在印度哲学和文学中，大多数情况下，桓娑代表着个体的灵魂、精神，或者是宇宙精神（在佛教中，多数指佛陀本身或者佛陀舍利）、最终现实。在佛教中，桓娑的飞翔象征着跳脱六道轮回（samsara）。

桓娑作为一种精神符号和装饰元素，在印度和东南亚被广泛使用。在犍陀罗艺术中，桓娑也常常出现。在许多佛教艺术作品中，桓娑跟释迦牟尼佛的形象连在一起，也用来象征佛法的神圣。在一尊犍陀罗佛陀立像上，桓娑的浅浮雕围绕着佛陀；更多的时候，其出现在跟佛陀舍利供养有关的器物上，比如舍利容器、

图8-39 桓娑形水晶舍利容器，塔克西拉出土，大英博物馆

佛塔等，显示它跟跳脱六道轮回、涅槃等主题有关。接下来，本书还是沿着丝绸之路，回到犍陀罗，去寻找大雁塔思想和信仰的根源。

1. 塔克西拉

1861年，在塔克西拉出土了一个圆形的石罐，在石罐里发现了一件水晶制成的、桓娑形状的舍利容器。同时出土的还有一件大约3英寸长、带有铭文的金叶，即学界所谓的"塔克西拉文书"（Taxila scroll），时代大约是1世纪前后。石罐和水晶舍利容器在1867年被康宁汉（Cunningham）送给了大英博物馆，至今仍藏于该馆。但是那件带有铭文的金叶却消失不见了，不过上面的铭文获得了解读，意思是："喜娃（Sira）在桓娑（形的容器）中保存一片佛祖的舍利，（以此功德，）祝愿父母获得（更好的）重生。"这一水晶舍利容器显然和佛教舍利信仰有关，而舍利容器的造型选择桓娑，也清晰地解释了桓娑作为重要佛教信仰符号的意义。

图8-39

2. 毕马兰

1833—1838年左右，英国探险家查尔斯·曼森（Charies Masson）在阿富汗的贾拉拉巴德西部毕马兰村的一座佛塔遗址（编号2号佛塔）中发掘出一个镶嵌红宝石的金制舍利盒，现藏大英博物馆，时代可能属于1世纪前后。其铭文翻译过来，大体意思是："蒙迦宛达（Mumjavamda）之子喜娃拉兹达（Shivaraksita）的神圣供品，以众佛之名，供奉佛陀舍利。"

这个舍利盒高7厘米，出土时已经没有盖子，盒子底部中央为莲蓬纹，绕一周八瓣莲花纹。盒外壁上端和下端分别镶嵌形状不太规整的红宝石12枚和15枚，中部为8个浮雕人像，分别立于连拱门之内，可以明确为佛像的至少有两尊。佛两侧各有一胁侍，是梵天和帝释天，除此之外，还有两个贵族供养人。佛陀造像穿希腊袍服，采用希腊塑像的单足支撑姿态。这件东西可视为犍陀罗希腊式佛教艺术的珍品。

值得指出的是，在毕马兰舍利函的上部，每个连拱门之间，都刻画了一只伸展翅膀的类似雁形的鸟，若结合其他舍利容器，可以推断，这里展现的依然是桓娑。桓娑在这里的意涵，应该跟其他地方出土舍利容器上的符号一样，代表跳脱六道轮回等佛教教义。

图8-40

图8-41

3. 白沙瓦（犍陀罗故地，贵霜旧都布路沙不逻）

迦腻色伽统治期间，布路沙不逻成为帝国首都和佛教中心。迦腻色伽所造迦腻色伽大塔，或者汉文史料中的"雀离浮图"，很可能是当时世界上最高的建筑物，并且保持这个记录达数百年之久。当西行巡礼的僧人从阿富汗的高山下到犍陀罗平原时，最震惊的莫过于看到这座宏伟的佛教建筑。法显、玄奘等都记载了这座伟大的佛塔。《洛阳伽蓝记》称之为"西域浮图，最为第一"。玄奘《大唐西域记》记载，"层基五级，高一百五十尺，……复于其上更起二十五层金铜相轮，即以如来舍利一斛而置其中"。

1908年9月和1910年11月，司鹏纳（D. B. Spooner）博士带队在白沙瓦郊外的沙琪基泰里发掘了雀离浮图的遗址，这座大塔从发掘的情形看，呈现出十字的外观，直径达87米。塔基的细部装饰着禅定的佛陀。

从塔基底座正中的地宫中发现了迦腻色伽舍利容器（The Kanishka casket，或Kanishka reliquary）。这一青铜铸造的舍利函，高18厘米，直径12.7厘米，保存在白沙瓦博物馆，大英博物馆存有一个复制品。根据铭文，其时代一般被定为127年（这一年，郑玄出生），即迦腻色伽即位元年。其佉卢文铭文包含的主要内容是："为了接受说一切有部诸师，此香函为迦腻色伽大王供养的功德礼物……在迦腻色伽城。以此功德祝愿众生福德圆满……"

舍利函下半部中间的雕像是佛陀，被帝释天和梵天所护持，最下部一般认为体现的是贵霜君主的形象。舍利函的盖子边缘装饰了一圈飞翔的桓娑，象征着从六道轮回中跳脱，这也是佛教的一种最基本的理想，有一些桓娑嘴上还衔着象征胜利的花环。

图8-40 毕马兰舍利函，大英博物馆
图8-41 迦腻色伽青铜舍利函，白沙瓦博物馆

4. 犍陀罗（佛像上的装饰物）

鲁宾艺术博物馆藏有一件青铜佛陀立像，斯瓦特出土，时间是在5—7世纪，高36.2厘米。最初属于东京私人收藏品，之后辗转换手，2004—2013年保存在纽约的私人藏家手中，后入藏鲁宾艺术博物馆。在佛像的四周，罕见地装饰着一圈浅浮雕的桓娑。这是犍陀罗佛像中极少见的类型——桓娑在图像里出现。作为象征灵魂和再生的桓娑，在这里象征着佛教对跳脱六道的追求，这一符号在犍陀罗佛教艺术中非常常见。

5. 犍陀罗（带有桓娑符号的耳塞）

这个带有桓娑符号的耳塞时间大约在1世纪，金质，犍陀罗出土，直径约2.7厘米。

6. 于阗

桓娑作为重要的宗教符号，也出现在于阗。由罗杰斯基金会捐赠，纽约大都会博物馆所藏编号为30.32.8的彩色浮雕，长宽分别为19.1厘米和16.5厘米，表现的是带有花冠状尾翼的桓娑。此浮雕出土于新疆和田和叶城之间的帕尔漫，属于6—7世纪的于阗王国。这块带有桓娑形象的浮雕，是一座佛教寺院内部墙壁装饰的一部分，可以揣测，这只桓娑并非一只，而是如其他佛教遗迹所见的桓娑一样，是一长串圣鸟中的一只。这一长串的桓娑，很可能是围着四面墙壁的下沿，划出一个神圣的宗教空间。对佛教寺院而言，桓娑所代表的佛教意涵，应该和中亚出土的舍利容器、佛陀雕像上的桓娑是一致的。大都会博物馆同时也保存了这块桓娑浮雕上面的边缘装饰物，这是一块宝珠样式的框，编号30.32.10，长宽各19.1厘米和7厘米。可以想见，这一装饰框也是围着桓娑形成整体的装饰。

于阗是西域重要的佛教中心，对中土佛教有重要的影响。贞观十八年（644），从印度取经回国的玄奘途经于阗，在此停留七八个月，受到热诚的招待。我们并不能确定玄奘在于阗是否看到过被桓娑图样装饰的佛教寺院，更无从知道玄奘是否曾在这一只桓娑面前停下脚步，但可以合理推断的是，在玄奘停留于阗的时候，于阗的佛教寺院的确用桓娑装饰建筑。武则天撰写的《大福先寺浮图碑》记载了于阗佛教装饰对洛阳大福先寺佛塔的影响："于阗香像，尽写龙龛；舍利全身，咸升雁塔。"

图8-42 犍陀罗佛像上的桓娑，鲁宾艺术博物馆
图8-43 带桓娑的金耳塞，1世纪，大都会博物馆
图8-44 a,b 带有桓娑形象的于阗佛寺建筑装饰浮雕及其边框，大都会博物馆

图8-42

图8-43

图8-44 a

图8-44 b

7. 克孜尔69窟后甬道,涅槃像身光特写

在库车石窟天象图中,描绘有立佛像和数量众多的飞鸟,那些飞鸟也是桓娑。克孜尔石窟的例子证明,不论在龟兹还是于阗,都看到了类似的形象。

从印度本土到大乘佛教兴起的犍陀罗地区,桓娑作为跟佛陀、涅槃、重生、舍利供养等佛教意涵紧密相联的符号和形象,沿着丝绸之路一路东进。一方面,体现在佛教艺术和建筑上,不论是佛教雕塑、壁画、舍利容器,都可见到桓娑成行飞行的形象;另一方面,作为重要的概念,桓娑被翻译为雁,进入中土佛教的话语系统,佛塔(塔的本意就是坟墓)作为保存佛陀舍利的神圣空间,如舍利容器一样,也就被冠以"雁塔"的名称。这一名称,并不为西安大雁塔所专有,也跟具体的僧人无关,它所植根的是佛教最基本的信仰和思想传统,闪耀着中外文化交流的光芒。

第六节
礼拜窣堵波

窣堵波（stūpa）是个梵文词，巴利文为thūpa，在汉文翻译时也被译为"窣睹婆""窣堵婆""苏偷婆""率都婆"等，或者简单称作"塔婆""浮屠""浮图"等，或者意译为"高显处""功德聚""灵庙"等。其本意是"顶""堆土""柱"，等等。在《梨俱吠陀》中，窣堵波是中心柱的意思。早期的窣堵波中心构件是中心柱，象征着宇宙的中心和众生赖以围绕转动的轴心。随着佛教在中国流行，在魏晋之后，中土专门为这种佛教核心建筑命名为"塔"——最初汉文中没有"塔"字，最早的记载出自晋朝葛洪的《字苑》。《字苑》中说："塔，佛堂也。"释迦牟尼在世的时候，就已经为之建塔礼拜。佛经记载，提谓和波利两位长者向佛陀请求施舍头发和指甲，建塔供养。这可能是最早的跟佛陀有关的舍利塔。

不过，早在释迦牟尼之前，已经存在为圣人和君主建造窣堵波的传统，佛教只是将这种传统纳入本教体系。比如佛陀在世的时候，波斯匿王为过去佛迦叶佛建塔供养。而且，转轮圣王的葬礼也是建塔礼拜。前文提到，米南德一世死后，他的遗骸如佛陀一样，被分舍利建塔，供国内的臣民礼拜怀念。根据《游行第二经》记载，有四种人，死后可以享受建塔礼拜的待遇：如来、辟支佛、声闻人、转轮圣王。辟支佛是指前世与佛有因缘的人，他们不需要开悟也能自己悟道；声闻人指佛陀在世时耳闻佛法而证悟的人；转轮圣王是佛教理想的君主。能够起塔的，都是有大功德的人。

舍利是佛塔的核心元素。在佛陀的时代，已经有很多支提（caitya），近乎灵庙，供修行者居住。舍利塔出现后，也被称为支提，但它是有舍利的。所以《摩诃僧祇律》说："有舍利者名塔，无舍利者名枝提。" 佛塔从本质上是保存佛陀舍利的建筑，通俗地说，可以说是佛陀的坟墓。中文文献比如《魏书·释老志》就记载："佛既谢世，香木焚尸，灵骨分碎，大小如粒，击之不坏，焚之不焦，或有光明神验，胡言谓之舍利，弟子收奉，置之宝瓶，竭香花，政敬慕，建宫宇，谓为塔。"窣堵波从实质上说，也是舍利容器，是保存佛陀舍利的容器，只不过规模更加庞大而已。这或许是塔形舍利容器的思想来源。从大型窣堵波（作为建筑），到小型窣堵波（作为纪念碑），到窣堵波形状的舍利容器，其思想和宗教意涵是一致的。窣堵波形状本身就是出于对舍利的敬畏，舍利容器的豪华之饰，庄严之象，也是出于同样的考虑。

佛陀入灭后，舍利分散，建塔供养。此后，分舍利建塔成为佛教的重要传统。但是这种传统从开始就跟世俗王权联系在一起，同时成为巩固帝国统一、加强王权的手段。这种宗教性和政治性的传统，被中土延续。建塔的地点是经过深思熟虑的，这种象征佛陀的纪念碑，被分散在重要的地区，成为佛教推广的尖兵。公元前3世纪，阿育王打开之前八王分舍利建造的佛塔，将舍利重新分配。根据传说，建造了八万四千座舍利塔，将佛陀舍利分布在更广阔的空间，让更多的人可以礼拜佛陀。这是佛教从地方性信仰发展为世界性宗教的重要一步。应该在2—3世纪，窣堵波成为佛教艺术家关注的中心。尤其是在犍陀罗，窣堵波成为佛教艺术的圣殿。

多层基坛的佛塔，是犍陀罗佛教建筑艺术的一大特色。早期犍陀罗佛塔仍继承着印度传统，如塔克西拉达摩拉吉卡寺院的主塔，顶呈覆钵式，仍修建了石质栏木楯、石门，上有大量的浮雕，为早期犍陀罗佛塔的代表。公元前后，佛塔逐渐向纵向发展，高耸而壮观，出现了方形塔基，由单层或数层方台组成，塔基上依次为圆柱形塔身和覆钵顶。有些塔基还伸出供信徒攀登瞻仰的阶道，阶道又有两种形式：一种只在一面留有阶道，另一种四面皆伸出阶道。塔基和塔身上常布满浮雕装饰。在建筑风格上，犍陀罗的佛教寺院较之印度已有明显变化。中印度窣堵波中的围栏和塔门已被舍弃，覆钵部分增高，渐趋缩小，台基增高，多至数重，伞顶也升高伸长，伞盖增至7层或13层。犍陀罗佛塔主要由方形基座、圆柱形塔身、覆钵、相轮、伞盖几部分组成。在大型窣堵波周围，还由佛教徒赠建了许多小塔，称奉献塔。

图8-45 礼拜窣堵波，片岩浮雕，2世纪，柏林东方艺术博物馆
左侧是典型的犍陀罗窣堵波，方形塔基，中间是半圆形塔体，上面是三层象轮，有阶梯沿基坛而上。醒目的是窣堵波被四根阿育王柱所环绕。阿育王柱象征护卫佛法的王权。

图8-46 礼拜窣堵波，布特卡拉出土

图8-47 礼拜窣堵波，私人藏品

图8-45

图8-46

图8-47

图8-48

贵霜帝国建筑了许多窣堵波。佛塔普遍为覆钵型，台基呈方形，四周侧面有浮雕纹饰，台基上建有圆柱形塔身，塔身向上是覆钵丘。初期的覆钵丘低矮，后则逐渐升高。这种佛塔在西北印度和中亚都有。2世纪，在迦腻色伽和胡毗色伽统治下，犍陀罗地区的佛教窣堵波逐渐发展出新的主流建筑模式。一种方形基坛、多层建筑的佛塔取代了之前半圆形土堆式的佛塔，这或许说明到2世纪，佛教仪式在犍陀罗变得更加成熟复杂。迦腻色伽建造的迦腻色伽大塔最具代表性，据说高达200米，周围环绕数以百计的小型奉献塔。犍陀罗寺院通常由塔院与僧院两部分构成，佛塔是寺院的中心建筑。佛塔的基坛及周围饰有大量的佛传浮雕及佛像，整个塔院的氛围宛如一个佛教雕刻的画廊，也是信徒们的精神寄托之地。

释迦涅槃了，佛教三宝的佛、法、僧缺少了一个重要元素。佛陀不在了，一般信众难免空虚。将佛陀的遗骸和生前所用物件分散建塔，这些塔就如佛在世时一样，让三宝具足。这一点跟后来的单体佛像的宗教功能有些类似。在佛教徒看来，佛塔最为核心的象征意义是佛陀的涅槃，象征着解脱的圆满。它为信徒和佛陀提供了沟通的中介。礼拜佛塔不但具有功德，而且从心灵上接近佛陀。渐渐的，洗手持花，环绕佛塔礼拜，成为归敬三宝的重要仪式。佛教洞窟往往也建中心柱，它象征着佛塔，而不是简单地划分洞窟空间而已。礼拜佛塔的功德，佛经中屡屡提及，比如罽宾国三藏沙门般若奉诏译《佛说造塔延命功德经》，就提到建塔能够寿命长远，好处多到无法尽录。《长阿含经》卷三记载，建塔能够"生获福利，死得上天"。这些佛经都是讲述建塔和礼拜佛塔功德的文本。通俗的说法，就是"救人一命，胜造七级浮屠"。

在犍陀罗地区，广泛存在对窣堵波的崇拜，这一点从窣堵波及窣堵波形的舍利容器可以看出来。在今西北印度和巴基斯坦、阿富汗的穆斯林，对陵墓非常崇拜，这一点跟其他地方的穆斯林有明显区别，有学者认为，这是受到了佛教礼拜窣堵波的影响。犍陀罗的窣堵波崇拜，跟早期佛教艺术中用窣堵波来象征佛陀本身是不一样的。后者并无舍利崇拜的内容，而犍陀罗的窣堵波崇拜，是直接跟佛陀涅槃——舍利崇拜联系在一起的，窣堵波本身具有了神圣性，成为神圣的符号和空间。早期佛教艺术中的窣堵波其实只是在佛像没有被创造出来之前的替代品，而犍陀罗的窣堵波崇拜是跟礼拜佛像同时存在的。

有佛塔就有佛寺，伽蓝和窣堵波的建筑组合，可以说是犍陀罗佛教建筑最重要的创新。佛寺和佛塔组成了附近地区佛教信徒的信仰中心，这种模式一直延续到中国和东亚其他国家。以窣堵波为中心，宣扬佛教教义的浮雕、雕像、壁画被装饰在建筑构件上。这些令人惊叹的佛教艺术品描绘着佛往世的故事、佛本生故

图8-48 法王塔，塔克西拉
建造于公元前2世纪，遗弃于6世纪。这可能是最早建造于大犍陀罗地区的佛塔，或许跟阿育王有关。

事以及其他佛教题材，保存至今的犍陀罗浮雕，有很大比例是从窣堵波的建筑构件上得到的。

最早的犍陀罗佛教雕像应该不早于1世纪。而且毫无疑问，最早的佛教雕塑是跟供养佛陀舍利的窣堵波连在一起的，是窣堵波的装饰品或者建筑构件。大都会博物馆保存的较早的犍陀罗窣堵波构件——两件花篮撑子，铭文显示是单独由施主捐献的，说明这座早期窣堵波是由不同供养者一起捐造的。很多通向窣堵波的阶梯，每一阶都装饰着浮雕。这些浮雕的内容，有的是佛传故事，有的是带有各种风格和题材的作品，比如水神、跟狄俄尼索斯信仰有关的宴饮场面。在阶梯的侧面，也装饰着三角形的浮雕，刻画着各种神灵。

图8-49 花篮撑件，约1世纪，大都会博物馆
撑件上的人物形象可能是带翼女神，富有强烈的希腊风格，显示犍陀罗佛教窣堵波的艺术风格深受不同文化的影响。

图8-50 窣堵波阶梯浮雕，约1世纪，斯瓦特出土，大都会博物馆
在上面有六个水神模样的形象。也有学者猜测，这是供养者的形象。供养者可能是船民。

图8-49

图8-50

IX

Buddha's Images in Gandhara Art

第九章 犍陀罗的佛像

人类第一尊佛像，很可能就诞生于犍陀罗地区。至少可以说，对东亚世界影响最为深远的佛陀造像范式，最早诞生于犍陀罗地区。这是一个文明的奇迹，是多种文化传统共同作用的结果。犍陀罗佛像具有高度的写实主义风格，似乎是努力试图将佛陀展现在信徒的面前。轮廓清晰，人体结构细致，衣纹处理生动，很多学者认为，这是受了希腊写实主义的影响。

从造像的品类来说，犍陀罗佛像可分为浮雕和圆雕两种。佛传浮雕中的佛像，还不具备单独的神圣性。而圆雕的佛像，自身就带有神圣性，成为信徒礼拜和供养的对象。相对数量众多的菩萨像而言，犍陀罗的佛像数量没有那么多。相比菩萨像多作奢华的贵族王子打扮，犍陀罗的佛像完全是朴素典雅、静穆无欲的姿容。佛像不佩戴装饰，而是以当时的僧衣为蓝本，大衣覆盖全身，起伏的衣纹展示佛陀伟岸的身躯。波浪卷发整齐束于头顶——似乎是吸取了印度修行者的形象，这种束发被称为肉髻，象征佛陀的智慧。犍陀罗的佛陀脸型圆长，鼻梁高挺，威而不怒。坐像一般是结跏趺坐或者半结跏趺坐，手结禅定印、说法印、无畏印等印式。

有的学者认为，早期犍陀罗的佛像双目圆睁，透出威严，随着时间推移，佛像慢慢垂下眼睑，半闭的眼睛透出沉思冥想的柔和之情。而且早期的犍陀罗佛像往往带有胡髭，反映的可能是犍陀罗的习俗。

犍陀罗佛像一般就地取材，用当地出产的一种坚硬细腻的黑青色石料雕刻，这种石料也被称为犍陀罗石。雕刻完成后，在表面涂上一层胡粉再加上彩绘，这才完成一尊佛像的塑造。很可惜的是，由于年代久远，这些色彩很多已经从佛像上脱落了。犍陀罗的佛像大部分是释迦牟尼，但也有七佛或者四佛并列的情形，表现的可能是过去佛的信仰。由于没有文字资料，因此不能确定阿弥陀佛、药师佛等形象是否在犍陀罗出现过。除了石刻佛像之外，犍陀罗也存在少量的金铜佛造像，身大手长，僧衣厚重，曲线显现，带有强烈的犍陀罗佛像写实主义的特征。中国魏晋南北朝时期的金铜佛雕像，明显受到犍陀罗风格的影响。

在犍陀罗奠定的佛像模式，传入中土，对中国佛教造像产生了重要影响。犍陀罗佛像的影子和痕迹，在中国早期佛像中依然能够看到，比如后赵建武四年（338）的鎏金铜佛坐像。

图9-1　佛陀立像（佛陀双目圆睁，带有胡髭），白沙瓦博物馆
图9-2　佛陀坐像，弗吉尼亚艺术博物馆

图9-1

图9-2

IX Buddha's Images in Gandhara Art

图9-3 佛陀立像，东京国立博物馆
犍陀罗佛像，高度写实的风格，完美的椭圆脸型，波浪式卷发，挺拔健硕的身躯，典型的希腊式高挺的鼻子，几乎完全是按照希腊美男子的审美标准塑造，却是来自犍陀罗的佛像。犍陀罗佛像呈现出的是一种庄严静穆的宗教美感。

图9-4 佛陀坐像，鎏金铜佛，旧金山亚洲艺术博物馆
像高39.7厘米，为后赵建武四年，高肉髻，束发，着通肩式大衣，双手于胸前结禅定印，跏坐于四方台座上。

第一节
看不见的佛陀

关于是否允许制造自己的塑像，佛教文献中的相关记载是矛盾的。有的文献提到释迦生前反对制造佛像，这和早期佛教反对偶像崇拜的教义是一致的。有的文献却记载优填王为佛陀制造瑞像的佛传故事，并将这件事作为佛像出现的源头。在早期佛教思想里，认为任何姿容和样式的形像，都不足以描述超越轮回获得最终解脱的佛陀。《增一阿含经》说，"如来是身不可造作"，"不可摸则，不可言长言短"。尽管佛教文献也记载，在佛陀涅槃之前，就有君主因为想念佛陀而制作佛像，但是从整个佛教艺术的发展来看，在早期佛教时期，佛像并没有作为一种艺术形式出现。

佛像的兴起大约在1世纪，跟贵霜王朝可能存在密切的关系。大乘佛教将释迦牟尼视为全知全能的佛，不满足于自我成就，而要普度众生，这一思想带来的是佛陀形象的神化。在多种文化因素的共同作用下，佛像出现在犍陀罗和马土拉的佛教艺术中。在佛像出现之前，也就是佛陀涅槃后的数百年中，人们往往用一些跟佛陀关系密切的符号或者物件来象征佛陀，比如菩提树、法轮、佛足迹、台座、窣堵波等。建于公元前2世纪—前1世纪的巴尔胡特窣堵波围栏浮雕及桑奇大塔塔门保存了大量这样的作品。在犍陀罗地区，尤其是在早期艺术阶段，也存在用符号来象征佛陀的做法。这种"看不见的佛陀"，是佛教美术发展的重要阶段。

犍陀罗佛教艺术早期阶段可能延续了上述部分传统，比如不表现佛陀成道之后的姿容，因为成道之后就成佛，佛像无法表现。但是，似乎犍陀罗佛教艺术早期阶段非常热衷表现佛陀青年王子的形象和菩萨修行的形象。从逻辑上说，这个时候佛陀还没有成道，是可以表现出他的样貌的。所以最早的犍陀罗佛像是王子像或者菩萨像，其后存在一个逐渐发展的过程。在布特卡拉的佛传浮雕中，从未发现表现佛陀成道后场景的内容，都是佛陀青年时代、修行成道之前的内容。

1.以法轮象征佛陀和佛陀初转法轮

法轮是佛陀讲法的象征，尤其是佛陀的第一次讲法，被称为"初转法轮"，在佛教发展史上具有重要象征意义。因此，在犍陀罗浮雕中，有大量表现初转法轮的内容。但是这个讲法的符号，并非佛教首创，很可能是佛教从其他文化传统中借来的。佛教把世俗的理想君主称为"转轮王"，但在佛教之前，转轮王的概念已经被很多君主接受。转轮王在佛教里最主要的职责是护持佛法、以正法治国。在佛教之前，转轮王的主要意涵是"统一君主"，用中国的概念来讲就是大一统的真命天子。转轮王有七宝，其中最主要的是轮宝。轮宝所到之处，摧毁反抗的敌人，帮助转轮王统治天下。有些学者认为，这个轮宝，其意涵可能取自战车的车轮，意思是转轮王的战车车轮所到之处无不摧毁，没有地方能够让他的战车停下来。在《大智度论》中，佛陀和转轮王被反复对比。而佛传故事中，佛陀出生之前的占相，婆罗门术士也预测佛陀要么在家为转轮王，要么出家为佛。所以，佛教借用了转轮王的轮宝符号，来比喻佛陀的讲法。转轮王用轮宝摧毁敌人，统一天下，而佛陀转动法轮，用佛法拯救众生。在犍陀罗佛教艺术之前，比如桑奇大塔南门石柱上就有法轮的符号，这个符号其实象征着佛陀的讲法，或者说是佛陀本尊。所以在浮雕中，有两排合掌礼敬的信徒。

法轮是佛教早期艺术和犍陀罗早期艺术中用来象征佛陀的代表性符号。转轮王的轮宝所到之处无不征服。法轮转动，也有如此的威力。佛法所到之处，摧破众生的烦恼，辗转不停，直到拯救众生。其最主要的含义就是弘法，所以法轮通常是八条轮辐，象征佛教徒修行达到的最高理想境界——涅槃的八种方法和途径，包括正见、正思惟、正语、正业、正命、正精进、正念、正定。法轮还有二十四条轮辐，也是类似的意涵。

犍陀罗佛教艺术中，表现佛陀初转法轮的浮雕很多。这些浮雕分为两类，一类是佛陀出现在画面中，一类是佛陀消失不见，只有法轮在画面中。初转法轮的地点是鹿野苑，所以在犍陀罗浮雕中，常常会表现出这一点。鹿野苑是佛陀成道后初次讲法的地方，也是佛教最初僧团成立的地方，被认为是佛教四大圣地（佛

图9-5 国王夫妇拜见佛陀，公元前2世纪早期，巴尔胡特，弗利尔美术馆
这是巽伽王朝艺术作品，画面中用法轮代替佛陀，此时佛像还没有出现。

陀出生地蓝毗尼、悟道成佛处菩提伽耶、初转法轮处鹿野苑、涅槃处拘尸那罗)之一。当佛陀成道后，首先来到恒河边的鹿野苑，找到当年五位共修者，向他们阐述善恶因果、生死轮回和修行超脱之道。所以在犍陀罗初转法轮浮雕中，往往会出现鹿的画面。

在初转法轮的犍陀罗浮雕中，还经常出现执金刚神的形象，跟随护持释迦牟尼。法轮有时是一个，有时是三个。如果是三个的话，象征着佛教二宝——佛、法、僧。在三个法轮的场景中，法轮的轮辐往往只有八条，象征佛教的八正道。三个法轮，或者并列，或者上一下二排列，或者上二下一排列。一般有比丘双手合十表示礼拜的情景，或者专注听佛陀讲法的情景。在初转法轮的场景中，有时候是大力士阿特拉斯头顶法轮，佛陀站立，手轻触法轮；有时候是阿育王柱支撑着法轮，象征王权护佑佛法；有时候场景的上方，有带翼仙人从天空撒花。很多初转法轮的浮雕都带有较为明显的希腊化美术元素，显示了文化融合的痕迹。

图9-5

喀布尔博物馆藏的一件浮雕高9厘米，从哈达地区发现的。在这件典型的犍陀罗浮雕中，一个女性形象双手托起三个巨大的法轮。印度博物馆藏的一件礼拜法轮的浮雕中，三个法轮位于科林斯柱之上，而在科林斯柱和三个法轮之间，出现了一个人物形象，双手托起三个法轮。这可能与喀布尔博物馆所藏的那件浮雕有联系。在礼拜法轮的人物形象中，一般都会出现比丘，但也有贵霜贵族装扮的世俗人物，表现僧俗礼敬三宝的场面。而大英博物馆藏初转法轮浮雕，场景中却没有释迦牟尼，但有五比丘和执金刚神。执金刚神手持金刚杵，上身着披风。五比丘中，三个站立，两个一左一右单腿跪地，双手合十礼拜法轮。象征佛、法、僧的三个法轮都是八轮辐。一个装扮类似执金刚神的人物形象，双手扛起三个法轮。残缺的部分似乎是天上撒花礼拜的仙人。

犍陀罗佛教艺术跟印度早期佛教艺术有很大不同，即便是表现看不见的佛陀，犍陀罗地区也很少用菩提树和圣坛来象征佛陀，最主要的还是用法轮。可以揣测的是，法轮比喻佛陀在犍陀罗早期佛教艺术中可能占据重要的地位。大英博物馆藏的一件梵天和帝释天礼拜法轮的浮雕或许能说明一些问题。这件出土地不详的独特浮雕描绘了梵天劝请的场景。在浓密的棕榈叶下，台座上面不是全跏趺坐的佛陀，而是一个齿轮状的法轮。梵天和帝释天双手合十礼拜，其上方则是带翼仙人在赞叹和散花。这件作品按照宫治昭的说法，可能来自斯瓦特地区，属于犍陀罗早期作品。宫治昭认为，这种锯齿状的法轮是日轮，是受到伊朗系文明影响的结果，反映的是犍陀罗早期对佛像的认识。用日轮象征佛陀表示佛陀已经接受了梵天的劝请，转动法轮，为众生说法。

2.菩提树和台座

早期印度佛教艺术中，有很多用菩提树与台座象征佛陀的例子。桑奇西门右侧石柱上有以菩提树与台座的组合来象征佛陀的石雕，也有表现魔军干扰佛陀修行的浮雕，佛陀的形象是菩提树。桑奇东门石柱浮雕描述了佛陀在迦叶三兄弟面前显示神通。当尼连禅河水泛滥时，迦叶们在船上，漂浮在水面的台座象征佛陀本尊，这里用台座来象征佛陀本尊。

菩提树是一种在干燥季节落叶的半常青热带大型乔木，树高可达30米，直径可达3米。印度文化中，菩提树是智慧和觉悟之树。释迦牟尼在菩提树下觉悟成道，所以菩提树象征着佛陀成道，或者广义地象征佛陀。

图9-6　佛陀和菩提树，都灵东方艺术博物馆

图9-7　菩提树下禅定的佛陀，3世纪，诺顿西蒙博物馆

菩提树原名"毕钵罗树"（Pippala），因为释迦牟尼在此树下得证阿耨多罗三藐三菩提的缘故，毕钵罗树被尊称为菩提树，菩提就是觉悟的意思。《杂阿含经》中提到，见菩提树，便见于如来，所以佛教信徒们往往供养菩提树。玄奘记载，每到涅槃日，国王和臣民会到释迦牟尼成道的菩提树下，用乳灌洗，燃灯散花供养，感谢菩提树给释迦牟尼遮蔽炎日，以及追思佛陀。

然而，在犍陀罗佛教艺术中很少用菩提树和台座来表现佛陀。这并不是说，犍陀罗地区没有菩提树，或者对佛陀修行成道和菩提树的关系不清楚。玄奘经过这里，在《大唐西域记》中记载，在犍陀罗首都的布路沙不逻东南几公里处，曾有大菩提树，相传过去四佛曾坐在此菩提树下。犍陀罗把过去四佛修行之地，设定在布路沙不逻，这显然是对释迦牟尼在菩提树下修行成道的模仿。或者是犍陀罗再造圣地的内容之一。而且，在犍陀罗浮雕中，经常能看到菩提树。比如佛陀修行成道，往往会出现菩提树的样子。

图9-6

图9-7

3.窣堵波象征佛陀

如果说菩提树和台座象征的是佛陀成道，法轮象征的是佛陀初次讲法，那么窣堵波主要是象征佛陀涅槃。桑奇第一塔塔门横梁和柱交叉处的方形区域（四门的正反面各有四处，一共十六处），可以看到二象灌水的莲花上的吉祥天女、菩提树、法轮和窣堵波，分别象征佛陀的诞生、成道、讲法和涅槃——这是佛陀一生中最重要的四件大事。富歇认为这是佛传故事的早期表现形式，但是整个画面里没有佛陀。用窣堵波象征佛陀，在犍陀罗浮雕艺术中常见，此时佛陀已经涅槃，窣堵波是保存佛陀涅槃后舍利的地方，也就被赋予了神圣性。佛教基于对佛陀的思想和崇敬，把礼拜佛塔视为重要的修行。

依照《长阿含经》的佛教文献，窣堵波的建立意义重大，它使佛教在佛陀涅槃后依然保持佛、法、僧三宝的完整。佛教进入中国之前，佛教寺院的核心就是窣堵波，所有的建筑都围绕窣堵波展开，僧房紧邻着窣堵波，僧人们把右旋礼拜佛塔视为重要的修行之一。历史上的阿育王和迦腻色伽等佛教君主，都通过分舍利建塔的形式推广佛教。《大唐西域记》提到的一些位于今阿富汗和巴基斯坦的佛教寺院，都是以窣堵波（或者叫佛塔）为中心的，比如迦毕试国、那揭罗曷国、犍陀罗国、僧诃补罗国、呾叉始罗国、迦湿弥罗国、乌剌尸国的佛教寺院。在佛像兴起之前，佛教徒主要是通过礼拜佛塔达到礼敬三宝的目的。从佛塔到佛像的转变，是犍陀罗佛教艺术的重要事件。佛像最早不是作为单体崇拜的对象，而是放在附属于佛塔的小龛内，或者作为佛塔的装饰部件。佛像产生之后，佛塔的崇拜依旧存在。两者在意涵上是可以相通的。

4.佛足印

用佛足印象征佛陀，在早期印度佛教艺术中很常见，在犍陀罗早期浮雕作品中仍能看到类似的作品。比如布特卡拉的出土文物中，有一件表现佛陀三道宝阶降下的浮雕：佛陀成道后上天为母亲说法，然后历三道宝阶降下。斯瓦特博物馆藏的一件浮雕中，梵天和帝释天双手合十而立，在中间宝阶的最后一阶，刻有佛陀的足印。出迎的是女尼莲华色，她跪在佛足印前，欢迎佛陀回来。

佛足石是圣迹或圣物，如果相信它确实是佛陀留下的痕迹的话。但是犍陀罗浮雕中的佛足印，只能说是一种复制品，是象征佛陀的符号。犍陀罗艺术中也有佛足石，很多佛足迹上刻有佛教三宝和法轮的符号。比如出土于犍陀罗核心区西克里的佛足印，残存左脚，脚心浮雕车轮，有24根辐条，足跟为三宝标，脚趾端刻画正反向卍字符号。

图9-8 佛足印,西克里出土,拉合尔博物馆

第二节
黄金之丘的金币：
最早的佛像

阿富汗北部的希比尔甘（Shibarghan）位于首都喀布尔西北340公里，靠近阿富汗和土库曼斯坦的国境。在其东北约5公里的地方有一处大夏至贵霜时代的城市遗址，遗址周围有一个直径百米、高三米的山丘，被当地人称为提拉达坂（Tillya-tepe，意为黄金之丘）。1978年11月，苏联和阿富汗联合考古队在希腊裔苏联考古学家维克多·沙里阿尼迪（V.I.Sarianidi）领导下，在这里发掘了六座墓葬。这六座墓葬有一座属于男人，其他是女性墓主人。最令人震惊的是，在这些墓葬中，考古队发现了多达两万余件金器及其他文物，包括珠宝、腰带、头冠、武器等。大夏和粟特地区并非以盛产黄金著称，黄金之丘如此丰富的黄金是从哪里来的，很可能跟丝路贸易有关系。希比尔甘只是一个不起眼的小城，距离喀布尔约三百多公里。但在古代，这里曾经是丝绸之路的重要中转站。丝绸贸易积累了巨大的财富，使数量众多的黄金制品成为可能。

游牧民族在这里扮演着复杂的角色。从中国到地中海，贸易被分作一段一段，被不同的商人群体所掌控，因此丝绸之路上的主要贸易形式是短距贸易。重要的商业据点，包括巴克特里亚、希比尔甘、贝格拉姆、撒马尔干、木鹿城，都成为丝路贸易的受益者，成为丝绸之路上重要的城市，积累了大量财富。希比尔甘很可能离中国史书记载的大夏都城蓝氏城很近，甚至就属于蓝氏城的远郊。出土于黄金之丘的文物体现了当时世界文化的诸多特色，既有带希腊罗马风格的文物，也有带西汉特色的镜子，这得益于丝绸之路的繁荣。贸易带来的财富以宝藏的形式留存下来。也有学者揣测，黄金之丘的墓主可能是大月氏或其他游牧民族王侯，通过勒索大夏等国，收取大量的"保护费"，才积累了庞大财富。也有说法称，这些黄金是劫掠丝绸之路上的商队获得的，但没有确切证据能够证明这些假说。

黄金之丘的六座墓葬中，当时挖掘了五座，第六座完整保留下来，可惜的是，随后遭到洗劫。但奇怪的是，至今没有类似的文物出现在国际文物市场上，不知道第六座墓葬的文物都流向了何方。当时是苏联入侵阿富汗的前夜，出土的宝藏被迅速转移到阿富汗首都喀布尔。在20世纪90年代塔利班统治时期，很多人以为黄金宝藏被盗走了，但实际上被完好无损地保存了下来。2003年，这批黄金宝藏再次出现在公众面前。为此，阿富汗在喀布尔专门修建了博物馆用以保存。其中部分文物于2006—2007年在法国集美博物馆展览，2008—2009年在美国展览，2016年在日本展览，2017年在中国展览。

图9-9　带有雅典娜形象的戒指，2号墓出土，阿富汗国家博物馆

图9-10　巴克特里亚的阿佛洛狄忒，6号墓出土，阿富汗国家博物馆

图9-11

图9-12 a

图9-12 b

图9-12 c

根据随墓葬出土的钱币或可推断这一墓葬的时代，这些钱币发现被放在死者的手中或者口袋里。在3号墓中发现了帕提亚王米特拉达梯二世（Mithridates II，前123—前88年在位）的银币，这枚银币握在女性墓主的手中。在6号墓，女性墓主的左手中发现了一枚模仿帕提亚王戈塔尔泽斯一世（Gotarzes I，前95—前90年在位）钱币的金币。帕提亚钱币基本上是银币和铜币，很少出现金币，所以这枚金币可能是仿制的纪念币。这枚金币上描绘了一个貌似本地首领的形象，但原先金币上的帕提亚王的形象并没有被破坏。这或许说明了此地政权和帕提亚之间可能存在某种附庸关系。在3号墓中也发现了一枚金币，这枚金币是属于罗马皇帝提比略（Tiberius），金币上铸造了提比略头戴花环王冠的形象，背面是一个手持权杖的女性形象。根据铭文，或可判断这个女性形象是提比略皇帝的母亲利维亚（Livia）。但是在钱币上，这名女子的形象是和平女神的样子。这种钱币的铸造时间是16—21年之间，铸造的地点是高卢的卢格杜努姆（Lugdunum，大致相当于今里昂）。考虑到从高卢传到阿富汗北部需要的时间，那么黄金之丘提拉达坂墓葬的年代大致是1世纪的三四十年代，这正是贵霜第一代君主丘就却崛起的时期。还有一枚磨损严重的钱币确定属于赫缪斯，跟贵霜早期崛起的历史有关系。

根据上面的推断，黄金之丘的年代大概属于贵霜王朝早期，出土文物的年代属于大夏被大月氏灭亡和贵霜帝国建立之间。其代表的艺术形式和犍陀罗佛教艺术早期有密切的关联性。4号墓是男主人，约50岁，胸上有印度系的金币和中国铜镜，尸体右侧陪葬铁剑，左侧插置刀鞘、弓箭。墓主目前还不能确定，但很可能是一位贵霜翕侯——不是丘就却，而是丘就却之前的贵霜翕侯，也可能是塞种人的酋长，甚至很可能是张骞见过的大月氏王侯，他们如此富庶，真的没有心思去找匈奴复仇了。

出土物品的多重文化属性，反映了当地处于丝绸之路枢纽、深受各种文化影响的特征。大量的希腊文化元素在其中多有发现，可见当时希腊传统并未完全从社会生活中退出。除了希腊神祇狄俄尼索斯、雅典娜等形象，还能看到来自中国的铜镜、叙利亚的玻璃、印度的象牙等。这些物品，应该都是当时丝绸之路上的重要商品。这些都证明，在1世纪的时候，中亚的文化交流是多么的频繁和深入。黄金之丘2号墓出土的铜镜上，有汉文铭文："君忘而失志兮，忧使心臾者；臾不可尽兮，心污结而独愁；明知非不可久处（兮），志所欢不能已。"意境悠远，应该是当时铜镜中的精品。这面铜镜怎么从遥远的西汉传到今阿富汗北部，被葬在这座很可能是贵霜翕侯的墓葬里，真是一件令人叹为观止的事情。

图9-11 驭龙者，3号墓出土，阿富汗国家博物馆

图9-12 a~c 黄金饰品，黄金之丘出土，阿富汗国家博物馆

在6号墓，出土了长47厘米、宽4厘米的黄金冠饰，学者们认为这可能就是中国历史上有名的步摇冠。南北朝时此种冠饰非常流行，甚至慕容氏的来历都跟其有关。《晋书·慕容廆载记》载："莫护跋国于棘城之北，时燕、代多冠步摇冠，莫护跋见而好之，乃敛发袭冠，诸部因呼之为'步摇'，其后音讹，遂为慕容。或云：慕二仪之德，容三光之容，遂以慕容为氏。"关于步摇的文学描述也见于文献，比如"云鬓花颜金步摇，芙蓉帐暖度春宵。春宵苦短日高起，从此君王不早朝"。黄金之丘这件步摇冠，两端有环，横带上装饰五簇树木形步摇，四簇上对栖双鸟，装饰六枚六瓣形花朵，缀满可摇动的椭圆形叶子。这和《续汉书》所称的步摇冠"八爵（雀）九花"之制相当接近。而且4号墓出土的其他五件步摇冠，除了摇动的叶子，还在细枝上串有圆珠，和《续汉书》所说的"贯白珠"的作法也相当一致。东汉的步摇可能受到大月氏的影响。镂空打造的步摇冠，使女主人更加摇曳多姿，一些金片甚至在她的眉毛处跳跃闪动，呈现出自然主义的风格。这种冠饰很可能跟游牧传统有关，从西亚到中土，乃至日本都有发现。

黄金之丘提拉达坂展现的文化风貌是犍陀罗佛教艺术形成之初的情况。最引人瞩目的是，从4号墓出土的金币上，出现了佛陀的形象。这枚金币上呈现的佛陀像跟传世风格迥异，甚至可以说完全是另外一种创造佛像的努力，但很可能是现存已知最早的佛陀形象，反映了犍陀罗艺术在发展初期对如何塑造佛陀像的探索和尝试。这种姿容的佛像在后来的发展中被逐渐淘汰了，留下现在占据主流的佛像造型。

这枚印度系金币正面表现的是一个行走中的人，双手推动一个转动的轮子，上面的佉卢文铭文为dharma-cakra pravata（ko），意思是转法轮者。就铭文来看，表现的似乎是佛陀，因为转动法轮的只能是佛陀，第一次讲法也因此被称为初转法轮。佛陀形象的塑造，跟理想的世界统治者转轮圣王紧密相关。转轮圣王以轮宝摧毁敌人，而佛陀通过转动法轮拯救众生。在佛教文献中，可以找到很多将佛陀和转轮王相比的记载，甚至佛陀的葬礼也是模仿转轮王。后来占据主流的佛陀像跟转轮王一样，都有三十二相。但是，这枚金币上的人物形象，显然跟后世见到的佛陀有很大的区别，可能是混合了转轮圣王和希腊英雄形象的佛陀，宫治昭也持这样的观点。该形象从左肩到腰部身披兽皮，看似尾巴的部分应该是兽皮的下端，很可能参考了希腊罗马神话中的大力神赫拉克利斯的形象，可以佐证希腊文化对提拉达坂文化有较深刻的影响。很可能这是一种在佛像发明和发展过程中失败的尝试。

在金币上的"佛陀"，推动的法轮上有八条车辐，可能象征八正道。相传释迦牟尼初次讲法是在鹿野苑对

图9-13 步摇冠，6号墓出土，阿富汗国家博物馆

图9-13

憍陈如等五个弟子讲的。根据现有经律研究,他并非一开始就讲四谛,而是讲不苦不乐的中道学说,来证明苦行不是正道,也就是讲八正道。通过八正道把原先执着于苦行的五人说服了,之后才开始宣讲四谛。初转法轮在后来的犍陀罗佛教艺术中是常见的主题,但其表现形式,跟提拉达坂金币的这种表现形式可以说完全不同。

这枚金币背面的图像也能说明问题。在它的背面是狮子的形象,狮子右爪抬起,面朝左边。其右上方是佉卢文铭文Sih(o)vigatabhay(o),意思是驱逐恐惧的狮子。狮子经常象征佛陀或者菩萨的精神力量,通过狮子吼让世人惊醒觉悟,领会正法的真谛。在狮子前方是佛教三宝的符号。有学者指出,这枚金币可能是出自今巴基斯坦或者西北印度的纪念币,从年代判断为1世纪初的作品。在此之后,再也没有见到过类似的用混合转轮王和希腊神话英雄形象塑造的佛陀形象。这可能是在犍陀罗佛教艺术萌芽阶段的一种艺术尝试,但这种样式没有被继承发展,也就没有成为后来的主流艺术形式,从而湮没在历史长河中。但这对理解佛陀形象的出现,提供了很重要的一个思路。

图9-14

图9-14 带有佛陀形象的金币,4号墓出土,阿富汗国家博物馆
金币上的佛陀形象跟后世不同,是混合了转轮圣王和希腊神话英雄形象的人物像,从某种意义上说,这也反映了转轮圣王的形象。

第三节
佛像起源的争论

根据佛教文献的记载，早在释迦牟尼生前，佛像已经出现了，这就是优填王旃檀瑞像，是完全按照释迦牟尼佛成道后在忉利天为其母摩耶夫人说法时的形象雕刻的，是释迦牟尼的"真容像"。根据《增一阿含经》记载，有一次，帝释天邀请佛陀上升忉利天说法。因为怀念佛陀，优填王召集国中的能工巧匠，以牛头栴檀做如来形像，时时供养。从此阎浮提内才开始有了释迦瑞像，让众人礼拜瞻仰。但这很可能是后来生成的传说，并非历史事实。目前考古等证据基本认为，佛像产生于2世纪前后，地点是贵霜统治下的犍陀罗和马土拉地区。

佛像的产生，跟大乘佛教在贵霜统治之下的兴起有关。在大乘佛教的理念里，佛陀不再是人间的导师，而是神祇——这一点在迦腻色伽的钱币上有所表现。迦腻色伽钱币上出现了佛陀的形象，和其他出现在迦腻色伽钱币上的印度教和祆教诸神一样，显然佛陀已经被视为神。塑造神化佛陀的姿容，也就顺理成章。很多学者认为，犍陀罗佛像的创作理念，应该受到希腊、罗马艺术"神人同形"思想的影响，所以佛陀的姿容用人体雕塑的形式表现出来。带有浓厚希腊、罗马风格的犍陀罗佛像，被称为"希腊化的佛像"（Hellenistic Buddha）或干脆被称为"阿波罗式佛像"——一般认为，佛陀的背光形象来自于阿波罗，所以佛陀带有白种人的特征。犍陀罗佛像这种造像风格，影响深远，中国两晋十六国时期的金铜佛像，乃至云冈和敦煌的佛像，都受到犍陀罗艺术的深刻影响。

关于佛像到底最先在哪里产生，学者们围绕犍陀罗和马土拉

图9-15　佛陀立像，白沙瓦博物馆
这是一种典型的所谓阿波罗式佛像，容貌带希腊人特征。

两种观点争论不休。在缺乏文献资料记载的情况下，两种假说都有各自的证据和逻辑。就菩萨像而言，根据出土资料可以确证，现在通常接受的菩萨造型——传至中国的衣着华丽、身戴璎珞的王子形象的菩萨是诞生于犍陀罗地区，而非马土拉。不论是犍陀罗还是马土拉，佛像和菩萨像几乎是同时出现的。但是在马土拉，佛像和菩萨像在外观上并没有显著的区别，都是按照三十二相、八十种好的"大人相"塑造的。如果不在铭文中明确标识佛像或者菩萨像，甚至难以辨别。这可能跟早期大乘佛教的情况有关。早期的菩萨像主要是指未成佛的释迦太子，他跟后来成佛的释迦牟尼是同一人，所以在表现菩萨时，要么将其塑造成释迦太子的形象，要么将其和释迦牟尼佛的形象等同。马土拉的菩萨像，也包括佛像，体现出一种雄壮勇猛的气质。这和佛经中菩萨的意涵是一致的。菩萨本意就含有勇猛精进、克服众敌的意思，所以将菩萨塑造成强悍英勇的形象，是很自然的结果。

但是犍陀罗的菩萨像跟马土拉有显著的不同。菩萨在犍陀罗佛教艺术中是极为重要的主题，反映了当时大乘佛教信仰的一些核心观念。犍陀罗菩萨像有释迦菩萨、弥勒菩萨、观音菩萨等多种类型，大多表现为衣着华丽、风度翩翩的贵族王子。这种形象似乎是模仿贵霜帝国君主和王子的姿容装扮而塑造的。相比马土拉而言，犍陀罗是贵霜帝国的政治、文化中心，多种文明在这里交会，造就了这种后来广为接受的菩萨形象。犍陀罗和马土拉在菩萨像上的显著区别，或许给今人理解两地佛像造型风格的不同提供了线索和启发。犍陀罗的佛像和菩萨像应是符合当地贵族和商人的品味，其装扮并不是印度式的，而是融合多种文化传统的产物。

但是，不管是犍陀罗还是马土拉，在塑造佛像时，都采用了当时的大人之相来表现佛陀，比如双眉之间的白毫、头顶的肉髻以及大而下垂的双耳等，而且两者都是在贵霜帝国统治时期发展出了佛像。最早的佛像应该不早于2世纪。就如宫治昭指出的那样，无论是犍陀罗还是马土拉最先发展出佛像，有明确纪年的佛像最早也是属于迦腻色伽统治时期。除了白沙瓦附近出土的迦腻色伽舍利容器之外，迦腻色伽还把佛像镌刻在自己的金币上。贵霜的钱币上，出现了释迦牟尼佛和弥勒菩萨坐像。这些是判断佛像制作年代唯一实在的历史学证据。印度著名学者纳拉因认为更早的塞种钱币上已经出现了佛像或者菩萨像，也认为贵霜早期君主丘就却的钱币上出现的结跏趺坐的人物是佛陀，但没有确切的证据证明这一点。无论如何，在大犍陀罗地区形成的佛像和菩萨像，为中亚和东亚所接受，并结合本地文化元素和审美，发展出了现在普遍认知的佛像和菩萨像。

图9-16

图9-17

图9-18

图9-16 佛陀立像，白沙瓦博物馆

犍陀罗的佛像表现出超凡脱俗、静穆庄严的美感，同时具有世界主义的精神和气质。

图9-17 典型的犍陀罗佛陀立像，加尔各答印度博物馆

图9-18 典型的马土拉佛像，大都会博物馆

综上所述，贵霜帝国的崛起是佛像出现并流行的契机。贵霜帝国在迦腻色伽时期迁都布路沙不逻，并进一步征服印度北部等广大地区。帝国的统一带来了政治上的稳定和丝路贸易的繁荣。从乌兹别克斯坦的哈尔恰扬宫殿遗址、贝格拉姆宫殿遗址以及位于印度本土的马土拉郊外的马特神庙遗址来看，在贵霜帝国统治版图之内形成了多个政治和宗教中心。强大的中央政府和积累起来的庞大财富保证了佛教在贵霜统治下的兴起和繁荣。贵霜帝国的疆域位居中国、罗马、印度、伊朗等重要文明体中间，在这个庞大的多民族帝国中，印度人、希腊人、波斯人、塞人等居住其间，加上往来于丝绸之路上的商旅和僧徒，使贵霜文明呈现出世界主义的色彩。

贵霜帝国似乎热衷于鼓励商业贸易，并从东西方贸易中牟取巨额的利润。这个时期的布路沙不逻和欧洲的罗马、东方的洛阳一样，成为当时丝绸之路上的国际大都市。在繁荣的经济背景下，君主、贵族、商旅和普通民众在犍陀罗地区建造并供养了众多的佛教寺院。数量庞大的佛教雕塑和壁画被创造出来，形成了影响深远的犍陀罗佛教艺术。虽然经过历史的大变迁，但如今出土的雕刻数量之多足以令人想象当年佛教繁荣昌盛的历史画面。

贵霜王朝在思想和宗教信仰上，执行宗教包容的政策，对各种宗教，能够兼收并蓄。多民族和多元文化造成了犍陀罗艺术的独特魅力。哈尔恰扬的宫殿遗址中有祆教的神殿遗迹，贝格拉姆出土了众多的罗马玻璃器、带有希腊罗马风格的装饰盘。佛教在君主和贵族的推动下，吸收当地宗教和其他宗教体系的文化元素，改变了之前没有佛像的传统，开始为佛陀和菩萨塑造雕像。

图9-19

佛教与贸易天然存在紧密的联系，很多寺院就建造在商路的沿线。佛教寺院为商旅提供物质和精神的支持，商旅则为佛教寺院和艺术的发展提供物质支持。在这一点上，佛教和印度本土的婆罗门教有天然的区别。婆罗门教提倡严格的种姓制度和不可动摇的社会体制，并排斥外来民族和文化，称其为"弥离车"，甚至连排入四大种姓的资格都没有。贵霜帝国的统治者正是外来者，佛教也是在贵霜帝国的统治下，才获得了长足的发展。与婆罗门教相比，佛教提倡众生平等，打破了种族制度，主张通过对佛教的供养，可以得到更好的转生。大乘佛教融合其他文化的包容精神，使其在商旅和城市流行，成为大家都接受的一种价值观。正是在这种背景下，佛教在犍陀罗实现了飞跃，成为一种世界性的宗教。

考古发现也证明，佛教在贵霜帝国受到供养和支持。在塔克西拉的迦罗婆（Kalawan）遗址发现的佛教寺院是北印度最大的伽蓝遗址。这里出土的碑文证明在77年，佛陀舍利被安放于此地，是奉献给说一切有部的。在迦腻色伽的首都布路沙不逻的雀离浮图，出土了迦腻色伽的舍利容器，铭文也说是献给说一切有部的。大量的证据表明，佛教在贵霜的君主、贵族和地方官员中间受到虔诚的信仰和供养。

图9-20

图9-19　佛陀立像，拉合尔博物馆
图9-20　佛陀与供养人，泥塑，塔克西拉博物馆

犍陀罗的佛教寺院往往建造在距离城镇适当距离的小山中腹部或者山丘顶部。这样的位置选择，一方面，与世俗世界拉开距离，表现出佛教出世的精神特质；另一方面，也能够得到城镇的物质支持。佛教寺院的繁荣，必须在当地保持足够数量的信徒，并且能够比较容易地获得补给。从犍陀罗的情况来看，主要的佛教寺院往往跟丝绸之路上的重要节点有关系，这些佛教寺院通常分为塔院和僧院两部分。以巨大的窣堵波为中心，僧人们居住在僧院里。窣堵波的基坛及周围装饰着大量的佛传浮雕和佛像，像一座座精美的佛教艺术博物馆。窣堵波是整个寺院的灵魂，象征着佛陀本身及其教义，是信徒和僧侣的精神寄托之地。在寺院空间中，窣堵波属于神圣空间，而僧人们居住的僧院是世俗空间。除此之外，还有僧人们讲法和修行的空间。一般来说，主窣堵波周围还有一些小型窣堵波以及小型佛殿，供养着佛像。在僧院和塔院之间，会不断增建小的佛堂和奉献塔。

一般认为，佛像的产生和犍陀罗受到希腊、罗马文化影响有关。早期的佛教美术是从巴尔胡特和桑奇大塔开始。在巴尔胡特和桑奇大塔的浮雕佛传故事中，释迦牟尼不用人像来表示。关于佛像的蓝本，富歇认为是希腊的阿波罗神，佛的形象是由犍陀罗地区的希腊人创造出来的。也有学者认为，佛像的原型是由印度本土的药叉神发展出来的，但是显然难以令人信服。最初的佛教带有强烈的无神论色彩，反对偶像崇拜。富歇等学者主张，在希腊-印度王国末期，大约是公元前1世纪后期，希腊艺术风格和佛教融合，产生了希腊式的佛教。希腊-巴克特里亚和稍后的希腊—印度王国时代，在希腊化君主统治下，佛教或许得到了初步的支持和发展。比如希腊-印度王国的国王米南德一世在佛典《那先比丘经》中留下了自己的痕迹。他与高僧那先有关佛教教义的讨论，以及西方古典文献记载他那类似分舍利建塔供养的葬礼，都证明了他是一个受到佛教影响的希腊君主。他被佛教徒认为是尊重佛教的君主，不过，如马歇尔认为的那样，公元前的这些希腊化王国的国王们，可能只是对佛教的教义感兴趣，还没有花费精力和金钱建造窣堵波和狮头柱这类佛教建筑。

很多学者认为，在亚历山大远征后的五百年间，希腊文明在今天的巴克特里亚等地非常繁荣。到2世纪前后，希腊佛教艺术发展起来。因为作为外来者的希腊化国王们得不到支持种姓制度的印度教垂青，便转而支持和印度教对抗、提倡众生平等、打破种姓制度的佛教。佛教传入巴克特里亚地区后，犍陀罗艺术最早就在这个地区发展起来。这个地区受到希腊、欧亚草原、波斯等多种文明的影响。佛教用希腊的雕塑手法，创造了充满魅力的艺术风格。在大犍陀罗地区，出土了庞大数量的古典姿态、希腊服饰的佛陀塑像。

这种希腊化佛像传入东亚，最终变成了中国式的佛陀。犍陀罗佛教艺术，见证了佛教从印度到中国的根本性的变革。

为圣人和英雄塑像是希腊文化传统的一大特征。皈依佛教的希腊人，运用写实主义的手法，第一次将佛陀的形象展现在信徒面前。很可能，第一尊佛陀的塑像就是一尊纯粹的阿波罗雕像，再加上佛陀的一些大人之相，其包着花头巾的发髻，最后发展成隆起的前额。这种阿波罗样式的佛像，肉髻高显，目深鼻挺，唇上有髭，薄唇高额，发纹呈水波状或者涡卷状，带有典型的西方人特征。佛像多身穿通肩式大衣，衣服褶皱起伏，立体感强，衣纹从右上方往下倾斜。右手举起，五指平伸，手掌外扬，做无畏印。左手习惯性抓握大衣的一角。佛像头后有圆光，边缘作齿轮状，似乎受到阿波罗或者伊朗系神灵头光的影响。下为四方形台座，雕刻着各色供养人。犍陀罗样式的佛像，在以后的历史发展中成为主流。从魏晋南北朝到北魏，这种风格都在中国留下了自己的痕迹。

与上述观点不同，罗兰德认为，犍陀罗佛教雕塑跟希腊艺术没有关联，而是跟当时的罗马艺术关系密切。他认为犍陀罗艺术是罗马艺术在极东边陲的表现形式。佛教借用了其他文明元素，正如早期基督教借用其他文明元素一样。

尽管犍陀罗佛陀身穿罗马时代的长袍，但依然可以看到他姿容里满是希腊文明的遗产。犍陀罗佛像大量出土于白沙瓦和塔克西拉地区。马歇尔在《犍陀罗佛教艺术》中将犍陀罗佛教艺术分为前后两个阶段。第一阶段是1世纪末到140年，这段时期，佛教艺术的主要形式是佛传故事，佛像在佛传浮雕中的地位并不突出；第二阶段是140年到230年，这段时期，出现了单体佛像。随着佛教发展，信徒们对礼拜佛像的要求越来越高，在3世纪开始，在窣堵波周围开始建造佛堂，供养佛像。这些佛像一般高3—4.5米。比如塔克西拉的法王塔，中心大塔的外围建造了一圈佛堂供养佛像。但是这时的信仰中心仍然是礼拜佛塔，布施佛像。随着佛像神化程度越来越高，佛像越做越大，最终取代佛塔成为佛教徒主要的礼拜对象。

犍陀罗佛像早期的形象带有自由灵动的气质，但到了后来，逐渐被一种冥想静穆的风格所取代。经过几个世纪的发展，佛像的眼睑渐渐低垂，面部线条慢慢僵硬，袍服越来越紧贴，躯干本身也越来越抽象，呈现出东方化、神秘化的发展轨迹。

图9-21

图9-22

图9-23 a

图9-23 b

有关佛像产生的讨论，除了强调希腊（小部分强调罗马）文化传统和艺术的影响，以及印度本土佛教艺术的元素外，也有学者强调伊朗文明的影响，或者强调贵霜王朝和贵霜文明的独特性对佛像产生的影响。例如，有学者认为，犍陀罗艺术的灵感来源既不是希腊，也不是罗马，而是安息和贵霜王朝的影响。比如弥勒菩萨胸前佩戴的项链中间的坠饰是一对头戴高冠或者高耸羽毛的兽头，跟塞种贵族的装饰类似，华丽的装饰透出浓厚的草原文化气息，这是印度本土文明和希腊罗马文明所不具备的。桑山正进将佛像的出现与贵霜民族的民族性结合起来，认为佛陀偶像的产生与印度文化传统毫不相干。贵霜游牧民族的特性使其并不是把宗教理论地看待，而试图将超越的存在具体化、视觉化地加以把握，这是佛像创始的要因。佛教的理想是涅槃，是跳脱六道轮回，这对印度传统的轮回观念是个破坏。而贵霜人更相信极乐世界的价值，在贵霜时期，佛教徒是统治阶级，由于这种实用观点，过着富裕称心如意的日子，但在精神上，他们不得不担心来世的复活。对于他们而言，最大的问题是在极乐世界怎样才能像今生这样幸福。犍陀罗的佛教改革者，一方面，改变了涅槃内容，从无限轮回中的完全消亡变成《妙法莲华经》等所描绘的具体的极乐世界，吸引了实用主义的贵霜祆教教徒的兴趣；另一方面，改革者强调布施带来的功德，保证大家即使不苦修，也能进入美妙的佛教极乐世界。

田边胜美认为，犍陀罗佛像和菩萨像起源于伊朗，最根本的因素是贵霜文化自身的作用，而不是早期印度佛教和外来希腊罗马文化如何融合。传统的观点认为，第一阶段，犍陀罗佛教雕塑表现的是非佛教的、世俗性的主题，比如宴饮的场面，具备希腊—罗马的风格。第二阶段，出现了佛教供养人的浮雕，还没有出现佛像和菩萨像；第三阶段，出现了佛传故事，佛像作为佛传故事的角色出现在浮雕里；第四阶段，佛像不再是佛传故事中的角色，而成了单独被崇拜的偶像。但是田边胜见认为，装饰盘等艺术品中描述的宴饮场面是佛教的，是描述来世美好欢乐的世界。贵霜人把国王的肖像看作其灵魂寄居的地方，贵霜族的佛教徒同样希冀借助释迦牟尼灵魂的伟大力量，卫护自己和子孙后代。就像波斯的游牧民而言，他们的国王被看作是重要的神、智者，在生前就被崇敬神化了。因此波斯人在国王生前就把他们当作祖先神灵来供奉，更不用说死后为他们塑像。这样，佛像便创始了。

图9-21 佛陀坐像，2—3世纪，洛杉矶县立艺术博物馆

图9-22 右手抚胸的佛陀立像，拉合尔博物馆
其姿容手势和出自小亚细亚的希腊基督教的基督非常相似，或许受到了希腊文化的影响。富歇认为，两者是"表亲"，都是源自希腊的萨福克瑞斯。

图9-23 a,b 装饰佛像，塔克西拉焦里安佛教遗址

图9-24

图9-25

图9-26

第四节
梵天劝请中的佛陀

在犍陀罗佛教艺术中，佛陀结跏趺坐，梵天双手合十请求讲法，是非常重要的梵天劝请主题。很多学者认为，这类梵天劝请浮雕中出现的佛像，可能是最早的佛像。

意大利考古队在犍陀罗北部的斯瓦特谷地考古，发现了大量的佛教艺术品，其中最引人注目的是布特卡拉1号遗址。在断代为公元前后的佛教雕塑中，有以传统的佛足印、日轮表现佛陀的艺术品，有用释迦太子形象表现未出家的释迦牟尼，但是也发现了一些佛像。这种情况或许说明，这个时代，用佛像来象征涅槃后的释迦牟尼，还没有完全占据主导地位。这些出土于斯瓦特的梵天劝请浮雕，一般是佛陀结跏趺坐于菩提树下、施禅定印，梵天和帝释天合掌胁侍两旁。佛陀双目圆睁，面容年轻，体形健硕。梵天劝请的时候，佛陀刚刚成道，从太子到释迦牟尼，年纪并不大，斯瓦特出土的此类佛陀像面容年轻，可能是一种想象的写实主义。佛陀一般赤裸上身，带状的天衣从左肩延伸到腹部。头发和衣纹都是整齐平行的线条。显然，此类佛陀像的风格跟典型犍陀罗佛像有区别，可能是犍陀罗佛像的早期发展阶段。不过这些佛像与印度本土巴尔胡特的佛像有显著的区别，比如对肌肉和人体结构的重视。

梵天和帝释天胁侍佛陀这种构图，最初似乎是为了展现成道后的佛陀征服婆罗门之神。大彻大悟后，佛陀在精神上超越了梵天，又转法轮泽被众生，超越了帝释天。用婆罗门教的梵天和帝释天来胁侍佛陀，显示了佛教对婆罗门教的征服。后来这种构图发展为弥勒菩萨和观音菩萨作为胁侍。世俗的供养人也往往用这种构图来表示。2—4世纪，楼兰壁画上也

图9-24 佛陀立像，3世纪，高92.7厘米，大都会博物馆

图9-25 佛陀坐像，东京国立博物馆

图9-26 佛陀站像，铜鎏金犍陀罗样式，3世纪末，高33.3厘米，日本藤井有邻馆

图9-27

图9-28

图9-30

图9-29

有类似的表现形式，克孜尔石窟的窟壁最下端也描绘有跪姿供养人的形象。

另一个证明梵天劝请主题浮雕中出现的佛像可能是最早的佛像的证据，出自装饰盘。如前文所论，装饰盘表现的大部分主题都是希腊神话，但是确实也有梵天劝请主题的内容。藏于柏林亚洲艺术博物馆的一件装饰盘上，刻画的就是这样的佛教主题。进入贵霜时代之后，此类装饰盘退出了历史舞台。考虑到时间顺序，梵天劝请可能是最早出现佛像的犍陀罗艺术品了。

这里不得不提犍陀罗雕刻艺术中的一类题材，就是佛三尊像或者佛陀说法图。这一主题带有比较鲜明的大乘佛教的色彩。佛三尊像构图中，中间是说法的佛陀，旁边是菩萨胁侍。释迦牟尼往往端坐莲花台上，左右的胁侍菩萨则站立在小的莲台上。有时候在两位胁侍菩萨和佛陀之间，还会塑造梵天和帝释天的形象——多数仅仅是露出上半身。在佛陀头顶，是菩提树，天人在周围礼拜赞叹、散花。有时候还会出现化佛、化菩萨的场景，说明这是一个非常神圣和礼仪化的空间。目前发现的犍陀罗佛三尊像雕塑，至少有数十件。有学者认为，这一主题的雕塑表现的是阿弥陀三尊像。但是恐怕并不准确，这应该是佛陀说法图。不过后来的阿弥陀三尊像，可能从此获得了灵感。

很显然，这类雕塑跟佛传浮雕有显著的区别。佛三尊像中的佛陀，已经单独具备了神圣性，受信众礼拜和供养。胁侍的菩萨，一般认为，一个是手持水瓶的弥勒菩萨，一个是头戴冠饰、有时持莲花的观音菩萨。两个菩萨代表着行者和王者、上求菩提和下化众生。从某种意义上说，弥勒菩萨和梵天的角色有类似的地方，在图像特征上也比较接近；观音菩萨则和帝释天都具备王者的特征，图像特征也存在共性，但是帝释天手持的金刚杵，在观音手里则变成了莲花或者花环。有学者推测，佛三尊像，或是从梵天劝请的题材演化而来。胁侍的梵天和帝释天变成了弥勒和观音菩萨。在二元对立的两位菩萨胁侍下，佛陀作为精神世界的最高统治者，施说法印，为众生说法，帮助众生达到最终的解脱。佛三尊像，从根本上说，是表现佛陀说法的主题。可以想象，犍陀罗的王侯、民众，丝绸之路上路过此处的商人和僧徒，在这样的造像面前，仿佛觉得佛陀就在自己眼前说法，神圣感油然而生。这种激动心情，在玄奘和法显的记载里，都生动地描述过。

图9-27　梵天和帝释天胁侍下的佛陀坐像，2世纪，集美博物馆

图9-28　梵天劝请，装饰盘，1世纪，直径13厘米，柏林亚洲艺术博物馆

图9-29　佛陀立像（台座上似乎表现的是梵天劝请），大都会博物馆

图9-30　梵天和帝释天胁侍下的佛陀，2世纪晚期，私人藏品

第五节
和转轮王一样有三十二相

佛像的发明是很了不起的事情。流传到现在的版本是僧团长者的形象，身披袈裟和僧侣一样，但是又和普通僧侣存在显著不同。比如佛陀不剃发，头顶有肉髻，蓄有胡髭，有头光，明显是圣人的形象，和普通僧人截然分开。犍陀罗的佛陀像，其容貌、波浪式的头发、躯体和身披袈裟等表现形式具有写实主义的风格，很人性化，大概是唯一如此贴近现实和人格化的佛像。但有些外在的物理特征还是明显能够把佛陀和普通人分开，让人们知道，他是觉悟的圣人。这些独特的特征，被概括为三十二相。《普曜经》《大事》《佛所行赞》等佛教典籍中，都强调佛陀不再单纯是圣者，而具有三十二相、八十种好，具足圆满，光明庄严，如千日光照耀一切，行步巍巍犹如宝山。

超越人类的三十二大丈夫相，是非常重要的特征。具有这种特征的人，在家为转轮圣王，出家为佛陀。实际上，具有三十二相的只有神圣界的佛陀和世俗界的最高统治者转轮王。佛陀的形象从转轮圣王那里借了很多元素，其中也包括三十二相，预示佛陀也具有人间理想帝王的伟大。转轮王是现实世界之王，而佛陀是精神世界的最高统治者。田边胜美和宫治昭都认为，贵霜王朝受到了伊朗文明的影响。佛像的制造，受到了伊朗君主肖像的影响，也跟贵霜王朝的帝王像有关。汉文佛教文献中，贵霜君主迦腻色伽是护持佛法的转轮王。出土的迦腻色伽雕像上，刻着他的名号"大王、诸王之王、天子、迦腻色伽"，这是典型的描述转轮王的词汇。

前文提到，不论佛像最先在犍陀罗还是马土拉出现，时间相隔都不远，但有一点是确定的，贵霜文明在佛像的出现中扮演了关键的作用。按照宫治昭的说法，佛像的出现和贵霜的帝王崇拜及相关的肖像雕刻传统有关。佛教在贵霜王权的推动下获得了根本性的发展，贵霜贵族及民众有大量的皈依者。制造佛像的过程中，自然吸收了贵霜帝王像的元素，用人间帝王的特征来描述精神世界的领袖佛陀。宫治昭认为，出现在犍陀罗和马土拉的佛像，右手扬掌向外施无畏印，可能是受到了西亚国王向神立誓、罗马皇帝向人民祝福的手势。简单地说，这是一种王者的手势。马土拉出土身体健硕、雄伟健壮的佛像，是意图将佛陀描述为具有三十二相的伟岸丈夫。而犍陀罗的佛像则展现了精神上的力量，可以与世俗世界的统治者相媲美。

图9-31

图9-32

图9-31　佛陀立像，施无畏印，塔克西拉博物馆

图9-32　佛陀立像，施无畏印，黄铜，高39.7厘米，诺顿西蒙博物馆

三十二相在佛像制造之初就出现了。有关何为三十二相，佛经记载不同，内容略有出入。为什么佛陀有三十二相？这是因为他在过去累劫修行菩萨道积累的功德造就的，所谓"百劫修相好，三祇修福慧"。尤其是大乘佛教对佛陀的种种异相进行了广泛的宣传，突出了佛陀作为精神世界统治者的神圣性，已经不再是普通的人间导师。除了三十二相还有八十种好，更加细微隐秘。前文提到，转轮王也有三十二相，但是没有八十种好，而且转轮王的三十二相不及佛陀光明圆满。关于三十二相，佛经有详细的解说。

这三十二相包括：（1）足下平满相：如果地有高低，随其高低密触地上；（2）千辐轮相：佛足心的肉纹现一千辐轮宝之相；（3）纤长指相：佛的两手、两足皆纤长端直；（4）足跟广平相：佛的足跟圆满广平；（5）指间缦网相：佛手足的每一指间都有网缦，犹如雁王的蹼，颜色金黄，纹路如绫罗；（6）手足柔软相：佛的手足极柔软，犹如兜罗绵，其色赤红；（7）足趺高满相：佛的足背高起圆满，足趺柔软，行步时现出印文；（8）腨如鹿王相：佛的小腿肚纤圆，犹如鹿王；（9）垂手过膝相：佛的双臂修直，两手垂膝；（10）马阴藏相：佛的阴相势高如峰，而隐藏不现，犹如马王；（11）身广长等相：佛身纵广，头足之高与张两手之长相同，周匝圆满，如尼拘律树；（12）身毛上靡相：佛的一切发毛，由头至足皆为右旋，其色绀青柔润；（13）孔生一毛相：佛身诸毛孔各生一毛，呈青琉璃色，每个毛孔中都出香气；（14）金色身相：佛身及手足等为真金色，犹如众宝庄严的妙金台；（15）丈光相：佛的身光任运普照三千世界，四面各有一丈；（16）皮肤细滑相：佛身皮肤细薄、润泽，不为一切尘垢所染；（17）七处隆满相：佛两手、两足下、两肩、颈项等七处之肉都隆满、柔软；（18）腋下平满相：佛两腋下的骨肉圆满无虚；（19）身如狮子相：佛的上半身广大，行住坐卧威仪端严，犹如狮王；（20）身端直相：在所有人中，佛身最大而直；（21）肩圆好相：佛的两肩圆满丰腴，殊胜微妙；（22）四十齿相：佛具有四十齿，一一皆齐等、平满如白雪；（23）齿齐相：佛的牙齿皆不粗不细，齿间密接而不容一毫；（24）四牙白净相：佛的四十齿外，上下各有二牙，颜色鲜白光洁，锐利如锋，坚固如金刚；（25）狮子颊相：佛的两颊隆满如狮子王，与身如狮子相一样；（26）常得上味相：佛的口中常得诸味中之最上味，纵使是粗鄙的饮食，一入佛口就转为了上味；（27）广长舌相：佛舌软薄广长，出口可覆盖面部直至发际；（28）梵音相：佛的清净梵音，洪亮圆满像天鼓响，微妙最胜如迦陵频伽鸟的音声，能使听闻者心生爱乐，得益无量；（29）绀青眼相：佛眼绀青，如青莲花；（30）牛眼睫相：佛的睫毛齐整而不杂乱，犹如牛王；（31）顶髻相：佛头顶有肉隆起，其形如髻；（32）白毫相：佛的眉间有白毛，柔软如兜罗绵，其色雪白，光洁清净，长一丈五尺，右旋卷收。

图9-33 佛头，残存金粉，拉合尔博物馆

每一种相都有其因缘，比如白毫相，是因为佛在因位时，见众生修三学，称赞其美而不毁訾，有谤者则遮制守护而感得的妙相。这三十二相，应该是对佛陀姿容的总结，反过来也反映或者影响了犍陀罗佛像的制作。有些相比较外显，更多地影响到佛像雕刻或者塑造，有的比较微妙，不好体现。前者比如金色身相，犍陀罗佛脸部和躯体很多都曾施以金箔，但是时代久远，已经消失了，有的还残存一些金粉，这是用来表示佛陀的金色相。有的比如足下平满相，就不好表现出来，更多地体现在文字上面。

图9-33

三十二相很多是借自其他文明或者传统，反映了那个时代的文明特征。犍陀罗佛像背后巨大的圆盘形背光，表现了佛陀光辉的形象。贵霜王朝的钱币上，迦腻色伽一世之后的诸神大多都有圆形头光。后来国王们的形象也逐渐出现了背光。宫治昭等人认为，这可能是吸取了伊朗文化的元素。犍陀罗佛像背后的头光一般没有装饰，只是简单的圆盘形，有的会带有花瓣纹或道道光芒的放光纹。佛像的背光，包括头光、躯体背后的身光，或者是全身在内的举身光。头光占绝大多数，只有极个别，比如迦腻色伽的钱币上出现了身光。在迦毕试的雕刻中，有举身光的例子，往往周边刻着火焰纹，这是典型的迦毕试样式。

佛陀眉间白毫相及丈光相有文献的依据。根据佛经记载，佛陀眉间有右旋的柔软细毛，佛陀之光从这里发出。犍陀罗艺术家们往往在佛陀像眉间刻出一个圆形，到了后来，也在眉间挖出凹槽镶嵌宝石。大乘佛教对白毫描述很多，比如《法华经》说，"尔时佛放眉间白毫相光，照东方万八千世界，靡不周遍，下至阿鼻地狱，上至阿迦尼咤天"。在大乘佛教看来，佛陀已经不是普通的导师，而是神力无边的形象。根据佛经的描述，能见到此白毫相者，可除去百亿那由他恒河沙劫的生死之罪。田边胜美认为佛像的"白毫"可能是在中亚地区产生的，并影响到犍陀罗等地。在安息人和贵霜人铸造的钱币上，国王肖像就带有此类印记。这一面部印记与王权神授思想有关，源于中亚、大夏及邻近地区，随着贵霜人向南迁徙，传播到犍陀罗地区，并被贵霜王朝繁荣的犍陀罗艺术所接受，释迦牟尼、佛陀、菩萨的眉心也采用了这种特殊的印记。这也是用君主像描绘佛陀像的又一个例证。

图9-34 佛陀坐像，头光，青铜镀金，1—2世纪，大都会博物馆

图9-35 佛陀立像，举身光，黄铜，6世纪晚期，高33.7厘米，大都会博物馆

图9-36 立佛，5—6世纪，木雕，大都会博物馆藏
这尊立佛出土于吐鲁番地区，可跟犍陀罗青铜佛陀立像对比。

图9-34

图9-35

图9-36

IX Buddha's Images in Gandhara Art

图9-37

图9-38

图9-39

图9-37　佛陀立像，举身光，青铜，私人藏品

图9-38　佛陀坐像，白毫，2—3世纪，东京国立博物馆

图9-39　佛像头部细节，白沙瓦博物馆

第六节
迦毕试佛像式样

迦毕试，在汉文佛典里又被译为"迦臂施""迦毗尸""迦卑试""迦比沙"等名称。一般认为，它就是亚历山大东征时建立的众多亚历山大城中的一座，名叫Alexandria on the Caucasus。这座亚历山大城曾经是印度-希腊王国的首都之一。前文提及，著名的米南德一世很可能也出生在这里。在其统治时期，迦毕试已经是一个繁荣的佛教中心，佛教高僧曾带团从这里去斯里兰卡参加佛教仪式。虔诚的佛教信仰带来了繁荣的佛教艺术。1930年，法国考古队在这里发现了大量来自罗马、中东、印度、中国甚至埃及的文物，说明在贵霜帝国时期，迦毕试是文明交会之处。

迦毕试的大体范围相当于今天的贝格拉姆，位于喀布尔西北几十公里处，地理位置非常重要。在历史上，这里是丝绸之路的重要一环，从这里往西，穿过群山，可以到达巴米扬。贵霜时期，尤其是迦腻色伽统治时期，迦毕试是贵霜帝国的夏都，是重要的军事据点和宗教中心。玄奘《大唐西域记》记载："周四千余里。北背雪山。三陲黑岭。国大都城周十余里。宜谷麦，多果木。出善马、郁金香。异方奇货，多聚此国。"在玄奘到达时，迦毕试国势强盛，统治者热衷佛教，"敬崇三宝"。迦毕试供养了一片佛顶骨舍利，玄奘、义净等西行求法僧人屡屡提及，"王及大臣散花供养"。

玄奘西行求法经过这里，听当地人说起，在迦腻色伽统治时期，贵霜帝国影响深入葱岭以东，甚至河西蕃维，畏威送质。一名作为人质的王子，大概是来自现在新疆地区的一个小国，冬居印度诸国，夏还迦毕试，春秋至犍陀罗。王子倾心佛法，修建伽蓝。在迦毕试，他也修建了寺院，也就是他居住的地方，大概是舍宅为寺。玄奘亲眼目睹，壁画上绘制的王子，其容貌衣服跟中土很接近。王子回去之后，这座寺院一直延续数百年，以至于玄奘到达时，仍被僧众使用。除了《大唐西域记》的记载，慧立的《大慈恩寺三藏法师传》也记载，迦毕试的中国王子修建的寺院名字叫作"沙落迦"，是一座小乘佛教寺院。冯承钧先生认为"沙落迦"是疏勒的异译，但伯希和引《梵语文千字文》的娑罗誐之汉译作据，认为《大秦景教流行中国碑》中的Sarag即娑罗誐，指代的是洛阳。《梵语文千字文》之娑罗誐，也就是《大唐西域记》中的沙罗迦，读音可以吻合。所以，有学者推测，这位人质或许是来自疏勒的王舅臣磐。根据汉文文献记载，他曾在贵霜为人质。疏勒的佛教兴起，或许跟他有关，这很可能是佛教传入古代新疆地域的线索之一。

迦毕试作为丝绸之路的重要节点，是多种文化的交会中心。令人感到惊奇的是，迦毕试的佛像造像具有强烈的自身风格，跟其他区域不同。与常见的希腊样式犍陀罗佛像相比，迦毕试的佛像更加强调佛陀神通的一面，出现了火焰纹样的背光模式。有的佛像头光和背光都是火焰纹，头光边缘为锯齿纹。有学者认为，这种锯齿纹可能是犍陀罗晚期艺术的特点。迦毕试艺术品大体属于3—4世纪为多，主要出土于绍托拉克和派特瓦。两种佛像头光和背光都有火焰纹，头光边缘为锯齿纹，这被认为属于犍陀罗艺术的晚期特点。最具代表意义的是绍托拉克出土的燃灯佛授记本生立像和派特瓦出土的舍卫城神变大奇迹佛。罗兰德认为迦毕试样式的"僧侣色彩浓于人文色彩"，犍陀罗造型最初所具有的希腊人文主义、写实性、理想化的优美风格，已经转化为概括的、正面的、神秘的直拙特征。最早传入中国的犍陀罗佛像，应有不少是带有火焰及背光的迦毕试风格佛像。

比较有名的迦毕试式样的佛像，是藏于法国集美博物馆的双神变佛陀立像，或称舍卫城神变大奇迹佛。这尊佛陀立像展示的很可能是舍卫城佛陀展示神通的故事，或取材于这样一个故事场景。佛身粗短，但是造型悬在空中，脚下出水，双肩出火，显得非常轻盈和神秘。佛肩左右对称各自发出四道直冲向上的火焰，其头光边缘是锯齿纹。在背光里，描述的是帝释天和梵天手持华盖护持佛陀的情形。在其两肩左右两侧，又对称雕刻了小型神变坐像，端坐华盖之下，双肩也发出火焰。在左右两侧的小型坐佛之下，则分别雕刻护持者，一边手持金刚杵，应该是持金刚神；一边手持丰饶角，应该是鬼子母。这两个护持者形象令观者强烈感受到希腊化佛教的魅力。佛像正面站立，手施无畏印，与犍陀罗其他地方的佛像类似。其脚两旁，各有做礼拜状的人物形象，基座上雕刻了五朵莲花。整个佛陀形象，带有强烈的神秘主义和浪漫主义的色彩，跟犍陀罗传统佛像写实主义的特色有显著区别。

图9-40 双神变，迦毕试式样，2—3世纪，74.4厘米×49.7厘米，柏林亚洲艺术博物馆

图9-41 双神变，镀金，迦毕试式样，高81厘米，集美博物馆

图9-40

图9-41

穆罕默德·瓦利乌拉·汗的《犍陀罗艺术》认为，3世纪，佛教及其社会已失去了自己的宗教精神，过于依赖政府的庇护。佛陀曾经说不要依靠奇迹来传教，但最后大乘教派在犍陀罗占到了优势，把符咒和法术当作宗教的基础。他认为，贵霜时期钱币上的湿婆浮雕像表明贵霜统治者倾向于印度教大神湿婆，佛教徒为了取悦统治者，把湿婆及其妻子雪山女神纳入自己的神话。这样的论断是有待商榷的，因为实际上，双神变跟伊朗和印度宗教文化渊源很深。如前文所论，迦毕试式样的佛像，其源头可能是借用了贵霜王者的形象来塑造自己的神圣性。

佛像双肩发出火焰的造像，主要出于迦毕试中部地区，描述的对象有释迦牟尼，也有过去佛燃灯佛，但是没有未来佛弥勒。在迦毕试出土的燃灯佛授记浮雕中，燃灯佛的造型也是双肩出火、脚下出水的双神变样式。佛经记载的佛陀在舍卫国展现神通的故事，可能是双神变的文献依据，但迦毕试的燃灯佛也用这种造型，就不能用简单的借用来解释。更接近事实的说法，应该是双神变在迦毕试已经成为描述佛陀的、大家都习以为常的式样。此后，这种燃肩佛随佛法东传，在新疆地区的克孜尔石窟（第207窟壁画）、吐鲁番的拜西哈尔石窟（第3窟壁画）和鄯善的叶峪沟石窟壁画都能看到。与犍陀罗其他佛陀造像相比，迦毕试式样的佛像，少了人文主义的、写实的艺术特点，增加了强烈的宗教性。佛陀从带有常人特点的导师形象，转变为具有神秘色彩的、威力巨大的神明。佛陀通过展现神通，驯服外道，说服信徒。迦毕试佛陀造像的变化，或许反映了佛教思想和传教方式的变迁。神秘主义和法术逐渐在佛教的传播中占据了更加重要的地位。跟犍陀罗其他佛陀造像相比，迦毕试的佛陀也更加具有象征主义特色，通过简单直拙的造型，配合展现神通的各种元素，在原先犍陀罗写实主义风格之上，又增添了简洁、神秘的色彩。

迦毕试佛陀造像双肩出火的形象，无疑令人想起了贵霜帝国的君主迦腻色伽。玄奘在《大唐西域记》中根据当地耆老的回忆，记载了这位伟大君王降服恶龙的故事。迦毕试北方兴都库什山顶有龙池，内有恶龙，屡屡损坏伽蓝，作为佛教护法王的迦腻色伽前往降服，几经挫折，最后迦腻色伽向佛陀祈祷，两肩起大烟焰，最终降服龙王。令人惊奇的是，玄奘的记载，在其到达迦毕试之前的数百年前，已经在迦腻色伽的钱币上得到了印证。在迦腻色伽金币的一面，迦腻色伽双肩出火，手指火坛。有学者认为，这是贵霜君主崇拜祆教的缘故，但这仅限于一种猜测。迦腻色伽金币的另外一面是佛陀，但佛陀自己却没有出现双肩出火的形象。很可能，这时的佛陀造像还没有融合这一理念。如果按照这一思路，善于调和各种宗教的贵霜人，把不同宗教的理念和符号，融入了佛教之中，用描述君王的符号和姿容来描述佛陀，这也可以在佛教的文献里找到依据。佛陀本身就是转轮圣王在精神世界的对应者，但还不能简单地推论，迦毕试双神变佛像造型和袄教崇拜光明连在一起。不过这种造型，是在迦毕试得到实践并推广的。

双神变和袄教存在关联，只是一种理论。除此之外，还有其他的可能。这种双肩出火，脚下出水的神通，说到底是一种宗教奇迹和法术。几乎所有的宗教，都借助神通来说服追随者。佛陀具有十种功德，其中之一就是明行具足，神通本就是佛陀具备的功德之一。而且根据佛教教义，只有佛陀才能展现出双神变，其他神祇不具备这种法力。

在佛教典籍中，有关佛陀在舍卫城展现神通，压服傲慢轻视自己的族人的描述非常生动。有关双神变，在《杂事》卷二六《第六门第四子摄颂之余佛现大神通事》有记载："尔时世尊便入如是胜三摩地，便于座上隐而不现，即于东方虚空中出，现四威仪，行立坐卧，入火光定，出种种光，所谓青黄赤白及以红色。身下出火，身上出水，身上出火，身下出水。"佛陀还施展化生千佛的神通，最终挫败了外道的挑战。在施展大神变时，佛陀需要莲花作为道具，那伽龙王于是献出此物。所以，莲花在舍卫城大神变故事中扮演了重要角色。集美博物馆藏的最为经典的舍卫城大神变浮雕（双神变）的基座上，刻着五朵莲花，或许就是取义于此。

第七节
晚期犍陀罗佛像的其他样式

除了迦毕试样式，犍陀罗佛教艺术晚期在许多地方都有新的发展，呈现出地方性特色。一般认为，到了晚期，犍陀罗的石雕艺术有所衰落，材料更多地使用成本低廉的白灰泥，从雕像走向塑像，希腊-巴克特里亚甘奇泥塑传统获得极大的推广。风格上，迦毕试样式从写实主义走向了神秘主义，创造了肩部火焰纹和火焰纹背光；在巴米扬等地方，大型佛像的建造成为一种潮流；在哈达，佛像呈现出女性化柔美的特色；丰都斯坦的佛像和菩萨像，则出现了珠光宝气一样的繁华装饰，呈现出极度世俗化的特征。晁华山等学者认为，这些风格深刻地影响到中国新疆和内地的佛教艺术发展。

巴克特里亚地区盛产含有石膏和黏土成分的石膏岩，经过烧制，可制成建筑材料。这种含有石膏成分的材料，可以代替石块，用作佛教塑像的材料。这种材料，在当地被称为甘奇，类似西方的灰泥或者熟石膏。因为成本低廉，韧性很好，相比石刻材料，可以让艺术家发挥自己的想象力，制作出更富创造性的作品，而不必拘泥于石块的大小和形状。正因为使用甘奇材料，此类佛像和菩萨像显得更加苗条柔美，姿容丰富。有学者将其称为后犍陀罗艺术或者晚期犍陀罗佛教艺术。因为使用甘奇技术，所以也被称为犍陀罗艺术的灰泥阶段。

甘奇的使用给佛教建筑和壁画提供了材料。巴克特里亚地区的窣堵波大部分是用甘奇作为材料，制作砖坯（黏土加入麦秸秆）建造而成。寺院建筑也多用此类材料制造。壁画的制作，对后来中国新疆的壁画制作可能有重要影响。一般做法是，用甘奇在墙壁表面抹平打底，然后用胶质和颜料绘制，主要颜色包括红、白和黑。使用这种方法绘制的壁画色泽鲜艳、笔法细腻。有的红色地仗，在阿德日纳特佩、卡拉特佩等地都有发现。北凉、北魏时期的敦煌壁画保留西域服饰，采用的土红地仗应该就是中亚的甘奇技术，但是由于植物添加剂容易腐蚀脱落，所以壁画很难保存下来，非常可惜。

考古发掘显示，甘奇雕像在1世纪就已出现，略早于石雕造像，但后来被石雕取代。在贵霜后期，4世纪末和5世纪初，甘奇雕像盛极一时。这种灰泥雕像，白色略带黄色，人物五官用淡彩。在塔克西拉地区出土过早期的白灰泥雕像，但是出土最多的是哈达地区。哈达和巴克特里亚应该是佛教泥塑传统最为发达的地方，但后者可能早在佛教出现之前就存在泥塑传统，而哈达后来成为佛教泥塑艺术的中心。与使用片岩材料相比，灰泥佛像有自己的优势，比如艺术表现更加自由，更适合塑造大型佛像——不必局限于石料的大小。塔克西拉出土的等身佛像，大多是灰泥塑造，灰泥材料呈现出跟大理石相近的效果，使佛陀更加慈祥温和。

图9-42

图9-43

图9-42 佛陀坐像，泥塑，阿富汗国家博物馆

图9-43 佛陀坐像，泥塑，塔克西拉博物馆

1. 哈达的佛像

哈达位于今天阿富汗东部贾拉拉巴德以南8公里的地方。这里曾经是繁荣了几百年的佛教中心，年代大约相当于2—8世纪。中国西行巡礼高僧法显、道荣、宋云、玄奘都曾到访此处。康宁汉认为，玄奘《大唐西域记》里记载的那揭罗曷国醯罗城就是这里。哈达以收藏众多佛陀遗物著称，包括佛陀顶骨舍利、骷髅、眼睛、佛袈裟、佛锡杖等。哈达的梵文本意就是骨骼。中国西行巡礼的高僧们往往到这里礼拜佛陀的圣物。哈达以出土众多的灰泥佛像而著称，包括佛立像、佛头塑像、菩萨头像、支持三宝法轮的大地母神塑像等。

佛教在玄奘到达哈达的时候，已经衰落了。阿富汗考古队在哈达最大的遗址绍尔特佩（Shotor-tepe）发掘出大窣堵波及三十多座佛塔，英、法考古队发现七座佛教寺院，其中大多数是塔院，僧院很少。与犍陀罗佛寺相似，哈达佛寺在寺院中心建造主塔。寺院四周是回廊式的小室。在主塔和小室内，都有大量的小供养窣堵波。建筑材料以甘奇为主，墙壁上装饰着大大小小的灰泥塑像，包括佛像、菩萨像、供养人、僧侣和狮、象等动物形象。片岩浮雕也存在。和丰都基斯坦和巴米扬的风格接近，和犍陀罗核心区的风格则有明显区别。哈达发现的塑像，大多保存在阿富汗的喀布尔美术馆，也有部分保存在法国集美博物馆以及日本等地。

哈达灰泥塑像传统来自巴克特里亚地区，将希腊-巴克特里亚的文化传统发扬光大，成为犍陀罗佛教造像艺术的重要部分。哈达的佛像大多是窣堵波和佛教寺院建筑上的装饰品，表现手法细腻优美，跟严肃的希腊式佛像有明显区别，佛陀面相呈现出女性的柔美典雅。佛陀的这种表情让他达到涅槃的修行高度变得不是那么遥不可及，更呈现出他为众生福祉而修行的慈悲精神。有的哈达泥塑佛像，佛陀身穿右袒的希腊长袍式袈裟，皮肤白净细腻，脸庞圆润柔美，头发乌黑卷曲，头顶有肉髻，手臂轻抚衣襟，赤脚站立，露出仁慈宽怀安静的笑容，透出无边的智慧和慈悲。哈达最为著名的雕像应是喀布尔博物馆藏的沉思的佛陀头像，这是一件典型的融合希腊古典风格和东方文明的杰作，使佛陀更加接近信众，符合大慈大悲的形象。和冰冷坚硬的片岩相比，甘奇泥塑技术似乎使佛陀普渡众生的精神得到了更好的表现。哈达的泥塑佛像对中亚和中国新疆的佛教泥塑艺术都有很大的影响，佛像呈现出女性化和东方化的特点。

除了佛像之外，哈达还出土了唯一一件支持三宝法轮的大地母神像：三个以莲花形组合的大圆轮，即代表佛教中佛、法、僧三宝。这种佛陀讲法的雕塑，可能是佛陀初转法轮雕塑的一部分。

图9-44 释迦菩萨壁龛，4—5世纪，哈达佛寺出土，大都会博物馆
释迦菩萨带有强烈的希腊风格，细长的眼睑，宽长的眉毛，微扬的嘴角，露出慈悲静谧的神态。

图9-44

2. 丰都基斯坦装饰奢华的佛像

丰都基斯坦（Fondukistan）的佛像和菩萨像的装饰艺术，具有非常典型的特点。与犍陀罗高贵典雅朴素的风格相比，丰都基斯坦出土的佛像和菩萨像装饰异常豪华，呈现出极端世俗化的特征。

丰都基斯坦遗址位于贝格拉姆北方高班德河谷（Ghorband），这里受到萨珊波斯文明的影响，有学者认为，丰都基斯坦的佛教艺术是萨珊王朝艺术和佛教艺术结合的产物。根据出土的萨珊和嚈哒钱币，一般推断文明期属于7—8世纪，此时已经是犍陀罗文明的晚期。这里和巴米扬都是佛教世界的西界。遗址位于一个陡峭山丘上，以塔为中心。塔院中间是一个方形窣堵波，用帕赫萨夯土块夯筑而成。窣堵波的四周都开有龛，龛口为科林斯列柱，拱形龛楣以卷草纹装饰。龛内是佛像、菩萨像、供养人泥塑雕像。

丰都基斯坦出土的土豪式珠光宝气的装饰风格，和犍陀罗传统朴素典雅的风格截然不同。比如弥勒菩萨，上袒下裙，卷曲的长发披肩，佩戴项链、璎珞、手镯、臂钏等，装饰华丽，珠光宝气。壁画里的菩萨右手持花，左臂提净瓶，头戴花鬘冠饰，身体呈三道弯式，体态灵动轻盈，带有明显的女性化倾向。丰都基斯坦的佛像服饰华丽，戴满珠宝，披肩外套上镶满宝石，和佛陀清净无欲的形象相去甚远，看上去更像一个时髦的贵族王子。这种世俗化的风格，影响到中国龟兹、敦煌的佛像和菩萨像。除了珠光宝气的世俗化装饰外，丰都基斯坦的佛陀造型，还呈现出裸体的审美倾向。中国克孜尔壁画也带有这样的风格倾向。

图9-45　佛陀像，7—8世纪，丰都基斯坦出土，集美博物馆

第八节
巴米扬大佛

5—6世纪，丝绸之路从中亚前往印度的道路发生了重要的变化。一条新兴的兴都库什山西侧道路取代了之前的喀喇昆仑山路。隋大业元年（605），吏部侍郎裴矩赴任张掖，负责管理与诸胡人的商业贸易。不久，他编撰了《西域图记》一书。此书资料多来自胡商，记载了西域各国的风土、人情、经济、政治等状况。虽然此书亡佚，但《隋书·裴矩传》记载了三条从敦煌分别往东罗马、萨珊和印度的道路。其中到印度的道路，西段是从喝槃陀过葱岭，沿着护密、吐火罗、挹怛、忛延、漕国、北婆罗门，到印度各地区的道路，也就是从塔什库尔干翻越帕米尔，经过瓦罕、吐火罗、嚈哒、巴米扬、迦毕试等到达印度的道路。显然，裴矩并没有提到之前的喀喇昆仑山路，代之以一条穿越吐火罗地区，翻越兴都库什山西麓到达北印度的路线。这里提到的"忛延"，就是今天的巴米扬。在裴矩之前，高僧阇那崛多一行就是沿着这条路进入中国。之后，西行求法的玄奘也出现在这条道路上。玄奘到达巴米扬之后，往东进入迦毕试，再到那竭、犍陀罗等地。这些证据都显示，兴都库什山西侧道路已经取代了喀喇昆仑山道路，成为联系中国新疆地区和印度的主要交通路线。而巴米扬，作为这条新兴交通路线上的重要节点，变得异常重要，成为新的商业和宗教的中心。

因为交通路线的变迁，在兴都库什山地区，有两个地点作为商业、宗教、政治中心崛起。一个就是迦毕试——以双神变的佛像塑造模式闻名。迦毕试位于兴都库什山南侧，来自印度各地准备北上的僧侣和商队，首先集中到这里，进行最后的物资准备。在这之后，等待他们的是穿越兴都库什山和吐火罗地区的漫长旅途。在之后的长途跋涉中，很难再得到容易的补给。对于南下的商旅、僧人和使节来说，在穿越了吐火罗地区、翻越了艰险的兴都库什山之后，终于到达了一个可以稍作休整的地方，经过休养生息、准备物资，然后分别前往印度各地。所以迦毕试就成了"北路之会，雪山北阴商侣咸凑其境"的交通枢纽。商业带来的繁荣，为迦毕试成为新的佛教艺术中心奠定了基础。在历史上，这一时期的迦毕试作为一个地区霸权出现了，犍陀罗等地都臣服于它。异方奇货汇聚迦毕试，这里"伽蓝百余所，僧六千余"，"岁造丈八银佛像，兼设无遮大会"。

另一个崛起的地方就是巴米扬。巴米扬坐落在兴都库什山西侧的崇山峻岭之中，面积不大，巴米扬河在这里冲刷出一块小小的盆地。但是兴都库什山路崛起之后，在艰辛山路上奇迹般出现的这块盆地就变成了得天独厚的宝地。翻越崇山峻岭的商旅和僧侣们，可以在这里稍作停留，等体力恢复后再继续前行。丝绸之路为巴米扬的崛起带来了历史机遇，让这里成为巴米扬大佛和数百所佛教石窟的所在地。气势磅礴的佛教雕塑和精美的宗教壁画，让这里成为佛教艺术中心，一直到9世纪伊斯兰教徒入侵前。可以想象，来自中国、印度、波斯、中亚，乃至欧洲的商队都曾在这里停留，带来了不同的文明元素，造就了独特的艺术作品。

在汉文史料里，唐初魏徵等人编撰的《隋书·西域传》已经提到了巴米扬，将其视为丝绸之路上的一个重要国家。615年（大业十一年），巴米扬曾遣使前往隋朝朝贡。在隋朝和唐初，巴米扬在《隋书》和《新唐书》中被称为"忛延"，玄奘称之为"梵衍那"。梵衍那国东西二千余里，南北三百余里，在雪山之中，是兴都库什山中面积最大的一国。都城罗烂城据崖跨谷，长六七里，北背高岩，地势险要，易守难攻。国王是粟特人，保持独立，"兵马强多，诸国不敢来侵"。这里出产羊马毡布，也盛产"蒲桃"。这样一个财力、人力、物力都有限的国家，能够建造巴米扬大佛这样浩大的工程，很可能跟巴米扬在丝绸之路上的枢纽地位有关。贸易带来的大量财富和物资往来的便利，让修建大佛成为可能，加上僧俗虔诚供养，最终造就了这一世界奇迹。在巴米扬石窟中，发现了婆罗米文写的《妙法莲华经》片段，在东大佛的右臂上则刻写着悉达多·托利迦文写的医疗文书片段——医疗是长途商旅所必需的，也说明巴米扬在新交通路线上的繁荣。

626年冬天到次年春，玄奘在梵衍那逗留了很久。他很可能在当地僧众的介绍下，怀着崇敬激动的心情仰望矗立在这里的巨佛。事隔多年，玄奘在《大唐西域记》里仍然激动地回忆道："王城东北山阿，有立佛石像，高百四五十尺，金色晃耀，宝饰焕灿。东有伽蓝，此国先王之所建也。伽蓝东有鍮石释迦佛立像，高百余尺。分身别铸，总合成立。"这说明，在玄奘到达巴米扬之前，巴米扬大佛已经存在了。很可惜的是，后来大佛不断遭遇劫难。原先富丽堂皇的佛像，五官不见，外袍的红蓝彩绘和手面涂金也消失，四周壁画遭到无情破坏。

图9-46 a

图9-46 b

图9-46 c

图9-46 a~p 巴米扬遗址

图9-46 d

图9-46 e

图9-46 f

图9-46 g

图9-46 h

图9-46 i

图9-46 j

图9-46 k

图9-46 l

图9-46 m

图9-46 n

图9-46 o

图9-46 p

在巴米扬东北郊外的山崖上，遍布六千多座大小石窟。石窟内雕画着数以万计的雕塑和壁画，可能是世界上现存最大的佛教石窟群。两座巨型立佛雕像，更是闻名世界。这两座佛像，带有强烈的希腊化艺术风格，是人类艺术的瑰宝。东大像雕造于约5世纪，高53米，玄奘记载其为鍮石释迦佛立像。鍮石是一种矿石，据说不会发黑。因此用它来塑造佛像，可以显得更加庄严。东大像体态丰满，身体匀称，通肩式轻薄大衣，衣服纹路分布均匀，佛像赤足而立。西大像更早，大约1世纪建造，高38米。头、颈、四肢、躯干粗壮，通肩式大衣有多重衣纹，脸型方正，胸部挺阔，俯视众生。佛像主体是自沙岩山崖凿成，细节部位用泥草混合雕塑，加上绘画表现脸部、双手和衣袍折叠处。一般认为，大佛的脸部有巨大的木面具，佛面由面具更加生动地呈现。有学者认为，这两尊大佛一个是释迦牟尼，一个是弥勒。弥勒是未来佛，代表着人们对未来美好世界的期盼。

巴米扬大佛两侧都有暗洞，高数十米，可以拾级而上。佛顶平台甚至可站立超过百人。

两尊大佛是世界上最大的雕刻立佛。虽然四川的乐山大佛更高，但是坐佛。这两尊大佛气势宏伟，端严温和，令世人无不赞叹崇敬。作为人类历史上的重要见证者，大佛被联合国教科文组织列为世界文化遗产。中心柱正壁雕塑大佛像的石窟被称为大像窟，巴米扬石窟就是如此。葱岭以东的龟兹和云冈石窟也广见大佛像，大佛像不仅见于石窟寺，也见于地面佛寺中。5世纪前后，在犍陀罗地区，佛寺雕塑大型佛像成为传统。这些大佛像，不只用于装饰佛塔，而是独立成为信徒的礼拜对象。

当年大量苦行僧人居住在巴米扬的小山洞里，留下许多宗教雕像和色彩鲜艳的壁画。根据研究，巴米扬壁画的时代大约是5—9世纪之间。巴米扬壁画并非只有佛教的神祇，也留下其他文明和宗教的元素。比如绘制在东大佛顶部的驰骋天空的太阳神，生动地诠释了巴米扬作为文明汇聚处带来的艺术融合风格。祆教太阳神密特拉，绘制在佛陀头顶的天花板上，右手持长矛，身穿带有游牧民族色彩的长大衣，端坐于太阳中间，乘坐四匹带翼天马拉的马车。胁侍者则是希腊战神雅典娜和胜利女神尼姬。其上侧是上半身为人、下半身为鸟的琐罗亚斯德神官，手持香炉和火把。在天空中，四只桓娑展翅飞翔。在桓娑两侧，则是风神的形象。一块壁画，融合了希腊、波斯、印度等多种文明元素，用以表现佛陀的伟大。

伊斯兰教徒征服巴米扬后，巴米扬大佛、石窟和壁画命途多舛。穆斯林反对偶像崇拜，所以屡屡破坏大佛。巴米扬大佛面部和双手首先遭殃，2001年，塔利班用炸药将两座大佛彻底炸毁。这是人类文明的一大浩劫。

图9-47 未被摧毁前的巴米扬大佛

图9-48 巴米扬千佛壁画，集美博物馆

X

Wisdom and Benevolence:
Gandhara Bodhisattvas

第十章

智慧与慈悲：犍陀罗的菩萨信仰和菩萨像

第一节
犍陀罗菩萨信仰的
兴起和图像制造

佛教虽然在东北印度兴起，但它从一个地方信仰发展成为一个世界宗教，与其在犍陀罗地区的重塑和发展脱不开关系。可以说，佛教在犍陀罗地区发生了全面的、革命性的变化。这种变化，通常被学者称为大乘佛教兴起，取代小乘佛教成为主流。这一主流沿着丝绸之路往东进入中国，传入朝鲜半岛和日本列岛，形成了东亚文明的重要内涵。比较严格地说，犍陀罗地区的佛教新发展，在各个方面，包括艺术创作方面，都产生了深刻的影响。这也是在人类文明史上独树一帜的犍陀罗艺术能够出现的历史背景。在这种背景下，菩萨作为一个核心概念出现了。

在犍陀罗兴起的大乘佛教，其核心的信仰和理念从追求个人的自我救赎转变为标榜拯救一切众生。并以此为标准，把追求自我解脱之道称为"小乘"，把普救众生之道称为"大乘"。这对佛教的神格体系也产生了根本性的影响。追求自我解脱的小乘佛教视佛陀为人格化的导师，而非无所不能的神祇。但是在大乘佛教的体系里，佛陀成为最高神灵，是彼岸世界的最高统治者。在犍陀罗艺术中大量出现了梵天劝请主题的浮雕，讲的是当释迦牟尼成道后，本计划自行涅槃，但是在梵天的劝请之下，放弃自我救赎，为众生讲法（初转法轮），以帮助一切众生跳脱六道轮回为志向。也就是说，不能光自己成佛，还要帮助众生脱离苦海。

最能体现大乘佛教这一核心理念的，就是"菩萨"（Bodhisattva）概念的出现。菩萨的本意是"具备觉悟能力者"。觉悟之后的释迦太子称为"佛陀"，意思是"觉悟者"；菩萨则是未成佛但具备觉悟条件的人。与罗汉不

图10-1

图10-1 菩萨头像，3—4世纪，大都会博物馆

图10-2

同——罗汉是追求自我觉悟者——菩萨可以成佛，达到最终解脱，但是他放弃或者推迟了涅槃，而留在世间帮助众生。一般认为，"菩萨"的概念在公元前后出现，他"发菩提心，修菩萨行，求成无上菩提"，宣扬"佛果庄严，菩萨大行"，这跟"发出离心，修己利行，求成阿罗汉"的旧传统有区别。但是两者之间是否存在激烈的竞争和冲突，没有史料证明，也无从得知。菩萨信仰是大乘佛教的重要特征。随着佛教传入中国，再传入日本和朝鲜半岛，东亚菩萨信仰也达到顶峰，成为东亚信仰世界的重要组成部分。

从根本上说，菩萨和佛是紧密相关的一对概念。佛果的成就，需要依照菩萨行而圆满成就。可以说，"菩萨"是犍陀罗佛教最为重要的创新概念，是其跟原始佛教最主要的区别之一。一方面，菩萨既上求菩提，又下化众生，成为犍陀罗民众礼拜和赞美的对象。另一方面，菩萨的双重面相也因教义而出现，既有自我修行的一面，又有拯救众生的一面。可以说，慈悲和智慧，成为菩萨的最好形容。

在贵霜时期，菩萨在佛教和政治宣传中的作用突出出来。菩萨的地位被抬高，随之而来的，菩萨像出现，成为犍陀罗佛教艺术极为重要的表现主题和描述对象。菩萨像的诞生很可能比佛像晚。在菩萨像中，作为救世主的弥勒菩萨也出现了。弥勒带有强烈的政治色彩，其实就是佛教的救世主。救世主的观念几乎每个宗教都有，比如基督教里面的耶稣。在之前的佛教中，并没有弥勒这一角色，而在贵霜时代，弥勒作为将来的佛和救世主，被赋予了极端重要的地位，可以说是最重要的菩萨，弥勒和转轮王的关系也变得重要起来。带有"重生"意味的弥勒和带有"入灭"意味的涅槃，成为犍陀罗佛教艺术重点描述的对象。在犍陀罗的菩萨像中，绝大多数都是弥勒菩萨像。

那些冒着生命危险、远涉流沙到异域传法的高僧们，按照佛教教义的理解，就被称为菩萨。他们秉持的就是这种上求菩提、下化众生的精神。在丝绸之路上流动的，除了香料、贵金属、奢侈品，还有佛陀的教诲。来自犍陀罗的高僧们抱着拯救世人的理想，进入新疆、敦煌、长安、洛阳、邺城，忍受自然环境的恶劣和文化的挑战，希望能够用佛法拯救众生。贵霜人竺法护世居敦煌，他来中土的目的就是宣传佛法，"志弘大道"。时人都称他为"敦煌菩萨"，他也自称"天竺菩萨昙摩罗察"，或许这就是犍陀罗文明的核心精神和理念。

图10-2 菩萨立像，拉合尔博物馆

图10-3

图10-4

图10-5

图10-3　菩萨立像，东京国立博物馆

图10-4　菩萨残躯，4—5世纪，大都会博物馆

图10-5　菩萨立像，私人收藏

图10-6　菩萨躯干，5世纪，大都会博物馆

图10-7　菩萨头像，2—3世纪，大都会博物馆

图10-8　菩萨头像，新加坡亚洲博物馆

图10-9

图10-10

在犍陀罗美术中，有大量关于供养、持戒、智慧、解脱的主题，几乎贯穿整个犍陀罗艺术体系。佛教虽然在犍陀罗衰落下去，但在东亚却牢牢站稳了脚跟。与其有关的宗教、文化和艺术，在中华文明的核心地区包括洛阳、长安、大同、敦煌都生根发芽。佛光照耀之处，中国、日本和韩国的文明传统都发生了重要的变化，这种变化成为文化遗产，留存至今。

菩萨在早期佛教中，经常指的是还没有觉悟的释迦牟尼。在没成道之前，他是菩萨道的修行者，就是菩萨。在犍陀罗佛传故事浮雕中，在家的佛陀往往被描述为菩萨的模样。在犍陀罗艺术中，菩萨被塑造成贵霜时代印欧混血王子的形象，绾发有髭，佩戴豪华的束发珠串和敷巾冠饰，胸前佩三四重绳状项饰，常有一对龙形怪兽口衔宝石，或是取材于北方中亚游牧地区。这种形象正说明了信仰和政治之间的密切关系，尤其是作为救世主的弥勒。

犍陀罗的菩萨像，基本都是装扮华贵、风度翩翩的王子形象。他们一般上身赤裸，下身裹裙，或许就是现在还在印度和巴基斯坦流行的"陀地"（Dhoti），脚上穿着希腊式缀珠凉鞋。犍陀罗菩萨上身赤裸，展现健壮的身体，可能是对希腊罗马传来的通过骨骼和肌肉表现人体传统的模拟。绾发有髭，戴敷巾冠饰，或者绾做发髻，发型卷曲，额前有白毫。他们容貌端正，俊朗帅气，充满古典主义色彩，充分体现了犍陀罗文明多元融合的特色。

图10-11

图10-9 菩萨立像，阿富汗国家博物馆

图10-10 弥勒菩萨立像，约3世纪，灰色片岩浮雕，高163.2厘米，大都会博物馆
菩萨额头饱满，鼻梁高耸，波状缕发。面容慈祥、乐观。右手持有的净瓶损毁不见。衣服褶皱立体感强。赤足。基座上是礼拜佛陀舍利或佛钵的场景。

图10-11 弥勒头部细节，约3世纪，大都会博物馆

图10-12

图10-13

在大多数情况下，菩萨上身虽袒，仍有帔帛缠绕，帔帛从左肩垂挂至右腰际，配戴饰线、圣线。装饰豪华，尤其是项饰，多达三四重。佩戴在胸前的璎珞，为似金属质地的绳连接对称式装饰物。装饰物有以下几种类型：第一类龙形兽口衔宝石；第二类对称厄罗斯手持宝石；第三类月牙形结珠饰物；第四类接近印度婆罗门所挂的圣绳，中心为宝石或装护身符的小盒子。"璎珞"亦作"缨络"，《说文解字》和《一切经音义》解释"缨"为"颈饰"。《翻译名义集》记载，"璎珞"梵文名叫"吉由罗"等。璎珞是菩萨身上的配饰，尤其是脖子上的装饰物。菩萨的饰物包括冠饰、耳珰、颈饰、胸饰、臂钏、腕钏等严身之具。菩萨戴璎珞源于犍陀罗，璎珞也是菩萨的重要标志。释迦牟尼做太子时，就是"璎珞严身"，即身佩璎珞装饰自己。当他出家的时候，就把这些衣物饰品交给马夫车匿带回去。对于犍陀罗菩萨脖子上挂的小盒子，有些学者猜测是装陀罗尼（Dharanis，护咒）的小盒子。陀罗尼在大乘佛教文献中占据重要的地位。古代吠陀文献中，就有《阿达婆吠陀》的真言，被用于攘灾、祝祷。因为它太过重要，佛教将其吸纳融入自己的信仰系统中。在佛教文献中，有记载这种护身符可以保护佩带者不受灾难，有一位君主某天忘记佩戴，结果被杀。

图10-14

图10-12 弥勒立像，约2世纪前半叶，高46厘米，宽17.5厘米，厚8厘米，拉合尔博物馆
立像发现于斯里巴哈劳尔大窣堵波，是深灰片岩浮雕，比较突出的特点是其波浪形的卷发和上身赤裸的肌肉造型，很有希腊艺术的风格。

图10-13 菩萨躯干，私人藏品

图10-14 菩萨头部，私人藏品

图10-16

图10-15

图10-17

图10-18

图10-15 弥勒立像，大都会博物馆

图10-16 弥勒立像细节，大都会博物馆

图10-17 菩萨躯干，圣地亚哥博物馆

图10-18 菩萨躯干，阿富汗国家博物馆

第二节
弥勒信仰在犍陀罗的兴起和七佛—菩萨造像

一般认为,菩萨信仰是大乘佛教的重要特征。1980年,今斯瓦特地区(乌苌国,Udyāna)的一处佛塔遗址出土了乌苌国国王色那瓦尔摩(Senavarmā)于公元14年留下的犍陀罗语金卷,里面就提到了弥勒。

佛教在犍陀罗经过革新,飞跃进入中国,进而传入朝鲜半岛和日本。菩萨信仰也沿着这样的轨迹进入东亚的信仰文化传统。弥勒信仰在贵霜时期兴起,进入东土,敦煌、云冈、长安、洛阳都广泛存在跟弥勒有关的图像。弥勒菩萨是犍陀罗菩萨信仰和造像最重要的主题,在原始印度佛教中,弥勒信仰并不发达。但在犍陀罗,数以百计的弥勒造像被保存至今。一般观点认为,犍陀罗地区是弥勒信仰的中心——季羡林先生认为密教中弥勒菩萨处于西北方位,或许证明弥勒信仰跟西北印度关系密切。

尽管弥勒信仰兴起的历史背景和许多细节仍然如同迷雾,但是一般推测,弥勒信仰是从犍陀罗兴起,之后沿丝绸之路从中亚进入中国,并在传播过程中发展到高潮。在中国的南北朝时期,乃至朝鲜的新罗时期,弥勒信仰不但在宗教世界变得极端重要,被广为接受,而且作为政治动员的手段,在政治起伏和社会变革中扮演了重要的角色。弥勒信仰,尤其是弥勒下生信仰,在东亚历史进程中发挥了不可忽视的作用。中国的南北朝隋唐时期,下层民众在弥勒信仰和救世主观念的影响下,掀起了一次又一次的叛乱;而上层统治阶层也频繁利用弥勒下生信仰来为自己的统治寻找新的理论解释。在朝鲜的新罗时期,以弥勒信仰为号召的花郎道在统一国家进程中扮演了重要角色。

佛教里的救世主不是释迦牟尼，而是未来佛弥勒，这跟很多宗教都不同。弥勒信仰的兴起应该跟贵霜帝国的政治宣传和文化传统有密切的关系。原始印度佛教并没有这么强烈的救世主信仰。弥勒作为佛教救世主以及未来佛，出现在贵霜君主迦腻色伽的钱币上。迦腻色伽钱币上的弥勒，是结跏趺坐的形象，戴有耳环、臂钏，右手施无畏印，左手持瓶，周围用希腊字母写着Metrago Boudo（Maitreya Buddha，即"弥勒佛"）。值得注意的是，迦腻色伽钱币上的弥勒，虽然造型是菩萨，但被称为"佛"。这反映了弥勒的双重属性，一方面他是菩萨，另一方面，他是未来佛，将在未来继承释迦牟尼的志业。迦腻色伽钱币上，除了有弥勒造像，也有佛陀造像，可见两者是同时并存的。既然弥勒的形象可以被铸造在钱币上，也说明了至少在迦腻色伽统治时期（2世纪），弥勒信仰已经取得了广泛的认同和王权的支持，至少在迦腻色伽时代，弥勒作为未来佛的观念，已经非常流行了。弥勒带有强烈的政治色彩，正因为如此，他跟佛教理想君主转轮王的关系也变得极端重要。迦腻色伽、梁武帝、隋文帝、武则天等，都在自己的政治操弄中利用弥勒信仰和转轮王的关系作为理论武器。

图10-19

图10-19 礼敬弥勒，阿富汗国家博物馆
信徒们身穿贵霜时代的服饰，手持棕榈叶和莲花。
弥勒有背光，手提水瓶。

弥勒的梵文为Maitreya，在汉译佛经中，又被翻译为"弥帝隶""梅怛利耶"等，其含义是"慈悲"之意，所以也被意译为"慈氏"。有学者认为，弥勒就是阿逸多。也有学者认为，弥勒和阿逸多是两个人。弥勒是不是真实存在过的历史人物，仍有争议。有的学者认为弥勒是真实存在过的一位佛教高僧，是大乘瑜伽行派的创始人，还撰写了《瑜伽师地论》《分别瑜伽论》《分别中边论》《大乘庄严经论》《金刚般若论》等经典。但也有学者认为，弥勒并不是真实存在过的历史人物，是后世将其学问和法统追溯到弥勒头上，从而获得更大的权威性。

关于弥勒的起源，一种观点将他和伊朗系神灵密特拉相连接，认为两者存在非常多共性（比如崇拜光明、发音接近等），可能是受到密特拉信仰的影响，佛教在犍陀罗地区发展出了救世主思想。在《薄伽梵歌》中，弥勒的名字是太阳神的名称之一。季羡林认为弥勒信仰跟中亚有关，"弥勒"是吐火罗语的音译。宫治昭认为弥勒信仰兴起和贵霜游牧民族对天的崇拜有关系，是佛教和游牧民族传统结合的产物。也有很多学者，比如罗森菲尔德认为，弥勒信仰可能跟印度的婆罗门教有关——这一点从美术的推论，弥勒的装扮跟梵天（婆罗门）的造型有关系。

弥勒信仰一般分为上生信仰和下生信仰。上生信仰讲述弥勒在光明美好的兜率天内，坐在狮子座上为众生讲法。积攒功德的人可以上生兜率天，听其讲法。关于上生信仰，汉文译经有刘宋时期沮渠京声译《观弥勒经》。但显然，弥勒下生信仰才是主流，汉文存在数量众多的弥勒下生佛经，比如鸠摩罗什译《弥勒下生成佛经》，东晋时译《弥勒来时经》等。下生信仰的主要内容是，在遥远的未来，弥勒下生，转轮圣王也出世，世界变得异常美好，而且人们可以活到八万四千岁，身高八丈，女人五百岁才出嫁。在这繁荣的

图10-20

图10-20 迦腻色伽钱币，一面是结跏趺坐的弥勒形象，周围有铭文"弥勒佛"

图10-21 弥勒坐像，3世纪，松冈美术馆

图10-22 弥勒菩萨立像（手提水瓶），拉合尔博物馆

图10-23 弥勒菩萨头部细节，拉合尔博物馆

图10-22

图10-21

图10-23

世间，弥勒在龙华树下得道，并引导众生悟道。弥勒下生提到，弥勒下生时身高十六丈（释迦牟尼身高一丈六，只相当于弥勒的十分之一）。所以跟弥勒下生信仰有关的艺术创造，就是规模宏大的佛像的出现。除了大佛像，弥勒信仰也跟王权关系密切，成为一种政治预言和跨越信仰与世俗两界的乌托邦理想。

弥勒的三重身份（菩萨、未来佛、救世主），使得他在佛教宇宙观和时间观中处于非常特殊的位置。这一点反映最鲜明的图像是七佛一菩萨的构图。七佛信仰很早，在东晋僧伽提婆译《增一阿含经》、佛陀耶舍和竺法念译《长阿含经》中都有记载。《魏书·释老志》对七佛的解释为："释迦前有六佛，释迦继六佛而成道，处今贤劫。文言将来有弥勒佛，方继释迦而降世之。"七佛的图像，早在公元前2世纪巴尔胡特的大窣堵波浮雕中已出现——用七棵树来比拟过去七佛。桑奇佛塔塔门浮雕中，也用七座窣堵波来象征过去七佛。弥勒信仰兴起后，在犍陀罗地区跟七佛信仰相结合，发展出了七佛一菩萨的构图。目前犍陀罗浮雕中发现的此类图像，大多数是立像，少数是坐像。

一般认为，这七佛是毗婆尸佛（Vipassī）、尸弃佛（Sikhī）、毗舍浮佛（Vessabhū）、拘留孙佛（Kakusandha）、拘那含牟尼佛（Konāgamana）、迦叶佛（Kassapa）、释迦牟尼佛（Gautama）。如果按照过去—现在—未来的时间逻辑，则主要的顺序是燃灯佛（过去佛）—释迦牟尼佛（现在佛）—弥勒佛（未来佛）。有关七佛一菩萨的犍陀罗艺术作品不少，很可能在二三世纪，相关信仰在犍陀罗广为流传，进而带动相关宗教图像的制作。比如白沙瓦博物馆所藏的七佛一菩萨浮雕，虽然缺了一佛、残损一佛，但根据剩余的部分，仍然能够判定，这是七佛一菩萨造像。其中弥勒菩萨手持净瓶，位于最左边，而七佛都是肉髻赤脚，施说法印。栗田功先生所著《犍陀罗艺术》中列举了多例七佛一菩萨造像，一般是长方形石质饰物，应是佛教建筑的构件。佛一般施说法印，弥勒左手持瓶。拉合尔博物馆藏七佛一菩萨造像，则是坐佛，结跏趺坐的佛损毁两位，但是交脚持瓶的弥勒形象非常突出。佛都是结跏趺坐，结说法印或者禅定印。弥勒则施无畏印，左手放在膝上，手持物似乎是瓶。

在七佛之中，前面三佛毗婆尸佛、尸弃佛、毗舍浮佛又被称为过去庄严三佛；后面四位拘留孙佛、拘那含牟尼佛、迦叶佛、释迦牟尼佛被称为贤劫四佛。玄奘在《大唐西域记》中记载，在今天的白沙瓦附近有过去四佛的佛像，应该指的是后面的四位，也即贤劫四佛。目前还未发现犍陀罗浮雕中出现过去四佛的造像——或许四佛并立的造像可以被视为过去四佛。多佛信仰在犍陀罗非常流行，常常看到类似"为供养过

图10-24 七佛一菩萨，白沙瓦博物馆
七佛和弥勒菩萨造像都雕造在长方形片岩饰物上。七佛在右，弥勒在最左。弥勒菩萨肉髻赤足，右手上举肩侧，掌心向外，左手持"瓶"。七佛残一佛半，诸佛与弥勒皆有头光，但手势略有差异，表现数是过去七佛的含义。

图10-25 七佛，2—3世纪，诺顿西蒙博物馆

去一切诸佛"的发愿文，可以印证当时此类信仰被广为接受。宣扬多佛信仰的《佛名经》和《贤劫经》等佛经主张，通过念诵诸佛名号，可以洗刷罪恶、积累功德。此类观念在中亚非常流行，在巴米扬、于阗、敦煌均存在千佛壁画。犍陀罗窣堵波四周出现的多佛、千佛装饰，可能也是这种信仰的产物。

七佛一菩萨观念和造像传入中国，对丝绸之路沿线的佛教艺术产生深刻影响。米兰佛寺所在鄯善地区似乎流行这种造型。米兰佛寺出土了这一主题的多件木雕。斯坦因在尼雅发现的一件小乘佛教法藏部的佛教偈颂抄本，内容也是过去七佛的语录，说明这一地区曾经流行七佛一菩萨的观念。而酒泉、吐鲁番也曾出土多件这一主题的造像，比如北凉高善穆造石塔，覆钵下部一周刻拱形龛，由七身佛陀和一身菩萨组成，和中土阴阳五行观念相匹配。对应弥勒菩萨的是震位——所谓帝出于震，震位是未来的继承者——头戴化佛冠饰，结转法轮印，交脚坐于方座上。此外，云冈石窟也有七佛一菩萨的造像，有的铭文明确指出，是"造弥勒并七佛"。

图10-24

图10-25

第三节
未来佛：犍陀罗的弥勒图像

犍陀罗地区的弥勒造像，以形制大小可分为一般弥勒像和弥勒巨像。从汉译弥勒诸经中，可以找到一些蛛丝马迹，来细究弥勒造像的宗教意涵。弥勒信仰在佛教传入中国之初就随之而来，译经众多。既有弥勒上生经，也有关于弥勒下生信仰的。总体来说，弥勒下生信仰占据主流。这些译经包括晋竺法护译《佛说观弥勒菩萨下生经》，东晋失译人《佛说弥勒来时经》，后秦鸠摩罗什译《弥勒下生成佛经》《弥勒大成佛经》，刘宋沮渠京声译《观弥勒菩萨上生兜率天经》，唐义净译《弥勒下生成佛经》。

中国最早的弥勒造像，据《高僧传·道安传》记载，是在前秦，苻坚曾"遣使送外国金箔倚像，高七尺。又金坐像、结珠弥勒像、金缕绣像、织成像，各一张。每讲会法聚，辄罗列尊像，布置幢幡，珠佩迭晖，烟华乱发，使夫升阶履烟者莫不肃焉尽敬矣"。但弥勒信仰源自犍陀罗，《弥勒下生成佛经》以及《弥勒大成佛经》都提到弥勒下生，世间"譬若香山"。所谓"香山"也就是犍陀罗。犍陀罗弥勒菩萨像一般带圆形头光，高鼻深目有髭，头发呈波浪形，头顶束发、结髻或戴敷巾冠饰，卷发披肩，佩戴璎珞、臂钏、腕钏等饰物，上袒下裙，具备了佛像的三十二相，例如头光、肉髻、白毫等体现了弥勒既是菩萨，又是未来佛的双重属性。

贵霜时代弥勒崇拜成为佛教的重要内容。释迦牟尼佛反而没有救世主的功能，这个功能由弥勒承担。在犍陀罗出土的菩萨像中，弥勒菩萨应该占据了最大的比例。这反映了贵霜佛教中弥勒信仰的重要性，而这种重要性，在原始印度佛教中没有找到痕迹。

图10-26

图10-26 弥勒菩萨立像，塔克西拉博物馆

1. 弥勒大像的图像意义

在犍陀罗大量发现的弥勒像说明了弥勒信仰的流行，与弥勒下生信仰紧密关联的艺术创作是建造大佛。古代印度没有制造大佛像的传统，几乎看不到高达10米的大佛造像。目前已知弥勒大佛像是在今巴基斯坦北部建造的，时代是4世纪。根据弥勒下生信仰，弥勒将从兜率天下生世间，同时，佛教的理想君主转轮圣王也出现，在他的统治之下，世界丰饶，人民安康。从弥勒下生信仰的基本情况看，它跟世俗王权关系极为密切，而且它是带有强烈政治预言和乌托邦色彩的宗教政治思想。在这样的背景下，建造弥勒大像就跟世俗王权和佛教信仰都产生了关联。从中亚到中国，建造弥勒大像既是宗教活动，往往也是政治宣传。

文献记载的最早的弥勒大像建造于陀历国，是一尊木雕弥勒像。法显记载的"陀历国"，也就是玄奘笔下的"达丽罗川"。达丽罗（Darel）河谷在今克什米尔西北部，这里土地肥沃，降雨充沛，农牧发达，而且有茂密的森林。经济的发达为佛教的发达奠定了物质基础。佛教徒们可以用森林中高大的木材制作木雕佛像和菩萨像。中国西行求法高僧法显的行记、梁宝唱《名僧传》中宝云和法盛的传记都有记载。5世纪初，法显经过陀历国，记录了这尊木雕弥勒菩萨大像："度岭已到北天竺，始入其境，有一小国名陀历，亦有众僧，皆小乘学。其国昔有罗汉，以神足力，将一巧匠上兜率天，观弥勒菩萨长短、色貌，还下，刻木作像。前后三上观，然后乃成。像长八尺，足跌八尺。斋日常有光明，诸国王竞兴供养。今故现在于此。"关于这尊弥勒大像，法显询问当地人，都说："自立弥勒菩萨像后，便有天竺沙门赍经律过此河者。像立在佛泥洹后三百许年，计于周氏平王时。由兹而言，大教宣流，始自此像，非夫弥勒大士继轨释迦，孰能令三宝宣通，边人识法？"根据法显的推测，这尊弥勒大像的建立对佛教东传发挥了重要作用。

到了7世纪初，玄奘也经过达丽罗川，他记载道："至达丽罗川，即乌仗那国旧都也。多出黄金及郁金香。达丽罗川中大伽蓝侧，有刻木慈氏菩萨像，金色晃昱，灵鉴潜通，高百余尺，末田底迦阿罗汉之所造也。罗汉以神通力，携引匠人升睹史多天，亲观妙相。三返之后，功乃毕焉。自有此像，法流东派。"乌仗那国相当于今斯瓦特地区。玄奘记载，这座高百尺的弥勒巨像，是一尊贴金菩萨像。在佛教文献中，末田底迦罗汉是奉命到罽宾弘扬佛法之人，这与玄奘的记载相吻合。弥勒作为释迦牟尼的传法者，矗立在往东方的交通要道上（巴米扬等地的大佛像也是如此），从空间上成为佛法流传的纪念碑。

陀历的弥勒佛像长八丈。宫治昭认为，弥勒诸经中提到，弥勒下生将以十六丈的姿容出现在世人面前。但在达丽罗山谷中，无法建造高达十六丈的弥勒像，所以从权减半，建造了八丈的弥勒像。在弥勒下生信仰中，八丈是个经常出现的敏感数字。弥勒诸经多次提到弥勒下生后，人的寿命达到八万四千岁，身长八丈，女人到了五百岁才出嫁。不管八丈的选择依据何种观念，都和弥勒下生信仰关系极为密切。

从陀历往东，沿丝绸之路，可以看到很多巨大的弥勒造像：巴米扬石窟（东边是高38米的释迦牟尼像，西边是高55米的弥勒佛像）、克孜尔石窟（第47、77等窟的大像，可惜今已不存）、敦煌莫高窟的北大佛（第96窟，高38米）和南大佛（第130窟，高26米）、云冈石窟的第16—20窟大佛、炳灵寺石窟大佛（第117窟，高27米）、天梯山石窟大佛（第13窟，高26米）、须弥山石窟大佛（高21.5米）、乐山凌云寺大佛（高71米）等。这些大佛基本可以判定是弥勒大佛，与弥勒下生信仰紧密相关。弥勒下生信仰中，强调理想君主转轮王出世统治，世界丰饶美好，人民安居乐业。故而建造弥勒大佛，符合世俗王权的理念，进而在统治阶级的权力和财力支持下，建造弥勒大佛又成为现实可能。这些规模宏大的造像，除了宣示理想佛土的实现，也是王权合法性的明证。

武则天是个最典型的例子。在僧人薛怀义等人谋划下，她宣扬自己是转轮王出世，在都城洛阳建造弥勒大佛——象征弥勒下生。据文献记载，这座弥勒大佛身高百余尺。弥勒大佛的建造，甚至影响到日本，在奈良时期，日本也进行了跟王权关系密切的弥勒大佛的建造。7世纪以后，中土的弥勒巨像雕刻衰落了。弥勒崇拜逐渐从信仰的中心退却，其地位被阿弥陀佛和观世音菩萨取代。之所以有这样的结果，很可能跟弥勒信仰的强烈政治性质有关。反映在佛教美术上，甚至弥勒的形象也发生了根本性的变化。弥勒菩萨从一个英俊雄武的王子形象转变为大腹便便的胖子形象。

图10-27 弥勒坐像，7—8世纪，大都会博物馆

图10-27

2. 弥勒图像与佛钵的关联

前文讨论过，佛钵作为传法的信物，在弥勒信仰和转轮王信仰中扮演着重要的角色。佛钵作为佛教的重要符号和标志，屡屡出现在犍陀罗佛教艺术中，而且往往跟弥勒信仰联系在一起。从文献记载来看，4到5世纪，乃至到6世纪初，存在一个去中亚礼拜佛钵的热潮。桑山正进认为，这一时期，佛钵崇拜和带有佛钵崇拜的犍陀罗艺术品表明了犍陀罗才是当时的佛教中心。可能从贵霜时代开始，佛钵就和弥勒下生信仰联系在一起，作为未来佛复兴佛教理想世界的传法圣物。

3. 交脚倚坐的弥勒说法图

交脚弥勒在中国的魏晋南北朝时期非常流行，一般认为，在中土，交脚坐姿通常跟弥勒菩萨联系在一起。从考古证据看，最早的交脚弥勒像出现在1世纪的犍陀罗。弥勒具有菩萨、未来佛、救世主三重角色，所以有关他的造像坐姿有多种，包括交脚像、立像、结跏趺坐、半跏趺坐、倚坐像、思惟像等。交脚而坐，并非弥勒菩萨专属的坐姿。比如君主、声闻、释迦菩萨、观音"装饰菩萨"等也有交脚坐的坐姿。要判定交脚而坐的人物是否是弥勒，还要从其头饰、手持物等加以综合判断。在迦毕试出土的浮雕中，有很多单独的弥勒菩萨造像，弥勒往往是交脚倚坐，头顶华盖，通常配置卧帐，台座两侧饰有狮子座。众神和僧俗人物围绕弥勒，礼拜赞叹。一般认为，这种交脚倚坐弥勒像，表现的是弥勒菩萨在兜率天的场景。有学者认为体现的是弥勒上生信仰——人们期望上生兜率天听弥勒讲法，但也有可能表现的是弥勒菩萨在兜率天等待下生的场景。

图10-28

巴米扬石窟有很多描绘交脚弥勒讲法的壁画，克孜尔石窟中心柱窟入口上部中央半圆形地方，常常绘制弥勒讲法图。从绘画的方位来看，这体现的很可能是弥勒在兜率天的情形。

关于交脚倚坐的来源，一种主流的观点认为是借用了贵霜王者的形象。季羡林先生认为，从中亚到中国新疆乃至内地的壁画、雕塑中的交脚弥勒，是受到了波斯的影响，古代波斯、中亚帝王和贵族就是这种坐姿。从贵霜王朝宫殿遗址哈尔恰扬出土的王侯像，君主就是交脚而坐。这是2世纪的情形。目前实物中最早的交脚坐姿出现在1世纪贵霜君主阎膏珍的钱币上。似乎这种坐姿跟宗教信仰无关，而是俗人的坐姿。很可能由于弥勒信仰的流行，这种君主贵族的坐姿被用来描述弥勒。这种坐姿也许还跟游牧文化有关，西域坐胡床交椅的姿势就是如此。

从表现形式来说，犍陀罗交脚弥勒造像一般分为两种。一种是弥勒交脚倚坐在华盖之下，周围环绕诸天或游牧王侯打扮的供养人，礼拜赞叹。有的是在梯形龛里结转法轮印的交脚弥勒，周围环绕诸天赞叹的场景。梯形龛象征宫殿楼阁，兜率天为欲界六天之第四重天，为弥勒菩萨成佛前的住所。起源于犍陀罗的交脚弥勒造像相对古朴简单，虽然像《观弥勒经》等汉文译经描述了充满光明的华丽庄严的兜率天上亭台楼阁环绕的情景，然而在犍陀罗浮雕中，构图相对简单。但是主要的特点都表现出来了，比如交脚倚坐的弥勒、狮子座、象征宫殿楼阁的梯形龛。

交脚弥勒宝座两侧一般装饰狮子，通常被解释为狮子座。《佛说观弥勒菩萨上生兜率天经》中提到，弥勒作为释迦牟尼佛的传法者，在释迦牟尼涅槃之前先行入灭，然后在兜率天等待成佛，"兜率陀天七宝台内摩尼殿上师子床座忽然化生，于莲华上结跏趺坐"。狮子座是王者的座位，佛陀也常置于狮子座上，表现其伟大。在犍陀罗浮雕中，狮子座往往用座位旁装饰狮子来表示。有学者认为，弥勒菩萨虽然未成佛，但是他具有佛格，是未来的佛，所以也可以坐在狮子座上，被视为与释迦牟尼有同样的尊贵。

交脚弥勒传入中国之后，似乎成为弥勒造像的标准形象。北凉石塔上，交脚弥勒被置于七佛之后，继承了犍陀罗的造像风格。交脚弥勒逐渐成为北朝弥勒造像的定式，比如云冈石窟和龙门石窟都继承了这样的造像模式。比如龙门石窟第1442窟古阳洞之北魏135窟北魏比丘惠感造弥勒像，铭文明确指出，这是弥勒像。在造像中，弥勒交脚而坐，菩萨装扮，两头雄狮回首仰望菩萨。

图10-28 弥勒立像（台座上是礼拜佛钵的场景），3世纪，大都会博物馆

图10-29 交脚弥勒，东京国立博物馆
围绕弥勒的是贵霜时代的贵族供养人。供养人的形象，符合人们祈祷上生兜率天听弥勒讲法的信仰。

图10-30 交脚弥勒坐像，3—4世纪，诺顿西蒙博物馆

图10-31 兜率天上的弥勒菩萨，3世纪，柏林亚洲艺术博物馆

第四节
胁侍的弥勒和观音

宫治昭将犍陀罗的菩萨像分为三类：第一，束发（绾发髻），左手持瓶；第二，戴敷巾冠饰，手中不持物；第三，戴敷巾冠饰，手中持花环或者莲花。这三种菩萨的像容都是一样的。一般第一种被认为是弥勒菩萨，第二种被认为是释迦菩萨，第三种被认为是观音菩萨。尤其是在犍陀罗的佛三尊像中，第一种造型的菩萨和第三种造型的菩萨作为胁侍分别出现在释迦牟尼佛的两边。通常认为，这两尊分别是作为胁侍的弥勒菩萨和观音菩萨。

1. 弥勒菩萨的手持物

弥勒菩萨的形象是犍陀罗佛教艺术的一大发明，是佛像之外的又一个重要创造。弥勒作为未来佛，在佛教美术史上一登场，就盛行一时。但是发源于犍陀罗的弥勒菩萨像具有一个显著特征，不论是立像、坐像，还是在七佛一菩萨的构图、一佛二菩萨的构图中，弥勒都在左手指尖（通常是第二指和第三指之间）夹提一个小容器。这个像瓶一样的容器形状不一，多数是细颈，瓶肩阔而瓶底窄的造型，也有的是圆球形的瓶腹。到底这个小容器是什么，并不是微不足道的琐碎问题，而是关于弥勒信仰的大问题。

其实没有任何一件犍陀罗的弥勒造像有明确铭文指出它是弥勒菩萨，但幸运的是迦腻色伽时期留下来的钱币上，刻画了带有头光、结跏趺坐的弥勒形象，而且带有铭文，明确指出是为弥勒佛。钱币上的弥勒仍是王子形象，但是结无畏印，并且左手置于左大腿下垂，手指夹提瓶。由此可见，持瓶是犍陀罗弥勒像的重要特征。因为弥勒兼具未来佛的属性，所以弥勒既是菩萨，也可以被描述为佛。但在犍陀罗佛教艺术中，弥勒主要是依照菩萨的面目出现，以佛的形象出现的艺术品极为罕见。

早期从事犍陀罗艺术研究的学者，比如格伦威德尔、富歇、罗森菲尔德、高田修等，都认为这个小容器是水瓶（kamandalu）。比如富歇认为，这是梵天和婆罗门修行者常持的水瓶，是修行者自备饮水的容器。这种观点，是将弥勒手持物和印度古代美术里的梵天与婆罗门修行者的形象连在一起，认为后者的形象被借用来描绘弥勒。罗森菲尔德认为，手持装满甘露小壶是弥勒菩萨的身份特征，弥勒的这一形象与佛教之前的夜叉信仰有关。但是大部分的学者认为，弥勒菩萨的这一造型来源于梵天。弥勒是修行者的形象，跟梵天一样。不过很可惜的是，从弥勒诸经中并没有找到弥勒和水瓶之间关系的记载，而且到目前为止，不论是单尊还是群像浮雕，都没有找到铭文支持这一观点。

显然，弥勒菩萨手持的容器，并非具有实际用途，而是一种象征符号。有学者认为，水象征生命之源，所以水瓶跟丰饶、不死联系在一起。也有人认为，容器里装的是甘露，水瓶象征的是智慧和希望。还有人认为，弥勒所持并非水瓶，而是油膏壶。日本的印度哲学史大家干泻龙祥先生在《弥赛亚思想与未来佛弥勒之信仰》一文中推论，犍陀罗兴起的未来佛信仰，大约在公元前1世纪末出现，很可能受到了其他文明救世主思想的影响。"油膏壶"是救世主的身份象征，这个观点被上原和先生所发挥。

上原和认为，富歇等人把犍陀罗的弥勒菩萨看成是模仿梵天造像的结论不成立。他认为，弥勒手持的小容器，跟梵天、婆罗门手持的大圆瓶并不相同，也不具备实用功能。与其说这是水瓶，还不如说是装药或者油膏的容器。而且容器周围有精细的纹样，跟犍陀罗出土的舍利容器非常相似。古代印度并没有使用油膏灌顶的传统，这是贵霜君主的传统。上原和强调了印度和犍陀罗的区别，指出犍陀罗文明受到波斯系和希腊系文化的影响。在鸠摩罗什译的《弥勒大成佛经》中，记载弥勒与诸众生弟子去迎大迦叶，此时大迦叶入灭中。梵天用香油给大迦叶灌顶，大迦叶就从灭尽中觉醒，整理衣裳，长跪合掌，迎接弥勒，将释迦牟尼的袈裟传给新佛弥勒。上原和认为，印度没有用香油灌顶的传统，这应该是别的文明的影响。

香油壶是弥赛亚的身份标志。基督的本意就是"受膏者"，也就是接受香膏灌顶的人。在犹太教和基督教中，都有这样的传统。上原和推论，这种传统和作为救世主的弥勒之间或许也存在关联。尽管如此，我们并

图10-32 弥勒立像（王子形象），集美博物馆

图10-33 弥勒立像（手持水瓶），集美博物馆

图10-34 弥勒坐像，3世纪，松冈美术馆
弥勒结跏趺坐，手持水瓶置于身前，水瓶上有花纹。

图10-32

图10-33

图10-34

没有任何考古证据证明，犍陀罗造像中的弥勒菩萨手持的水瓶就是油膏壶。目前主流的观点，仍然认为弥勒手持的是如梵天和婆罗门手持的水瓶。

除了手持水瓶外，犍陀罗造像中的弥勒还有手持龙华的。弥勒在龙华树下成道，所以龙华是弥勒成道的象征，将弥勒和龙华放在一起也就不难理解了。

图10-35

图10-36

图10-35 弥勒立像，拉合尔博物馆

图10-36 弥勒坐像，阿富汗国家博物馆

2. 弥勒和观音来自梵天和帝释天

犍陀罗艺术后期，以弥勒菩萨和观音菩萨为胁侍的佛三尊像在犍陀罗地区非常流行，留下大量艺术杰作。七佛一菩萨的构图中，作为三尊像的胁侍菩萨，弥勒和观音立在释迦牟尼佛的两边。而在佛传故事浮雕中，释迦牟尼佛的胁侍者往往是梵天和帝释天。宫治昭先生认为，这种以弥勒、观音为胁侍的佛三尊像居画面中心的构图，说明成道说法的释迦佛已是超越佛传场面的佛陀，弥勒菩萨与观音菩萨也就取代了之前的梵天和帝释天作为胁侍。然而，尚不清楚释迦佛、观音菩萨、弥勒菩萨组成三尊像，所依据的经典以及基于何种信仰。也许是这样的顺序：成佛之前是梵天和帝释天，成佛之后是弥勒和观音。大多数学者认为，弥勒和观音的角色及形象，是分别从梵天和帝释天发展来的。也许，在犍陀罗佛教艺术发展过程中，佛三尊像从最初的梵天和帝释天胁侍，发展成为弥勒和观音胁侍。比如宫治昭先生认为，梵天和帝释天反映了古印度的世界观：梵天代表的是婆罗门，关注的是精神世界的修行，是宗教的一面，是"圣者"和"行者"；帝释天代表的是刹帝利，关注的是世俗世界的权力，是世俗的一面，是"王者""武者"。婆罗门（由梵天代表）和刹帝利（由帝释天代表）共同构成了社会的基本权力结构。教权和王权、宗教和世俗、精神和物质，既对立又互相统一，组成了社会的基本架构，也是宇宙的基本秩序。这让人想起佛教的基本王权观，精神界的最高导师是佛陀，世俗界的最高统治者是转轮王。

犍陀罗佛教艺术中的梵天和帝释天，可视为佛陀的一对守护神。除此之外，他们也象征着佛陀精神的双面性，不论是信仰世界还是世俗世界，都礼拜赞叹佛陀。在梵天和帝释天作为胁侍的佛三尊像中，梵天是绾发髻、持水瓶的姿容，这也是婆罗门修行者的通常打扮——这一点可以从犍陀罗艺术中找到例子。梵天不佩戴华贵的饰物，是修行者的形象。帝释天手持金刚杵，头戴敷巾冠饰，具有王者和武士的姿容。文献记载，弥勒是佛陀的弟子，出身婆罗门。这是否是他被打扮成婆罗门的原因呢？不得而知。弥勒束发持"水瓶"，所以往往被视为从梵天的形象发展来的。不过值得注意的是，弥勒不像梵天那样不事修饰，相反，弥勒虽然上裸下裙，但是佩带王侯贵族装饰，一副王子的模样。相对应的，学者们通常认为，戴敷巾冠饰、持莲花或者花鬘（或许是从莲花发展而来）的观音菩萨，是从帝释天的形象发展而来。帝释天作为王者的形象，其金刚杵不知道为什么到了观音手里，却变成了莲花和花鬘的柔和形象。从刚猛到慈悲的角色转换，至今也没法给出合理的解释。

图10-38

图10-37

图10-39

一般的解释是从理论上推敲的，认为菩萨具有两个角色或者功能。一个是上求菩提，也就是勉励修行，实现自我涅槃；一个是下化众生，是对众生怀有慈悲之心，帮助众生实现觉悟。这也是经常所说的大乘佛教的重要思想。在犍陀罗佛教艺术中有梵天劝请的场景，说的就是这个意思。佛陀成道后，本来可以"上求菩提"，实现自我涅槃，但是梵天希望他不要舍弃受苦的众生，能够为众生说法，让众生获得解脱。所以一般推论，以弥勒和观音作为胁侍的三尊像，表现的是上求菩提和下化众生的两个功能。细分的话，上求菩提的是弥勒，下化众生的是观音。虽然这样的解释很可疑，但是缺乏文字记载，还无法找到更合适的解释。在这样的解释框架下，佛三尊像的构图中，弥勒是智慧的行者形象，观音是慈悲的王者形象。弥勒是精神世界的修行者，也是未来的新佛；观音则倾听下面的声音，救苦救难。一个向上，一个向下，一个修行，一个世俗，共同构成了佛教的一种理想画面。梵天与帝释天、弥勒与观音、婆罗门与刹帝利、行者与王者这种对立而互补的世界观和社会观，正反映了弥勒上求菩提和观音下化众生的两种理念。

集美博物馆的一块浮雕似乎反映了曾经在贵霜帝国时期流行的社会结构。释迦牟尼、弥勒和观音构成了信仰世界的最高阶层。贵霜社会的统治者包括世俗的贵霜贵族和执掌信仰事务的僧侣。这种结构又跟弥勒和观音的角色相对应——弥勒是行者，观音是王者。世俗权力和宗教权力的分合成为当时政治、思想、社会的重要结构。必须指出的是，虽然弥勒似乎跟梵天–婆罗门有更密切的关系，但是作为佛教的救世主，他从一开始就跟政治理想联系在一起，和佛教理想的君主转轮圣王关系密切，反而比起观音，与世俗王权的关系更为密切。相反的，观音却更贴近了日常信仰的内容，成为普通大众诉求的对象，具有了慈悲救难的特性。从集美博物馆的这块浮雕看，在弥勒身边站立的，是世俗的贵霜贵族；在观音身边站立的，却是代表佛教信仰的僧侣。弥勒和观音，作为犍陀罗佛教中胁侍佛陀的两大菩萨，他们跟世俗–宗教之间的关系，已经超出了简单的划分。

图10-37 观音，丰都基斯坦出土，集美博物馆

图10-38 佛陀和弥勒、观音，2—3世纪，集美博物馆
浮雕上刻画了五个立像，中间是佛陀，肉髻圆脸，结无畏印。佛陀左边是弥勒菩萨，也如佛陀一样肉髻，右掌向外，左手持水瓶，上袒下裙。佛陀右边是观音，敷巾冠饰，右手朝外，左手掐腰。佛陀、弥勒、观音都有背光。弥勒外侧是一个贵霜贵族供养者，似乎是手持丰收的庄稼。观音外侧是一个佛教僧侣，手持棕榈叶。除贵族脚上有靴子外，其他人物都赤脚。

图10-39 交脚菩萨（手持莲花，似是观音），东京国立博物馆

3. 化佛的含义

中土通常的观音菩萨，是手持净瓶的形象。但在犍陀罗，手持净瓶的是弥勒。按照主流的观点，观音是手持莲花或者花鬘——花鬘被视为莲花的替代物。除了敷巾冠饰、手持莲花或者花鬘外，冠饰上装饰化佛往往被视为判定造像是否是观音的一个关键指标。一般来说，头戴化佛冠饰的菩萨被判定为观音，文献方面从《观无量寿经》可以找到依据。犍陀罗的菩萨中，头戴敷巾冠饰，手持莲花或者花鬘，头巾冠饰前面有化佛的，很可能是观音菩萨。观音菩萨的形象有一个演进的过程。随着时间推移，头戴化佛的冠饰、手持慈悲的莲花成为观音的固定造型。化佛作为观音的身份标志出现在笈多王朝以后。在中国，南北朝时期的观音像不多，而且没有发现有头戴化佛冠的例子，说明这一时期化佛冠还没有成为观音的固定标志。化佛冠成为观音的特有标志，出现在隋朝以后。

《观弥勒菩萨上生兜率天经》中记载，弥勒在兜率天七宝台内摩尼殿上狮子座，忽然化生，其天宝冠有百万亿色，色中有无量百千化佛。除此之外，有关佛经中，屡屡提到弥勒和化佛的关系。因此，头戴化佛冠的菩萨不一定就是观音。犍陀罗戴化佛冠饰的菩萨造像，到底是观音菩萨还是弥勒菩萨，还需要结合其他证据综合判断。犍陀罗地区头戴化佛冠的菩萨，往往在束发和敷巾正面装饰坐佛。有的菩萨可以判定并非观音，而是弥勒菩萨。

弥勒和化佛存在密切关系，也可以从中国佛教美术的情况反推。酒泉出土的北凉高善穆造石塔，其覆钵下部一周雕刻七佛一菩萨。弥勒菩萨头戴半椭圆形头冠，冠饰化佛。佛呈转法轮印，交脚坐在方座上。敦煌莫高窟北凉时期、隋代、盛唐时期的洞窟，都有弥勒头戴化佛冠的雕塑。敦煌的弥勒不仅头戴化佛宝冠，还装饰波斯萨珊的皇冠标志——仰月或者日月。云冈和龙门石窟中的化佛冠饰多出现在作为主尊的交脚菩萨头冠上，很可能也是弥勒菩萨。中国最早的金铜观音菩萨像，是莲花手观音，右手持莲花，左手自然下垂执帛带。后来造型逐渐变化，由右手持莲花、左手下垂变成了右手持杨柳枝，左手提净瓶，这种造型在南北朝后期已经出现。但是净瓶本是犍陀罗弥勒菩萨的装备，如何落入观音菩萨手中，仍没有很好的解释。综上所述，要判定犍陀罗菩萨造像是否是观音，光靠化佛冠饰可能还不够，必须结合其他证据进行判断。

第五节
思惟菩萨

在我国早期的佛教艺术中，常见到一种别具魅力的半跏思惟菩萨。这种菩萨安逸闲适、姿态优美。他坐在藤座之上，舒一腿，另外一只脚横放在垂足的大腿上，以一手支颐，作思惟状，以一指或者数指微触面颊，另一手则放置在翘起的脚上。这种特定造型的造像形式，被称为"半跏思惟像"。半跏思惟像曾经在中国南北朝时期非常盛行，传入朝鲜和日本之后，也成为当地佛教艺术的重要类型，甚至在当地历史进程中扮演了重要角色。朝鲜三国时期，对统一新罗国家帮助很大的花郎集团，就将弥勒作为自己信仰的本尊，广泛制作半跏思惟弥勒菩萨像，对促进国家的统一发挥了重要作用。这说明，半跏思惟菩萨不一定是观音，弥勒菩萨也有半跏思惟造型。在韩国保存的半跏思惟像，很可能就是这种弥勒菩萨像，比如庆州博物馆藏安东玉洞出土的铜弥勒像、国立中央博物馆藏金铜半跏弥勒菩萨像。日本的飞鸟、白凤时代，也接受了半跏思惟像的造型。尤其是7世纪，日本制造了很多半跏思惟像。大阪野中寺的金铜半跏思惟像上有"丙寅年"（666）造"弥勒像"的铭文。奈良中宫寺和京都广隆寺保存的半跏思惟像，可谓木雕思惟像的极品。广隆寺的半跏思惟弥勒像传为圣德太子赐给秦河胜作为蜂冈寺的本尊弥勒。但是由于信仰和社会的变化，到了奈良时代，半跏思惟像的制造急剧减少了。

这种陷入沉思冥想的菩萨造像，广泛流行于中国、朝鲜半岛和日本，但发端于犍陀罗。在印度，半跏思惟菩萨造像很少发现，这是犍陀罗对佛教艺术的贡献。人们通常认为，这描述了人们对思惟悟道的追求，一个清净洒脱的觉者之相，从苦闷犹豫中超脱。为什么在印度本土的佛教石雕上没有半

图10-40

跏思惟像，犍陀罗为什么能够发展出这种艺术造型呢？学者们一般认为，这和犍陀罗得天独厚的多元文化背景有关系。犍陀罗地区是多种文化交融之所，古希腊罗马的艺术风格可能对半跏思惟像的形成有一定影响。在公元前后欧洲的石棺和墓碑的雕刻上，已经出现了一腿屈拢、以手支额的造像，表现人类的苦思无奈和对生离死别的痛苦，但这仅仅是从图像学角度进行的推测。

不过可以揣测的是，半跏思惟像发源于犍陀罗艺术或许在2世纪，之后传入中国和东亚其他地区，形成特定的图像含义。在犍陀罗，一般认为，半跏思惟像最早是用来描述出家之前的释迦太子的。这种深陷沉思冥想的形象，非常符合苦思众生意义和解脱之道的悉达多太子。犍陀罗佛传浮雕上，树下观耕、订婚、决意出家等场景中，释迦太子都有被塑造为半跏像的。其中最突出的是树下观耕，《过去现在因果经》等佛教文献对这一场景有很多描述，大概是浮雕的文献依据。在树下观耕中，释迦太子在树下休息，看到飞鸟啄食壤虫，起慈悲心，觉得众生可愍，互相吞食，"即便思惟，离欲界爱，如是乃得，至四禅地"。在此场景中，太子大多是结跏趺坐，作禅定印，但也有半跏思惟状。故可说这种场景中的菩萨是释迦菩萨，是释迦牟尼未成佛前的状态。

水野清一认为，释迦太子半跏思惟像依据的可能是类似《过去现在因果经》和《佛所行赞》的佛教经典，主要表现太子悲天悯人、苦思解脱之道的样子。所以，即便浮雕中没有题记，但如果半跏思惟像前绘有或刻有白马犍陟屈膝舐足，及随从车匿跪地啼泣的景象，或是在思惟像背后有一树木的话，就可以判定其为太子思惟像。但水野清一认为，坐在树下（那棵树是阎浮树）的半跏思惟像是释迦太子并不一定能够成立。李玉珉认为，也有可能是弥勒菩萨，弥勒和龙华树之间也存在密切的关系。《历代名画记》记载，洛阳"敬爱寺佛殿内菩萨，树下弥勒菩萨塑像，麟德二年，王玄策取道西域所图菩萨像为样"。

半跏思惟像不但出现在犍陀罗的浮雕上，也存在单体的半跏思惟像，据统计至少有15尊。这说明在犍陀罗地区，已经形成了对半跏思惟菩萨单独的崇拜。宫治昭先生认为，犍陀罗浮雕中的半跏思惟像分为四类：第一，佛传浮雕中的释迦太子和魔王；第二，大神变图中的菩萨像；第三，佛三尊像里的胁侍菩萨；第四，单尊菩萨像。到底犍陀罗的半跏思惟菩萨是哪一位呢？很多人认为，犍陀罗半跏趺坐的菩萨像，头戴敷巾冠饰，左手持莲花，右手托脸颊，可能跟观音信仰有关系。尤其是菩萨头戴化佛冠，被视为是观音的标志，半跏思惟像是释迦菩萨的形象被挪用到观音菩萨身上。由此推论，犍陀罗的大部分思惟菩萨都是观

图10-40　思惟菩萨手持莲花（似是观音），3世纪，松冈美术馆

音菩萨。也有人认为，思惟除了思考的意思，还有担心的意思，符合观音慈悲的特征，"具一切功德，慈眼视众生"。但如前文所论，在犍陀罗艺术中，头戴化佛并不是观音的特权。在中国，比如云冈和龙门石窟中，也有顶戴坐佛的交脚弥勒。到底思惟菩萨是哪一位，还要根据证据综合判断。不过在犍陀罗的浮雕中，半跏思惟像更多的是弥勒和释迦太子像。

中国现存最早有题记的半跏思惟像是442年鲍纂所刻造的石像，其题记明确提到"父母将来生弥勒佛前"。日本野中寺藏半跏思惟像的造像记也明确提到，这座铸造于666年的半跏思惟菩萨像是弥勒。但实际上，弥勒思惟像和释迦思惟像并没有太大差异。从图像和文字的证据看，半跏思惟像在东亚更多地跟弥勒菩萨联系在一起。

不论是释迦太子，还是弥勒菩萨，都有一个共同的特征：他们都是未来的佛。释迦太子也是菩萨，他修行成道之前，也是未来佛，半跏思惟是思悟解脱之道。而弥勒，如唐代高僧道宣所说，就是释迦牟尼佛的"太子"，是未来的佛。所以他所处的状态，跟释迦太子所处的情况是一样的。把两者都塑造成半跏思惟的样子，很可能是犍陀罗地区的发明，展现的是一个观念，即思惟成佛。对弥勒信仰来说，只有弥勒成佛，众生才能得到解脱。正如新罗时期的花郎道，将弥勒塑造成半跏思惟的样子，正是期盼弥勒下生成佛那一刻的到来。

图10-41 菩萨残躯，3—4世纪，大都会博物馆

图10-41

Chronology of Events

附表

大犍陀罗地区大事年表

公元前535年，波斯阿契美尼德王朝征服犍陀罗。

约公元前528年，佛教创始人释迦牟尼涅槃。

公元前480—前479年，波斯帝国薛西斯皇帝远征希腊的战争中，犍陀罗作为附属国出现，派兵参加薛西斯的军队，跟希腊人作战。希罗多德的《历史》中，提到波斯帝国的大流士一世在犍陀罗收税。犍陀罗和印度被严格区分，分在不同的省区，缴纳不同的税赋，而且在薛西斯的军队里，犍陀罗士兵和印度士兵也并不相同。这反映了当时的一种普遍观念。

公元前331年—前327年，亚历山大大帝（前336—前323年在位）征服塔克西拉，兵锋直抵印度河。

公元前305年，塞琉古一世再次侵入印度，孔雀王朝打败希腊入侵者。塞琉古王朝在孔雀王朝的首都华氏城派有常驻使节，孔雀王朝设立一个国家部门，专管希腊人和波斯人的事务。一直到公元前195年，犍陀罗地区应该是孔雀王朝的一个行省。孔雀王朝一般是由王位继承人担任犍陀罗的总督。

公元前270年，阿育王继承王位。

公元前259—前258年，阿育王皈依佛教。

公元前257年左右，阿育王发布在今巴基斯坦马尔丹县的石敕，石敕中频繁提到当地居民希腊人和犍陀罗人，说明当时希腊人在巴克特里亚和犍陀罗地区占有较大的比例。

公元前253年，阿育王派遣以高僧末阐提为首的佛教僧团到巴克特里亚和犍陀罗地区传教，于是说一切有部在迦湿弥罗、犍陀罗地区得以日渐壮大，但不清楚其详细过程。

公元前243年，根据《历代三宝纪》的描述，沙门释利防等十八人到达秦朝传教，被秦始皇所禁。这一记载并没有任何其他文献支持。如果成立的话，这一传教僧团很可能是阿育王统治时期经巴克特里亚和犍陀罗地区进入秦朝的。

公元前232年，阿育王去世。

约公元前220年，欧西德莫斯统治时期，希腊-巴克特里亚王国曾经发动对喀什噶尔的远征。

公元前200年，佛教已开始在犍陀罗传播，但是佛像还没有出现。

公元前2世纪，佛教文本开始被制作出来。

公元前195年，希腊-巴克特里亚人征服了犍陀罗。他们在这里留下来，成为这里的主要居民。在进入犍陀罗之前，这些希腊人已经对佛陀的教诲比较熟悉。印度-希腊王国统治犍陀罗从公元前195年到公元前60年，长达135年。在这段时期，大量希腊的艺术家、建筑家、各种工匠将希腊的文化艺术传入犍陀罗地区，这些文化传统和佛教信仰相结合，发展出独特的犍陀罗文明。希腊样式的钱币被广泛使用。希腊语作为官方和国际商业的语言被使用，同时犍陀罗语兴起。希腊样式的城市建立起来。

公元前185年，孔雀王朝末帝被将领华友所杀，华友建立巽伽王朝，并和希腊-巴克特里亚王朝军事对抗。他支持婆罗门教，反对佛教。根据佛教文献记载，他迫害佛教徒，毁坏寺院。

公元前180年，希腊-巴克特里亚王国的德米特里一世侵入印度河流域，攻击巽伽王朝，将犍陀罗、旁遮普等领土都纳入统治范围。有的历史学家认为，这场战争的一个原因是德米特里一世支持佛教，对巽伽王朝迫害佛教徒严重不满。这一年，中国西汉王朝的汉文帝即位。领土扩张到印度之后的王国往往被称为印度-希腊王国。在德米特里一世统治时期，希腊统治者开始在钱币铭文上使用希腊语和犍陀罗语双语。

约公元前170年，欧克拉提德推翻了欧西德莫斯王朝在巴克特里亚的统治，建立了自己的王朝。欧克拉提德可能是德米特里一世的一位将领，或者是塞琉古帝国的同盟者。

公元前2世纪—公元1世纪，装饰盘繁荣时期，带有强烈希腊化的艺术品和日常奢侈品大量出现。

公元前177年，匈奴击败大月氏。之后连续战败，大月氏西迁。

公元前165年，印度-希腊王国的米南德一世（米兰陀王）成为犍陀罗的统治者，一直统治到公元前130年。在他漫长的30年统治时期，犍陀罗语逐渐成为重要的官方、宗教和日常语言。双语同时使用的情况非常普遍。米南德一世对佛教持支持态度，对文化的融合以及佛教在巴克特里亚、犍陀罗和西北印度的发展提供了重要保障。

公元前145年左右，大月氏攻占阿伊-哈努姆。

公元前138年，受汉武帝派遣，汉朝使者张骞出使大月氏。公元前128年，张骞抵达大月氏，看到大月氏"地肥沃"而"志安乐"，不想东返故地向匈奴报仇，也不想与汉朝夹击匈奴。公元前126年，张骞回到长安。之后张骞在西域所见，被记载于《史记》和《汉书》中。张骞的这次凿空之旅，在丝绸之路的历史上具有重要意义。

公元前100年前后，大月氏人渡阿姆河南进巴克特里亚地区，灭掉了在此的大夏国。

公元前1世纪中期，希腊人放弃阿伊-哈努姆古城，可能是由于遭受到游牧民族的进攻。至少在公元前130年之前，阿伊-哈努姆城作为大夏的诸小城邦之一，可能一直向北边的大月氏进贡。贡品从考古发现来看，很可能是出产于兴都库什山的银币。

公元前73年，巽伽王朝灭亡。

公元前63年，塞琉古帝国被罗马的庞培所灭。塞琉古帝国最强盛时，曾经统治巴克特里亚地区。后来后者独自建立了希腊-巴克特里亚王朝。

公元前2年（西汉哀帝元寿元年），据传，汉朝的"博士弟子景卢受大月氏王使伊存口授浮屠经"。

公元1世纪前半期，黄金之丘。

公元1世纪，开始出现跟佛教有关的雕塑。

公元65年（东汉明帝永平八年），楚王刘英"尚浮屠之仁祠"并供养"伊蒲塞（优婆塞）、桑门（沙门）"，佛教在内地正式被人们所接受并在一定范围内传播开来。

公元1—3世纪，贵霜帝国兴起，占领包括犍陀罗在内的广大地区。在迦腻色伽（约127—151年在位）时期，贵霜文明达到顶峰，为佛教的兴盛奠定了基础。大乘佛教的文献被视为佛的教导，成为佛典。在犍陀罗受到训练的佛教僧侣们，穿越流沙，将佛法传入中国。

公元45年左右，丘就却不再称翕侯，而改称"大王、王中之王"，或"最高王中之王"，贵霜王朝建立起来。一直到公元3世纪中期，犍陀罗进入黄金时期。

公元73年，班超出使西域。

公元84年之前，贵霜和康居结为姻亲关系。通过政治联姻，贵霜对葱岭以东的影响力增加。

公元80年，贵霜帝国第一代君主丘就却去世，阎膏珍即位。

公元84年，班超向贵霜派遣使者，给与贵霜大量财物珍宝。在86/87年，贵霜派遣使者向汉朝朝贡。

公元90年，阎膏珍派遣副王谢带领大军攻击班超，被班超击败。但是贵霜并没有完全放弃向葱岭以东的扩张。因为只有汉文史料的记载，不知道贵霜在这场战争之后还占据哪些地区。后来贵霜扶持臣磐登上疏勒王位，说明贵霜并没有完全退出西域。也大约在同一年，阎膏珍去世，威玛·卡德菲塞斯即位。

公元102年，班超离开经营了30多年的西域，回到洛阳。

公元106年，西域诸国反叛，攻西域都护任尚于疏勒。

公元107年，罢西域都护，汉朝将势力东撤。

公元116年前后，贵霜扶持疏勒质子臣磐返回疏勒，成为新的疏勒王。臣磐可能对佛教传入疏勒发挥了作用。从贵霜操纵臣磐做疏勒国王看，贵霜似乎在模仿汉朝在西域的政策。汉朝接收西域诸国王子做人质，由此操弄诸国的王位继承。在这之前，贵霜主要是通过跟康居、汉朝（不成功）的联姻施加对葱岭以东的影响。

公元126年，班超之子班勇再次平定西域，在127年恢复汉朝在西域诸国的权威。

公元127年（东汉顺帝永建二年），很可能在这一年迦腻色伽一世即位。西域长史班勇击降焉耆，使龟兹、疏勒、于阗、莎车等十七国内属。由这时起，直至桓帝元嘉二年（公元152年）的二十多年间，东汉在西域重新恢复权威，贵霜与东汉恢复了交通，宗教传播应该在此时变得活跃。

公元147年（桓帝建和元年），来自贵霜的三藏支娄迦谶到达东汉首都洛阳，开始传教和译经。中国的佛经，最早就是从犍陀罗语翻译过来的。贵霜在其中扮演了主导性的角色。在接下来的两百年中，佛经只有两种版本，一种是犍陀罗语，一种是汉语。从史籍记载判断，中国开始翻译佛经，最晚应该在公元2世纪中前期已经开始。公元178—189年，支娄迦谶翻译出《般若道行》《般舟》《首楞严》等三经。

公元2世纪，佛教寺院和佛塔等佛教建筑大量建造，跟佛教题材有关的雕塑大量出现。

公元222—253年，避难江东的贵霜高僧支谦译出《维摩》《法句》《瑞应本起》等四十九经。

公元3世纪，佛像和菩萨像大量出现，主要以片岩雕塑为主。

公元260年（魏甘露五年），中土第一位西行求法僧人朱士行抵达于阗，在此研习佛法，一直到80多岁死在于阗。他让弟子将大品《般若经》带回洛阳，促进了中土佛教的发展。

公元229年，贵霜国王波调（约213—237年在位）向当时的曹魏政权朝贡并接受其"亲魏大月氏王"封号。波调此次遣使中国，可能有联络中国抵抗萨珊王朝的意图。这时，贵霜与中国政府之间官方往来频繁。贵霜王朝在其统治下似乎实现了短暂的中兴。《魏略·西戎传》记载，公元3世纪早期，"罽宾国（犍陀罗）、大夏国（巴克特里亚）、高附国（今喀布尔）、天竺国，皆并属大月氏"。

公元3世纪后半期，著名高僧竺法护越过葱岭，在贵霜帝国游历，很可能重点地区是犍陀罗及其附近地区。

公元3—5世纪，犍陀罗文明继续繁荣。犍陀罗佛教雕塑主要在这段时间被制造出来。

公元4—5世纪，佛陀像趋向复杂，去人文主义色彩、以神秘主义为特点的迦毕试佛像兴盛。佛教雕塑出现纪念碑性的倾向。

公元5世纪初，嚈哒人渡过阿姆河进入巴克特里亚，5世纪30年代，嚈哒人南下吐火罗斯坦，公元5世纪70年代末，贵霜残余势力最终被嚈哒所灭，贵霜帝国终结。嚈哒人攻占犍陀罗。犍陀罗佛教衰落，带来犍陀罗佛教艺术的衰落。

公元520年，宋云到达犍陀罗。

公元543年，《洛阳伽蓝记》撰成。

公元6世纪中期，弗楼沙僧人阇那崛多及其同伴外出传法，先到迦毕试，稍后进入塔里木盆地和中土，经历北周灭佛，辗转到达隋朝的长安城，在隋文帝支持下开始译经。

公元630年，西行求法高僧玄奘抵达犍陀罗，参观了迦腻色伽建造的雀离浮图。

公元4—8世纪，商路变迁，带来巴克特里亚和阿富汗地区的繁荣，佛教艺术中心也转向这里，巴米扬兴起。

公元550—600年，巴米扬大佛建造。

公元655年，伊斯兰势力攻击喀布尔。

公元8—9世纪，随着伊斯兰势力入侵，大犍陀罗地区佛教衰落，犍陀罗艺术凋零。

公元1756年，欧洲人第一次接触到贵霜的概念，是从中文材料《汉书》中得到信息的，但是并没有把汉文史料中的"贵霜"和西方古典时代的记载进行比对。

公元1825—1845年，有关贵霜的发现取得了长足的进展。主要原因，首先是英国和法国在阿富汗和旁遮普的扩张，引发了对古代亚历山大大帝远征的兴趣；其次是欧洲学者对印度古代文明的兴趣，尤其是以印度和加尔各答为基地的英国学者们；最后是当时充分认识到钱币保存了丰富的历史信息，对亚历山大、印度古代文明和钱币的追寻，带来了有关贵霜知识的增加。

公元1833—1834年，杰拉德在今天阿富汗喀布尔河畔附近考古，发掘出一块刻有佛陀禅定的圆形石雕，可谓近代犍陀罗佛教艺术研究的开端。从19世纪中期到20世纪中期，大量犍陀罗文物出土，伴随着丰富的考古报告，揭开了辉煌的犍陀罗文明的神秘面纱。

公元1861年，英国考古学家康宁汉提议设立印度考古局，并任首任局长。沿着玄奘的脚步，康宁汉把北印度的佛教遗址作为考古重点，也为犍陀罗考古做出了重要贡献。此后一直到1947年，印度考古局都将犍陀罗考古作为自己的重要工作内容之一。约翰·马歇尔等人都对犍陀罗的研究做出了自己的贡献。

公元1908—1911年，雀离浮图挖掘。

Bibliography

参考文献

1. 佛教文献

帛尸梨蜜多罗译：《佛说灌顶冢墓因缘四方神咒经》，《大正藏》第21册。

道宣撰：《广弘明集》，《大正藏》第52册。

道宣撰：《释迦氏谱》，《大正藏》第50册。

费长房撰：《历代三宝纪》，《大正藏》第49册。

佛陀耶舍、竺佛念译：《佛说长阿含经》，《大正藏》第1册。

慧立本撰，释彦悰笺：《大唐大慈恩寺三藏法师传》，《大正藏》第50册。

慧琳撰：《一切经音义》，《大正藏》第54册。

吉迦夜共昙曜译：《杂宝藏经》，《大正藏》第4册。

鸠摩罗什译：《龙树菩萨传》，《大正藏》第50册。

鸠摩罗什译：《马鸣菩萨传》，《大正藏》第50册。

鸠摩罗什译：《大智度初品中》，《大正藏》第25册。

鸠摩罗什译：《佛说弥勒大成佛经》，《大正藏》第14册。

鸠摩罗什译：《佛说弥勒下生成佛经》，《大正藏》第14册。

马鸣菩萨造，昙无谶译：《佛所行赞》，《大正藏》第4册。

那连提黎耶舍译：《佛说德护长者经》，《大正藏》第14册。

菩提留支译：《大萨遮尼乾子所说经》，《大正藏》第9册。

瞿昙僧伽提婆译：《中阿含经》，《大正藏》第1册。

释宝云译：《佛本行经》，《大正藏》第4册。

释道世撰：《法苑珠林》，《大正藏》第53册。

释法显自记：《高僧法显传》，《大正藏》第51册。

释慧皎撰：《高僧传》，《大正藏》第50册。

实叉难陀译：《大方广佛华严经》，《大正藏》第10册。

玄奘撰：《大唐西域记》，《大正藏》第51册。

义净撰，王邦维校注：《南海寄归内法传校注》，北京：中华书局，1995年；又《大正藏》第54册。

支谦译：《佛说申日经》，《大正藏》第14册。

支谦译：《佛说太子瑞应本起经》，《大正藏》第3册。

竺法护译：《佛说弥勒下生经》，《大正藏》第14册。

2. 世俗文献

司马迁撰：《史记》，北京：中华书局，1959年。

班固撰，颜师古注：《汉书》，北京：中华书局，1962年。

范晔撰：《后汉书》，北京：中华书局，1965年。

姚思廉撰：《梁书》，北京：中华书局，1973年。

李百药撰：《北齐书》，北京：中华书局，1972年。

李延寿撰：《北史》，北京：中华书局，1974年。

段成式撰：《酉阳杂俎》，北京：中华书局，1981年。

王钦若等编，周勋初等校订：《册府元龟》，南京：凤凰出版社，2006年。

3. 前人研究

(1) 中文和日文

（古希腊）阿里安著，李活译：《亚历山大远征记》，北京：商务印书馆，1979年。

蔡枫：《犍陀罗雕刻艺术与民间文学关系例考》，北京大学外国语学院南亚学系2012年博士论文。

晁华山：《佛陀之光：印度与中亚佛教胜迹》，北京：文物出版社，2001年。

丁文光编著：《犍陀罗式雕刻艺术》，北京：人民美术出版社，1959年。

（日）肥塚隆：《美术所见释迦牟尼的生涯》（美術に見る釈尊の生涯），东京：平凡社，1979年。

（日）高田修：《佛像起源》(仏像の起源)，东京：岩波书店，1967年。

（日）宫治昭著，李萍译：《犍陀罗美术寻踪》，北京：人民美术出版社，2007年。

（日）宫治昭著，李萍、张清涛译：《涅槃和弥勒的图像学——从印度到中亚》，北京：文物出版社，2009年。

古正美：《贵霜佛教政治传统与大乘佛教》，台北：晨允文化出版公司，1993年。

季羡林：《季羡林全集》，北京：外语教学与研究出版社，2009—2010年。

金申：《印度及犍陀罗佛像艺术精品图集》，北京：中国工人出版社，1997年。

金申：《佛教美术丛考》，北京：科学出版社，2004年。

李静杰：《佛钵信仰与传法思想及其图像》，《敦煌研究》2011年第2期，第41—52页。

李翎：《从犍陀罗开始：诃利谛的信仰与造像》，《敦煌学辑刊》2014年第2期，第102—110页。

（日）栗田功：《犍陀罗美术1·佛传》（ガンダーラ美術Ⅰ·仏伝），东京：二玄社，1988年。

（日）栗田功：《犍陀罗美术2·佛陀的世界》(ガンダーラ美術Ⅱ·仏陀の世界)，东京：二玄社，1990年。

林梅村：《西域文明：考古、民族、语言和宗教新论》，北京：中国铁道出版社，1995年。

林梅村：《汉唐西域与中国文明》，北京：文物出版社，1998年。

刘欣如：《贵霜时期东渐佛教的特色》，《南亚研究》1993年第3期，第40—47页。

罗帅：《贵霜帝国的贸易扩张及其三系国际贸易网络》，《北京大学学报（哲学社会科学版）》2016年第1期，第115—123页。

栾睿：《从克孜尔207窟壁画谈佛教对拜火教的融摄》，《西域研究》2007年第3期，第73—76页。

（巴基斯坦）穆罕默德·瓦利乌拉·汗著，陆水林译：《犍陀罗：来自巴基斯坦的佛教文明》，北京：五洲传播出版社，2009年。

（日）上原和著，蔡伟堂译：《犍陀罗弥勒菩萨像的几个问题》，《敦煌研究》1994年第3期，第62—70页。

（日）桑山正进：《迦毕试·犍陀罗史研究》(カーピシー·ガンダーラ史研究)，京都：京都大学人文科学研究所，1990年。

（日）桑山正进：《巴米扬大佛与中印交通路线的变迁》，《敦煌学辑刊》1991年第1期，第83—93页。

（英）斯坦因著、向达译：《斯坦因西域考古记》，北京：中华书局，1987年。

宿白：《中国石窟寺研究》，北京：文物出版社，1996年。

汤用彤：《汉魏两晋南北朝佛教史》，武汉：武汉大学出版社，2008年。

汤用彤：《隋唐佛教史稿》，武汉：武汉大学出版社，2008年。

（日）樋口隆康：《巴米扬石窟》(バーミヤーンの石窟)，京都：同朋舍，1970年。

王邦维选译：《佛经故事》，北京：中华书局，2009年。

王镛：《印度美术》，北京：中国人民大学出版社，2004年。

（日）小野玄妙：《犍陀罗佛教美术》（健駄邏の仏教美術），京都：丙午出版社，1923年。

薛克翘：《印度民间文学》，银川：宁夏人民出版社，2008年。

杨巨平：《远东希腊化文明的文化遗产及其历史定位》，《历史研究》2016年第5期，第127—143页。

（日）羽溪了谛著、贺昌群译：《西域之佛教》，北京：商务印书馆，1956年。

（英）约翰·马歇尔著，王冀青译：《犍陀罗佛教艺术》，兰州：甘肃教育出版社，1989年。

（英）约翰·马歇尔著，许建英译：《犍陀罗佛教艺术》，乌鲁木齐：新疆美术摄影出版社，1999年。

（英）约翰·马歇尔著，秦立彦译：《塔克西拉》，昆明：云南人民出版社，2002年。

（美）H.因伐尔特著，李铁译：《犍陀罗艺术》，上海：上海人民美术出版社，1991年。

章巽撰，芮传明编：《古代中外交通研究》，见《复旦百年经典》系列之《章巽集》，上海：复旦大学出版社，2015年。

(2) 西文

Ackermann, Hans Christoph. *Narrative Stone Reliefs from Gandhāra in the Victoria and Albert Museum in London: Catalogue and Attempt at a Stylistic History*, Rome: ISMEO, 1975.

Alam, Humera. *Gandhāra Sculptures in Lahore Museum*, Lahore: Lahore Museum, 1998.

Ali, Ihsan and Qazi, M. Naeem. *Gandhāran Sculptures in the Peshawar Museum (Life Story of Buddha)*, Pakistan: Hazara University Mansehra NWFP, 2008.

Asia Society Museum, *The Buddhist Heritage of Pakistan: Art of Gandhara*. New York: Asia Society, 2011.

Behrendt, Kurt A. *The Art of Gandhāra in the Metropolitan Museum of Art*, New York: Metropolitan Museum of Art, 2007.

Behrendt, Kurt A. *The Buddhist Architecture of Gandhāra*, Leiden: Brill, 2004.

Bhattacharyya, D. C. *Gandhāra Sculpture in the Government Museum and Art Gallery, Chandigarh*, Chandigarh: Government Museum and Art Gallery, Chandigarh, 2002.

Brancaccio, Pia and Xinru Liu, "Dionysus and drama in the Buddhist art of Gandhara", *Journal of Global History*, Volume 4, Issue 2, July 2009, pp. 219-244.

Brancaccio, Pia and Behrendt, Kurt. ed., *Gandhāran Buddhism: Archaeology, Art, Texts*, Vancouver: University of British Columbia Press, 2006.

Czuma, Stanislaw J. *Kushan Sculpture: Images from Early India*, Cleveland: The Cleveland Museum of Art, 1985.

Dani, Ahmad Hasan. *The Historic City of Taxila*, Tokyo: Centre for East Asian Cultural Studies, 1986.

Decaroli, Robert. *Haunting the Buddha: Indian Popular Religions and the Formation of Buddhism*, Oxford: Oxford University Press, 2004.

Dept. of Archaeology and Museums, Ministry of Education, *Gandhāra Sculpture in the National Museum of Pakistan*, Karachi, 1964.

Dept. of Archaeology and Museums, Ministry of Education, *Gandhāra Stone Sculptures in the Taxila Mueseum*, Taxila: Taxila Museum, 2005.

Foucher, Alfred. *L'art Gréco-Bouddhique du Gandhâra*, Paris: Imprimerie Nationale, 1905-51.

Foucher, Alfred. *The Beginnings of Buddhist Art and Other Essays in Indian and Central-Asian Archaeology*, translated by L. A. Thomas and F. W. Thomas, London: Humphrey Milford, 1917.

Francfort, Henri-Paul. *Les Palettes du Gandhāra*, Paris: Diffusion de Boccard, 1979.

Goswami, Jaya, *Cultural History of Ancient India: A Socio-Economic and Religio-Cultural Survey of Kapiśa and Gandhāra*, Delhi: Agam Kala Prakashan, 1979.

Haleade, Madeleine. *Gandhāran Art of North in India and the Graeco-Buddhist Tradition In India*, Persia, and Central Asia, New York: H. N. Abrams, 1968.

Hargreaves, H., "Excavation at Takht-i Bahi", in J.P.H. Vogel (ed.), *Archaeological Survey of India, Annual Report*, 1910-11(repr. 1990). Delhi.

Hiebert, Friedrik and Cambon, Pierre. *Afghanistan: Hidden Treasures from the National Museum, Kabul*, National Geographic, Washington, D.C., 2008.

Huntington, J.C., "The Iconography and Iconology of Maitreya Images in Gandhara", *Journal of Central Asia*, vol. VII, pp. 133-178.

Jongeward, David. *Buddhist Art of Pakistan and Afghanistan: The Royal Ontario Museum Collection of Gandhāra Sculpture*, Toronto: University of Toronto, Centre for South Asian Studies, 2003.

Joshi, N.P. and R.C. Sharma. Eds. *Catalogue of Gandhāra Sculptures in the State Museum*, Lucknow: The Archana Printing Press, 1969.

Khan, M. Ashraf. *Gandhāra Sculptures in the Swat Museum*, Saidu Sharif: Archaeological Museum, 1993.

Khan, M. Bahadar. *Gandhāra Stone Sculptuers in Taxila Muesum*, Lahore: The Pioneers Publishers, 1994.

Khan, M. Nasim. *Buddhist Paintings in Gandhāra*, Peshawar: M. Nasim Khan, 2000.

Koul Deambi, B. K. *History and Culture of Ancient Gandhāra and Western Himalayas*, New Delhi: Ariana Publishing House, 1985.

Kuwayama Shoshin, *Across the Hindukush of the First Millenium: A Collection Papaers by S. Kuwayama*, Institute for Research in Humanities, Kyoto University, 2002.

Ingholt, Harald. *Gandhāran Art in Pakistan*, New York: Pantheon Books, 1957.

Liu Xinru, *Ancient India and Ancient China: Trade and Religious Exchanges, AD 1–600*, Delhi: Oxford University Press, 1988.

Majumdar, N. G. *A Guide to the Sculptures in the Indian Museum*, Part II, "The Graeco-Buddhist School of Gandhāra", Patna: Eastern Book House, 1937.

Marshall, J.H., "Jamal Garhi", in *Archaeological Survey of India, Annual Report*, 1921-22 (repr. 1990). Delhi.

Marshall, J.H. 1928-29. "Takht-i Bahi", in H. Hargreaves (ed.), *Archaeological Survey of India, Annual Report*, 1928-1929 (repr. 1990). Delhi.

Marshall, John. *Taxila: An Illustrated Account of Archaeological Excavations Carried out at Taxila under the Orders of the Government of India between the Years 1913 and 1934*, 3Vols, Cambridge: Cambridge University Press, 1951.

Marshall, J.H., *The Buddhist Art of Gandhara: the Story of the Early School, its Birth, Growth and Decline*, Cambridge: Cambridge University press, 1960.

McGoven, William Montgomery, *The Early Empires of Central Asia: A Study of the Scythians and the Huns and the Part they Played in World History, With Special References in the Chinese Sources*, University of North Carolina Press, 1939.

Murthy, Krishna, *The Gandhara Sculptures: A Cultural Survey*, Delhi, 1977.

Nagar, Shanti Lal. *Buddha in Gandhāra Art and Other Buddhist Sites*, Delhi: Buddhist World Press, 2010.

Rahman, Dar Saifur, "Toilet Trays from Gandhāra and Beginning of Hellenism in Pakistan", *Journal of Central Asia*, Vol. 2, No. 2, 1979, pp. 141-184.

Nehru, Lolita. *Origins of the Gandharan Style: A Study of Contributory Influences*, Delhi, 1989.

Rhi Ju-hyung, "Gandhāran Images of the Śravastī Miracle: An Iconographic Reassessment", Ph. D Thesis, Ann Arbor, Mich.: UMI, 1994.

Rosenfield, John M., *The Dynastic Arts of The Kushans*, Berkeley and Los Angeles, University of California Press, 1967.

Rowland, Benjamin, *Gandhara Sculpture from Pakistan Museum*, New York, 1960.

Salomon, Richard. *Ancient Buddhist Scrolls from Gandhāra: The British Library Kharoṣṭhī FragmentsGandharan Buddhist Texts*, Seattle/London: University of Washington Press/British Library, 1999.

Samad, Rafi U.*The Grandeur of Gandhara: The Ancient Buddhist Civilization of the Swat, Peshawar, Kabul, and Indus Valleys*, Algora Publishing, 2011.

Sehrai, Fidaullah. *The Buddha Story in the Peshawar Museum*, Peshawar: Peshawar Museum, 1985.

Senart, Émile. *Essai sur la légende du Buddha, son caractère et sesorigines,* Imprimerie Nationale, Paris, 1875.

Sengupta, Anasua and Dibakar Das. *Gandhāra Holding in the Indian Museum: a Handlist,* Calcutta: Indian Museum, 1991.

Shinohara Koichi, "The Story of the Buddha's Begging Bowl: Imaging a Biography and Sacred Places", In *Pilgrims, Patrons, and Place: Localizing Sanctity in Asian Religions.* Vancouver: University of British Columbia Press, 2003, pp.67-107.

Sponberg, Alan. *Maitreya, The Future Buddha,* Cambridge University Press, 1988.

Spooner, D.B., *Handbook to the Sculptures in the Peshawar Museum,* Bombay, 1910.

Tarn, W. W. *The Greeks in Bactria and India.* Chicago: Ares, 1984.

van Lohuizen-de Leeuw, J. E. "New Evidence with Regard to the Origin of the Buddha Image", H. Hartel ed. *South Asian Archaeology* 1979, Berlin: Dietrich Reimer Verlag, 1981, pp. 377-400.

Wenzel, Marian. *Echoes of Alexander the Great: silk route portraits from Gandhara: a private collection,* Art Media Resources Ltd, 2000.

Zwalf, W., *A Catalogue of the Sculpture in the British Museum,* London: British Museum Press, 1996.

Postscript

后记

编写这本犍陀罗佛教文明的通史，对我和我的兄长何平来说，都是一件痛苦的事情。之所以说是痛苦的，一方面是因为这很可能是一件吃力不讨好的事情，在付出巨大的时间、精力、资源之后，达不到大家的期望。虽然我们知道做任何事情都不会让所有人满意，但毕竟要花费很多的精力和资源，总要对自己有一个交代；另一方面，是因为编写的重要阶段，却正是我人生中最痛苦的一个时期。做研究和做事情的毅力和能力，对我和何平来说都不是问题。编写过程中的最大障碍，是我自身产生的阵阵幻灭感，经历了对争名夺利、背后捅刀的厌恶，对任何事情都突然提不起精神，感觉没啥意思。

感谢兄长何平，他一直执着地推动犍陀罗文明研究在中国的发展而深深地打动了我，让我们最终完成了这部著作。

走上学术道路之初，是因为研究中国古代史的缘故，用到大量的佛教文献，深感佛教是理解魏晋南北朝隋唐时期中国文明的一个关键。不知道从什么时候开始，我产生了一个念头：佛教传入中国之前是什么样子？总觉得佛教从印度到中国这种简单粗糙的描述可能不是真实的，至少不是全部的画面。读了季羡林等先生的著作，开始接触到富歇、马歇尔、塔恩、纳拉因、宫治昭、桑山正进等人的研究。

依稀记得，一个夏日的午后，在北大图书馆第一次看到大量的关于犍陀罗佛教艺术的图片，感到非常震撼，被古代人类文明交流的穿透力所打动。此后，再碰到犍陀罗的书、文章、视频、图片，就主动去了解。但是当时所做的，完全是一种出于个人目的的兴趣爱好，并不是为了学术研究——在当时，也还根本不知道犍陀罗佛教文明如何嵌入到自己的研究中，如何跟中国史的研究搭上边。只是觉得，阅读此类研究，感到非常开心。

在普林斯顿大学读书期间，其便利的图书馆系统为自己进一步了解犍陀罗文明提供了良好的条件。但是实际上，最初我的兴趣主要在宗教理论和佛教史研究著作的阅读上。人生的际遇很难用短期的好或者坏来衡量。2005年前后，几乎在很短的时间内，本来在普林斯顿大学教书和学习的几位师友都先后离开了。这对我是很大的打击，一下进入了一个极其孤单的境地。在这种情况下，每天学习之前，我都阅读一些令自己愉悦的东西，有关犍陀罗的研究和资料成为其中重要的一项内容。甚至一度，一天接一天地追踪相关的信息，乃至已经把主业撇在一边。如果因果真的存在的话，犍陀罗艺术帮助我度过了一段孤寂的时光，可以说跟自己有缘——我非常愿意相信这一点。

科技的发展，为积累知识提供了便利。一方面是自己研究历史和宗教的缘故，一方面是真心的喜欢，所以长期以来，自己养成了积攒佛教图像的爱好——犍陀罗佛教艺术是其中重要的一部分。没想到这个爱好后来在研究中帮了很大的忙，尤其是在进入有关佛教图像和符号研究的时候。

不过最重要的还是要感谢何平，他花费时间和精力帮我收集了不少资料，包括到塔克西拉博物馆、白沙瓦博物馆、拉合尔博物馆等地方去拍有关犍陀罗佛教艺术的照片。一般收到清晰度更高的图片后，我会把旧的图淘汰掉，所以自己的图像库越来越好看和好用。图像是重要的文献，其重要性除了一般认为的能够提供更加具体的细节描述外，还包括帮助研究者梳理大的历史画面。

但是实际上，当我真正进入这个领域的时候，经常怀疑自己是误入歧路，陷入了泥潭，担心最后会把自己的时间和精力耗尽，就如爱上一个特别的人，不管愿不愿意，迟早有一天，不得不被迫放手。在放手之前，我想做这么一个总结，把自己有关犍陀罗文明的一些粗浅的认识，呈现给感兴趣的人。在他们中间，或许有更机缘巧合的人，在探索犍陀罗文明、探索中国文明与外来文明的关系研究上，取得更大的成就。如果能够达成这样的小目标，也就满意了。

以往不论是学术界还是民间，对犍陀罗佛教艺术感兴趣的人不太多。研究和收藏、鉴赏的中心，也在西方和日本。但实际上，犍陀罗佛教跟东亚佛教之间存在密切的关系，汉传佛教的很多文化基因就是从犍陀罗传入中国的。在阿富汗和巴基斯坦伊斯兰化之后，本来植根于此的犍陀罗文明，其与中国古代文明的关系反而变得更加耀眼。要理解中国文明和艺术演进轨迹，不能把犍陀罗排除在外。

我跟何平在这一点上具有一致的认识。我们多年的友谊也建立在对犍陀罗佛教艺术的喜爱上。何平兄本有优渥的生活条件，但是机缘巧合，让他对犍陀罗等佛教艺术品产生了顽固的兴趣，并且将追寻犍陀罗的足迹，作为自己一生的事业。其实他有关犍陀罗的知识，很多方面很有见地，甚至超出不少科班出身的学者。我的家乡有句俗话，"浪子不计过往，英雄不问出处"，大概也不过如此吧。2014年，我受邀造访创价大学时，辛嶋静志教授安排我在国际高等佛教研究所讲演。他专门告诉我，在我之前的一讲，是栗田功先生。对于栗田功先生在犍陀罗艺术领域的贡献和地位，我一直都抱持深深的钦佩。但辛嶋教授的一番解释，让我又产生一种新的钦佩。辛嶋教授说，在日本，学界和外界是有隔阂的。栗田功先生不是大学教授，邀请他来大学讲座是有压力的，但是自己还是坚持邀请了。据说栗田功先生非常开心，带着家人一起来拍了不少照片。我很为辛嶋教授的这种心胸感到钦佩。

这本画册最后的成型，有何平兄的心血和付出，他作出了最大的贡献。尽管他一再推辞，我还是坚持两个人一起署名。他是学术真正的朋友，不论有任何的风波起伏，都值得信任。后记的话，很多是我们一致的看法。

总结起来说，第一，犍陀罗艺术是人类文明的珍宝，是佛教艺术的珍宝，它不是"他者"，而是跟中国文明紧密相关的。在漫长的历史时期，中国是佛教世界的中心，佛教的哲学、信仰和艺术，是中国文明的固有组成部分。要从这个角度重新理解犍陀罗对中国文明的意义。第二，中国应该成为新的犍陀罗艺术研究和鉴赏的中心。

完成这本画册的过程，是个煎熬的过程。而煎熬痛苦的来源，却不是完成画册的工作本身。实际上，做这件事，给我带来了很多快乐。最可惜的是，我因为自身原因，一直没有去犍陀罗故地看看。后来一位前辈学者问我为什么不去，我没法回答。大量的信息和消息，都是何平带给我的。他走过很多地方，有些地方相对比较安全，比如塔克西拉；但是有些地方很危险，比如艾娜克。完成这本画册的过程，也是自己不断学习和修炼的过程。定稿的时候，在一个叫"醉长安"的地方，我独自吃完了一整条鱼，喝了两壶桂花酒和两壶黄酒。离开的时候，突然哭出声来。我觉得，从今以后，再也没有什么会让我心软和犹豫了。

孙英刚
2017年11月25日于尚海湾

Acknowledgements

致谢

致谢人士：

陈　荣

高　强

黄春和

刘　钊

罗　岭

汤黎健

文显东

致谢单位：

阿富汗国家博物馆

中国新疆维吾尔自治区博物馆

法国集美博物馆

德国柏林亚洲艺术博物馆

印度国家博物馆

加尔各答印度博物馆

印度威尔士亲王博物馆

意大利都灵东方艺术博物馆

意大利罗马东方艺术博物馆

日本东京国立博物馆

日本松冈博物馆

日本藤井有邻博物馆

日本平山郁夫丝绸之路博物馆

巴基斯坦卡拉奇博物馆

巴基斯坦塔克西拉博物馆

巴基斯坦拉合尔博物馆

巴基斯坦白沙瓦博物馆

巴基斯坦斯瓦特博物馆

大英博物馆

英国维多利亚和阿尔伯特博物馆

美国弗吉尼亚艺术博物馆

美国弗利尔美术馆

美国克里夫兰博物馆

美国诺顿西蒙博物馆

美国大都会博物馆

美国芝加哥艺术博物馆

美国密苏里大学考古与艺术博物馆

美国旧金山亚洲艺术博物馆

寻访犍陀罗工作室二维码

Copyright © 2018 by SDX Joint Publishing Company.
All Rights Reserved.

本作品版权由生活·读书·新知三联书店所有。
未经许可，不得翻印。

图书在版编目（CIP）数据

犍陀罗文明史 / 孙英刚, 何平著. — 北京：生活·读书·新知三联书店, 2018.2（2023.4重印）
ISBN 978-7-108-06162-1

Ⅰ.①犍… Ⅱ.①孙… ②何… Ⅲ.①犍陀罗－历史－研究 Ⅳ.①K360.2

中国版本图书馆CIP数据核字(2018)第017006号

特约编辑	段 珩
责任编辑	张 龙
装帧设计	周伟伟
责任印制	卢 岳
出版发行	生活·讀書·新知 三联书店
	（北京市东城区美术馆东街22号 100010）
网 址	www.sdxjpc.com
经 销	新华书店
印 刷	天津图文方嘉印刷有限公司
版 次	2018年2月北京第1版
	2023年4月北京第2次印刷
开 本	635毫米×965毫米 1/8 印张 72.5
字 数	685千字 插图 497幅
印 数	5,000—6,000册
定 价	868.00元

（印装查询：01064002715；邮购查询：01084010542）